介護過程《かいごかてい》とは ①

同《おな》じ片麻痺《かたまひ》のある人《ひと》に対《たい》して，同《おな》じ支援《しえん》でよい？

男性《だんせい》　81 歳《さい》　脳梗塞《のうこうそく》による右片麻痺《みぎかたまひ》

もう歳《とし》だからね。仕方《しかた》ないよ。
でも孫《まご》が心配《しんぱい》してくれるから，
リハビリがんばらないとなぁ…！

女性《じょせい》　75 歳《さい》　くも膜下出血《まくかしゅっけつ》による左片麻痺《ひだりかたまひ》

足《あし》を引《ひ》きずって歩《ある》くなんて…
恥《は》ずかしくて外《そと》に出《で》たくないわ

男性《だんせい》　35 歳《さい》　脳性麻痺《のうせいまひ》による右片麻痺《みぎかたまひ》

今《いま》は施設《しせつ》暮《ぐ》らしだけど，
機能訓練《きのうくんれん》をして自宅《じたく》で暮《く》らしたい

介護《かいご》過程《かてい》とは ②

ケアマネジメントと介護過程《かいごかてい》の関係性《かんけいせい》

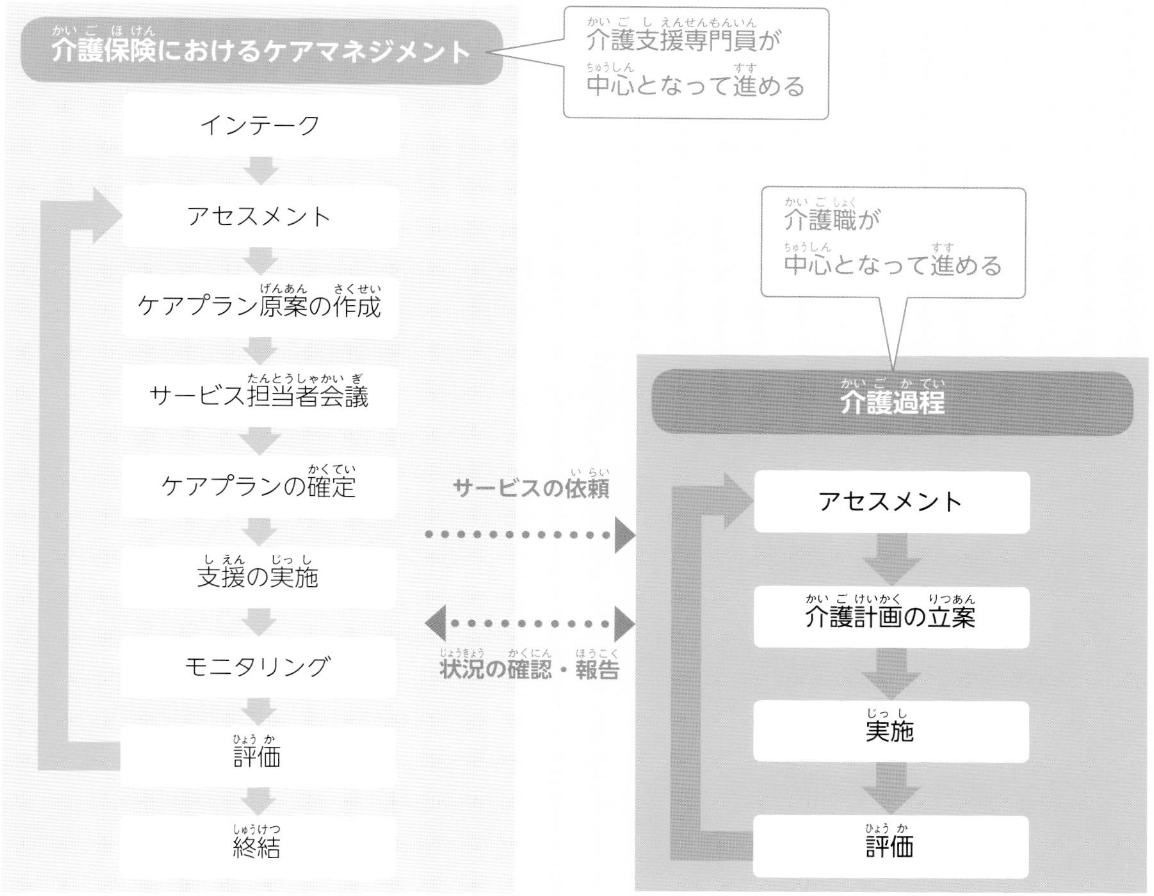

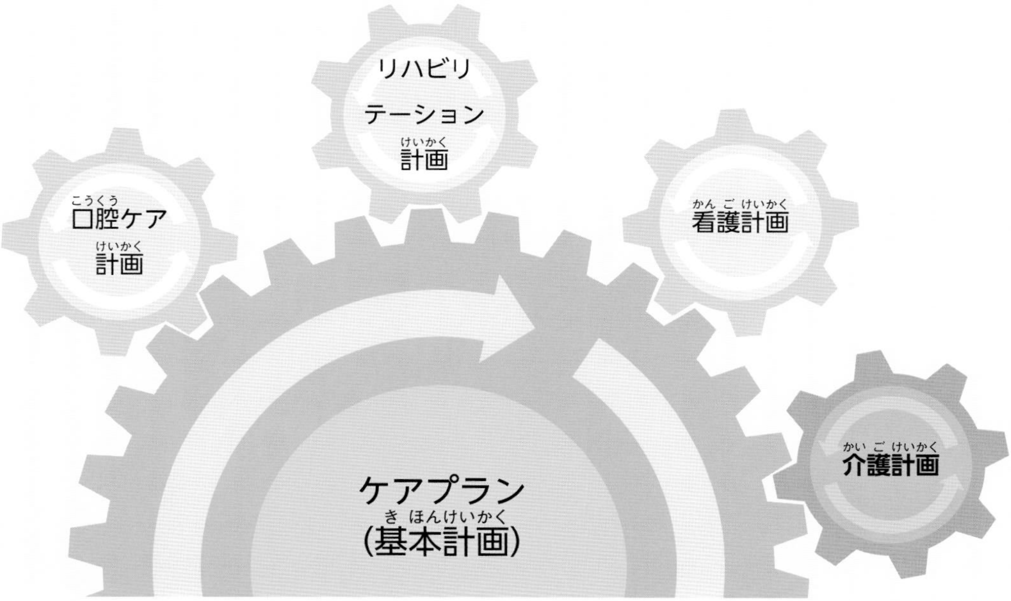

多職種連携《たしょくしゅれんけい》の実現《じつげん》のための一場面《いちばめん》

サービス担当者会議《たんとうしゃかいぎ》

介護《かいご》サービスの担当者《たんとうしゃ》や利用者《りようしゃ》，家族《かぞく》等《など》を交《まじ》え，ケアプランの内容《ないよう》について話《はな》し合《あ》う

事業所内《じぎょうしょない》カンファレンス

同《おな》じ施設《しせつ》や事業所内《じぎょうしょない》の他職種《たしょくしゅ》との情報共《じょうほうきょう》有等《ゆうなど》を行《おこな》う

介《かい》護《ご》福《ふく》祉《し》士《し》 第《だい》3版《ばん》
実《じつ》務《む》者《しゃ》研《けん》修《しゅう》テキスト

第《だい》3巻《かん》 介《かい》護《ご》Ⅱ
—介《かい》護《ご》過《か》程《てい》—

太《おお》田《た》貞《てい》司《じ》
上《うえ》原《はら》千《ち》寿《ず》子《こ》
白《しら》井《い》孝《たか》子《こ》
編集《へんしゅう》

全《ぜん》文《ぶん》ふりがな付《つ》き

中央法規

はじめに

2021(令和《れいわ》3)年《ねん》7月《がつ》，第《だい》8期介護保険事業計画《きかいごほけんじぎょうけいかく》の介護《かいご》サービス見込《みこ》み量等《りょうとう》にもとづき，都道府県《とどうふけん》が推計《すいけい》した介護職員《かいごしょくいん》の必要数《ひつようすう》が公表《こうひょう》されました。それによれば，2040（令和《れいわ》22）年度《ねんど》に必要《ひつよう》な介護職員数《かいごしょくいんすう》は約《やく》280万人《まんにん》となっており，2019（令和元《れいわがん》）年度《ねんど》の約《やく》211万人《まんにん》に加《くわ》えて約《やく》69万人《まんにん》，年間《ねんかん》3.3万人程度《まんにんていど》の介護職員《かいごしょくいん》を確保《かくほ》する必要《ひつよう》があると推計《すいけい》されています。

こうしたなかで，専門性《せんもんせい》の高《たか》い介護人材《かいごじんざい》として，中核的《ちゅうかくてき》な役割《やくわり》を果《は》たすことが期待《きたい》されているのが介護福祉士《かいごふくしし》です。今後《こんご》よりいっそう多様化《たようか》・高度化《こうどか》する介護《かいご》ニーズに対応《たいおう》するため，介護福祉士《かいごふくしし》には，利用者《りようしゃ》の自立支援《じりつしえん》に向《む》けて業務《ぎょうむ》を遂行《すいこう》する力《ちから》や多職種《たしょくしゅ》と連携《れんけい》する力《ちから》，さらには指導力《しどうりょく》やマネジメント力《りょく》などが求《もと》められています。

「実務者研修《じつむしゃけんしゅう》」は，介護福祉士《かいごふくしし》の資質向上《ししつこうじょう》を目的《もくてき》として，すべての者《もの》が一定《いってい》の教育《きょういく》プログラムを経《へ》たのちに国家試験《こっかしけん》を受験《じゅけん》するという形《かたち》で，資格取得方法《しかくしゅとくほうほう》の一元化《いちげんか》がめざされたのを機《き》に，2012（平成《へいせい》24）年度《ねんど》から実施《じっし》されている研修《けんしゅう》です。2017（平成《へいせい》29）年《ねん》からは，介護福祉士国家試験《かいごふくししこっかしけん》を受験《じゅけん》する者《もの》のうち，いわゆる実務経験《じつむけいけん》ルートについては，3年以上《ねんいじょう》の実務経験《じつむけいけん》に加《くわ》えて「実務者研修《じつむしゃけんしゅう》」の受講《じゅこう》が必要《ひつよう》になりました。

私《わたし》たちは，2012（平成《へいせい》24）年《ねん》10月《がつ》より『介護職員等実務者研修《かいごしょくいんとうじつむしゃけんしゅう》（450時間研修《じかんけんしゅう》）テキスト』と題《だい》して，「実務者研修《じつむしゃけんしゅう》」のカリキュラムに準拠《じゅんきょ》したスタンダード・テキストを発《はっ》行《こう》して以降《いこう》，2015（平成《へいせい》27）年《ねん》には『介護福祉士実務者研修《かいごふくししじつむしゃけんしゅう》テキスト』とシリーズ名《めい》を一新《いっしん》し，全《ぜん》5巻《かん》のテキストを発行《はっこう》いたしました。本書《ほんしょ》はそのなかの1冊《さつ》であり，履修科《りしゅうか》目《もく》における「介護過程《かいごかてい》Ⅰ」「介護過程《かいごかてい》Ⅱ」「介護過程《かいごかてい》Ⅲ（スクーリング）」を収載《しゅうさい》しています。

このたびの第《だい》3版《ぱん》の編集《へんしゅう》にあたっては，最新《さいしん》の知見《ちけん》をふまえた見直《みなお》しや統計数値《とうけいすうち》の更新《こうしん》を行《おこな》うとともに，「実務者研修《じつむしゃけんしゅう》」を通信課程《つうしんかてい》で受講《じゅこう》する方々《かたがた》にも無理《むり》なく，わかりやすく自己学習《じこがくしゅう》を進《すす》めることができるように工夫《くふう》しました。加《くわ》えて，広《ひろ》く外国人介護職員《がいこくじんかいごしょくいん》にもご活用《かつよう》いただくことを想定《そうてい》して，全文《ぜんぶん》に「ふりがな」を付《つ》けました。読者《どくしゃ》の皆様《みなさま》には，本書《ほんしょ》に加《くわ》えて，『第《だい》1巻《かん》　人間《にんげん》と社会《しゃかい》』『第《だい》2巻《かん》　介護《かいご》Ⅰ』『第《だい》4巻《かん》　こころとからだのしくみ』『第《だい》5巻《かん》　医療的《いりょうてき》ケア』のご活用《かつよう》もお願《ねが》い申《もう》し上《あ》げます。さらには，お気《き》づきの点《てん》をお寄《よ》せいただき，今後改訂《こんごかいてい》を重《かさ》ねていきたいと考《かんが》える次第《しだい》です。

編者一同《へんじゃいちどう》

介護《かいご》福祉士《ふくしし》実務者《じつむしゃ》研修《けんしゅう》テキスト

【第《だい》3巻《かん》】介護《かいご》Ⅱ—介護過程《かいごかてい》— 第《だい》3版《ばん》

Contents

第《だい》3章《しょう》 介護過程《かいごかてい》の展開《てんかい》の実践《じっせん》（介護過程《かいごかてい》Ⅲ）

Contents

本書《ほんしょ》をご活用《かつよう》していただくにあたって

【編集方針《へんしゅうほうしん》】

■ 1850 時間《じかん》の介護福祉士《かいごふくしし》養成課程《ようせいかてい》のうち，実務経験《じつむけいけん》のみでは習得《しゅうとく》できない知《ち》識《しき》・技術《ぎじゅつ》を中心《ちゅうしん》に，全《ぜん》5 巻《かん》のシリーズとして構成《こうせい》しています。

■国《くに》が示《しめ》す実務者研修《じつむしゃけんしゅう》のカリキュラムにもとづいて，介護福祉士《かいごふくしし》に求《もと》められる基《き》礎的《そてき》・応用的《おうようてき》（実践的《じっせんてき》）な知識《ちしき》と技術《ぎじゅつ》を習得《しゅうとく》できるようにしています。

■介護職員初任者研修《かいごしょくいんしょにんしゃけんしゅう》，訪問介護員養成研修《ほうもんかいごいんようせいけんしゅう》，介護職員基礎研修等《かいごしょくいんきそけんしゅうとう》を修了《しゅうりょう》したことにより履修免除《りしゅうめんじょ》となる科目《かもく》が「章単位《しょうたんい》」で設定《せってい》されており，学《まな》びやすい目次《もくじ》構成《こうせい》にしています。

■図表《ずひょう》やイラストを多用《たよう》してビジュアル的側面《てきそくめん》に配慮《はいりょ》しています。

【特《とく》　徴《ちょう》】

■各章《かくしょう》の冒頭《ぼうとう》に，国《くに》が示《しめ》す実務者研修各科目《じつむしゃけんしゅうかくかもく》の**【到達目標《とうたつもくひょう》】**を明示《めいじ》しています。

■各節《かくせつ》の単元《たんげん》ごとに「□月《がつ》□日《にち》」と日付《ひづけ》を記入《きにゅう》できる欄《らん》を設《もう》けています。自己学《じこがく》習《しゅう》を計画的《けいかくてき》に進《すす》めるために，学習《がくしゅう》し終《お》えたところから日付《ひづけ》を記入《きにゅう》して，学習《がくしゅう》の進行状況《しんこうじょうきょう》を確認《かくにん》してみましょう。

■本文中《ほんぶんちゅう》における重要語句《じゅうようごく》（キーワード）を，色文字《いろもじ》・ゴシック体《たい》（強調書体《きょうちょうしょたい》）で明示《めいじ》しています。

■本文中《ほんぶんちゅう》，必要《ひつよう》に応《おう》じて参照《さんしょう》ページ（☞第《だい》○巻《かん》p. ○と明示《めいじ》）を掲載《けいさい》しています。該当《がいとう》ページをみると，より詳《くわ》しい内容《ないよう》や関連《かんれん》する情報《じょうほう》が記述《きじゅつ》されています。

■各章《かくしょう》の本文《ほんぶん》の終《お》わりには「**学習《がくしゅう》のポイント**」を掲載《けいさい》しています。これは各節《かくせつ》の単元《たんげん》ごとに本文中《ほんぶんちゅう》の重要事項《じゅうようじこう》をまとめたものです。テキストに出《で》てくる順番《じゅんばん》に掲載《けいさい》していますので，重要事項《じゅうようじこう》が理解《りかい》・把握《はあく》できているかどうかふり返《かえ》ってみましょう。

■本文中《ほんぶんちゅう》，専門用語《せんもんようご》や難解《なんかい》な用語《ようご》を**ゴシック体《たい》（強調書体《きょうちょうしょたい》）**で明示《めいじ》し，章末《しょうまつ》に「**用語解説《ようごかいせつ》**」を掲載《けいさい》しています。また参照《さんしょう》ページを明示《めいじ》していますので，用語《ようご》解説《かいせつ》から本文《ほんぶん》，本文《ほんぶん》から用語解説《ようごかいせつ》を必要《ひつよう》に応《おう》じて確認《かくにん》することができます。

【第《だい》3 章《しょう》の構成《こうせい》】

■第《だい》3 章《しょう》では 4 つの事例《じれい》を設定《せってい》し，「介護過程《かいごかてい》の展開《てんかい》」とそれにもとづく「介護《かいご》技術《ぎじゅつ》の実施《じっし》・評価《ひょうか》」ができるようにしています。

■ 4 つの事例全体《じれいぜんたい》を通《とお》して，「移動《いどう》・移乗《いじょう》」「食事《しょくじ》」「排泄《はいせつ》」「着脱《ちゃくだつ》」「入浴《にゅうよく》」などの介護技術《かいごぎじゅつ》が展開《てんかい》できるように演習《えんしゅう》の課題《かだい》を設定《せってい》しています。なお，ここで行《おこな》う演習《えんしゅう》は，事例《じれい》に登場《とうじょう》する利用者《りようしゃ》への個別的《こべつてき》な対応《たいおう》（＝介護過程《かいごかてい》にもとづいた演習《えんしゅう》）です。基本的《きほんてき》な介護技術《かいごぎじゅつ》については，第《だい》2 巻《かん》の第《だい》4 章《しょう》および第《だい》5 章《しょう》で学習《がくしゅう》します。

■事例《じれい》の最終《さいしゅう》ページには，確認《かくにん》・評価《ひょうか》項目《こうもく》を一覧表《いちらんひょう》に掲載《けいさい》しています。介護行為《かいごこうい》はもちろんのこと，介護職《かいごしょく》としてもつべき視点《してん》（利用者《りようしゃ》の尊厳《そんげん》の保持《ほじ》，自立支援《じりつしえん》，安全性《あんぜんせい》，快適性《かいてきせい》など）も盛《も》りこんだ項目《こうもく》になっていますので，演習後《えんしゅうご》にふり返《かえ》ってみましょう。

【本文表記《ほんぶんひょうき》】

■「障害《しょうがい》」という用語《ようご》には否定的《ひていてき》なイメージがあり，「障《しょう》がい」と表記《ひょうき》するなどの取《と》り扱《あつか》いが広《ひろ》がっていますが，日本《にほん》の法令用語《ほうれいようご》としては「障害《しょうがい》」が用《もち》いられています。こうした動向《どうこう》をふまえつつ，本書《ほんしょ》におきましては法令《ほうれい》との整合性《せいごうせい》をはかるために，「障害《しょうがい》」を用語《ようご》として用《もち》いています。

■法令用語《ほうれいようご》と同様《どうよう》に，本書《ほんしょ》におきましては医学関連《いがくかんれん》の用語《ようご》についても，学会等《がっかいとう》での議論《ぎろん》や医学辞典《いがくじてん》における表記《ひょうき》にもとづいた用語《ようご》を用《もち》いています。

第《だい》1章《しょう》

介護過程《かいごかてい》の基礎的理解《きそてきりかい》

（介護過程《かいごかてい》Ⅰ）

第《だい》1節《せつ》 介護過程《かいごかてい》の意義《いぎ》と目的《もくてき》

第《だい》2節《せつ》 介護過程《かいごかてい》の展開《てんかい》

第《だい》3節《せつ》 介護過程《かいごかてい》とチームアプローチ

【到達目標《とうたつもくひょう》】

- 介護過程《かいごかてい》の目的《もくてき》，意義《いぎ》，展開等《てんかいとう》を理解《りかい》している。
- 介護過程《かいごかてい》を踏《ふ》まえ，目標《もくひょう》に沿《そ》って計画的《けいかくてき》に介護《かいご》を行《おこな》う。
- チームで介護過程《かいごかてい》を展開《てんかい》するための情報共有《じょうほうきょうゆう》の方法《ほうほう》，他《ほか》の職種《しょくしゅ》の役割《やくわり》を理《り》解《かい》している。

第《だい》1節《せつ》

介護過程《かいごかてい》の意義《いぎ》と目的《もくてき》

月《がつ》 日《にち》

1. 介護《かいご》の概念《がいねん》の見直《みなお》し

❶ 三大介護《さんだいかいご》から，心身《しんしん》の状況《じょうきょう》に応《おう》じた介護《かいご》へ

2007（平成《へいせい》19）年《ねん》12月《がつ》に「社会福祉士《しゃかいふくしし》及《およ》び介護福祉士法等《かいごふくししほうとう》の一部《いちぶ》を改正《かいせい》する法律《ほうりつ》」が公布《こうふ》され，社会福祉士《しゃかいふくしし》及《およ》び介護福祉士法《かいごふくししほう》の規定《きてい》が改正《かいせい》されました。

この改正《かいせい》で，介護職《かいごしょく》の国家資格《こっかしかく》となる介護福祉士《かいごふくしし》の仕事《しごと》が，いわゆる三大介護《さんだいかいご》（食事《しょくじ》・入浴《にゅうよく》・排泄《はいせつ》の介護《かいご》）と表現《ひょうげん》されるものから，**心身《しんしん》の状況《じょうきょう》に応《おう》じた介護《かいご》**（☞第《だい》２巻《かん》p.4）の提供《ていきょう》へと変《か》わりました。このことは，介護現場《かいごげんば》の日常《にちじょう》の仕事《しごと》をふり返《かえ》るよい機会《きかい》となりました。

初心《しょしん》にかえって，あらためて介護《かいご》とは何《なに》か，**介護《かいご》の概念《がいねん》**を再認識《さいにんしき》してみましょう。

❷ 介護《かいご》の本質《ほんしつ》

老《お》いやおとろえ，障害《しょうがい》があることによって生《しょう》じる，利用者《りようしゃ》がかかえる生活上《せいかつじょう》の困難《こんなん》や不便《ふべん》（＝**生活障害《せいかつしょうがい》**）を少《すこ》しでも解消《かいしょう》し，利用者本人《りようしゃほんにん》が望《のぞ》むその人《ひと》らしい生活《せいかつ》の再構築《さいこうちく》を側面的《そくめんてき》に支《ささ》えること，それも介護職《かいごしょく》が一方的《いっぽうてき》に行《おこな》うのではなく，その人《ひと》がみずからの意思《いし》にもとづいて，質《しつ》の高《たか》い生活《せいかつ》を送《おく》ることができるように支援《しえん》すること（＝**利用者本位《りようしゃほんい》，自立支援《じりつしえん》**（☞第《だい》1巻《かん》p.15））が，介護《かいご》の本質《ほんしつ》であると理解《りかい》されています。

つまり介護《かいご》とは，単《たん》に食事《しょくじ》や入浴《にゅうよく》，排泄《はいせつ》などのような**ADL**[1]（➡p.49参照《さんしょう》）のお世話《せわ》，また，利用者《りようしゃ》ができないことへの手助《てだす》けや介助《かいじょ》（利用者《りようしゃ》に代《か》わって行為《こうい》をすること）を意味《いみ》するわけではないのです。

介護《かいご》という仕事《しごと》は，利用者《りようしゃ》がなぜ今《いま》のような状態《じょうたい》になったのかを探《さぐ》り，その原因《げんいん》を取《と》り除《のぞ》いたり，利用者《りようしゃ》の意欲《いよく》をかき立《た》てたりしながら，一人《ひとり》ひとりの利用者《りようしゃ》が，その人《ひと》らしく生《い》きていけるように支援《しえん》していく仕事《しごと》であると考《かんが》えられます。つまり介護《かいご》とは，利用者《りようしゃ》の生活全般《せいかつぜんぱん》にわたった，とても広《ひろ》い意味《いみ》での援助活動《えんじょかつどう》なのです。

月《がつ》
日《にち》

2. 科学的根拠《かがくてきこんきょ》にもとづいた介護《かいご》の実践《じっせん》

❶ 意図的《いとてき》・具体的《ぐたいてき》な介護《かいご》を展開《てんかい》するためのプロセス

介護《かいご》の仕事《しごと》をふり返《かえ》ってみましょう。日《ひ》ごろの介護実践《かいごじっせん》は，一人《ひとり》ひとりの介護職《かいごしょく》の思《おも》いつきで場《ば》あたり的《てき》に行《おこな》われてはいません。

介護《かいご》という仕事《しごと》を行《おこな》うためには，利用者《りようしゃ》にとって必要《ひつよう》と思《おも》われる援助《えんじょ》を科学的《かがくてき》にとらえ，専門職《せんもんしょく》による具体的《ぐたいてき》な支援《しえん》・介護《かいご》の方法《ほうほう》を計画《けいかく》し実践《じっせん》しています。一人《ひとり》ひとりの介護《かいご》職《しょく》は，介護支援専門員《かいごしえんせんもんいん》（ケアマネジャー）が利用者《りようしゃ》の生活《せいかつ》ニーズにそって作成《さくせい》したケアプラン（居宅《きょたく》サービス計画《けいかく》，施設《しせつ》サービス計画《けいかく》）をふまえて，介護職能《かいごしょくのう》の視点《してん》にもとづいたアセスメントを行《おこな》い，介護計画《かいごけいかく》を立案《りつあん》し，具体的《ぐたいてき》な介護《かいご》を実施《じっし》しています。

利用者《りようしゃ》が希望《きぼう》する生活《せいかつ》の実現《じつげん》に向《む》けて，意図的《いとてき》な介護《かいご》を展開《てんかい》するためのプロセスを介護《かいご》過程《かてい》といいます。これは，介護《かいご》を進《すす》めていくうえでの手順《てじゅん》や経過《けいか》と言《い》い換《か》えることができます。また，介護過程《かいごかてい》にそった介護実践《かいごじっせん》は，利用者《りようしゃ》の心身《しんしん》の状況《じょうきょう》や利用者《りようしゃ》を取《と》り巻《ま》く環境《かんきょう》面《めん》にも目《め》を向《む》け，一人《ひとり》ひとりの介護職《かいごしょく》が個人的《こじんてき》にもちあわせている知識《ちしき》や経験《けいけん》，コツなどを活用《かつよう》し，具体的《ぐたいてき》な根拠《こんきょ》をもって援助《えんじょ》していくことが，大《おお》いに求《もと》められます。

❷ 介護過程《かいごかてい》を展開《てんかい》する意味《いみ》

他職種《たしょくしゅ》および介護職同士《かいごしょくどうし》が協働《きょうどう》・連携《れんけい》して，専門的《せんもんてき》な知識《ちしき》と技術《ぎじゅつ》に裏打《うらう》ちされた介護過《かいごか》程《てい》を展開《てんかい》することにより，客観的《きゃっかんてき》で科学的《かがくてき》な根拠《こんきょ》にもとづいた介護実践《かいごじっせん》が可能《かのう》になります。また，介護過程《かいごかてい》の展開《てんかい》のプロセスを言語化《げんごか》し，記録《きろく》に残《のこ》すことにより介護実践《かいごじっせん》の成果《せいか》をあとからふり返《かえ》ることができます（＝評価《ひょうか》）。

さらに，利用者一人《りようしゃひとり》ひとりについて尊厳《そんげん》の保持《ほじ》や自立支《じりつし》援《えん》の視点《してん》にもとづくため，利《り》用者《ようしゃ》を主体《しゅたい》とした個別《こべつ》ケアの実践《じっせん》を可能《かのう》にします。

図《ず》 1-1 ● 介護過程《かいごかてい》と個別《こべつ》ケアの視点《してん》

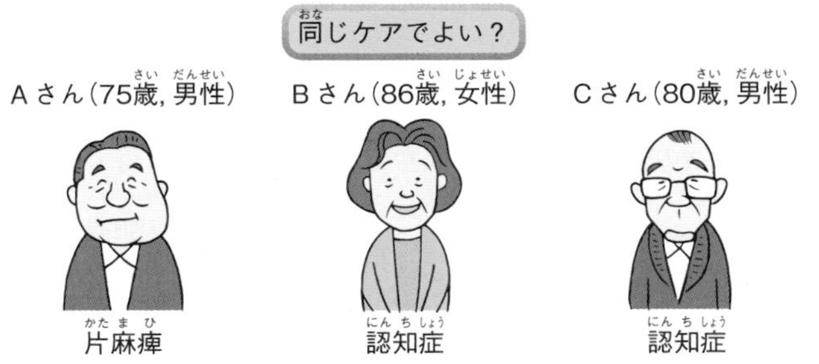

月《がつ》

日《にち》

3. 介護過程《かいごかてい》の必要性《ひつようせい》

❶ 介護過程《かいごかてい》とは介護実践《かいごじっせん》の道筋《みちすじ》

介護過程《かいごかてい》は，一般的《いっぱんてき》に「アセスメント→計画《けいかく》の立案《りつあん》→実施《じっし》→評価《ひょうか》」の 4 段階《だんかい》で構成《こうせい》されています（図《ず》 1-2)。この考《かんが》え方《かた》は，何《なに》も介護特有《かいごとくゆう》のものではありません。日常生活《にちじょうせいかつ》ではよくみられますが，いずれも計画《けいかく》を立《た》てるための事前《じぜん》の検討《けんとう》や準備《じゅんび》（アセスメント）はしっかり行《おこな》い，問題《もんだい》となることをほぼ明確《めいかく》にし，改善策《かいぜんさく》を練《ね》ってから実行《じっこう》に移《うつ》していきます。

たとえば，旅行《りょこう》をしたいときには，行《い》き先《さき》，日程《にってい》，行程《こうてい》，予算《よさん》，持《も》ち物《もの》，気候《きこう》や気象《きしょう》，同行者等《どうこうしゃとう》，事前《じぜん》に入念《にゅうねん》に情報《じょうほう》を取《と》り寄《よ》せて検討《けんとう》します。そのうえで計画《けいかく》を立案《りつあん》し，旅行《りょこう》に出《で》かけます。また，旅行《りょこう》から帰《かえ》ったあとは，楽《たの》しかったとか，つまらなかったとか，満足度《まんぞくど》を基準《きじゅん》に評価《ひょうか》して終《お》わるパターンがよくあります（図《ず》 1-3)。

同《おな》じ旅行《りょこう》をする場合《ばあい》でも，旅行会社《りょこうがいしゃ》の企画《きかく》であったらどうでしょうか。旅行《りょこう》するお客様《きゃくさま》を満足《まんぞく》させるために，事前準備《じぜんじゅんび》のためのアセスメントはさらに入念《にゅうねん》に行《おこな》い，計画書《けいかくしょ》を作成《さくせい》することはもちろん，旅行当日《りょこうとうじつ》の添乗員《てんじょういん》は，お客様《きゃくさま》とのコミュニケーション，訪問先《ほうもんさき》や宿《しゅく》

図《ず》 1-2 ● 介護過程《かいごかてい》の展開《てんかい》イメージ

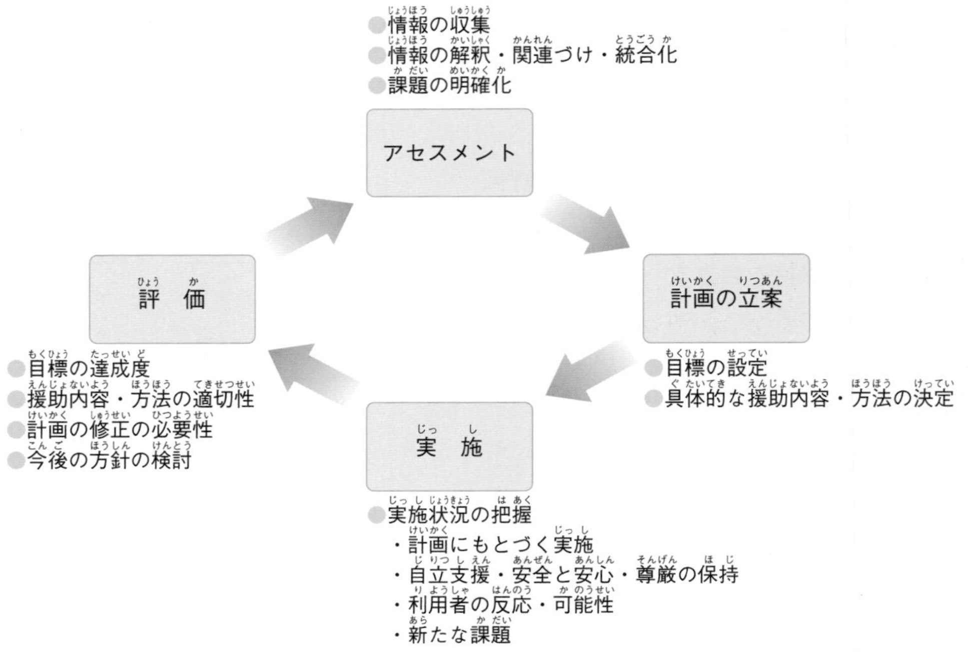

泊先《はくさき》の環境整備《かんきょうせいび》，緊急時《きんきゅうじ》の対応《たいおう》など，あらゆる可能性《かのうせい》に目配《めくば》りと気配《きくば》りをして，お客様《きゃくさま》の満足度《まんぞくど》を高《たか》めようと努力《どりょく》しています。

一方《いっぽう》，利用客《りようきゃく》は旅行会社《りょこうがいしゃ》のそうした努力《どりょく》にはほとんど気《き》づくことなく満足感《まんぞくかん》を得《え》る人《ひと》もいれば，添乗員《てんじょういん》の気配《きくば》りや動《うご》きにも注意《ちゅうい》し，評価《ひょうか》し，態度《たいど》に感謝《かんしゃ》し，共感《きょうかん》して，結果《けっか》としてみずからの満足度《まんぞくど》をさらに高《たか》める人《ひと》もいます。

介護過程《かいごかてい》の展開《てんかい》は，ちょうどこの旅行会社《りょこうがいしゃ》と利用客《りようきゃく》との関係《かんけい》に似《に》ているといえます。

つまり，旅行《りょこう》というものは，旅行会社《りょこうがいしゃ》が利用客《りようきゃく》の希望《きぼう》を共有《きょうゆう》し，実践《じっせん》していく過程《かてい》であり，利用客本人《りようきゃくほんにん》が自分《じぶん》の期待《きたい》する旅行《りょこう》を手《て》に入《い》れられるように，旅行会社《りょこうがいしゃ》はともにこころとからだを動《うご》かし，利用客《りようきゃく》みずからが行動《こうどう》を選択《せんたく》できるように支援《しえん》する仕事《しごと》であろうと思《おも》います。

このことを介護《かいご》に置《お》き換《か》えて考《かんが》えてみましょう。介護《かいご》とは，介護職《かいごしょく》が介護《かいご》サービス利用者《りようしゃ》の生活目標《せいかつもくひょう》を共有《きょうゆう》し，実践《じっせん》していく過程《かてい》であり，利用者本人《りようしゃほんにん》が自分《じぶん》の期待《きたい》する生活《せいかつ》を手《て》に入《い》れられるように，介護職《かいごしょく》はともにこころとからだを動《うご》かし，その人《ひと》らしい生活《せいかつ》を利用者《りようしゃ》みずから選択《せんたく》できるように支援《しえん》する仕事《しごと》となります。

介護過程《かいごかてい》の展開《てんかい》とは，このことを実践《じっせん》していく道筋《みちすじ》だといえます。この道筋《みちすじ》にそって日々《ひび》の介護実践《かいごじっせん》をくり返《かえ》し行《おこな》うことにより，利用者《りようしゃ》のQOL[2]（➡ p.49 参照《さんしょう》）は高《たか》まります。

図《ず》1-3 ● 旅行《りょこう》に出《で》かける一連《いちれん》のサイクル

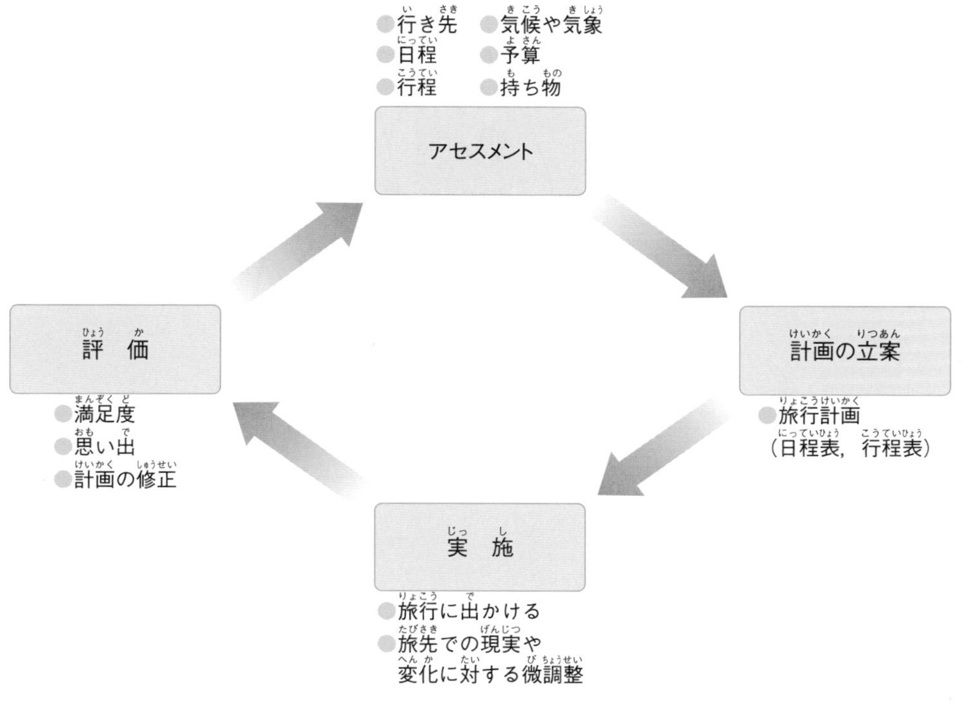

図《ず》 1-4 ● 介護職《かいごしょく》によるアセスメント

図《ず》 1-5 ● 旅行会社《りょこうがいしゃ》の担当者《たんとうしゃ》によるアセスメント

❷ 介護過程《かいごかてい》の活用《かつよう》

介護職《かいごしょく》は日々《ひび》介護《かいご》を行《おこな》っていますが，介護過程《かいごかてい》という考《かんが》え方《かた》は十分《じゅうぶん》に活用《かつよう》されなければなりません。

利用者《りようしゃ》のニーズにもとづいた介護《かいご》を行《おこな》うためには，介護過程《かいごかてい》のプロセスにおいて，尊厳《そんげん》を守《まも》るという観点《かんてん》から，利用者《りようしゃ》の自己決定《じこけってい》を実現《じつげん》する必要《ひつよう》があります。

なかでもポイントとなるのは，利用者理解《りようしゃりかい》に向《む》けて利用者《りようしゃ》に関《かん》する情報《じょうほう》を収集《しゅうしゅう》し，解決《かいけつ》すべき課題《かだい》を導《みちび》き出《だ》すアセスメントの段階《だんかい》です。アセスメントをふまえて立案《りつあん》される介護《かいご》計画《けいかく》がしっかりしていないと，介護実践《かいごじっせん》そのものがぶれてしまいます。

さらに大切《たいせつ》なのは，介護計画《かいごけいかく》の実施段階《じっしだんかい》です。どのように利用者《りようしゃ》とともに生活課題《せいかつかだい》に取《と》り組《く》むか，利用者《りようしゃ》がみずから選択《せんたく》し，実践《じっせん》に参加《さんか》するように援助《えんじょ》できているかが重要《じゅうよう》なポイントになります。

解決《かいけつ》すべき課題《かだい》を明《あき》らかにする作業《さぎょう》は，コミュニケーション技術《ぎじゅつ》によって利用者《りようしゃ》のこころを動《うご》かすところから始《はじ》まります。信頼関係《しんらいかんけい》が成立《せいりつ》したならば，身体的《しんたいてき》な介護《かいご》も，居住環境《きょじゅうかんきょう》の整備《せいび》も，家族介護者《かぞくかいごしゃ》への介護《かいご》に関《かん》する指導《しどう》も，有効《ゆうこう》に実施《じっし》できるものと考《かんが》えられます。

介護《かいご》の実践段階《じっせんだんかい》における専門的《せんもんてき》な技術《ぎじゅつ》の活用《かつよう》が，介護過程《かいごかてい》を活性化《かっせいか》させ，介護目標《かいごもくひょう》に到達《とうたつ》できると考《かんが》えます。

図《ず》 1-6 ● 介護過程《かいごかてい》と自己決定《じこけってい》の視点《してん》

第《だい》2節《せつ》

介護過程《かいごかてい》の展開《てんかい》

月《がつ》 日《にち》

1. 介護過程《かいごかてい》の展開《てんかい》イメージ

❶ 介護職《かいごしょく》の仕事《しごと》と介護過程《かいごかてい》

介護過程《かいごかてい》という言葉《ことば》を聞《き》くと，あたかも専門的《せんもんてき》な知識《ちしき》や技術《ぎじゅつ》を使《つか》いこなしながら，何《なに》か特別《とくべつ》なことを行《おこな》わなければならないかのように思《おも》うかもしれません。しかし，アセスメントという言葉《ことば》は多《おお》くの介護職《かいごしょく》が知《し》っているでしょうし，介護計画《かいごけいかく》にしても，立案《りつあん》や実施《じっし》に多《おお》くの介護職《かいごしょく》はかかわっているはずです。つまり，介護職《かいごしょく》は，日《ひ》ごろあたりまえのようにこの展開過程《てんかいかてい》のなかで仕事《しごと》を進《すす》めているのです。

ただし，あたりまえというところが，実《じつ》は落《お》とし穴《あな》だったりします。なにげなくやり過《す》ごしてしまったり，慣《な》れてくるうちに大事《だいじ》なポイントを見落《みお》としてしまったりするということが，多《おお》くの介護職《かいごしょく》にみられるのではないでしょうか。

そこで本節《ほんせつ》では，介護過程《かいごかてい》というフィルターを通《とお》して，日《ひ》ごろの取《と》り組《く》みをふり返《かえ》ってみます。「アセスメント→計画《けいかく》の立案《りつあん》→実施《じっし》→評価《ひょうか》」という段階《だんかい》ごとに，ふだんの仕事《しごと》をあてはめて見直《みなお》してみてください。

❷ プロセス（手順《てじゅん》）の重要性《じゅうようせい》

介護過程《かいごかてい》というからには，プロセス（手順《てじゅん》）がとても重要《じゅうよう》になります。

たとえば，ワイシャツを着《き》たあとに肌着《はだぎ》をつける人《ひと》などいないでしょう。また，揚《あ》げ物《もの》をつくるときに，具材《ぐざい》を油《あぶら》に入《い》れてから火《ひ》をつけたりはしないはずです。「そんなことはあたりまえじゃないか」と笑《わら》われてしまうかもしれませんが，介護職《かいごしょく》のなかには，意外《いがい》と手順《てじゅん》を意識《いしき》せずに仕事《しごと》を進《すす》めてしまう人《ひと》がいるようです。

アセスメントをしないまま（もしくは不十分《ふじゅうぶん》なまま）介護計画《かいごけいかく》を立案《りつあん》していないでしょうか。介護計画《かいごけいかく》の立案《りつあん》にしても，利用者本人《りようしゃほんにん》が生活《せいかつ》を送《おく》るうえでの課題《かだい》を明確《めいかく》にする前《まえ》に，具体的《ぐたいてき》な援助内容《えんじょないよう》・方法《ほうほう》をまとめていないでしょうか。

介護過程《かいごかてい》を時系列《じけいれつ》でみていくと，図《ず》1-7のような4つの段階《だんかい》を経《へ》て進《すす》んでいくことになります。また，図《ず》1-8の矢印《やじるし》の流《なが》れのように，介護過程《かいごかてい》は一方通行《いっぽうつうこう》の直線的《ちょくせんてき》なものではなく，終結《しゅうけつ》にいたるまでのあいだは何度《なんど》でも循環《じゅんかん》していくことが特徴《とくちょう》です。介護過程《かいごかてい》とは，プロセスのくり返《かえ》しによって，利用者《りようしゃ》の望《のぞ》む生活《せいかつ》の実現《じつげん》を援助《えんじょ》することといえます。

図《ず》 1-7 ● 介護過程《かいごかてい》の展開《てんかい》イメージ

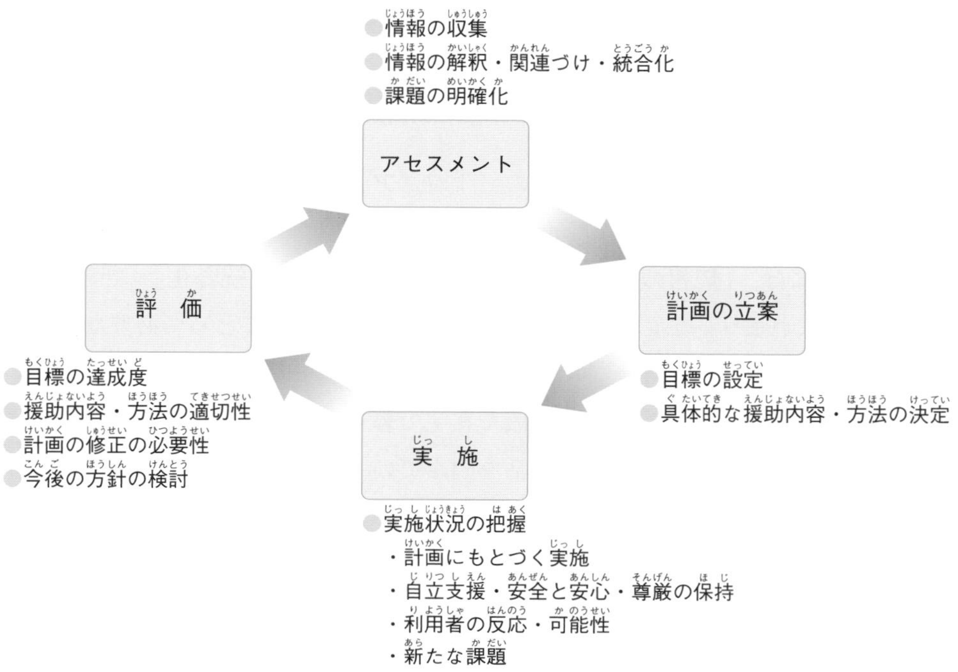

図《ず》 1-8 ● 介護過程《かいごかてい》の連続的《れんぞくてき》なサイクル

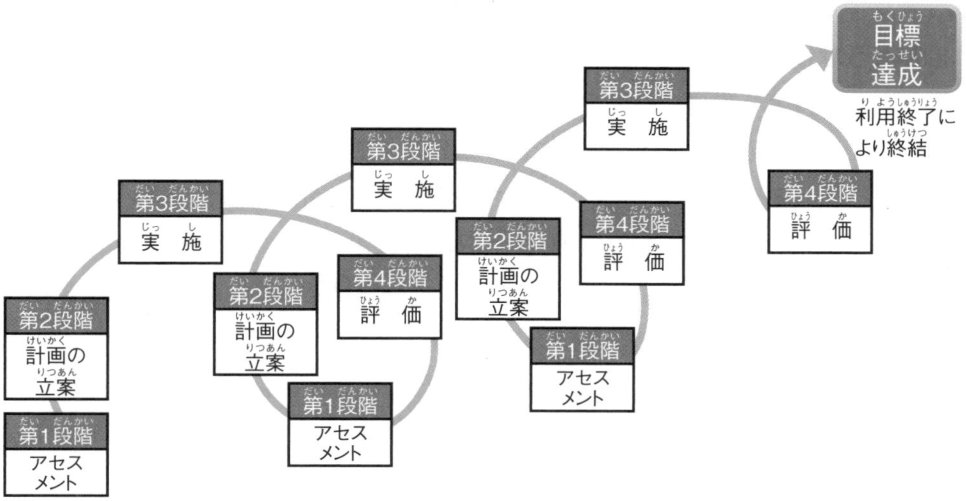

月《がつ》
日《にち》

2. アセスメント

❶ アセスメントとは

介護過程《かいごかてい》はどの段階《だんかい》であっても大切《たいせつ》なのですが，アセスメントは，そのなかでもとくに重要《じゅうよう》な段階《だんかい》といえます。

アセスメントには，「情報《じょうほう》の収集《しゅうしゅう》」「情報《じょうほう》の解釈《かいしゃく》・関連《かんれん》づけ・統合化《とうごうか》」「課題《かだい》の明確化《めいかくか》」のプロセスが含《ふく》まれます。このアセスメントの段階《だんかい》で，利用者《りようしゃ》にとって必要《ひつよう》な援助《えんじょ》とその理由《りゆう》を明確《めいかく》にしていきます。

介護過程《かいごかてい》におけるアセスメントは，施設《しせつ》や在宅《ざいたく》で暮《く》らす利用者《りようしゃ》の生活全体《せいかつぜんたい》をさまざまな視点《してん》から把握《はあく》し，その人《ひと》がどのような生活《せいかつ》を望《のぞ》んでいるのか，そのためにはどのような困《こま》りごとがあるのかを，介護職《かいごしょく》が明確《めいかく》にすることです。

介護過程《かいごかてい》は，生活支援技術《せいかつしえんぎじゅつ》のように，技術《ぎじゅつ》を身《み》につけることではありません。介護《かいご》を行《おこな》う専門職《せんもんしょく》として，利用者《りようしゃ》に対《たい》してどのような介護《かいご》を行《おこな》うのか，そして，なぜその介護《かいご》がその利用者《りようしゃ》に必要《ひつよう》なのかを考《かんが》えることです。つまり，それを考《かんが》えるための基礎《きそ》となるアセスメントをすることから始《はじ》めます。

❷ 情報《じょうほう》の収集《しゅうしゅう》

▶▶ どのような情報《じょうほう》を収集《しゅうしゅう》するか

アセスメントの第一歩《だいいっぽ》は，情報《じょうほう》の収集《しゅうしゅう》にあります。つまり，どのような情報《じょうほう》を，だれ（何《なに》）からどのように収集《しゅうしゅう》するかが鍵《かぎ》をにぎることになります。集《あつ》めた情報《じょうほう》の量《りょう》と質《しつ》によって，そのあとの介護過程《かいごかてい》の展開《てんかい》が大《おお》きく左右《さゆう》されるといっても過言《かごん》ではないのです。

ここでいう情報《じょうほう》とは，利用者本人《りようしゃほんにん》の身体状況《しんたいじょうきょう》のみをさすのではありません。利用者《りようしゃ》がかかえる疾病《しっぺい》や障害《しょうがい》，それにともなうADLなど，介護職《かいごしょく》はどうしても目《め》に見《み》えやすい情報《じょうほう》ばかりを集《あつ》める傾向《けいこう》にあります。しかし，介護職《かいごしょく》は利用者《りようしゃ》の生活全体《せいかつぜんたい》を援助《えんじょ》するのであって，食事《しょくじ》・入浴《にゅうよく》・排泄《はいせつ》といったADLのみを介助《かいじょ》するわけではありません。そのため，利《り》用者《ようしゃ》がかかえる心理状態《しんりじょうたい》のほか，利用者《りようしゃ》を取《と》り巻《ま》く環境的《かんきょうてき》な側面《そくめん》など，幅広《はばひろ》い視点《してん》から情《じょう》報《ほう》を収集《しゅうしゅう》する必要《ひつよう》があります。

▶▶ 基本的《きほんてき》な情報《じょうほう》

情報《じょうほう》の収集《しゅうしゅう》にあたっては，まず，基本的《きほんてき》な情報《じょうほう》を正《ただ》しく把握《はあく》する必要《ひつよう》があります。

具体的《ぐたいてき》には，①氏名《しめい》，②性別《せいべつ》，③生年月日《せいねんがっぴ》・年齢《ねんれい》，④サービス利用開始年月日《りようかいしねんがっぴ》，⑤サービス利用《りよう》にいたった理由《りゆう》，⑥家族構成《かぞくこうせい》，⑦介護《かいご》におけるキーパーソン，⑧サービス利用開《りようかい》始前《しまえ》の生活状況《せいかつじょうきょう》，⑨サービス利用《りよう》における本人《ほんにん》・家族《かぞく》の要望《ようぼう》，などがあげられます。

これらの情報《じょうほう》は，介護現場《かいごげんば》では，フェイスシート（☞第《だい》3巻《かん》p.84，p.105，p.122，p.141，p.162，p.183，p.204）としてまとめられます。

▶▶ ICFにもとづく視点《してん》

情報《じょうほう》の収集《しゅうしゅう》にあたっては，アセスメントシートや情報収集《じょうほうしゅうしゅう》シートと呼《よ》ばれる書式《しょしき》（記入《きにゅう》用紙《ようし》）を活用《かつよう》しますが，利用者《りようしゃ》の全体像《ぜんたいぞう》を全人的《ぜんじんてき》に把握《はあく》するためには，ICF（国際生活機《こくさいせいかつき》能分類《のうぶんるい》）にもとづく視点《してん》が重要《じゅうよう》になります（☞第《だい》2巻《かん》pp.224-225）。

ICFでは，人間《にんげん》が生活《せいかつ》するうえで使用《しよう》しているすべての機能《きのう》を「生活機能《せいかつきのう》」と位置《いち》づけ，「心身機能《しんしんきのう》・身体構造《しんたいこうぞう》」「活動《かつどう》」「参加《さんか》」の3つのレベルで構成《こうせい》しています。これに対《たい》して，「障害《しょうがい》」を生活機能《せいかつきのう》の低下《ていか》として広《ひろ》くとらえ，「機能障害《きのうしょうがい》」「活動制限《かつどうせいげん》」「参加制約《さんかせいやく》」の3つのレベルを設定《せってい》しています。これは，利用者《りようしゃ》は誇《ほこ》りをもって主体的《しゅたいてき》に生《い》きようとする存在《そんざい》であり，その能力《のうりょく》を備《そな》えた人《ひと》としてその人《ひと》を全体的《ぜんたいてき》に理解《りかい》しようとする考《かんが》え方《かた》です。

介護過程《かいごかてい》では，このICFの視点《してん》にもとづいた情報《じょうほう》の収集《しゅうしゅう》により，利用者《りようしゃ》の全体像《ぜんたいぞう》を全人的《ぜんじんてき》にとらえることが重要《じゅうよう》になります。

図《ず》1-9 ● ICFの構成要素間《こうせいようそかん》の相互作用《そうごさよう》

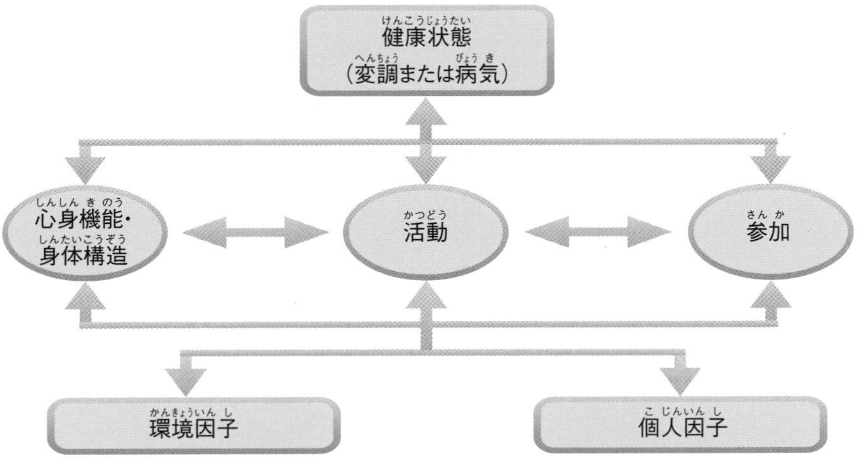

出典《しゅってん》：障害者福祉研究会編《しょうがいしゃふくしけんきゅうかいへん》『ICF 国際生活機能分類《こくさいせいかつきのうぶんるい》――国際障害分類改定版《こくさいしょうがいぶんるいかいていばん》』中央法規出版《ちゅうおうほうきしゅっぱん》，p.17，2002年《ねん》

▶▶ アセスメントシートとアセスメント項目《こうもく》

表《ひょう》 1-1 として，ICF の構成要素《こうせいようそ》とアセスメント項目《こうもく》の具体例《ぐたいれい》を示《しめ》しています。この考《かんが》え方《かた》にもとづき，本書《ほんしょ》では，情報《じょうほう》を収集《しゅうしゅう》する段階《だんかい》で活用《かつよう》するアセスメントシートを「アセスメント表《ひょう》(1)」（☞第《だい》3巻《かん》pp.85-88，pp.106-109，pp.123-125，pp.142-145，pp.163-166，pp.184-187，pp.205-208）としてまとめることにしました。

ICF の構成要素《こうせいようそ》である「健康状態《けんこうじょうたい》」「心身機能《しんしんきのう》・身体構造《しんたいこうぞう》」「活動《かつどう》」「参加《さんか》」「環境因子《かんきょういんし》」「個人因子《こじんいんし》」を，それぞれ**表《ひょう》 1-2** のように置《お》き換《か》え，全部《ぜんぶ》で 32 個《こ》のアセスメント項目《こうもく》に分類《ぶんるい》した形《かたち》になっています。

▶▶ 情報《じょうほう》の収集《しゅうしゅう》の方法《ほうほう》

情報《じょうほう》の収集《しゅうしゅう》にあたってもっとも**重要《じゅうよう》な情報源《じょうほうげん》**となるのは利用者本人《りようしゃほんにん》です。利用者《りようしゃ》が今《いま》どういう状態《じょうたい》にあるのか，今《いま》の状態《じょうたい》を利用者《りようしゃ》はどのように感《かん》じ，今後《こんご》どうしたいと考《かんが》えているのかをきちんと把握《はあく》する必要《ひつよう》があります。

ただし，介護《かいご》サービスを利用《りよう》する高齢者《こうれいしゃ》や障害《しょうがい》のある人《ひと》のなかには，みずから意思表示《いしひょうじ》をすることが困難《こんなん》であったり，苦手《にがて》であったりする人《ひと》たちもいます。また，情報《じょうほう》を収集《しゅうしゅう》する段階《だんかい》では必《かなら》ずしも介護職《かいごしょく》と利用者《りようしゃ》との関係性《かんけいせい》が親密《しんみつ》なものとは限《かぎ》りません。

そのため，利用者《りようしゃ》の家族《かぞく》や実際《じっさい》に援助《えんじょ》を行《おこな》っているほかの職種《しょくしゅ》などからも情報《じょうほう》を収集《しゅうしゅう》することが大切《たいせつ》になります。さらには，介護記録《かいごきろく》（☞第《だい》2巻《かん》p.200）や業務日誌《ぎょうむにっし》をはじめとする記録類《きろくるい》から情報《じょうほう》を収集《しゅうしゅう》することも有効《ゆうこう》な手段《しゅだん》といえます。

なお，相手《あいて》がだれであったとしても共通《きょうつう》していえるのは，情報《じょうほう》の収集《しゅうしゅう》が質問《しつもん》攻《ぜ》めや尋問《じんもん》になってはならないということです。また，介護《かいご》に必要《ひつよう》な情報《じょうほう》を収集《しゅうしゅう》することが目的《もくてき》なのであって，興味本位《きょうみほんい》に，必要以上《ひつよういじょう》にいろいろなことを聞《き》き出《だ》すことのないように気《き》をつけましょう。

表《ひょう》 1-1 ● ICF の構成要素《こうせいようそ》とアセスメント項目《こうもく》の具体例《ぐたいれい》

構成要素《こうせいようそ》	アセスメント項目《こうもく》の具体例《ぐたいれい》
健康状態《けんこうじょうたい》	・現在《げんざい》，薬《くすり》や治療《ちりょう》が必要《ひつよう》な疾患《しっかん》はないか。 (例《れい》)高血圧《こうけつあつ》，糖尿病《とうにょうびょう》，脳出血《のうしゅっけつ》，脳梗塞《のうこうそく》，アルツハイマー型認知症《がたにんちしょう》，レビー小体型認知症《しょうたいがたにんちしょう》，前頭側頭型認知症《ぜんとうそくとうがたにんちしょう》，悪性腫瘍《あくせいしゅよう》，関節《かんせつ》リウマチ，閉塞性動《へいそくせいどう》脈硬化症《みゃくこうかしょう》，消化器《しょうかき》がん，慢性腎不全《まんせいじんふぜん》，前立腺肥大症《ぜんりつせんひだいしょう》，慢性閉塞性肺疾《まんせいへいそくせいはいしっ》患《かん》，肺炎《はいえん》，パーキンソン病《びょう》，脊髄小脳変性症《せきずいしょうのうへんせいしょう》，筋萎縮性側索硬化症《きんいしゅくせいそくさくこうかしょう》(ALS)，精神疾患《せいしんしっかん》，大腿骨頸部骨折《だいたいこつけいぶこっせつ》，変形性膝関節症《へんけいせいしつかんせつしょう》，後縦靭帯骨化《こうじゅうじんたいこっか》症《しょう》，脊柱管狭窄症《せきちゅうかんきょうさくしょう》，白内障《はくないしょう》，緑内障《りょくないしょう》　など
心身機能《しんしんきのう》・身体構造《しんたいこうぞう》	・健康状態《けんこうじょうたい》で把握《はあく》した疾患《しっかん》にともなって起《お》こっている状況《じょうきょう》 (例《れい》)上肢《じょうし》・下肢麻痺《かしまひ》の状態《じょうたい》，認知機能《にんちきのう》の程度《ていど》，バイタルサイン，血圧値《けつあつち》，言語障害《げんごしょうがい》，視野《しや》・視力《しりょく》の程度《ていど》，排尿《はいにょう》の状態《じょうたい》，嚥下力《えんげりょく》，意欲《いよく》の状態《じょうたい》
	・要介護状態区分《ようかいごじょうたいくぶん》あるいは障害程度等級《しょうがいていどとうきゅう》
	・認知症高齢者《にんちしょうこうれいしゃ》の日常生活自立度《にちじょうせいかつじりつど》
活動《かつどう》	・日常生活動作《にちじょうせいかつどうさ》（ADL）や手段的日常生活動作《しゅだんてきにちじょうせいかつどうさ》（IADL）の状況《じょうきょう》 (例《れい》)起居動作《ききょどうさ》・移乗《いじょう》・移動《いどう》・食事《しょくじ》・更衣《こうい》・排泄《はいせつ》・入浴《にゅうよく》・整容《せいよう》・睡眠《すいみん》といった ADL と掃除《そうじ》・洗濯《せんたく》・買《か》い物《もの》などの家事《かじ》や交通機関《こうつうきかん》の利用《りよう》，コミュニケーション技術《ぎじゅつ》，スケジュール調整《ちょうせい》，服薬管理《ふくやくかんり》，金銭管理《きんせんかんり》などの IADL の状況《じょうきょう》
	・使用《しよう》している福祉用具《ふくしようぐ》
参加《さんか》	・外出《がいしゅつ》，家庭《かてい》・社会《しゃかい》での役割《やくわり》に関《かん》し，意欲《いよく》・生《い》きがいの状況《じょうきょう》
	・余暇《よか》の過《す》ごし方《かた》，他者《たしゃ》とのかかわり
	・利用《りよう》しているサービスの参加状況《さんかじょうきょう》
	・社会《しゃかい》での役割《やくわり》
環境因子《かんきょういんし》	・住居《じゅうきょ》の生活環境《せいかつかんきょう》（生活《せいかつ》に必要《ひつよう》な用具《ようぐ》）等《とう》の物的環境《ぶってきかんきょう》
	・家族《かぞく》，同居人《どうきょにん》，友人等《ゆうじんとう》の人的環境《じんてきかんきょう》の状況《じょうきょう》
	・サービスの利用状況《りようじょうきょう》
個人因子《こじんいんし》	・性別《せいべつ》，年齢《ねんれい》，生育歴《せいいくれき》，教育歴《きょういくれき》，職業《しょくぎょう》，人種《じんしゅ》
	・価値観《かちかん》，ライフスタイル　など

表《ひょう》 1-2 ● アセスメント表《ひょう》(1)の構成要素《こうせいようそ》

ICF の構成要素《こうせいようそ》	アセスメント表《ひょう》(1)の分類《ぶんるい》	アセスメント項目《こうもく》
心身機能《しんしんきのう》・身体構造《しんたいこうぞう》／健康状態《けんこうじょうたい》	1. 心身《しんしん》の状況《じょうきょう》	1 要介護《ようかいご》状態《じょうたい》区分《くぶん》／障害程度《しょうがいていど》等級《とうきゅう》 2 認知症高齢者《にんちしょうこうれいしゃ》の日常生活自立度《にちじょうせいかつじりつど》 3 障害《しょうがい》の状況《じょうきょう》（身体《しんたい》・知的《ちてき》・精神《せいしん》） 4 現在《げんざい》のおもな疾患《しっかん》 5 服薬《ふくやく》 6 既往歴《きおうれき》 7 平常時《へいじょうじ》のバイタルサイン 8 その他《た》
活動《かつどう》	2. 日常生活《にちじょうせいかつ》の状況《じょうきょう》	9 家事《かじ》 10 移動《いどう》 11 身《み》じたく 12 食事《しょくじ》 13 排泄《はいせつ》 14 入浴《にゅうよく》・清潔保持《せいけつほじ》 15 睡眠《すいみん》 16 コミュニケーション
参加《さんか》	3. 豊《ゆた》かさ	17 意欲《いよく》・生《い》きがい 18 余暇《よか》の過《す》ごし方《かた》 19 役割《やくわり》（家庭《かてい》／社会《しゃかい》） 20 その他《た》
環境因子《かんきょういんし》	4. 環境《かんきょう》	21 生活環境《せいかつかんきょう》 22 生活《せいかつ》に必要《ひつよう》な用具《ようぐ》 23 経済状況《けいざいじょうきょう》 24 家族関係《かぞくかんけい》 25 サービス（制度《せいど》）の利用状況《りようじょうきょう》 26 その他《た》
個人因子《こじんいんし》	5. その他《た》	27 価値観《かちかん》・習慣《しゅうかん》 28 性格《せいかく》（個性《こせい》） 29 生活歴《せいかつれき》・出身地《しゅっしんち》 30 特技《とくぎ》 31 1日《にち》の過《す》ごし方《かた》 32 その他《た》

▶▶ 情報《じょうほう》を収集《しゅうしゅう》する際《さい》の留意点《りゅういてん》❶「観察力《かんさつりょく》を身《み》につける」

観察《かんさつ》とは，自分《じぶん》の目《め》の前《まえ》にあるものに対《たい》し，それが表現《ひょうげん》していることをありのままに見《み》て，まわりの状況《じょうきょう》や相手《あいて》の思《おも》い，考《かんが》えといった真意《しんい》を素早《すばや》く察知《さっち》することといえます。

アセスメントにおける情報《じょうほう》の収集《しゅうしゅう》でも，物事《ものごと》の状態《じょうたい》やその変化《へんか》を客観的《きゃっかんてき》に注意深《ちゅういぶか》く見《み》る能力《のうりょく》が求《もと》められます。観察《かんさつ》は利用者《りようしゃ》に出会《であ》った瞬間《しゅんかん》から始《はじ》まります。このとき，単《たん》に「見《み》守《まも》る」のではなく，「特別《とくべつ》な目的《もくてき》のために見《み》る」力《ちから》，つまり観察力《かんさつりょく》をもつことが大切《たいせつ》になります。

観察力《かんさつりょく》を養《やしな》うには，日常《にちじょう》の生活《せいかつ》のなかで五感《ごかん》を使《つか》いこなし，自分《じぶん》の周囲《しゅうい》で起《お》きていることについて，「いつもと違《ちが》う点《てん》」「どこかおかしい点《てん》」などに気《き》づく力《ちから》を身《み》につける必要《ひつよう》があります（図《ず》1-10）。

また，気《き》づいたことに対《たい》して，「なぜそのような状態《じょうたい》なのか」という疑問《ぎもん》をもち，因果《いんが》関係《かんけい》を追究《ついきゅう》することも大切《たいせつ》です。目《め》の前《まえ》の状況《じょうきょう》は同《おな》じに見《み》えても，その原因《げんいん》は１つひとつ違《ちが》うかもしれません。利用者《りようしゃ》は一人《ひとり》ひとり個性《こせい》があり，まったく同《おな》じ人《ひと》はいません。その個性《こせい》を見逃《みのが》さないように，「なぜだろう」「どうしてだろう」と疑問《ぎもん》をもちつづけ，因果関《いんがかん》係《けい》を見《み》つけることが，結果《けっか》として観察力《かんさつりょく》を高《たか》めることにつながります。

図《ず》1-10 ●「いつもと違《ちが》う点《てん》」の例《れい》

▶▶ 情報《じょうほう》を収集《しゅうしゅう》する際《さい》の留意点《りゅういてん》❷「先入観《せんにゅうかん》や偏見《へんけん》をもたない」

情報《じょうほう》を収集《しゅうしゅう》する際《さい》に注意《ちゅうい》しなければならないのは，正《ただ》しい判断《はんだん》をさまたげる原因《げんいん》となる**先入観《せんにゅうかん》**をもたないようにすることです。

はじめて出会《であ》う利用者《りようしゃ》について，事前《じぜん》に他者《たしゃ》の話《はなし》や記録《きろく》などから情報《じょうほう》を得《え》ている場合《ばあい》，その情報《じょうほう》から導《みちび》かれた，かたよった利用者像《りようしゃぞう》を認識《にんしき》してしまい，結果《けっか》として誤《あやま》ったアセスメントをしてしまう可能性《かのうせい》もあります。そのため，**偏見《へんけん》**をもたずに観察《かんさつ》することも大切《たいせつ》です。

たとえば，D さんについて「視力《しりょく》に障害《しょうがい》のある人《ひと》」という情報《じょうほう》を得《え》ていたとします。それだけの情報《じょうほう》をもとに「D さんには全介助《ぜんかいじょ》が必要《ひつよう》」と判断《はんだん》したとすると，それはまったくの先入観《せんにゅうかん》といえるでしょう。

「視力《しりょく》に障害《しょうがい》がある」という情報《じょうほう》を得《え》たときには，いつから障害《しょうがい》があるのか，どのくらい見《み》えるのか（もしくは見《み》えないのか），日常生活《にちじょうせいかつ》を送《おく》るうえで困《こま》っていることは何《なに》か，D さん本人《ほんにん》は障害《しょうがい》があることについてどう思《おも》っているのか，援助《えんじょ》してほしいことは何《なに》か，などについて情報《じょうほう》を得《え》ます。

つまり，情報《じょうほう》を収集《しゅうしゅう》するということは，**利用者《りようしゃ》の全体像《ぜんたいぞう》**を把握《はあく》することなのです。

▶▶ 客観的観察《きゃっかんてきかんさつ》と主観的観察《しゅかんてきかんさつ》

客観的観察《きゃっかんてきかんさつ》とは，介護職《かいごしょく》が事実《じじつ》をありのままに観察《かんさつ》することです。介護職《かいごしょく》が利用者《りようしゃ》を観《かん》察《さつ》したときに生《しょう》じる自身《じしん》の思《おも》いや感情《かんじょう》は，客観的観察《きゃっかんてきかんさつ》とはいえません。

主観的観察《しゅかんてきかんさつ》とは，利用者《りようしゃ》が思《おも》っていることや考《かんが》えていること，つまり利用者《りようしゃ》の主観《しゅかん》を観《かん》察《さつ》することです。主観的観察《しゅかんてきかんさつ》は，介護職《かいごしょく》が利用者《りようしゃ》から会話《かいわ》などを通《つう》じて引《ひ》き出《だ》さなければ得《え》られない情報《じょうほう》です。

客観的観察《きゃっかんてきかんさつ》による情報《じょうほう》だけでアセスメントを行《おこな》うと介護職《かいごしょく》の一方的《いっぽうてき》な介護《かいご》になりやすく，利用者《りようしゃ》の主観的観察《しゅかんてきかんさつ》を得《え》たかどうかで介護《かいご》が変《か》わっていくことになります。

❸ 情報《じょうほう》の解釈《かいしゃく》・関連《かんれん》づけ・統合化《とうごうか》

▶▶ 情報《じょうほう》の解釈《かいしゃく》

情報《じょうほう》を収集《しゅうしゅう》したあとに行《おこな》う作業《さぎょう》としては，**情報《じょうほう》の解釈《かいしゃく》**があります。

集《あつ》められた情報《じょうほう》というのは個々《ここ》バラバラなものでしかありません。そこで，収集《しゅうしゅう》した情《じょう》報《ほう》をもとに，生活《せいかつ》を送《おく》るうえでの具体的《ぐたいてき》な希望《きぼう》や困《こま》りごとを明《あき》らかにしていく必要《ひつよう》があります。

バラバラな情報《じょうほう》をまとめ上《あ》げるためには，まず1つひとつの情報《じょうほう》が何《なに》を意味《いみ》しているのかについて理解《りかい》しておかなければなりません。つまり，個々《ここ》の情報《じょうほう》を解釈《かいしゃく》するという作業《さぎょう》が必要《ひつよう》になります。

情報《じょうほう》の解釈《かいしゃく》とは，その利用者《りようしゃ》にとっての情報《じょうほう》の意味《いみ》を考《かんが》え，理解《りかい》することをいいます。

この作業《さぎょう》は，利用者《りようしゃ》にどのような**事実《じじつ》**があるのかを明《あき》らかにすることから始《はじ》めます。収《しゅう》集《しゅう》した情報《じょうほう》のなかには，「Eさんは○○が思《おも》うようにできない」といった内容《ないよう》のものも含《ふく》まれているでしょう。そのとき，情報《じょうほう》とともにEさんに対《たい》して，ある種《しゅ》のマイナスイメージを抱《いだ》いてはなりません。

先入観《せんにゅうかん》や偏見《へんけん》などにとらわれることなく，**事実《じじつ》の全体像《ぜんたいぞう》**がみえてくるまでは，見《み》たり聞《き》いたりしたままの，意味《いみ》づけのない情報《じょうほう》としてとらえるようにします。そのうえで，介護《かいご》に関《かん》する知識《ちしき》を活用《かつよう》しながら情報《じょうほう》を解釈《かいしゃく》していきます。

たとえば，「食事量《しょくじりょう》が少《すく》ない」という情報《じょうほう》を「栄養状態《えいようじょうたい》が悪《わる》い」とすぐに解釈《かいしゃく》してもよいでしょうか。その人《ひと》の食事量《しょくじりょう》はいつも少《すく》ないのか，急《きゅう》に少《すく》なくなったのか，さらにはその人《ひと》の嗜好《しこう》の問題《もんだい》や出《だ》された食事《しょくじ》の形態《けいたい》など，1つの情報《じょうほう》を多面的《ためんてき》にとらえたうえで解釈《かいしゃく》することが大切《たいせつ》になります。

事実《じじつ》と誤《あやま》った解釈《かいしゃく》とが，区別《くべつ》なくまとまっていては，そのあとの介護過程《かいごかてい》のプロセスに大《おお》きな影響《えいきょう》を及《およ》ぼす可能性《かのうせい》があります。

▶▶ 関連《かんれん》づけ・統合化《とうごうか》

ある1つの情報《じょうほう》というのは，収集方法《しゅうしゅうほうほう》が正確《せいかく》であり，意味《いみ》づけされていないものであれば，ある事実《じじつ》の一部分《いちぶぶん》をあらわしていることになります。その一部分同士《いちぶぶんどうし》を関連《かんれん》づけて統《とう》合化《ごうか》するという作業《さぎょう》が，解釈《かいしゃく》のあとになされるものです。**関連《かんれん》づけ・統合化《とうごうか》**とは，1人《ひとり》の利用者《りようしゃ》を，生活《せいかつ》の主体者《しゅたいしゃ》としてのイメージにまとめていく作業《さぎょう》ということができるでしょう。

同《おな》じ食材《しょくざい》を使用《しよう》したとしても，調理方法《ちょうりほうほう》や味《あじ》つけを変《か》えることによって，和食《わしょく》にもなれば洋食《ようしょく》にもなり，場合《ばあい》によっては中華料理《ちゅうかりょうり》にもなります。それと同《おな》じように，介護職《かいごしょく》が収《しゅう》集《しゅう》した情報《じょうほう》も，解釈《かいしゃく》したあとの関連《かんれん》づけ・統合化《とうごうか》の仕方《しかた》によっては，まるで違《ちが》う課題《かだい》があらわれてしまいます。

図《ず》1-11 ● 情報《じょうほう》の解釈《かいしゃく》・関連《かんれん》づけ・統合化《とうごうか》のイメージ

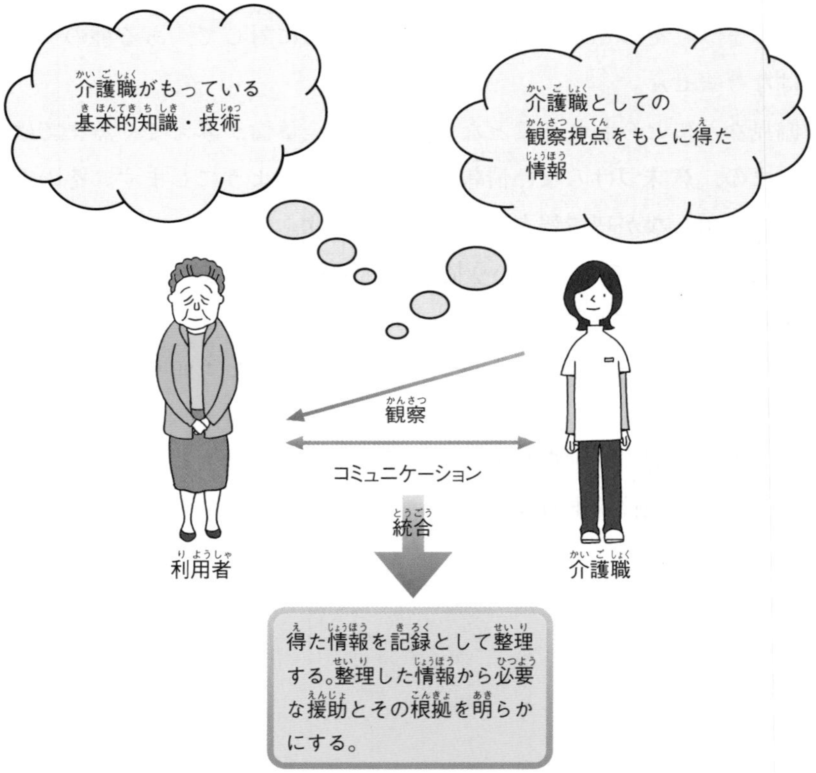

▶▶ 情報同士《じょうほうどうし》をつなぎ合《あ》わせた仮説《かせつ》の検証《けんしょう》

情報《じょうほう》の解釈《かいしゃく》・関連《かんれん》づけ・統合化《とうごうか》という作業《さぎょう》は，利用者《りようしゃ》の生活《せいかつ》のしづらさが何《なに》に起因《きいん》しているのかを明《あき》らかにする作業《さぎょう》といえます。そのためには，具体的《ぐたいてき》な思考過程《しこうかてい》として，情報同士《じょうほうどうし》をつなぎ合《あ》わせて**仮説《かせつ》の検証《けんしょう》**をしていくことになります。

収集《しゅうしゅう》した情報《じょうほう》の意味《いみ》を解釈《かいしゃく》し，複数《ふくすう》の情報《じょうほう》の関係性《かんけいせい》を明《あき》らかにして，必要《ひつよう》な援助《えんじょ》の内容《ないよう》・方法《ほうほう》を導《みちび》き出《だ》す場合《ばあい》，佐藤富士子《さとうふじこ》は，【Aに起因《きいん》するB】という方式《ほうしき》にそって考《かんが》え，それを文章《ぶんしょう》にまとめてみるとわかりやすくなると提案《ていあん》しています（図《ず》1-12）。

【Aに起因《きいん》するB】というのは，「Bという事実《じじつ》は，Aという事実《じじつ》によって起《お》こっている」ということを意味《いみ》しており，「したがって，Cという援助《えんじょ》が必要《ひつよう》になる」という結論《けつろん》につながります。

このとき，Bは「援助《えんじょ》が必要《ひつよう》な状態《じょうたい》」をあらわしており，Aは「Bの原因《げんいん》と考《かんが》えられる1つまたは複数《ふくすう》の事実《じじつ》」をあらわしています。

図《ず》1-12 ● Aに起因《きいん》するB

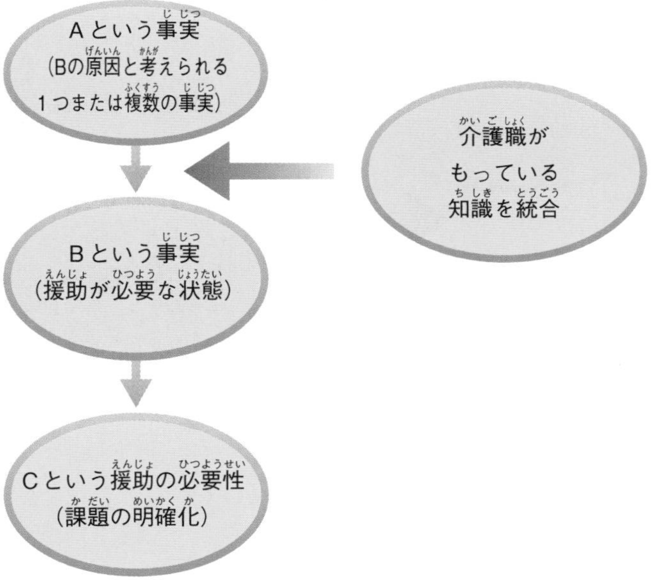

たとえば，利用者《りようしゃ》Ｆさんについて，［85歳《さい》］［転倒《てんとう》］［すり足《あし》］［段差《だんさ》］［再《ふたた》び転倒《てんとう》することに対《たい》する不安《ふあん》］という５つの情報《じょうほう》があったとします。

多《おお》くの介護職《かいごしょく》が，①加齢《かれい》にともなう筋力低下《きんりょくていか》ですり足《あし》となり，転倒《てんとう》の要因《よういん》になる，②転《てん》倒経験《とうけいけん》のある人《ひと》は，再度転倒《さいどてんとう》するのではないかという不安《ふあん》をもつ，という知識《ちしき》を統合《とうごう》して，［転倒《てんとう》］［不安《ふあん》］という【援助《えんじょ》が必要《ひつよう》な状態《じょうたい》（＝Ｂ）】の原因《げんいん》は，［85歳《さい》］［すり足《あし》］［段差《だんさ》］（＝Ａ）だと分析《ぶんせき》するのではないでしょうか。

また，「不安《ふあん》を軽減《けいげん》し，転倒《てんとう》を予防《よぼう》しなければならない」という援助《えんじょ》の必要性《ひつようせい》（＝Ｃ）を導《みちび》くことができます。

このような仮説《かせつ》を立《た》てるためには，頭《あたま》のなかでいくつもの疑問《ぎもん》や想定《そうてい》される事柄《ことがら》を考《かんが》え，情報同士《じょうほうどうし》の関連《かんれん》を１つひとつ検証《けんしょう》していきます。ただし，情報《じょうほう》の解釈《かいしゃく》や関連《かんれん》づけ・統《とう》合化《ごうか》の仕方《しかた》は一人《ひとり》ひとりの介護職《かいごしょく》によって異《こと》なるおそれがありますから，ケアカンファレンス（☞第《だい》２巻《かん》p.210）の場《ば》を有効《ゆうこう》に活用《かつよう》して，他職種《たしょくしゅ》とも合意《ごうい》をとる形《かたち》で課題《かだい》を明確《めいかく》にすることが大切《たいせつ》です。

図《ず》 1-13 ● Ａに起因《きいん》するＢ——Ｆさんの場合《ばあい》

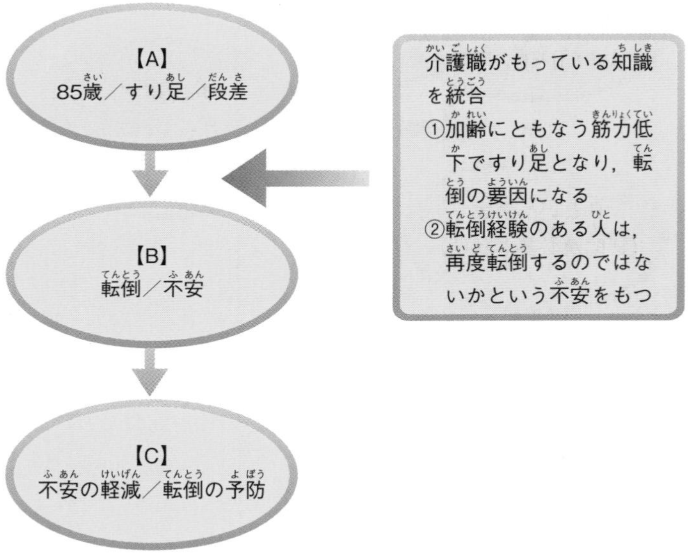

4 課題《かだい》の明確化《めいかくか》

課題《かだい》とは

収集《しゅうしゅう》した複数《ふくすう》の情報《じょうほう》を矛盾《むじゅん》なく関連《かんれん》づけ，統合化《とうごうか》することができれば，課題《かだい》が明《あき》らかになります。ここでいう課題《かだい》とは，利用者《りようしゃ》が望《のぞ》む暮《く》らしを実現《じつげん》または継続《けいぞく》するために，解決《かいけつ》しなければならない困《こま》りごとのことであり，介護上《かいごじょう》の問題《もんだい》（生活課題《せいかつかだい》）と位置《いち》づけることもできます。

課題《かだい》の明確化《めいかくか》は，図《ず》1-12では，「Cという援助《えんじょ》の必要性《ひつようせい》」に該当《がいとう》します。課題《かだい》を明確《めいかく》化《か》する際《さい》には，利用者《りようしゃ》の生活全体《せいかつぜんたい》を把握《はあく》することが重要《じゅうよう》です。利用者《りようしゃ》の生活全体《せいかつぜんたい》をふまえた課題《かだい》が明《あき》らかになっていなければ，そのあとの介護計画《かいごけいかく》の立案《りつあん》に際《さい》し，援助内容《えんじょないよう》や援助《えんじょ》方法《ほうほう》も場《ば》あたり的《てき》なものになってしまう可能性《かのうせい》があります。

課題《かだい》の優先度《ゆうせんど》

介護《かいご》サービスを必要《ひつよう》とする高齢者《こうれいしゃ》や障害《しょうがい》のある人《ひと》の場合《ばあい》，その人《ひと》がかかえる課題《かだい》は1つとは限《かぎ》りません。1人《ひとり》で複数《ふくすう》の課題《かだい》を有《ゆう》していることがほとんどで，なおかつ，それぞれの課題《かだい》が必《かなら》ずしも同《おな》じ比重《ひじゅう》であるわけではないのです。1つひとつの課題《かだい》の優先度《ゆうせんど》を考《かんが》えましょう。

1つの目安《めやす》として，表《ひょう》1-3に示《しめ》すような視点《してん》が考《かんが》えられますが，優先順位《ゆうせんじゅんい》を決《き》める場合《ばあい》には，利用者《りようしゃ》の心身《しんしん》の状況《じょうきょう》に応《おう》じて判断《はんだん》することが大切《たいせつ》になります。

表《ひょう》1-3 ● 課題《かだい》の優先順位《ゆうせんじゅんい》を検討《けんとう》する際《さい》のポイント

・健康状態《けんこうじょうたい》が悪化《あっか》するような点《てん》はないか（＝生命《せいめい》の安全《あんぜん》）
・日常生活《にちじょうせいかつ》の自立《じりつ》，継続《けいぞく》ができていない点《てん》はないか（＝生活《せいかつ》の安定《あんてい》）
・その人《ひと》らしく生活《せいかつ》できていない点《てん》はないか（＝人生《じんせい》の豊《ゆた》かさ）

月《がつ》 □
日《にち》 □

3. 計画《けいかく》の立案《りつあん》

❶ 計画立案《けいかくりつあん》のポイント

アセスメントを通《つう》じて，利用者《りようしゃ》が望《のぞ》む暮《く》らしを実現《じつげん》または継続《けいぞく》するために，解決《かいけつ》しなければならない困《こま》りごとが明《あき》らかになったことを受《う》けて，次《つぎ》の段階《だんかい》としては，**介護計画《かいごけいかく》**を立案《りつあん》します。この計画《けいかく》に盛《も》りこまれるおもな内容《ないよう》としては，表《ひょう》1-4 に示《しめ》す項目《こうもく》があげられます。

介護計画《かいごけいかく》を立案《りつあん》する際《さい》のポイントとしては，表《ひょう》1-4 に示《しめ》す①→②→③の順番《じゅんばん》で検討《けんとう》していくことが重要《じゅうよう》です（表 1-5）。つまり，課題《かだい》をふまえ，今後《こんご》どのようになりたいかという目標《もくひょう》をもち，その目標《もくひょう》を実現《じつげん》するためにはどのような援助《えんじょ》が必要《ひつよう》になるか……この検討《けんとう》の手順《てじゅん》こそが大《おお》きな鍵《かぎ》をにぎっているのです。

はじめから利用《りよう》するサービスありきでは，だれのための，何《なん》のための計画《けいかく》かわかりません。利用者主体《りようしゃしゅたい》，自立支援《じりつしえん》といいながら，結局《けっきょく》は介護職側《かいごしょくがわ》の都合《つごう》による一方的《いっぽうてき》な計画《けいかく》といわざるを得《え》ないのではないでしょうか。

表《ひょう》1-4 ● 介護計画《かいごけいかく》に盛《も》りこまれるおもな内容《ないよう》

① 課題《かだい》……利用者《りようしゃ》が望《のぞ》む暮《く》らしを実現《じつげん》または継続《けいぞく》するために，解決《かいけつ》しなければならない困《こま》りごと

② 目標《もくひょう》……利用者《りようしゃ》が望《のぞ》む状態《じょうたい》，あるいは期待《きたい》される結果《けっか》

③ 援助内容《えんじょないよう》・方法《ほうほう》……いつ, だれが, どこで, 何《なに》を, 何《なん》のために, どのように行《おこな》うか（5W1H）

表《ひょう》1-5 ● 介護計画作成《かいごけいかくさくせい》の手順《てじゅん》

氏名《しめい》：

長期目標《ちょうきもくひょう》：

課題《かだい》	短期目標《たんきもくひょう》		具体的《ぐたいてき》な援助内容《えんじょないよう》・方法《ほうほう》		
	目標《もくひょう》	期間《きかん》	内容《ないよう》	方法《ほうほう》	頻度《ひんど》
			左《ひだり》から右《みぎ》へ順番《じゅんばん》に検討《けんとう》し，記入《きにゅう》していく。		

❷ 目標《もくひょう》の設定《せってい》

目標《もくひょう》とは

介護計画《かいごけいかく》における**目標《もくひょう》**の設定《せってい》では，利用者《りようしゃ》みずからが自分《じぶん》の望《のぞ》む生活《せいかつ》に向《む》けて，一定期《いっていき》間《かん》に実現《じつげん》できることを段階的《だんかいてき》に進《すす》めていくことが大切《たいせつ》になります。目標《もくひょう》を設定《せってい》する際《さい》には，利用者《りようしゃ》の望《のぞ》む生活《せいかつ》をふまえ，利用者本人《りようしゃほんにん》による選択《せんたく》を基本《きほん》とし，介護職《かいごしょく》による一方的《いっぽうてき》な押《お》しつけにならないように留意《りゅうい》します。

目標《もくひょう》は，利用者《りようしゃ》が尊厳《そんげん》のある自立《じりつ》した生活《せいかつ》を送《おく》るうえでとくに重要《じゅうよう》です。設定《せってい》した目標《もくひょう》をチーム（利用者《りようしゃ》や家族《かぞく》，関連《かんれん》する他職種《たしょくしゅ》）が共有《きょうゆう》し，利用者《りようしゃ》の力《ちから》を最大限《さいだいげん》に活用《かつよう》しつつ，目標達成《もくひょうたっせい》に向《む》けた取《と》り組《く》みを行《おこな》っていかなければなりません。

目標《もくひょう》の設定《せってい》の仕方《しかた》

目標《もくひょう》は，理想的《りそうてき》で抽象的《ちゅうしょうてき》になる傾向《けいこう》があります。しかし，目標《もくひょう》があいまいであると，チームで共有《きょうゆう》し，達成《たっせい》に向《む》けて協働《きょうどう》することは困難《こんなん》です。そのため，目標《もくひょう》は，実現可能《じつげんかのう》な到達時期《とうたつじき》を決《き》めて，具体的《ぐたいてき》でわかりやすい表現《ひょうげん》で，段階的《だんかいてき》に設定《せってい》していくことが大切《たいせつ》です。

一般的《いっぱんてき》には，数週間《すうしゅうかん》から数《すう》か月《げつ》までを**短期目標《たんきもくひょう》**とし，6か月《げつ》から1年《ねん》までを**長期目標《ちょうきもくひょう》**とします。目標《もくひょう》の期間《きかん》を区切《くぎ》って設定《せってい》するのは，目標《もくひょう》の達成状況《たっせいじょうきょう》や適切《てきせつ》さなどの評価《ひょうか》を可能《かのう》にするためです。

また，介護計画《かいごけいかく》の目標《もくひょう》を設定《せってい》する際《さい》には，介護支援専門員《かいごしえんせんもんいん》（ケアマネジャー）が作成《さくせい》するケアプラン（居宅《きょたく》サービス計画《けいかく》，施設《しせつ》サービス計画《けいかく》）の長期目標《ちょうきもくひょう》・短期目標《たんきもくひょう》をふまえ，両者《りょうしゃ》のあいだで整合性《せいごうせい》が保《たも》たれることが重要《じゅうよう》です。

表《ひょう》 1-6 ● 利用者《りようしゃ》を中心《ちゅうしん》とする目標設定《もくひょうせってい》の留意点《りゅういてん》

① 個別的《こべつてき》である（一人《ひとり》ひとりの生活習慣《せいかつしゅうかん》や価値観《かちかん》を尊重《そんちょう》する）
② 利用者《りようしゃ》の自己実現《じこじつげん》をめざす（家庭《かてい》や社会《しゃかい》への参加《さんか》を可能《かのう》にする）
③ 利用者自身《りようしゃじしん》が取《と》り組《く》むことができる（能力《のうりょく》を最大限《さいだいげん》に活用《かつよう》する）

出典《しゅってん》：介護福祉士養成講座編集委員会編《かいごふくししようせいこうざへんしゅういいんかいへん》『新《しん》・介護福祉士養成講座《かいごふくししようせいこうざ》⑨ 介護過程《かいごかてい》 第《だい》3版《ばん》』中央法規出版《ちゅうおうほうきしゅっぱん》，p.56，2015年《ねん》を一部改変《いちぶかいへん》

表《ひょう》 1-7 ●「目標《もくひょう》」の表現《ひょうげん》の仕方《しかた》

① 主語《しゅご》は利用者《りようしゃ》であること（利用者《りようしゃ》が主体的《しゅたいてき》に取《と》り組《く》むことを表現《ひょうげん》する）
② 設定《せってい》した期間《きかん》において，現実的《げんじつてき》で達成可能《たっせいかのう》であること（可能性《かのうせい》の予測《よそく》を示《しめ》す）
③ 観察《かんさつ》または測定可能《そくていかのう》であること（量《りょう》，時間《じかん》，期間《きかん》などを明確《めいかく》に記述《きじゅつ》する）
④ 何《なに》をめざしているかが明確《めいかく》であること（だれもが理解《りかい》できる表現《ひょうげん》にする）
⑤ 利用者《りようしゃ》が読《よ》んで不快《ふかい》な表現《ひょうげん》は避《さ》けること（命令的《めいれいてき》，指示的《しじてき》な表現《ひょうげん》はしない）

出典《しゅってん》：介護福祉士養成講座編集委員会編《かいごふくししようせいこうざへんしゅういいんかいへん》『新《しん》・介護福祉士養成講座《かいごふくししようせいこうざ》⑨ 介護過程《かいごかてい》 第《だい》3版《ばん》』中央法規出版《ちゅうおうほうきしゅっぱん》，p.59，2015年《ねん》を一部改変《いちぶかいへん》

③ 具体的《ぐたいてき》な援助内容《えんじょないよう》・方法《ほうほう》の決定《けってい》

▶▶ 利用者主体《りようしゃしゅたい》の援助内容《えんじょないよう》・方法《ほうほう》

目標《もくひょう》の設定《せってい》に続《つづ》いて，具体的《ぐたいてき》な**援助内容《えんじょないよう》・方法《ほうほう》**を決定《けってい》します。

援助《えんじょ》の内容《ないよう》や方法《ほうほう》は，だれが見《み》ても同《おな》じ介助《かいじょ》ができることが重要《じゅうよう》です。介護現場《かいごげんば》では，複数《ふくすう》の介護職《かいごしょく》が1人《ひとり》の利用者《りようしゃ》にかかわるため，共通認識《きょうつうにんしき》ができていなければ，ケアの標準化《ひょうじゅんか》（☞第《だい》3巻《かん》p.70）が保《たも》たれません。したがって，介護計画《かいごけいかく》のなかには，介助方法《かいじょほうほう》，頻度《ひんど》，留意事項《りゅういじこう》などを記入《きにゅう》し，介護職同士《かいごしょくどうし》が共有《きょうゆう》できるようにします。

また，利用者《りようしゃ》や家族《かぞく》など，専門職以外《せんもんしょくいがい》の人《ひと》が見《み》ても正《ただ》しく理解《りかい》できることが大切《たいせつ》です。そのためには，利用者《りようしゃ》や家族《かぞく》に十分《じゅうぶん》な説明《せつめい》を行《おこな》い，内容《ないよう》について同意《どうい》を得《え》て，利用者《りようしゃ》が主体《しゅたい》となって実施《じっし》できるような援助《えんじょ》の内容《ないよう》と方法《ほうほう》を考《かんが》えなければなりません。

▶▶ ケアプランとの連動《れんどう》

介護過程《かいごかてい》では,すべてのプロセスが常《つね》に目標《もくひょう》の設定《せってい》や援助内容《えんじょないよう》・方法《ほうほう》の決定《けってい》に影響《えいきょう》します。

また，ケアプランと介護計画《かいごけいかく》は常《つね》に連動《れんどう》しています（☞第《だい》3巻《かん》p.39）。そのため，介護計画《かいごけいかく》の援助内容《えんじょないよう》・方法《ほうほう》を変更《へんこう》する場合《ばあい》には，ケアプランの見直《みなお》しも検討《けんとう》する必要《ひつよう》があります。

表《ひょう》1-8 ● 援助内容《えんじょないよう》・方法《ほうほう》を決定《けってい》する際《さい》の留意点《りゅういてん》

① いつ，どこで，だれが，何《なに》を，何《なん》のために，どのように行《おこな》うのかを明確《めいかく》にする
② 個別性《こべつせい》を尊重《そんちょう》し，時間《じかん》や頻度《ひんど》など，利用者《りようしゃ》の状況《じょうきょう》に合《あ》わせる
③ 目標《もくひょう》と援助内容《えんじょないよう》・方法《ほうほう》の一貫性《いっかんせい》を確認《かくにん》する
④ 計画書《けいかくしょ》にはわかりやすい表現《ひょうげん》で記述《きじゅつ》する

出典《しゅってん》：介護福祉士養成講座編集委員会編《かいごふくししようせいこうざへんしゅういいんかいへん》『新《しん》・介護福祉士養成講座《かいごふくししようせいこうざ》⑨ 介護過程《かいごかてい》 第《だい》3版《ばん》』中央法規出版《ちゅうおうほうきしゅっぱん》，p.60，2015年《ねん》を一部改変《いちぶかいへん》

図《ず》1-14 ● ケアの標準化《ひょうじゅんか》と個別化《こべつか》

出典《しゅってん》：介護福祉士養成講座編集委員会編《かいごふくししようせいこうざへんしゅういいんかいへん》『新《しん》・介護福祉士養成講座《かいごふくししようせいこうざ》⑨ 介護過程《かいごかてい》 第《だい》3版《ばん》』中央法規出版《ちゅうおうほうきしゅっぱん》，p.53，2015年《ねん》を一部改変《いちぶかいへん》

4 利用者《りようしゃ》・家族《かぞく》の参加《さんか》と多職種連携《たしょくしゅれんけい》

利用者《りようしゃ》・家族《かぞく》の参加《さんか》

どんなに立派《りっぱ》にまとめられた介護計画《かいごけいかく》であったとしても，あまりにも実現不可能《じつげんふかのう》な目標《もくひょう》が設定《せってい》されていたり，現実的《げんじつてき》でない援助内容《えんじょないよう》・方法《ほうほう》が盛《も》りこまれているようでは，だれのための，何《なん》のための計画《けいかく》かわかりません。また，利用者主体《りようしゃしゅたい》，自立支援《じりつしえん》といいながら，結《けっ》局《きょく》は介護職側《かいごしょくがわ》の一方的《いっぽうてき》な計画《けいかく》であっては，何《なん》の意味《いみ》もありません。

実効性《じっこうせい》に欠《か》ける介護計画《かいごけいかく》にならないためにも，計画《けいかく》の立案《りつあん》にあたっては，**利用者《りようしゃ》・家族《かぞく》の参加《さんか》**が大切《たいせつ》になります。可能《かのう》であれば，計画《けいかく》を立案《りつあん》する際《さい》のケアカンファレンスの場《ば》に利用者《りようしゃ》・家族《かぞく》に出席《しゅっせき》してもらうなど，文字《もじ》どおり利用者《りようしゃ》といっしょに作業《さぎょう》を進《すす》めることが理想的《りそうてき》です。

しかし実際《じっさい》には，物理的《ぶつりてき》にも時間的《じかんてき》にも制約《せいやく》があって，そのような場《ば》を設《もう》けることはむずかしいかもしれません。それでも，立案《りつあん》した計画《けいかく》を見《み》てもらいながら，なぜこのような計画《けいかく》になったのかを説明《せつめい》し，利用者《りようしゃ》や家族《かぞく》の同意《どうい》を得《え》るという作業《さぎょう》は必要《ひつよう》です。

多職種連携《たしょくしゅれんけい》

利用者《りようしゃ》の生活《せいかつ》を支援《しえん》しているのは，決《けっ》して介護職《かいごしょく》だけではありません。多様《たよう》な課題《かだい》を解《かい》決《けつ》するために，医師《いし》，看護師《かんごし》のほか，栄養士《えいようし》や理学療法士《りがくりょうほうし》，作業療法士《さぎょうりょうほうし》など，ほかの専門《せんもん》職《しょく》と連携《れんけい》しながら利用者《りようしゃ》を援助《えんじょ》しているのです。したがって，計画《けいかく》の立案《りつあん》にあたっても，それぞれの専門性《せんもんせい》をふまえた内容《ないよう》にしていくようにします。

それと同時《どうじ》に，利用者《りようしゃ》にかかわるチームのメンバー全員《ぜんいん》が介護計画《かいごけいかく》の意図《いと》をしっかりと理解《りかい》していることが重要《じゅうよう》になりますから，メンバーにどのようにして計画《けいかく》の意図《いと》を伝《つた》えていくのか，具体的《ぐたいてき》にはケアカンファレンスのもち方《かた》についてもあらかじめ検討《けんとう》しておくことが大切《たいせつ》です。

月《がつ》

日《にち》

4. 実施《じっし》

1 実施《じっし》の際《さい》の留意点《りゅういてん》

介護計画《かいごけいかく》の実施《じっし》は，単《たん》に利用者《りようしゃ》に喜《よろこ》ばれることを追求《ついきゅう》するものではありません。一連《いちれん》の介護過程《かいごかてい》における介護計画《かいごけいかく》をふまえ，利用者《りようしゃ》の安全性《あんぜんせい》，快適《かいてき》さ，そして自立《じりつ》に配慮《はいりょ》した介《かい》護技術《ごぎじゅつ》の実施《じっし》が大切《たいせつ》になります。

▶▶ 安全性《あんぜんせい》への配慮《はいりょ》

介護職《かいごしょく》は，実際《じっさい》の生活場面《せいかつばめん》において利用者《りようしゃ》の身体《しんたい》に直接触《ちょくせつふ》れることになるわけですから，安全《あんぜん》には最大限《さいだいげん》に配慮《はいりょ》する必要《ひつよう》があります。身体機能《しんたいきのう》はもちろんのこと，そのときの疲労度《ひろうど》や気分《きぶん》によっても利用者《りようしゃ》の身体状態《しんたいじょうたい》は変《か》わる可能性《かのうせい》がありますから，常《つね》に観察《かんさつ》をしながら安全《あんぜん》な介護技術《かいごぎじゅつ》を実施《じっし》するようにします。

なお，ここでいう安全性《あんぜんせい》とは，利用者《りようしゃ》にとっての安全性《あんぜんせい》だけでなく，介護職自身《かいごしょくじしん》にとっての安全性《あんぜんせい》という意味《いみ》も含《ふく》まれます。無理《むり》な体勢《たいせい》をとったり，力《ちから》まかせの介護《かいご》を行《おこな》ったりしては，介護《かいご》をする側《がわ》がからだをこわすことにもなりかねません。利用者《りようしゃ》と介護職《かいごしょく》との安《あん》全性《ぜんせい》は裏表《うらおもて》の関係《かんけい》にあることを意識《いしき》することはとても大切《たいせつ》です。

▶▶ 快適《かいてき》さへの配慮《はいりょ》

たとえ安全《あんぜん》に配慮《はいりょ》した援助《えんじょ》であったとしても，介護職《かいごしょく》による一方的《いっぽうてき》なものであったならば，利用者《りようしゃ》にとって満足《まんぞく》のいく生活《せいかつ》が送《おく》れるものではありません。決《けっ》して押《お》しつけるようなことはせず，それまでの生活習慣《せいかつしゅうかん》などにも配慮《はいりょ》しながら，利用者《りようしゃ》にとって快適《かいてき》で，心地《ここち》よい援助《えんじょ》を実施《じっし》するように心《こころ》がけることが大切《たいせつ》です。

人《ひと》はだれでも，自分《じぶん》の価値観《かちかん》を大切《たいせつ》にして過《す》ごしたいと思《おも》っています。したがって，他《た》人《にん》に価値観《かちかん》を押《お》しつけられることには大変苦痛《たいへんくつう》を感《かん》じます。快適《かいてき》さへの配慮《はいりょ》という場合《ばあい》，人《ひと》によって価値観《かちかん》が千差万別《せんさばんべつ》であることを理解《りかい》し，関心《かんしん》をもって相手《あいて》をよく観察《かんさつ》し，コミュニケーションなどによってその価値観《かちかん》を理解《りかい》していくことが必要《ひつよう》です。

▶▶ 自立《じりつ》への配慮《はいりょ》

利用者《りようしゃ》の自立《じりつ》に配慮《はいりょ》した介護技術《かいごぎじゅつ》の実施《じっし》も求《もと》められます。ここでいう自立《じりつ》とは，食事《しょくじ》や入浴《にゅうよく》，排泄《はいせつ》などの生活場面《せいかつばめん》において，すべての行為《こうい》を利用者本人《りようしゃほんにん》にしてもらうといった，身体的自立《しんたいてきじりつ》のみを意味《いみ》しているのではありません。自立《じりつ》という場合《ばあい》，自分《じぶん》の生活《せいかつ》が自分《じぶん》の主体的《しゅたいてき》な意思《いし》によって営《いとな》まれているかどうかが重要《じゅうよう》なのであって，介護技術《かいごぎじゅつ》の実施《じっし》にあたっても，介護職側《かいごしょくがわ》の都合《つごう》によって一方的《いっぽうてき》に行《おこな》ってはならないのです。

❷ 実施状況《じっしじょうきょう》の把握《はあく》

▶▶ 利用者《りようしゃ》の反応《はんのう》

利用者《りようしゃ》の安全性《あんぜんせい》，快適《かいてき》さ，そして自立《じりつ》に配慮《はいりょ》した援助《えんじょ》を介護計画《かいごけいかく》にもとづいて実施《じっし》するにあたっては，利用者《りようしゃ》の反応《はんのう》を見落《みお》とさないようにします。

利用者《りようしゃ》の身体状況《しんたいじょうきょう》，感《かん》じていること，考《かんが》え，思《おも》いなどは，刻々《こっこく》と変化《へんか》します。ただし，援助《えんじょ》の内容《ないよう》や方法《ほうほう》に対《たい》する不安《ふあん》や違和感《いわかん》，要求《ようきゅう》などを，そのつど言葉《ことば》で表現《ひょうげん》できる利用者《りようしゃ》ばかりではありません。また，たとえ言葉《ことば》で表現《ひょうげん》していてもそれが利用者《りようしゃ》の思《おも》いを正《ただ》しくあらわしているとは限《かぎ》りません。

したがって介護職《かいごしょく》には，言葉《ことば》のニュアンスや表情《ひょうじょう》，身体《しんたい》の動《うご》き，しぐさなどを細《こま》かく観《かん》察《さつ》し，利用者《りようしゃ》の思《おも》いをくみとりながら，常《つね》に，今実施《いまじっし》している援助《えんじょ》は利用者《りようしゃ》に適《てき》しているのかを判断《はんだん》していくことが求《もと》められます。

利用者《りようしゃ》にとって望《のぞ》ましい結果《けっか》が得《え》られるはずだと思《おも》って実施《じっし》しても，利用者《りようしゃ》は思《おも》わぬ反《はん》応《のう》を示《しめ》すことがあります。介護職《かいごしょく》は，利用者《りようしゃ》の反応《はんのう》に敏感《びんかん》に気《き》づきながら介護技術《かいごぎじゅつ》を実施《じっし》することが大切《たいせつ》です。

▶▶ 多職種連携《たしょくしゅれんけい》と情報《じょうほう》の共有《きょうゆう》

利用者《りようしゃ》にかかわるチームのメンバーとの連携《れんけい》や協働《きょうどう》は，計画《けいかく》の立案《りつあん》の段階《だんかい》にとどまるものではありません。実施《じっし》の段階《だんかい》でも非常《ひじょう》に重要《じゅうよう》な意味《いみ》をもちます。

たとえば，介護職《かいごしょく》が，利用者《りようしゃ》の安全性《あんぜんせい》，快適《かいてき》さ，そして自立《じりつ》に配慮《はいりょ》して食事《しょくじ》の援助《えんじょ》を行《おこな》ったとします。そのとき，介護職《かいごしょく》がどのような料理《りょうり》を提供《ていきょう》し，利用者《りようしゃ》はそれをどこで，どのように食《た》べたかという情報《じょうほう》は，介護職《かいごしょく》だけ知《し》っていればよいというわけではありません。栄養士《えいようし》とその情報《じょうほう》を共有《きょうゆう》し，連携《れんけい》をはかることで，利用者《りようしゃ》が食事《しょくじ》を楽《たの》しみにしながら，必要《ひつよう》な栄養《えいよう》をとることが可能《かのう》になるのです。

また，ケアプランと介護計画《かいごけいかく》との関係《かんけい》はすでに述《の》べたとおりですが，介護職《かいごしょく》が実施《じっし》した援助《えんじょ》の結果《けっか》は，ケアマネジメントにおけるモニタリング（☞第《だい》3巻《かん》p.36）の際《さい》に重要《じゅうよう》な役《やく》割《わり》を果《は》たします。

ケアプランは，利用者《りようしゃ》の変化《へんか》に合《あ》わせて見直《みなお》しを行《おこな》う必要《ひつよう》がありますが，そのために必《ひつ》要《よう》な情報《じょうほう》の多《おお》くは，利用者《りようしゃ》にもっとも近《ちか》い介護職《かいごしょく》が把握《はあく》している場合《ばあい》が少《すく》なくありません。もっとも新《あたら》しく，正《ただ》しい情報《じょうほう》を常《つね》にチームのメンバーが共有《きょうゆう》できるように，連携《れんけい》をはかることが大切《たいせつ》です。

❸ 実施《じっし》の記録《きろく》

介護計画《かいごけいかく》にもとづく援助《えんじょ》を実施《じっし》した際《さい》には，必《かなら》ず記録《きろく》（☞第《だい》2巻《かん》p.198）に残《のこ》します。

どんなに立派《りっぱ》な計画《けいかく》が立案《りつあん》されたとしても，計画《けいかく》どおりに実施《じっし》されなければまったく意味《いみ》がありません。そこで，援助《えんじょ》を適正《てきせい》に，計画《けいかく》どおりに実施《じっし》したことを確認《かくにん》・証明《しょうめい》することを目的《もくてき》として，援助《えんじょ》の経過《けいか》を記録《きろく》します。

介護職《かいごしょく》が実施《じっし》した援助《えんじょ》やそのときの利用者《りようしゃ》の反応《はんのう》や言動《げんどう》，観察《かんさつ》した内容《ないよう》や判断《はんだん》の根拠《こんきょ》については，形《かたち》としては何《なに》も残《のこ》りません。また，人間《にんげん》の記憶《きおく》は時間《じかん》の経過《けいか》とともに不確《ふたし》かなものになってしまいます。そのため，実施状況《じっしじょうきょう》を記録《きろく》しておかなければ，よい実践《じっせん》を次《つぎ》の援助《えんじょ》にいかすこともできませんし，失敗《しっぱい》のくり返《かえ》しを防《ふせ》ぐことにもつながりません。

そこで，形《かたち》として残《のこ》りにくい実践《じっせん》を記録《きろく》に残《のこ》す必要《ひつよう》があります。記録《きろく》に含《ふく》まれる内容《ないよう》としては，表《ひょう》1-9に示《しめ》すものなどが大切《たいせつ》になります。

表《ひょう》1-9 ● 記録《きろく》に含《ふく》まれる内容《ないよう》

項目《こうもく》（記録《きろく》の対象《たいしょう》）	記録対象《きろくたいしょう》となる時期《じき》	記録《きろく》の内容《ないよう》
実施前《じっしまえ》の利用者《りようしゃ》の状態《じょうたい》	実施前《じっしまえ》	実施《じっし》にあたって観察《かんさつ》したこと ・日常生活《にちじょうせいかつ》にかかわる動作《どうさ》 ・表情《ひょうじょう》や言動《げんどう》
実施《じっし》の過程《かてい》	援助《えんじょ》の開始時《かいしじ》から終了時《しゅうりょうじ》までの経過《けいか》	実施《じっし》した援助《えんじょ》の内容《ないよう》・方法《ほうほう》 それに対《たい》する利用者《りようしゃ》の反応《はんのう》や言動《げんどう》 介護職《かいごしょく》の判断《はんだん》と対応《たいおう》
実施《じっし》の結果《けっか》・考察《こうさつ》	実施後《じっしご》	目標《もくひょう》に対《たい》する到達度《とうたつど》 ・何《なに》がどの程度《ていど》できたか ・何《なに》がどの程度《ていど》できなかったか ・残《のこ》された課題《かだい》 ・援助内容《えんじょないよう》・方法《ほうほう》の適否《てきひ》

出典《しゅってん》：介護《かいご》福祉士《ふくしし》養成講座《ようせいこうざ》編集委員会編《へんしゅういいんかいへん》『新《しん》・介護《かいご》福祉士《ふくしし》養成講座《ようせいこうざ》⑨ 介護過程《かいごかてい》 第《だい》3版《ばん》』中央法規出版《ちゅうおうほうきしゅっぱん》，p.76，2015年《ねん》を一部改変《いちぶかいへん》

月《がつ》　日《にち》

5. 評価《ひょうか》

❶ 評価《ひょうか》の意義《いぎ》と目的《もくてき》

介護過程《かいごかてい》で重要《じゅうよう》となるプロセスの1つが評価《ひょうか》です。ここでいう評価《ひょうか》とは，介護《かいご》サービスを提供《ていきょう》したあとの評価《ひょうか》（エバリュエーション）のことであり，事前評価《じぜんひょうか》（アセスメント）とは異《こと》なります。

介護計画《かいごけいかく》の立《た》てっぱなし，援助《えんじょ》のやりっぱなしという状態《じょうたい》のまま，何《なん》のふり返《かえ》りもないというのでは，そもそも介護計画《かいごけいかく》を立案《りつあん》し，評価《ひょうか》する必要《ひつよう》がありません。立案《りつあん》した計画《けいかく》が利用者《りようしゃ》の生活《せいかつ》を援助《えんじょ》することにどれだけ役《やく》に立《た》っているか，また，残《のこ》された課題《かだい》としてどのようなものがあるかを明確《めいかく》にすることが，評価《ひょうか》を通《つう》じて問《と》われる大切《たいせつ》なポイントです。

❷ 評価《ひょうか》の視点《してん》

▶▶ 目標《もくひょう》が達成《たっせい》できたかの評価《ひょうか》

介護計画《かいごけいかく》の目標《もくひょう》とは，情報《じょうほう》の収集《しゅうしゅう》のあと，情報《じょうほう》の解釈《かいしゃく》・関連《かんれん》づけ・統合化《とうごうか》，さらには課《か》題《だい》の明確化《めいかくか》を受《う》けて設定《せってい》されるものであり，利用者《りようしゃ》がこうありたいと望《のぞ》む状態《じょうたい》，言葉《ことば》を換《か》えれば，課題《かだい》が解決《かいけつ》されてニーズが満《み》たされている状態《じょうたい》をあらわすものです。ある一定期《いっていき》間《かん》のなかで，利用者《りようしゃ》の安全性《あんぜんせい》，快適《かいてき》さ，自立《じりつ》に配慮《はいりょ》した介護技術《かいごぎじゅつ》を実施《じっし》したあとには，必《かなら》ずこの目標《もくひょう》に立《た》ち戻《もど》って達成《たっせい》の度合《どあ》いをはからなければなりません。

目標《もくひょう》の評価《ひょうか》は，計画《けいかく》で設定《せってい》した評価期日《ひょうかきじつ》に行《おこな》うことが前提《ぜんてい》になりますが，それ以外《いがい》にも，評価期日《ひょうかきじつ》より前《まえ》に目標《もくひょう》が達成《たっせい》されたと判断《はんだん》されたり，利用者《りようしゃ》の生活状態《せいかつじょうたい》に大《おお》きな変化《へんか》が生《しょう》じたりしたときには，すみやかに評価《ひょうか》するようにします。

評価《ひょうか》する際《さい》のポイントとしては，目標《もくひょう》にそって現状《げんじょう》を観察《かんさつ》し，客観的《きゃっかんてき》にみて目標《もくひょう》に達《たっ》しているかどうかを検討《けんとう》します。そのうえで，目標《もくひょう》に達成《たっせい》していない場合《ばあい》には，まずその原《げん》因《いん》を検討《けんとう》する必要《ひつよう》があります（表《ひょう》1-10）。

表《ひょう》1-10 ● 介護計画《かいごけいかく》の目標《もくひょう》が達成《たっせい》されない原因《げんいん》として考《かんが》えられる例《れい》

- 目標自体《もくひょうじたい》があまり現実的《げんじつてき》でなかった
- 現実的《げんじつてき》であったとしても，実施期間《じっしきかん》が短《みじか》かったことで目標《もくひょう》に達《たっ》しなかった
- 具体的《ぐたいてき》な援助内容《えんじょないよう》・方法《ほうほう》が適切《てきせつ》でなかったために，目標《もくひょう》の達成《たっせい》につながらなかった
- 情報《じょうほう》を収集《しゅうしゅう》して以降《いこう》，課題《かだい》の明確化《めいかくか》までの作業《さぎょう》が十分《じゅうぶん》でなかったために，目標《もくひょう》と利用者《りようしゃ》の実態《じったい》とのズレが生《しょう》じてしまった　など

原因《げんいん》がどこにあったのかを明《あき》らかにして，次《つぎ》に今後《こんご》の対策《たいさく》を考《かんが》えていくことが必要《ひつよう》です。また，目標《もくひょう》に達《たっ》している場合《ばあい》には，必要《ひつよう》に応《おう》じて次《つぎ》の段階《だんかい》の目標《もくひょう》を設定《せってい》するようにします。

▶▶ 具体的《ぐたいてき》な援助内容《えんじょないよう》・方法《ほうほう》が適切《てきせつ》であったかの評価《ひょうか》

目標《もくひょう》の評価《ひょうか》に際《さい》しては，目標《もくひょう》に達《たっ》していない場合《ばあい》，その原因《げんいん》を検討《けんとう》することになりますが，原因《げんいん》の１つとして考《かんが》えられるのが，利用者《りようしゃ》に対《たい》する具体的《ぐたいてき》な援助内容《えんじょないよう》・方法《ほうほう》が果《は》たして適切《てきせつ》であったかどうかという点《てん》です。

介護計画《かいごけいかく》のなかには，利用者《りようしゃ》に対《たい》して，いつ，どこで，だれが，何《なに》を，何《なん》のために，どのように行《おこな》うのかという援助内容《えんじょないよう》・方法《ほうほう》が記載《きさい》されています。これらの内容《ないよう》は，目標《もくひょう》を実《じつ》現《げん》させるための具体的《ぐたいてき》な方策《ほうさく》であるわけですから，目標《もくひょう》と裏表《うらおもて》をなす要因《よういん》として吟味《ぎんみ》していかなければなりません。

「どのような介護《かいご》サービスを提供《ていきょう》するのか」という援助内容《えんじょないよう》に問題《もんだい》があったのか，「いつ（どのくらいの頻度《ひんど》で），だれが行《おこな》うのか」という援助方法《えんじょほうほう》に問題《もんだい》があったのかなど，**援助《えんじょ》内容《ないよう》・方法《ほうほう》の評価《ひょうか》**のポイントはいくつかあります。

さらに，介護現場《かいごげんば》では，１人《ひとり》の利用者《りようしゃ》に複数《ふくすう》の介護職《かいごしょく》がかかわることになりますが，介《かい》護職一人《ごしょくひとり》ひとりに，どこまで援助内容《えんじょないよう》や援助方法《えんじょほうほう》が理解《りかい》され，実施《じっし》されていたのかも大切《たいせつ》なポイントの１つといえるでしょう。いくら理想的《りそうてき》な援助内容《えんじょないよう》・方法《ほうほう》が計画《けいかく》に盛《も》りこまれていたとしても，それが介護職全員《かいごしょくぜんいん》に理解《りかい》され実施《じっし》されていたのでなければ，介護計画《かいごけいかく》は絵《え》に描《か》いた餅《もち》にすぎません。

ケアカンファレンスの場《ば》などを効果的《こうかてき》に活用《かつよう》しながら，具体的《ぐたいてき》な援助内容《えんじょないよう》や援助方法《えんじょほうほう》の１つひとつを評価《ひょうか》してみましょう。

❸ 介護計画《かいごけいかく》を修正《しゅうせい》する必要《ひつよう》があるかの判断《はんだん》

介護目標《かいごもくひょう》や具体的《ぐたいてき》な援助内容《えんじょないよう》・方法《ほうほう》を評価《ひょうか》した結果《けっか》，利用者《りようしゃ》がかかえている課題《かだい》がすべて解決《かいけつ》されていれば，そこでその人《ひと》への生活支援《せいかつしえん》は終了《しゅうりょう》することになります。

一方《いっぽう》で，評価《ひょうか》の結果《けっか》，このまま同《おな》じ形《かたち》で介護《かいご》を続《つづ》けても利用者《りようしゃ》のかかえる課題《かだい》が解決《かいけつ》につながらないことが明《あき》らかになった場合《ばあい》には，**介護計画《かいごけいかく》の修正《しゅうせい》**が求《もと》められます。つまり，評価《ひょうか》のあとには，計画《けいかく》を修正《しゅうせい》するかどうかの判断《はんだん》が必要《ひつよう》になるのです。

計画《けいかく》の修正《しゅうせい》という場合《ばあい》，部分的《ぶぶんてき》なものと大幅《おおはば》なものと，大《おお》きく分《わ》けて２通《とお》り考《かんが》えられます。

なかでも，評価《ひょうか》の結果《けっか》，情報《じょうほう》の収集以降《しゅうしゅういこう》の作業《さぎょう》が不十分《ふじゅうぶん》だと判断《はんだん》された場合《ばあい》や，利用者《りようしゃ》の生活状態《せいかつじょうたい》に大《おお》きな変化《へんか》がみられた場合《ばあい》などには，介護過程《かいごかてい》のプロセスのうちの「情報《じょうほう》の収集《しゅうしゅう》」や「情報《じょうほう》の解釈《かいしゃく》・関連《かんれん》づけ・統合化《とうごうか》」「課題《かだい》の明確化《めいかくか》」までさかのぼり，新《あら》たに情《じょう》報《ほう》を収集《しゅうしゅう》し直《なお》したり，課題《かだい》を整理《せいり》し直《なお》したりすることが必要《ひつよう》になります。そのうえで，修《しゅう》正《せい》された計画《けいかく》にもとづいて援助《えんじょ》が実施《じっし》されることになるわけです。

また，目標《もくひょう》はそのままで具体的《ぐたいてき》な援助内容《えんじょないよう》・方法《ほうほう》のみを変更《へんこう》する場合《ばあい》もあります。

いずれにしても，必要《ひつよう》に応《おう》じて介護過程《かいごかてい》は循環《じゅんかん》した形《かたち》で展開《てんかい》していくことになります。

なお，介護職《かいごしょく》が立案《りつあん》する介護計画《かいごけいかく》は，介護支援専門員《かいごしえんせんもんいん》が作成《さくせい》するケアプランをふまえて，介護職《かいごしょく》の視点《してん》からあらためてアセスメントを行《おこな》い，利用者《りようしゃ》の望《のぞ》む生活《せいかつ》に近《ちか》づけるための計画《けいかく》です。介護計画《かいごけいかく》とケアプランは相互《そうご》に連動《れんどう》しているものです。したがって，介護計《かいごけい》画《かく》に修正《しゅうせい》が生《しょう》じた場合《ばあい》には，必《かなら》ずサービス担当者会議《たんとうしゃかいぎ》やケアカンファレンスの場《ば》で報告《ほうこく》をし，ほかの専門職《せんもんしょく》の意見《いけん》と了解《りょうかい》を求《もと》めることが重要《じゅうよう》になります。

第《だい》3節《せつ》

介護過程《かいごかてい》とチームアプローチ

1. 介護過程《かいごかてい》とケアマネジメントの関係性《かんけいせい》

月《がつ》　日《にち》

❶ ケアマネジメントとは

▶▶ ケアマネジメントの定義《ていぎ》

ケアマネジメントとは，高齢《こうれい》や障害《しょうがい》があることによって地域社会《ちいきしゃかい》における自立《じりつ》した生活《せいかつ》が困難《こんなん》になったとしても，医療《いりょう》・保健《ほけん》・福祉《ふくし》などのさまざまな社会《しゃかい》サービスを利用《りよう》することで，その人《ひと》らしい生活《せいかつ》の継続《けいぞく》ができるように支援《しえん》するしくみのことをいいます。

支援《しえん》が必要《ひつよう》な状態《じょうたい》になることから生《しょう》じるさまざまなニーズに対《たい》して，複数《ふくすう》のサービス提供機関《ていきょうきかん》から各種《かくしゅ》サービスを総合的《そうごうてき》・一体的《いったいてき》に提供《ていきょう》することで，利用者《りようしゃ》の地域生活《ちいきせいかつ》を社会的《しゃかいてき》に支《ささ》えるしくみとして開発《かいはつ》されたものです。

ケアマネジメントの中核的《ちゅうかくてき》な役割《やくわり》をになうのがケアマネジャーであり，介護保険法上《かいごほけんほうじょう》では介護支援専門員《かいごしえんせんもんいん》（☞第《だい》1巻《かん》pp.91-92）と呼《よ》ばれています。

▶▶ ケアマネジメントの構成要素《こうせいようそ》

ケアマネジメントを構成《こうせい》する要素《ようそ》は，図《ず》1-15のようになります。

利用者《りようしゃ》とは，日常生活《にちじょうせいかつ》を継続《けいぞく》していくうえで，何《なん》らかの支援《しえん》を必要《ひつよう》とする人《ひと》をさします。

社会資源《しゃかいしげん》には，制度《せいど》として整備《せいび》されているフォーマルサービスと，家族《かぞく》や友人《ゆうじん》，ボランティアなど利用者《りようしゃ》の個人的《こじんてき》な資源《しげん》であるインフォーマルサービスの2種類《しゅるい》があります。

介護支援専門員《かいごしえんせんもんいん》（ケアマネジャー）は利用者《りようしゃ》と社会資源《しゃかいしげん》の調整役《ちょうせいやく》です。たとえ社会資源《しゃかいしげん》が充実《じゅうじつ》していたとしても，利用者《りようしゃ》のニーズに応《おう》じてサービスを調整《ちょうせい》する介護支援専門員《かいごしえんせんもんいん》がいなければ，利用者《りようしゃ》の多《おお》くは複雑《ふくざつ》な制度《せいど》のしくみや利用方法《りようほうほう》に関《かん》する知識《ちしき》が十分《じゅうぶん》でないために，社会資源《しゃかいしげん》の活用《かつよう》ができず，生活《せいかつ》の継続《けいぞく》は困難《こんなん》になります。

図《ず》 1-15 ● ケアマネジメントの構成要素《こうせいようそ》

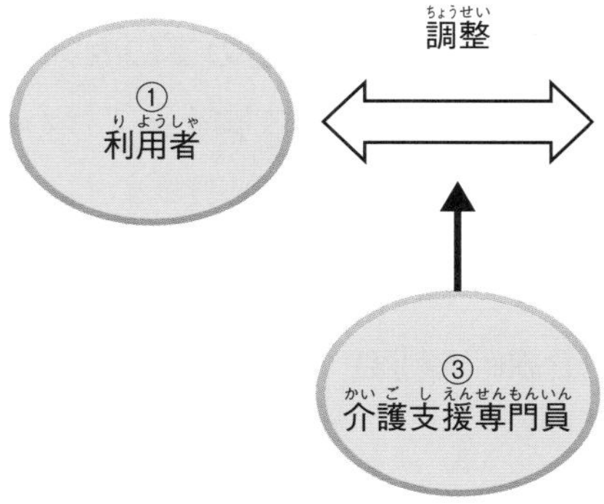

▶▶ ケアマネジメントの理念《りねん》・目的《もくてき》

介護《かいご》サービスの利用者《りようしゃ》には，それまで生《い》きてきた，その人《ひと》なりの生活者《せいかつしゃ》としての人生《じんせい》の歴史《れきし》があります。これまでにどのような人生《じんせい》を歩《あゆ》み，今後《こんご》，生活《せいかつ》の不自由《ふじゆう》さをかかえながらどのように過《す》ごしたいと思《おも》っているのかという「時間軸《じかんじく》」と，その時々《ときどき》で，どこでどのような人《ひと》と関係《かんけい》をもちながら生活《せいかつ》してきたのか，または生活《せいかつ》していきたいと思《おも》っているのかという「空間軸《くうかんじく》」の両方《りょうほう》からとらえることが必要《ひつよう》です。

また，各種《かくしゅ》のサービスを利用《りよう》する際《さい》には，利用者《りようしゃ》がどのような暮《く》らしを望《のぞ》んでいるのかという生活《せいかつ》の主体者《しゅたいしゃ》としての「自己決定《じこけってい》の尊重《そんちょう》」が重要《じゅうよう》となります。介護支援専門員《かいごしえんせんもんいん》がよいと思《おも》った計画《けいかく》でも，利用者《りようしゃ》にとってはストレスになる場合《ばあい》もあるのです。

ケアマネジメントとは，**利用者主体《りようしゃしゅたい》**，**生活《せいかつ》の継続《けいぞく》の支援《しえん》**，**自己決定《じこけってい》の尊重《そんちょう》**，そして**自立《じりつ》支援《しえん》**を理念《りねん》とし，高齢《こうれい》になったり障害《しょうがい》があったりすることによって自立《じりつ》した社会生活《しゃかいせいかつ》が困難《こんなん》になっても，社会資源《しゃかいしげん》を活用《かつよう》することにより，これまでどおり地域《ちいき》でその人《ひと》らしい生活《せいかつ》を継続《けいぞく》することを目的《もくてき》として行《おこな》うものということができます。

❷ ケアマネジメントの流《なが》れ

▶▶ 介護保険制度《かいごほけんせいど》による居宅《きょたく》サービスを利用《りよう》する場合《ばあい》のプロセス

ケアマネジメントは，図《ず》 1-16 に示《しめ》すようなプロセスにそって行《おこな》われます。ここでは，介護保険制度《かいごほけんせいど》による居宅《きょたく》サービスを利用《りよう》する場合《ばあい》を例《れい》に説明《せつめい》します。

図《ず》 1-16 ● ケアマネジメントの流《なが》れ（介護保険制度《かいごほけんせいど》）

＜事前《じぜん》の手続《てつづ》き＞

サービス利用《りよう》の申請《しんせい》

↓

要介護認定《ようかいごにんてい》

↓

介護支援専門員《かいごしえんせんもんいん》に
ケアプランの作成《さくせい》を依頼《いらい》

↓

＜ケアマネジメント＞

インテーク

↓ 利用者《りようしゃ》と介護支援専門員《かいごしえんせんもんいん》が出会《であ》う。

アセスメント

↓ 利用者《りようしゃ》の希望《きぼう》，現在《げんざい》の状況《じょうきょう》を把握《はあく》し，ニーズを明《あき》らかにする。

ケアプラン原案《げんあん》の作成《さくせい》

↓ 課題《かだい》を解決《かいけつ》するための目標《もくひょう》や必要《ひつよう》なサービスを検討《けんとう》する。

サービス担当者会議《たんとうしゃかいぎ》

↓ 各《かく》サービス事業所《じぎょうしょ》の担当者《たんとうしゃ》が集《あつ》まり，計画《けいかく》の内容《ないよう》について協議《きょうぎ》する。

ケアプランの確定《かくてい》

↓ 各《かく》サービス事業者《じぎょうしゃ》で調整《ちょうせい》した計画《けいかく》について，利用者《りようしゃ》に説明《せつめい》し，同意《どうい》を得《え》る。

支援《しえん》の実施《じっし》

↓ ケアプランにそった支援《しえん》を実施《じっし》する。

モニタリング

↓ 利用者《りようしゃ》の状況《じょうきょう》および支援《しえん》の実施状況《じっしじょうきょう》を確認《かくにん》する。

評価《ひょうか》（→アセスメントへ戻る）

↓ 支援《しえん》の継続《けいぞく》・変更《へんこう》・終結《しゅうけつ》を判断《はんだん》する。

終結《しゅうけつ》

介護保険制度《かいごほけんせいど》の居宅《きょたく》サービスにおいて保険給付《ほけんきゅうふ》を受《う》けるためには，利用者《りようしゃ》がサービス利《り》用《よう》の申請《しんせい》を行《おこな》い，要介護認定《ようかいごにんてい》を受《う》け，介護支援専門員《かいごしえんせんもんいん》にケアプラン（居宅《きょたく》サービス計画《けいかく》）の作成《さくせい》を依頼《いらい》する必要《ひつよう》があります。利用者《りようしゃ》の申請《しんせい》を受《う》けた市町村《しちょうそん》は，要介護認定《ようかいごにんてい》・要支援《ようしえん》認定《にんてい》を行《おこな》います。認定《にんてい》の結果《けっか》，「要介護《ようかいご》1～5または要支援《ようしえん》1・2に該当《がいとう》する」と認定《にんてい》されると，状態《じょうたい》に応《おう》じた保険給付《ほけんきゅうふ》を受《う》けることが可能《かのう》になります。

ケアプラン作成《さくせい》の依頼《いらい》を受《う》けた介護支援専門員《かいごしえんせんもんいん》は，利用者《りようしゃ》が要介護認定《ようかいごにんてい》を受《う》けているかどうかを確認《かくにん》します。認定《にんてい》を受《う》けていなければ申請《しんせい》の支援《しえん》を行《おこな》い，認定《にんてい》を受《う》けていればインテークにつなげます。

インテーク（相談《そうだん》・受理《じゅり》）

インテークは受理面接《じゅりめんせつ》ともいわれ，利用者《りようしゃ》・家族《かぞく》と介護支援専門員《かいごしえんせんもんいん》がはじめて出会《であ》う場《ば》です。ここで支援《しえん》を必要《ひつよう》とする利用者《りようしゃ》の状況《じょうきょう》など，必要事項《ひつようじこう》を確認《かくにん》したうえで制度上利用《せいどじょうりよう》できるサービスなどを説明《せつめい》し，サービスを利用《りよう》する旨《むね》の了解《りょうかい》を得《え》て，契約《けいやく》を結《むす》ぶことにより支援《しえん》が始《はじ》まります。

アセスメント（課題分析《かだいぶんせき》）

アセスメントでは，利用者《りようしゃ》の希望《きぼう》，日常生活上《にちじょうせいかつじょう》の能力《のうりょく》（可能性《かのうせい》）や家族介護者《かぞくかいごしゃ》の状況《じょうきょう》，生活環境《せいかつかんきょう》などさまざまな情報《じょうほう》を収集《しゅうしゅう》し，分析《ぶんせき》することにより，利用者《りようしゃ》が家庭《かてい》や地域《ちいき》でその人《ひと》らしい自立《じりつ》した日常生活《にちじょうせいかつ》を営《いとな》むために解決《かいけつ》すべき課題《かだい》を明《あき》らかにします（ニーズの把《は》握《あく》）。

ケアプラン原案《げんあん》の作成《さくせい》

利用者《りようしゃ》・家族《かぞく》の希望《きぼう》をふまえ，アセスメントにより明確《めいかく》になった，利用者《りようしゃ》にとっての解《かい》決《けつ》すべき課題《かだい》（ニーズ）に対《たい》してどのような解決方法《かいけつほうほう》があるかを検討《けんとう》します。具体的《ぐたいてき》には，目標《もくひょう》や必要《ひつよう》なサービスを相談《そうだん》・検討《けんとう》し，ケアプラン原案《げんあん》を作成《さくせい》します。

サービス担当者会議《たんとうしゃかいぎ》 （☞第《だい》2巻《かん》 p.211）

サービス担当者会議《たんとうしゃかいぎ》では，ケアプラン原案《げんあん》に組《く》みこまれた各種《かくしゅ》のサービス事業所《じぎょうしょ》の担当《たんとう》者《しゃ》が集《あつ》まり，利用者《りようしゃ》・家族《かぞく》とともに計画《けいかく》の内容《ないよう》を協議《きょうぎ》します。サービス提供《ていきょう》においては，さまざまな職種《しょくしゅ》がチームとして連携《れんけい》し，利用者《りようしゃ》の目標達成《もくひょうたっせい》に向《む》けて支援《しえん》を実施《じっし》することが重要《じゅうよう》です。そのため，どのような目標《もくひょう》に向《む》かって支援《しえん》するかの意思統一《いしとういつ》をはかります。

ケアプランの確定《かくてい》

サービス担当者会議《たんとうしゃかいぎ》を経《へ》て調整《ちょうせい》したケアプランについて利用者《りようしゃ》・家族《かぞく》に説明《せつめい》し，内容《ないよう》について同意《どうい》を得《え》ます。利用者《りようしゃ》・家族《かぞく》の同意《どうい》を得《え》ることができてはじめてケアプランとして確定《かくてい》します。

介護支援専門員《かいごしえんせんもんいん》は，確定《かくてい》したケアプランを利用者《りようしゃ》と居宅《きょたく》サービス等《とう》の担当者《たんとうしゃ》に交付《こうふ》します。担当者《たんとうしゃ》にケアプランを交付《こうふ》したときには，担当者《たんとうしゃ》に対《たい》し，**個別《こべつ》サービス計画《けいかく》**[3]（➡ p.49参照《さんしょう》）の提出《ていしゅつ》を求《もと》め，ケアプランと個別《こべつ》サービス計画《けいかく》の連動性《れんどうせい》や整合性《せいごうせい》について確認《かくにん》します。

支援《しえん》の実施《じっし》

ケアプランにそって各《かく》サービス事業所《じぎょうしょ》は，個別《こべつ》サービス計画《けいかく》である訪問介護計画《ほうもんかいごけいかく》や通所《つうしょ》リハビリテーション計画《けいかく》，訪問看護計画《ほうもんかんごけいかく》などを立《た》てて援助《えんじょ》を実施《じっし》することになります。ケアプランと各事業所《かくじぎょうしょ》の立《た》てる個別《こべつ》サービス計画《けいかく》は，共通《きょうつう》の目標《もくひょう》のもとに作成《さくせい》され，連動《れんどう》しながら援助《えんじょ》を実施《じっし》することになります。ここで訪問介護事業所《ほうもんかいごじぎょうしょ》の介護職《かいごしょく》は利用者《りようしゃ》と出会《であ》い，介護過程《かいごかてい》を展開《てんかい》することになります。

モニタリング

介護支援専門員《かいごしえんせんもんいん》は，ケアプランに位置《いち》づけた目標《もくひょう》の達成《たっせい》に向《む》けて，①計画《けいかく》どおりに援助《えんじょ》が実施《じっし》されているか，②目標《もくひょう》に対《たい》する達成度《たっせいど》はどうか，③サービスの種類《しゅるい》や援助内容《えんじょないよう》・方《ほう》法《ほう》は適切《てきせつ》か，④利用者《りようしゃ》に新《あたら》しい課題《かだい》や可能性《かのうせい》が生《しょう》じていないか，⑤サービスの質《しつ》と量《りょう》に対《たい》する利用者《りようしゃ》・家族《かぞく》の満足度《まんぞくど》はどうか，などを確認《かくにん》します。

なお，介護支援専門員《かいごしえんせんもんいん》は少《すく》なくとも１か月《げつ》に１回《かい》は利用者《りようしゃ》の居宅《きょたく》で面接《めんせつ》を行《おこな》い，モニタリングの結果《けっか》を記録《きろく》することが必要《ひつよう》とされています。

評価《ひょうか》

モニタリングの結果《けっか》およびケアマネジメントのプロセス全体《ぜんたい》を評価《ひょうか》し，利用者《りようしゃ》の状況《じょうきょう》に応《おう》じて支援《しえん》の継続《けいぞく》・変更《へんこう》・終結《しゅうけつ》を判断《はんだん》します。ケアプランの修正《しゅうせい》・変更《へんこう》が必要《ひつよう》な場合《ばあい》には，再度《さいど》アセスメントを行《おこな》い，ケアマネジメントのプロセスをくり返《かえ》すことになります。

ケアマネジメントと介護過程《かいごかてい》

介護支援専門員《かいごしえんせんもんいん》が作成《さくせい》するケアプラン（居宅《きょたく》の場合《ばあい》は居宅《きょたく》サービス計画《けいかく》，施設《しせつ》の場合《ばあい》は施設《しせつ》サービス計画《けいかく》という）は，利用者《りようしゃ》の生活全体《せいかつぜんたい》を支《ささ》える計画《けいかく》となります。

介護支援専門員《かいごしえんせんもんいん》は，アセスメントにおいて，利用者《りようしゃ》の身体的《しんたいてき》・精神的《せいしんてき》な健康状態《けんこうじょうたい》，ADL の能力《のうりょく》，経済状況《けいざいじょうきょう》，家族《かぞく》の状況《じょうきょう》，住環境《じゅうかんきょう》など幅広《はばひろ》い情報《じょうほう》を入手《にゅうしゅ》し，利用者《りようしゃ》や家族《かぞく》が現《げん》に困《こま》っている問題《もんだい》を把握《はあく》してニーズを導《みちび》き出《だ》します。利用者一人《りようしゃひとり》ひとりの個別的《こべつてき》な状況《じょうきょう》から，利用者自身《りようしゃじしん》が，どこでどのような生活《せいかつ》を送《おく》ることを望《のぞ》んでいるのかを知《し》り，目標《もくひょう》を設定《せってい》します。

ケアプランに位置《いち》づけられたサービスを提供《ていきょう》する事業者《じぎょうしゃ》（施設《しせつ》の場合《ばあい》は「職種《しょくしゅ》」）は，

ケアプランの目標達成《もくひょうたっせい》に向《む》かって援助《えんじょ》を実施《じっし》します。このとき介護職《かいごしょく》の場合《ばあい》は**介護過程《かいごかてい》**を展開《てんかい》することになります。介護《かいご》に必要《ひつよう》な情報《じょうほう》を収集《しゅうしゅう》し，情報《じょうほう》の解釈《かいしゃく》・関連《かんれん》づけ・統合化《とうごうか》を行《おこな》い，課題《かだい》を分析《ぶんせき》したうえで**介護計画《かいごけいかく》（個別《こべつ》サービス計画《けいかく》）**を立案《りつあん》します。その計画《けいかく》の目《もく》標《ひょう》の達成《たっせい》に向《む》けて，個別的《こべつてき》な具体策《ぐたいさく》にそった援助《えんじょ》を実施《じっし》します。

ケアマネジメントのプロセスと介護過程《かいごかてい》の関係《かんけい》は，図《ず》1-17，図《ず》1-18に示《しめ》すとおりです。

図《ず》1-17 ● ケアマネジメントと介護過程《かいごかてい》の関係《かんけい》（居宅《きょたく》サービスの場合《ばあい》）

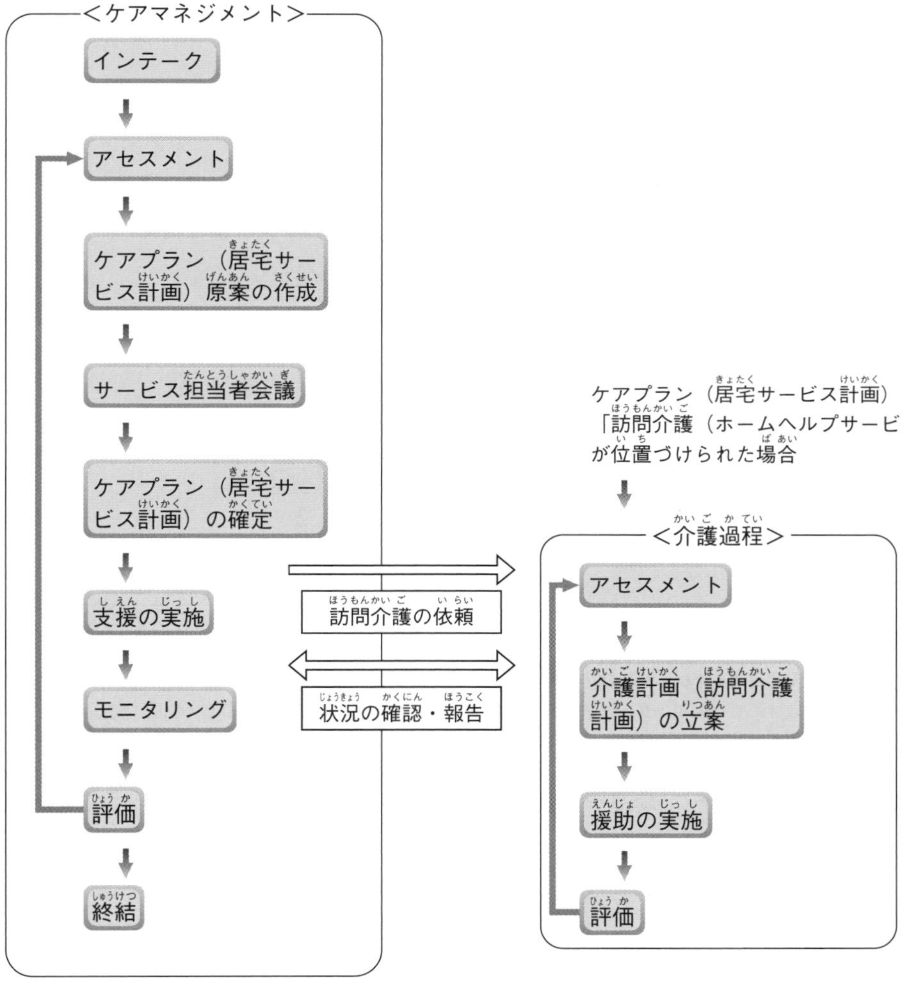

図《ず》 1-18 ● ケアマネジメントと介護過程《かいごかてい》の関係《かんけい》（施設《しせつ》サービスの場合《ばあい》）

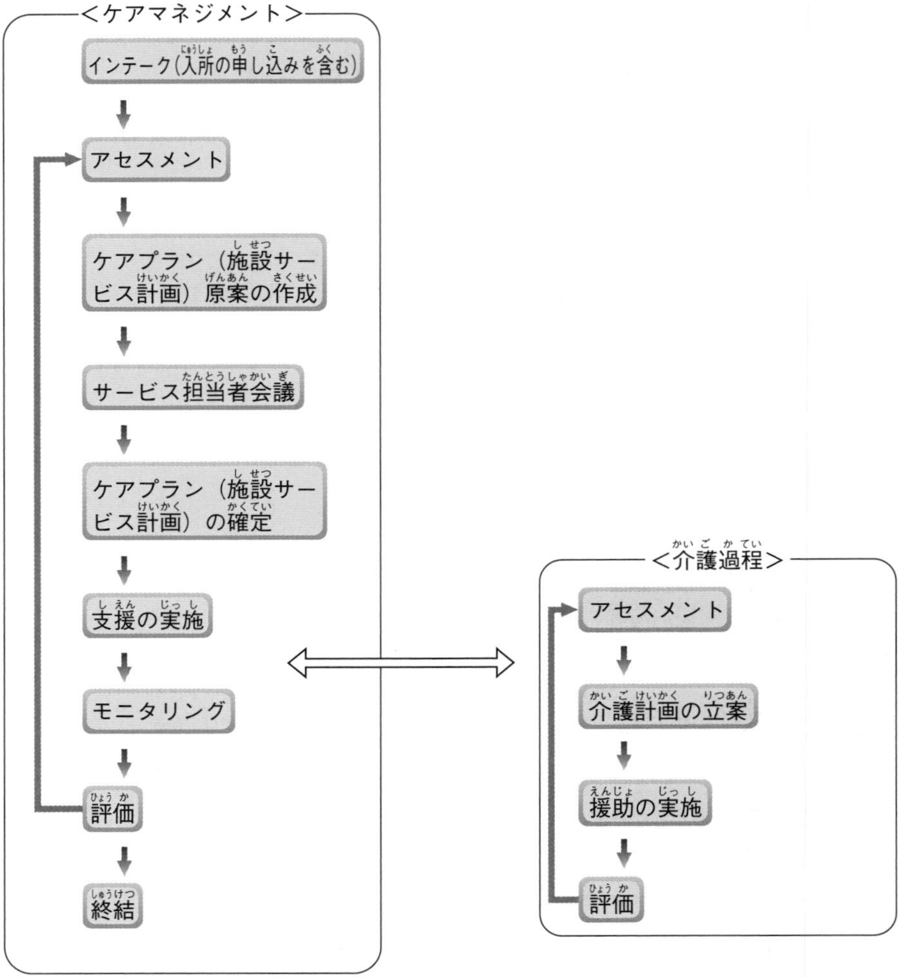

注《ちゅう》：施設《しせつ》では，介護支援専門員《かいごしえんせんもんいん》をはじめ複数《ふくすう》の専門職《せんもんしょく》がチームで利用者《りようしゃ》の生活《せいかつ》を支援《しえん》している。本来《ほんらい》，それぞれの専門《せんもん》職《しょく》が個別《こべつ》サービス計画《けいかく》を作成《さくせい》するが，ケアプラン（施設《しせつ》サービス計画《けいかく》）が基本計画《きほんけいかく》として位置《いち》づけられていないために，介護計画《かいごけいかく》や看護計画《かんごけいかく》などの個別《こべつ》サービス計画《けいかく》がケアプラン（施設《しせつ》サービス計画《けいかく》）と混同《こんどう》されている場合《ばあい》がある。「ケアプラン（居宅《きょたく》サービス計画《けいかく》）と個別《こべつ》サービス計画《けいかく》」と同《おな》じ位置《いち》づけであり，施設《しせつ》においてもそれぞれの計画《けいかく》を作成《さくせい》しなければならない。

▶▶ ケアプランと個別《こべつ》サービス計画《けいかく》

ケアプランを大《おお》きな歯車《はぐるま》にたとえると，各専門職《かくせんもんしょく》が作成《さくせい》する個別《こべつ》サービス計画《けいかく》は小《ちい》さな歯車《はぐるま》に該当《がいとう》します。大《おお》きな歯車《はぐるま》を目標《もくひょう》に向《む》かって正確《せいかく》に回転《かいてん》させるためには，複数《ふくすう》の小《ちい》さな歯車《はぐるま》が正確《せいかく》に回転《かいてん》する必要《ひつよう》があります（図《ず》1-19）。

個別《こべつ》サービス計画《けいかく》では，ケアプランを受《う》けて，その目標《もくひょう》を達成《たっせい》するために，より具体的《ぐたいてき》で，より専門的《せんもんてき》な計画《けいかく》を立案《りつあん》します。個別《こべつ》サービス計画《けいかく》の立案《りつあん》においては，その計画《けいかく》がケアプランとどのようにつながり，介護職《かいごしょく》としてどのような役割《やくわり》を果《は》たすことが求《もと》められているのかを意識《いしき》し，目標達成《もくひょうたっせい》のために「いつ」「だれが」「どこで」「何《なに》を」「どのように」「どのくらい」実施《じっし》するのかを具体的《ぐたいてき》に計画《けいかく》する必要《ひつよう》があります。その結果《けっか》，介護職間《かいごしょくかん》での援《えん》助《じょ》のばらつきや，他職種《たしょくしゅ》との意識《いしき》のくい違《ちが》いを防《ふせ》ぎ，一人《ひとり》ひとりの利用者《りようしゃ》に対《たい》して，個別《こべつ》的《てき》で，なおかつ標準化《ひょうじゅんか》されたサービスを提供《ていきょう》することが可能《かのう》になります。

このようにケアプランと個別《こべつ》サービス計画《けいかく》は，大《おお》きな歯車《はぐるま》と小《ちい》さな歯車《はぐるま》との関係《かんけい》でお互《たが》いに情報《じょうほう》を共有《きょうゆう》し，うまくかみ合《あ》わせることによって，はじめて目標達成《もくひょうたっせい》に向《む》けて進《すす》むことができるのです。利用者《りようしゃ》の望《のぞ》む生活《せいかつ》の実現《じつげん》に向《む》けて個別性《こべつせい》の高《たか》い介護《かいご》を実践《じっせん》するためには，ケアプランの目標《もくひょう》・内容《ないよう》を正確《せいかく》に把握《はあく》し，利用者《りようしゃ》を中心《ちゅうしん》に各専門職《かくせんもんしょく》が同一目標《どういつもくひょう》に向《む》かって連携《れんけい》するチームアプローチが重要《じゅうよう》となります。

図《ず》1-19 ● ケアプランと個別《こべつ》サービス計画《けいかく》の関係《かんけい》

▶▶ さまざまな呼《よ》び名《な》のある「計画《けいかく》」

これまで述《の》べてきた「計画《けいかく》」には，複数《ふくすう》の呼《よ》び名《な》があり，その違《ちが》いがわかりにくい状態《じょうたい》にあるのが現状《げんじょう》です。

ここでは一度《いちど》，これらの言葉《ことば》の整理《せいり》をしましょう。

(1) ケアプランとは

ケアプランは，利用者《りようしゃ》・家族《かぞく》の希望《きぼう》をふまえ，アセスメントにより明確《めいかく》になった，利《り》用者《ようしゃ》にとっての解決《かいけつ》すべき課題《かだい》（ニーズ）と目標《もくひょう》，支援《しえん》する際《さい》の全体的《ぜんたいてき》な支援《しえん》の方向《ほうこう》性《せい》，必要《ひつよう》となる社会資源《しゃかいしげん》をどのように提供《ていきょう》すればよいかを記載《きさい》した計画書《けいかくしょ》のことです。

ケアプランという呼《よ》び方《かた》は法令《ほうれい》で定《さだ》められた正式名称《せいしきめいしょう》ではなく，介護保険法上《かいごほけんほうじょう》では**介《かい》護《ご》サービス計画《けいかく》**と呼《よ》びます。そのうえで，**介護保険施設《かいごほけんしせつ》**[4]（➡p.49参照《さんしょう》）におけるケアプランをいう場合《ばあい》は**施設《しせつ》サービス計画《けいかく》**，居宅《きょたく》においては**居宅《きょたく》サービス計画《けいかく》**と呼《よ》ばれています。

また，障害者《しょうがいしゃ》の日常生活及《にちじょうせいかつおよ》び社会生活《しゃかいせいかつ》を総合的《そうごうてき》に支援《しえん》するための法律《ほうりつ》（障害者総合支《しょうがいしゃそうごうし》援法《えんほう》）におけるケアプランに相当《そうとう》するものは，**サービス等利用計画《とうりようけいかく》**と呼《よ》ばれています。

ケアプランは利用者本人《りようしゃほんにん》や家族《かぞく》なども作成《さくせい》できますが，実際《じっさい》には多《おお》くの場合《ばあい》で**介護支《かいごし》援専門員《えんせんもんいん》**がケアマネジメントという手法《しゅほう》を使《つか》って作成《さくせい》しています。なお，障害福祉分野《しょうがいふくしぶんや》においては，**相談支援専門員《そうだんしえんせんもんいん》**という専門職《せんもんしょく》がサービス等利用計画《とうりようけいかく》を作成《さくせい》します。

(2) 個別《こべつ》サービス計画《けいかく》とは

個別《こべつ》サービス計画《けいかく》は，ケアプランに位置《いち》づけられた各《かく》サービスを具体的《ぐたいてき》にどう実施《じっし》していくのかを定《さだ》めた計画《けいかく》の総称《そうしょう》のことです。

たとえば，ケアプランに通所《つうしょ》リハビリテーションが位置《いち》づけられた場合《ばあい》，リハビリテーション職《しょく》は通所《つうしょ》リハビリテーションの個別《こべつ》サービス計画《けいかく》として通所《つうしょ》リハビリテーション計画《けいかく》を立《た》てます。また，訪問介護《ほうもんかいご》（ホームヘルプサービス）が位置《いち》づけられた場《ば》合《あい》はサービス提供責任者《ていきょうせきにんしゃ》（☞第《だい》２巻《かん》p.86）が訪問介護《ほうもんかいご》の個別《こべつ》サービス計画《けいかく》として**訪問介《ほうもんかい》護計画《ごけいかく》**[5]（➡p.49参照《さんしょう》）を作成《さくせい》します。

介護保険法上《かいごほけんほうじょう》，**個別《こべつ》サービス計画《けいかく》**という言葉《ことば》が使《つか》われていますが，個別援助計画《こべつえんじょけいかく》と呼《よ》ぶ人《ひと》もおり，多《おお》くの呼《よ》び方《かた》があることから，混乱《こんらん》しないように注意《ちゅうい》する必要《ひつよう》があります（表《ひょう》1-11）。

(3) 本書《ほんしょ》で扱《あつか》う介護計画《かいごけいかく》とは

本書《ほんしょ》で扱《あつか》う介護計画《かいごけいかく》とは，介護職《かいごしょく》が作成《さくせい》する個別《こべつ》サービス計画《けいかく》のことです。

もし，この計画《けいかく》が訪問介護《ほうもんかいご》の場《ば》で作成《さくせい》される場合《ばあい》，呼称《こしょう》は訪問介護計画《ほうもんかいごけいかく》となり，通所《つうしょ》介護《かいご》（デイサービス）の場合《ばあい》は通所介護計画《つうしょかいごけいかく》となります。

本書《ほんしょ》ではすべての介護職《かいごしょく》の方《かた》を対象《たいしょう》としていますので，便宜上《べんぎじょう》，介護計画《かいごけいかく》という呼《よ》び方《かた》で統一《とういつ》しています。

表《ひょう》1-11 ●「計画《けいかく》」のさまざまな種類《しゅるい》

【基本計画《きほんけいかく》】

規定《きてい》する法律《ほうりつ》	計画《けいかく》の名称《めいしょう》	おもな計画作成者《けいかくさくせいしゃ》
介護保険法《かいごほけんほう》	介護《かいご》サービス計画《けいかく》 (居宅《きょたく》サービス計画《けいかく》・施設《しせつ》サービス計画《けいかく》)	介護支援専門員《かいごしえんせんもんいん》
障害者総合支援法《しょうがいしゃそうごうしえんほう》	サービス等利用計画《とうりようけいかく》	相談支援専門員《そうだんしえんせんもんいん》

サービスの位置《いち》づけ

↓

【個別《こべつ》サービス計画《けいかく》※】

サービス提供主体《ていきょうしゅたい》の例《れい》	計画《けいかく》の名称《めいしょう》	おもな計画作成者《けいかくさくせいしゃ》
訪問介護《ほうもんかいご》	訪問介護計画《ほうもんかいごけいかく》	サービス提供責任者等《ていきょうせきにんしゃとう》
通所介護《つうしょかいご》	通所介護計画《つうしょかいごけいかく》	通所介護事業所《つうしょかいごじぎょうしょ》の介護職等《かいごしょくとう》
福祉用具貸与《ふくしようぐたいよ》	福祉用具貸与計画《ふくしようぐたいよけいかく》	福祉用具専門相談員《ふくしようぐせんもんそうだんいん》
通所《つうしょ》リハビリテーション	通所《つうしょ》リハビリテーション計画《けいかく》	理学療法士等《りがくりょうほうしとう》

※「個別援助計画《こべつえんじょけいかく》」と呼《よ》ぶ場合《ばあい》もある。

月《がつ》

日《にち》

2. 介護過程《かいごかてい》とチームアプローチ

❶ チームアプローチにおける介護職《かいごしょく》の役割《やくわり》

▶▶ チームアプローチの必要性《ひつようせい》

利用者《りようしゃ》の生活《せいかつ》の支援《しえん》は，ケアマネジメントのプロセス（図《ず》 1-16）にそって行《おこな》われます。したがって，そこには利用者《りようしゃ》を中心《ちゅうしん》としたケアチームが形成《けいせい》され，チームアプローチ（☞第《だい》2巻《かん》 p.78）が実践《じっせん》されることになります。

専門職《せんもんしょく》がそれぞれの役割《やくわり》を果《は》たしていたとしても，各専門職間《かくせんもんしょくかん》の連携《れんけい》がとれていなければ，利用者《りようしゃ》の生活《せいかつ》はよりよい状態《じょうたい》にはなりません。たとえば，医師《いし》が利用者《りようしゃ》に「心臓《しんぞう》が弱《よわ》っているので，今《いま》は少《すこ》し安静《あんせい》にしておくように」と指示《しじ》したとします。それに対《たい》して，もしも介護職《かいごしょく》がその情報《じょうほう》を十分《じゅうぶん》に把握《はあく》していなければ，「家《いえ》に閉《と》じこもってばかりでは，**廃用症候群《はいようしょうこうぐん》**[6]（➡ p.50 参照《さんしょう》）になってしまう」と散歩《さんぽ》に誘《さそ》ったり，関節《かんせつ》を動《うご》かすことをすすめたりするかもしれません。そうなると利用者《りようしゃ》は，安静《あんせい》にしたらよいのか，からだを動《うご》かしたほうがよいのか迷《まよ》ってしまいます。したがって，専門職《せんもんしょく》のあいだで，十分《じゅうぶん》に情報《じょうほう》を共有《きょうゆう》し，それぞれの専門性《せんもんせい》を発揮《はっき》することが重要《じゅうよう》となります。

▶▶ チームによる総合力《そうごうりょく》

人《ひと》の生活《せいかつ》は多面的《ためんてき》であり，健康上《けんこうじょう》の問題《もんだい》，経済的《けいざいてき》な問題《もんだい》，心理的《しんりてき》な問題《もんだい》，住居《じゅうきょ》の問題《もんだい》など，数《かぞ》えあげればきりがないほど複合的《ふくごうてき》な要素《ようそ》から成《な》り立《た》っています。したがって，1つの職種《しょくしゅ》だけでかかわるよりも，多職種《たしょくしゅ》でかかわるほうがより適切《てきせつ》な支援《しえん》が可能《かのう》になる状況《じょうきょう》が多《おお》くあります。つまり，介護職《かいごしょく》や介護支援専門員《かいごしえんせんもんいん》だけではなく，さまざまな関係者《かんけいしゃ》が利用者《りようしゃ》のニーズに即《そく》して支援体制《しえんたいせい》を組《く》み，ネットワークが強化《きょうか》されることにより，総合力《そうごうりょく》が

図《ず》 1-20 ● チームアプローチが実践《じっせん》されないと……

発揮《はっき》され，問題解決《もんだいかいけつ》に向《む》けた大《おお》きな効果《こうか》が期待《きたい》できるのです。

▶▶ チームケアにおける介護職《かいごしょく》の役割《やくわり》

チームで利用者《りようしゃ》の生活《せいかつ》を支《ささ》える場合《ばあい》，とくに介護職《かいごしょく》は，利用者《りようしゃ》の生活《せいかつ》にもっとも近《ちか》い存在《そんざい》であることから，利用者《りようしゃ》の変化《へんか》にいち早《はや》く気《き》づき，介護支援専門員《かいごしえんせんもんいん》や医師《いし》，看護師《かんごし》，栄養士《えいようし》，リハビリテーション職《しょく》などにつなぐことが求《もと》められます。

介護老人福祉施設《かいごろうじんふくししせつ》に入所《にゅうしょ》しているGさんの事例《じれい》で考《かんが》えてみましょう。

事例《じれい》

Gさんの担当《たんとう》の介護職《かいごしょく》が「最近食《さいきんた》べ残《のこ》しが多《おお》くなったこと」に気《き》づきました。気《き》になって体重《たいじゅう》を測定《そくてい》してみると1か月《げつ》で3kgも減《へ》っていました。すぐに看護師《かんごし》に相談《そうだん》したところ，医師《いし》の指示《しじ》により採血《さいけつ》などの検査《けんさ》が行《おこな》われましたが，とくに異常《いじょう》はありませんでした。

Gさん自身《じしん》も「どこも痛《いた》くない，どこも悪《わる》くない」と答《こた》えています。そこで介護職《かいごしょく》は，「好《す》きなものであれば，食《た》べてもらえるのではないか」と考《かんが》え，Gさんの好《この》みにあわせて栄養士《えいようし》に献立《こんだて》の変更《へんこう》を依頼《いらい》したところ，Gさんは喜《よろこ》んでくれました。しかし，食事量《しょくじりょう》の増加《ぞうか》はみられませんでした。

あるとき介護職《かいごしょく》が，Gさんの食事《しょくじ》の様子《ようす》を注意深《ちゅういぶか》く観察《かんさつ》していたところ，食《た》べ物《もの》を口《くち》に入《い》れてかむ際《さい》に，顔《かお》をしかめるような表情《ひょうじょう》をすることに気《き》づきました。

「もしかしたら，義歯《ぎし》が合《あ》っていないのではないか……」と思《おも》い，介護支援専門員《かいごしえんせんもんいん》に相談《そうだん》し，早速《さっそく》，歯科医師《しかいし》の診察《しんさつ》を受《う》けることになりました。

この受診《じゅしん》によって，長年使《ながねんつか》っているうちに歯《は》ぐきと義歯《ぎし》が合《あ》わなくなっていること，また，上顎部《じょうがくぶ》の歯肉《しにく》に小《ちい》さな潰瘍《かいよう》ができており，その痛《いた》みのために食欲《しょくよく》がなくなっていることが考《かんが》えられました。

義歯《ぎし》の調整《ちょうせい》と潰瘍《かいよう》の治療《ちりょう》を行《おこな》った結果《けっか》，Gさんの食欲《しょくよく》は少《すこ》しずつ戻《もど》り，体重《たいじゅう》も徐々《じょじょ》に増《ふ》えていきました。

このように，介護職《かいごしょく》の気《き》づきをほかの職種《しょくしゅ》に情報提供《じょうほうていきょう》することで，はじめて課題《かだい》の原因《げんいん》が明《あき》らかになり，適切《てきせつ》な対応《たいおう》が可能《かのう》になって，利用者《りようしゃ》のQOLを維持《いじ》・向上《こうじょう》させることができます。

この事例《じれい》では，食事《しょくじ》をとる量《りょう》が減《へ》ってきたことに気《き》づき，看護師《かんごし》に相談《そうだん》して必要《ひつよう》な検査《けんさ》を行《おこな》った結果《けっか》，異常《いじょう》がないことがわかりましたが，時《とき》には重《おも》い病気《びょうき》が発見《はっけん》される場合《ばあい》もあります。

また，高齢者《こうれいしゃ》では，病気《びょうき》の症状《しょうじょう》がはっきりとあらわれない場合《ばあい》のほか，痛《いた》みや心身《しんしん》の疲《つか》れによるだるさなどの自覚症状《じかくしょうじょう》をはっきり表現《ひょうげん》しない，または表現《ひょうげん》できない場合《ばあい》も少《すく》なくありません。

図《ず》1-21 ● 介護老人福祉施設《かいごろうじんふくししせつ》で生活《せいかつ》するGさんのケアチーム

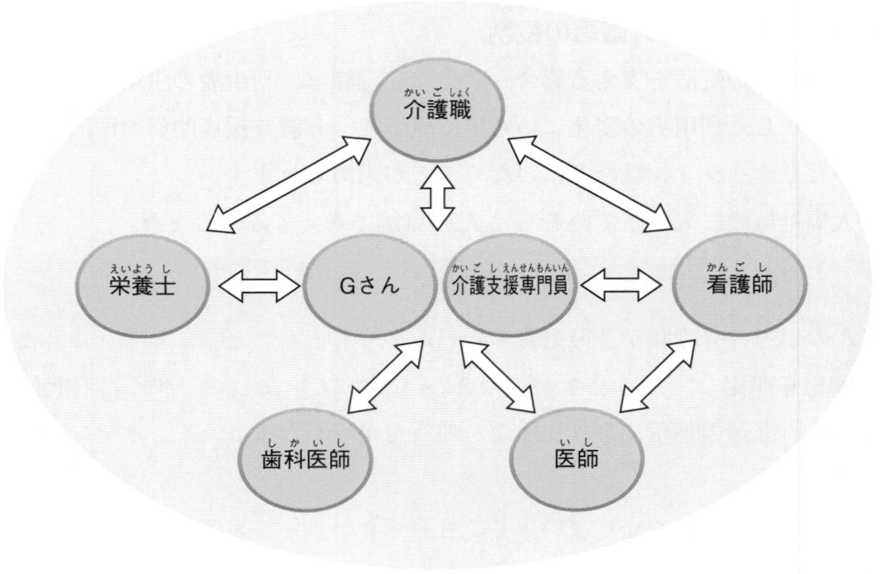

したがって，利用者《りようしゃ》の生活《せいかつ》にもっとも近《ちか》い存在《そんざい》である介護職《かいごしょく》には，「ふだんとは何《なに》か違《ちが》う」という小《ちい》さな変化《へんか》を見逃《みのが》さない**気《き》づきの力《ちから》**と，介護支援専門員《かいごしえんせんもんいん》や医師《いし》，看護師《かんごし》などの関係職種《かんけいしょくしゅ》と十分《じゅうぶん》な連携《れんけい》をとることが求《もと》められます。

❷ 専門職同士《せんもんしょくどうし》の連携《れんけい》

▶▶ 専門職《せんもんしょく》がもつ視点《してん》

ある多職種合同《たしょくしゅごうどう》の研修《けんしゅう》で，ケアプランを作成《さくせい》するグループ演習《えんしゅう》を行《おこな》いました。このとき，看護職《かんごしょく》のグループ，介護職《かいごしょく》のグループ，**ソーシャルワーカー**[7]（⇒ p.50参照《さんしょう》）のグループというように，あえて同《おな》じ職種《しょくしゅ》でグループ分《わ》けをしてみました。

同《おな》じ事例《じれい》を用《もち》いて，グループごとにアセスメントを行《おこな》い，ケアプランを作成《さくせい》して発表《はっぴょう》したのですが，その内容《ないよう》にはそれぞれの職種《しょくしゅ》の特徴《とくちょう》があらわれる結果《けっか》となりました。

看護職《かんごしょく》のグループでは，現在《げんざい》の病気《びょうき》や障害《しょうがい》の状態《じょうたい》，服薬《ふくやく》の状態《じょうたい》，既往歴《きおうれき》，血圧《けつあつ》や脈拍《みゃくはく》といったバイタルサインなどの情報《じょうほう》に注目《ちゅうもく》し，今後《こんご》のリスクの予防《よぼう》をより重視《じゅうし》したアセスメントが行《おこな》われました。

一方《いっぽう》，介護職《かいごしょく》のグループでは，利用者《りようしゃ》がこれまでにどのような生活《せいかつ》を送《おく》ってきたのか，生活歴《せいかつれき》や生活《せいかつ》における信条《しんじょう》，食事《しょくじ》の味《あじ》つけの好《この》みなど，利用者《りようしゃ》および家族《かぞく》の日常生活《にちじょうせいかつ》をより重視《じゅうし》したアセスメント結果《けっか》となりました。

さらに，ソーシャルワーカーのグループでは，利用者《りようしゃ》が現在《げんざい》の困《こま》っている状態《じょうたい》から，利《り》用者《ようしゃ》自身《じしん》の力《ちから》を含《ふく》めたさまざまな社会資源《しゃかいしげん》を活用《かつよう》することにより，いかに生活《せいかつ》を改善《かいぜん》し継《けい》続《ぞく》していくことができるかという点《てん》を重視《じゅうし》したアセスメントが行《おこな》われました。

▶▶ 専門職同士《せんもんしょくどうし》の連携《れんけい》と専門性《せんもんせい》の尊重《そんちょう》

実際《じっさい》のケアプランの作成《さくせい》においては，どのような基礎資格《きそしかく》をもった職種《しょくしゅ》が介護支援専門《かいごしえんせんもん》員《いん》として担当《たんとう》しても，結果《けっか》として利用者《りようしゃ》にとってもっとも利益《りえき》となるケアプランが立《た》てられると思《おも》われますが，この研修《けんしゅう》でのエピソードからは，職種《しょくしゅ》によって，それぞれアセスメントの視点《してん》が少《すこ》しずつ異《こと》なることがよくわかります。

そのため，実際《じっさい》のサービス提供段階《ていきょうだんかい》においては，チームの総合力《そうごうりょく》により利用者《りようしゃ》の生活《せいかつ》を支《ささ》えるとともに，介護職《かいごしょく》は介護職《かいごしょく》としての視点《してん》から利用者《りようしゃ》を理解《りかい》し，他職種《たしょくしゅ》に伝《つた》え，共有《きょうゆう》していくという**専門職《せんもんしょく》としての役割《やくわり》**を果《は》たすことが重要《じゅうよう》です。

専門職《せんもんしょく》ごとに視点《してん》や把握《はあく》している情報《じょうほう》が異《こと》なることを十分《じゅうぶん》に理解《りかい》し，利用者《りようしゃ》の望《のぞ》む生活《せいかつ》の実現《じつげん》を支《ささ》えるためには，どのような専門職《せんもんしょく》とどのように連携《れんけい》すればよいのかを常《つね》に意識《いしき》してかかわる必要《ひつよう》があります。

第《だい》1章《しょう》 学習《がくしゅう》のポイント 重要《じゅうよう》事項《じこう》を確認《かくにん》しよう！

第《だい》1節《せつ》 介護過程《かいごかてい》の意義《いぎ》と目的《もくてき》

■科学的根拠《かがくてきこんきょ》にもとづいた介護《かいご》の実践《じっせん》

●利用者《りようしゃ》が希望《きぼう》する生活《せいかつ》の実現《じつげん》に向《む》けて，意図的《いとてき》な介護《かいご》を展開《てんかい》するためのプロセスを介護過程《かいごかてい》といいます。これは，介護《かいご》を進《すす》めていくうえでの手順《てじゅん》や経過《けいか》と言《い》い換《か》えることができます。 ➔ p.3

●他職種《たしょくしゅ》および介護職同士《かいごしょくどうし》が協働《きょうどう》・連携《れんけい》して，専門的《せんもんてき》な知識《ちしき》と技術《ぎじゅつ》に裏打《うらう》ちされた介護過程《かいごかてい》を展開《てんかい》することにより，客観的《きゃっかんてき》で科学的《かがくてき》な根拠《こんきょ》にもとづいた介護実践《かいごじっせん》が可能《かのう》になります。 ➔ p.3

●介護過程《かいごかてい》の展開《てんかい》は，利用者一人《りようしゃひとり》ひとりについて尊厳《そんげん》の保持《ほじ》や自立支援《じりつしえん》の視《し》点《てん》にもとづくため，利用者《りようしゃ》を主体《しゅたい》とした個別《こべつ》ケアの実践《じっせん》を可能《かのう》にします。 ➔ p.3

■介護過程《かいごかてい》の必要性《ひつようせい》

●介護過程《かいごかてい》は，一般的《いっぱんてき》に「アセスメント→計画《けいかく》の立案《りつあん》→実施《じっし》→評価《ひょうか》」の4段階《だんかい》で構成《こうせい》されています。 ➔ p.4

第《だい》2節《せつ》 介護過程《かいごかてい》の展開《てんかい》

■介護過程《かいごかてい》の展開《てんかい》イメージ

●介護過程《かいごかてい》は一方通行《いっぽうつうこう》の直線的《ちょくせんてき》なものではなく，終結《しゅうけつ》にいたるまでのあいだは何度《なんど》でも循環《じゅんかん》していくことが特徴《とくちょう》です。 ➔ p.8

■アセスメント

●アセスメントの第一歩《だいいっぽ》は，情報《じょうほう》の収集《しゅうしゅう》にあります。 ➔ p.10

●情報《じょうほう》の収集《しゅうしゅう》にあたっては，まず，基本的《きほんてき》な情報《じょうほう》を正《ただ》しく把握《はあく》する必要《ひつよう》があります。 ➔ p.11

●介護過程《かいごかてい》では，ICF の視点《してん》にもとづいた情報《じょうほう》の収集《しゅうしゅう》により，利用者《りようしゃ》の全体《ぜんたい》像《ぞう》を全人的《ぜんじんてき》にとらえることが重要《じゅうよう》になります。 ➔ p.11

●客観的観察《きゃっかんてきかんさつ》とは，介護職《かいごしょく》が事実《じじつ》をありのままに観察《かんさつ》することです。 ➔ p.16

●主観的観察《しゅかんてきかんさつ》とは，利用者《りようしゃ》が思《おも》っていることや考《かんが》えていること，つまり利用《りよう》者《しゃ》の主観《しゅかん》を観察《かんさつ》することです。主観的観察《しゅかんてきかんさつ》は，介護職《かいごしょく》が利用者《りようしゃ》から会話《かいわ》などを通《つう》じて引《ひ》き出《だ》さなければ得《え》られない情報《じょうほう》です。 ➔ p.16

●情報《じょうほう》を収集《しゅうしゅう》したあとに行《おこな》う作業《さぎょう》としては，情報《じょうほう》の解釈《かいしゃく》があります。事実《じじつ》の全体像《ぜんたいぞう》がみえてくるまでは，見《み》たり聞《き》いたりしたままの，意味《いみ》づけのない情報《じょうほう》としてとらえるようにします。そのうえで，介護《かいご》に関《かん》する知識《ちしき》を活用《かつよう》しながら情報《じょうほう》を解釈《かいしゃく》していきます。 → p.17

- 情報《じょうほう》の解釈《かいしゃく》・関連《かんれん》づけ・統合化《とうごうか》という作業《さぎょう》は，利用者《りようしゃ》の生活《せいかつ》のしづらさが何《なに》に起因《きいん》しているのかを明《あき》らかにする作業《さぎょう》といえます。そのためには，具《ぐ》体的《たいてき》な思考過程《しこうかてい》として，情報同士《じょうほうどうし》をつなぎ合《あ》わせて仮説《かせつ》の検証《けんしょう》をしていくことになります。 → p.19
- 介護過程《かいごかてい》でいう課題《かだい》とは，利用者《りようしゃ》が望《のぞ》む暮《く》らしを実現《じつげん》または継続《けいぞく》するために，解決《かいけつ》しなければならない困《こま》りごとのことであり，介護上《かいごじょう》の問題《もんだい》（生活《せいかつ》課題《かだい》）と位置《いち》づけることもできます。 → p.21

■計画《けいかく》の立案《りつあん》

- アセスメントを通《つう》じて，利用者《りようしゃ》が望《のぞ》む暮《く》らしを実現《じつげん》または継続《けいぞく》するために，解決《かいけつ》しなければならない困《こま》りごとが明《あき》らかになったことを受《う》けて，次《つぎ》の段階《だんかい》としては，介護計画《かいごけいかく》を立案《りつあん》します。 → p.22

■実施《じっし》

- 介護過程《かいごかてい》における介護計画《かいごけいかく》をふまえ，利用者《りようしゃ》の安全性《あんぜんせい》，快適《かいてき》さ，そして自《じ》立《りつ》に配慮《はいりょ》した介護技術《かいごぎじゅつ》の実施《じっし》が大切《たいせつ》になります。 → p.26

■評価《ひょうか》

- 介護過程《かいごかてい》で重要《じゅうよう》となるプロセスの 1 つが評価《ひょうか》です。ここでいう評価《ひょうか》とは，介護《かいご》サービスを提供《ていきょう》したあとの評価《ひょうか》（エバリュエーション）のことであり，事前評価《じぜんひょうか》（アセスメント）とは異《こと》なります。 → p.29
- 評価《ひょうか》の結果《けっか》，このまま同《おな》じ形《かたち》で介護《かいご》を続《つづ》けても利用者《りようしゃ》のかかえる課題《かだい》が解《かい》決《けつ》につながらないことが明《あき》らかになった場合《ばあい》には，介護計画《かいごけいかく》の修正《しゅうせい》が求《もと》められます。 → p.31

第《だい》3節《せつ》 介護過程《かいごかてい》とチームアプローチ

■介護過程《かいごかてい》とケアマネジメントの関係性《かんけいせい》

- ケアマネジメントとは，高齢《こうれい》や障害《しょうがい》があることによって地域社会《ちいきしゃかい》における自立《じりつ》した生活《せいかつ》が困難《こんなん》になったとしても，医療《いりょう》・保健《ほけん》・福祉《ふくし》などのさまざまな社会《しゃかい》サービスを利用《りよう》することで，その人《ひと》らしい生活《せいかつ》の継続《けいぞく》ができるように支援《しえん》するしくみのことをいいます。 → p.32
- ケアマネジメントの中核的《ちゅうかくてき》な役割《やくわり》をになうのがケアマネジャーであり，介《かい》護保険法上《ごほけんほうじょう》では介護支援専門員《かいごしえんせんもんいん》と呼《よ》ばれています。 → p.32
- 介護支援専門員《かいごしえんせんもんいん》が作成《さくせい》するケアプランは，利用者《りようしゃ》の生活全体《せいかつぜんたい》を支《ささ》える計画《けいかく》となります。ケアプランに位置《いち》づけられたサービスを提供《ていきょう》する事業者《じぎょうしゃ》（施《し》設《せつ》の場合《ばあい》は「職種《しょくしゅ》」）は，ケアプランの目標達成《もくひょうたっせい》に向《む》かって援助《えんじょ》を実施《じっし》します。このとき介護職《かいごしょく》の場合《ばあい》は介護過程《かいごかてい》を展開《てんかい》することになります。 → p.36

- 個別《こべつ》サービス計画《けいかく》の立案《りつあん》においては，その計画《けいかく》がケアプランとどのようにつながり，介護職《かいごしょく》としてどのような役割《やくわり》を果《は》たすことが求《もと》められているのかを意識《いしき》する必要《ひつよう》があります。 → p.39

■介護過程《かいごかてい》とチームアプローチ

- 利用者《りようしゃ》の生活《せいかつ》の支援《しえん》は，ケアマネジメントのプロセスにそって行《おこな》われます。したがって，そこには利用者《りようしゃ》を中心《ちゅうしん》としたケアチームが形成《けいせい》され，チームアプローチが実践《じっせん》されることになります。 → p.42
- 専門職《せんもんしょく》ごとに視点《してん》や把握《はあく》している情報《じょうほう》が異《こと》なることを十分《じゅうぶん》に理解《りかい》し，利用《りよう》者《しゃ》の望《のぞ》む生活《せいかつ》の実現《じつげん》を支《ささ》えるためには，どのような専門職《せんもんしょく》とどのように連《れん》携《けい》すればよいのかを常《つね》に意識《いしき》してかかわる必要《ひつよう》があります。 → p.45

第《だい》1章《しょう》 用語解説《ようごかいせつ》

1 ADL

エーディーエル

➡ p.2 参照《さんしょう》

Activities of Daily Livingの略《りゃく》。「日常生《にちじょうせい》活動作《かつどうさ》」「日常生活活動《にちじょうせいかつかつどう》」などと訳《やく》される。人間《にんげん》が毎日《まいにち》の生活《せいかつ》を送《おく》るための基本的動作《きほんてきどうさ》群《ぐん》のことで，食事《しょくじ》，更衣《こうい》，整容《せいよう》，排泄《はいせつ》，入浴《にゅうよく》，移乗《いじょう》，移動《いどう》などがある。

2 QOL

キューオーエル

➡ p.5 参照《さんしょう》

Quality of Lifeの略《りゃく》。「生活《せいかつ》の質《しつ》」「人生《じんせい》の質《しつ》」「生命《せいめい》の質《しつ》」などと訳《やく》される。一般的《いっぱんてき》な考《かんが》えは，生活者《せいかつしゃ》の満足感《まんぞくかん》・安定感《あんていかん》・幸福感《こうふくかん》を規定《きてい》している諸要因《しょよういん》の質《しつ》のこと。諸要因《しょよういん》の一方《いっぽう》に生活者自身《せいかつしゃじしん》の意識構造《いしきこうぞう》，もう一方《いっぽう》に生活《せいかつ》の場《ば》の諸環境《しょかんきょう》があると考《かんが》えられる。

3 個別サービス計画

こべつさーびすけいかく

➡ p.36 参照《さんしょう》

介護支援専門員《かいごしえんせんもんいん》（ケアマネジャー）が作成《さくせい》するケアプラン（居宅《きょたく》サービス計画《けいかく》，施設《しせつ》サービス計画《けいかく》など）の目標《もくひょう》を実現《じつげん》するために，専門職《せんもんしょく》ごとに立案《りつあん》された，利用者《りようしゃ》にかかわるより詳細《しょうさい》な計画《けいかく》のこと。利用者一人《りようしゃひとり》ひとりの状態《じょうたい》をふまえ，その人《ひと》らしい生活《せいかつ》をするための援助《えんじょ》ができるように，各専門《かくせんもん》職《しょく》の視点《してん》からアセスメントを行《おこな》い，課題《かだい》の解決《かいけつ》に向《む》けた目標《もくひょう》や具体的《ぐたいてき》な援助《えんじょ》の内容《ないよう》・方法《ほうほう》を決定《けってい》する。介護職《かいごしょく》が立案《りつあん》する個別《こべつ》サービス計画《けいかく》は，介護過程《かいごかてい》にもとづいて作《さく》成《せい》するもので，一般《いっぱん》に介護計画《かいごけいかく》と呼《よ》ばれる。

4 介護保険施設

かいごほけんしせつ

➡ p.40 参照《さんしょう》

介護保険法《かいごほけんほう》による施設《しせつ》サービスを提供《ていきょう》する施設《しせつ》で，介護老人福祉施設《かいごろうじんふくししせつ》，介護老人保健《かいごろうじんほけん》施設《しせつ》，介護医療院《かいごいりょういん》，介護療養型医療施設《かいごりょうようがたいりょうしせつ》がある。なお，介護療養型医療施設《かいごりょうようがたいりょうしせつ》については，2024（令和《れいわ》6）年《ねん》3月《がつ》31日《にち》で廃止《はいし》されることとなっている。

5 訪問介護計画

ほうもんかいごけいかく

➡ p.40 参照《さんしょう》

ケアプラン（居宅《きょたく》サービス計画《けいかく》）に示《しめ》された援助目標《えんじょもくひょう》にそって，訪問介護事業所《ほうもんかいごじぎょうしょ》のサービス提供責任者《ていきょうせきにんしゃ》などが作成《さくせい》する計画《けいかく》。利用者《りようしゃ》のニーズや状態《じょうたい》，家族《かぞく》の状況《じょうきょう》や希望《きぼう》，思《おも》い，周辺環境《しゅうへんかんきょう》などの情報《じょうほう》を収集《しゅうしゅう》したうえで，サービス提供《ていきょう》における目標《もくひょう》，具体的《ぐたいてき》なサービス内容《ないよう》などが記載《きさい》される。

6 廃用症候群

はいようしょうこうぐん

⇒ p.42 参照《さんしょう》

安静状態《あんせいじょうたい》が長期《ちょうき》にわたって続《つづ》くことにより，身体的《しんたいてき》には筋《きん》・骨《ほね》の萎縮《いしゅく》や関節拘縮《かんせつこうしゅく》などが，精神的《せいしんてき》には意欲《いよく》の減退《げんたい》や記憶力低下《きおくりょくていか》などがあらわれること。

7 ソーシャルワーカー

そーしゃるわーかー

⇒ p.45 参照《さんしょう》

福祉倫理《ふくしりんり》にもとづき，専門的《せんもんてき》な知識《ちしき》・技術《ぎじゅつ》をもって相談援助《そうだんえんじょ》を行《おこな》う専門職《せんもんしょく》のこと。一《いっ》般的《ぱんてき》には，社会福祉従事者《しゃかいふくしじゅうじしゃ》の総称《そうしょう》として使《つか》われることが多《おお》い。

第《だい》2章《しょう》

介護過程《かいごかてい》の展開《てんかい》の実際《じっさい》

（介護過程《かいごかてい》Ⅱ）

第《だい》1節《せつ》 介護職《かいごしょく》による介護過程《かいごかてい》の進《すす》め方《かた》

第《だい》2節《せつ》 介護過程《かいごかてい》の実践的展開《じっせんてきてんかい》

第《だい》3節《せつ》 施設《しせつ》で暮《く》らす高齢者《こうれいしゃ》の介護過程《かいごかてい》

第《だい》4節《せつ》 自宅《じたく》で暮《く》らす高齢者《こうれいしゃ》の介護過程《かいごかてい》

演習課題《えんしゅうかだい》

【到達目標《とうたつもくひょう》】

- 情報収集《じょうほうしゅうしゅう》，アセスメント，介護計画立案《かいごけいかくりつあん》，実施《じっし》，モニタリング，介護計画《かいごけいかく》の見直《みなお》しを行《おこな》うことができる。

第《だい》1節《せつ》

介護職《かいごしょく》による 介護過程《かいごかてい》の進《すす》め方《かた》

月《がつ》　日《にち》

1. 日々《ひび》の実践《じっせん》のなかにある介護過程《かいごかてい》

❶ 介護過程《かいごかてい》の考《かんが》え方《かた》

介護《かいご》は，意図的《いとてき》かつ計画的《けいかくてき》に行《おこな》われます。そして，介護《かいご》サービスを提供《ていきょう》する道筋《みちすじ》を科学《かがく》的思考《てきしこう》にもとづいて説明《せつめい》していくのが介護過程《かいごかてい》です。

科学的《かがくてき》であるためには，**なぜそうした介護《かいご》を行《おこな》うのか**という根拠《こんきょ》を明確《めいかく》にすることが求《もと》められます。「この利用者《りようしゃ》は○○と△△の事実《じじつ》から，このように援助《えんじょ》したほうが利用者《りようしゃ》の自立度《じりつど》が高《たか》まるはずである」という仮説《かせつ》をもとに介護《かいご》を行《おこな》い，その仮説《かせつ》を検証《けんしょう》するという思考過程《しこうかてい》をふむことが大切《たいせつ》です。

介護《かいご》は，算数《さんすう》のように「1＋1＝2」という計算式《けいさんしき》が必《かなら》ずしもあてはめられない分野《ぶんや》です。多様《たよう》な生活歴《せいかつれき》や価値観《かちかん》をもつ利用者《りようしゃ》を対象《たいしょう》に，百人百様《ひゃくにんひゃくよう》の人生《じんせい》にかかわりながら，個別《こべつ》の情報《じょうほう》を意図的《いとてき》に収集《しゅうしゅう》し，アセスメント→計画《けいかく》の立案《りつあん》→実施《じっし》→評価《ひょうか》というプロセスをふんで介護過程《かいごかてい》は展開《てんかい》されます。

介護過程《かいごかてい》の展開《てんかい》にあたっては，表《ひょう》2-1 の5W1Hの視点《してん》が大切《たいせつ》です。

表《ひょう》2-1 ● 介護過程《かいごかてい》の展開《てんかい》における5W1Hの視点《してん》

① いつ（When）	介護《かいご》サービスを提供《ていきょう》するときに
② どこで（Where）	施設《しせつ》・在宅《ざいたく》を問《と》わず，介護《かいご》サービスが提供《ていきょう》されるあらゆる場所《ばしょ》・場面《ばめん》で
③ だれが（Who）	介護職《かいごしょく》が
④ 何《なに》を（What）	介護《かいご》サービスの利用者《りようしゃ》に必要《ひつよう》な生活支援《せいかつしえん》を
⑤ 何《なん》のために（Why）	利用者《りようしゃ》の尊厳《そんげん》を守《まも》り，利用者《りようしゃ》の自立《じりつ》やQOLの向上《こうじょう》のために
⑥ どのように（How）	利用者《りようしゃ》の心身《しんしん》の状況《じょうきょう》や日常生活《にちじょうせいかつ》・社会生活上《しゃかいせいかつじょう》の困《こま》りごとが解決《かいけつ》できるような個別《こべつ》な方法《ほうほう》を考《かんが》えて実践《じっせん》する

❷ 介護過程《かいごかてい》の展開《てんかい》と利用者《りようしゃ》へのかかわり方《かた》の変化《へんか》

介護職《かいごしょく》は，自分側《じぶんがわ》の一方的《いっぽうてき》な都合《つごう》ではなく，利用者《りようしゃ》の望《のぞ》む生活《せいかつ》の実現《じつげん》に向《む》けて個別的《こべつてき》な援助《えんじょ》をめざさなければなりません。実践《じっせん》のなかで介護過程《かいごかてい》の考《かん》え方《かた》を意識《いしき》するかどうかで，利用者《りようしゃ》へのかかわり方《かた》も大《おお》きく変《か》わってきます。そのことがわかる事例《じれい》をいくつか紹《しょう》介《かい》します。

事例《じれい》1

A さん（84 歳《さい》，女性《じょせい》）は食後《しょくご》に薬《くすり》を飲《の》むため，洗面所《せんめんじょ》でコップに水《みず》を入《い》れようとしていました。自宅《じたく》の水道《すいどう》は蛇口《じゃぐち》をひねるタイプでしたが，今《いま》の施設《しせつ》では蛇口《じゃぐち》の前《まえ》に手《て》をかざすと自動《じどう》で水《みず》が出《で》るタイプであるため，A さんは洗面台《せんめんだい》の前《まえ》でとまどっています。

A さんは介護職《かいごしょく》に「すみません，薬《くすり》を飲《の》みたくて……」と声《こえ》をかけました。すると，介護職《かいごしょく》は反射的《はんしゃてき》に水《みず》の入《はい》ったコップを差《さ》し出《だ》しました。

A さんの話《はなし》を最後《さいご》まで聞《き》かずに水《みず》を差《さ》し出《だ》すという介護職《かいごしょく》の行為《こうい》は，単《たん》なる作業《さぎょう》といえるでしょう。この事例《じれい》における**専門性《せんもんせい》のある介護《かいご》**とは，A さんが話《はな》す内容《ないよう》を最後《さいご》までしっかりと聞《き》き，対応《たいおう》することです。

忙《いそが》しい介護現場《かいごげんば》では，介護職《かいごしょく》は利用者《りようしゃ》との会話《かいわ》の一部《いちぶ》からとっさに判断《はんだん》して，要求《ようきゅう》にこたえようとしがちです。しかし，A さんが「自動蛇口《じどうじゃぐち》からコップに水《みず》を入《い》れるにはどうしたらよいですか？」と言《い》いたかったのであれば，介護職《かいごしょく》の対応《たいおう》はまったく違《ちが》ってくるはずです。

たとえば，「まず蛇口《じゃぐち》に手《て》をかざして水《みず》を出《だ》し，そこにコップを差《さ》し出《だ》せばよいですよ」と水《みず》を入《い》れる方法《ほうほう》を伝《つた》えるほうが A さんの自立支援《じりつしえん》につながるでしょう。

事例《じれい》2

施設《しせつ》に入所《にゅうしょ》してまもないBさん（73歳《さい》，女性《じょせい》）は先天性《せんてんせい》の聴覚《ちょうかく》・言語障害《げんごしょうがい》があるため，微妙《びみょう》なコミュニケーションをはかることが困難《こんなん》です。また，要介護《ようかいご》4で，車《くるま》いすを使用《しよう》しています。

夜勤担当《やきんたんとう》の介護職《かいごしょく》からの申《もう》し送《おく》りによると，Bさんは深夜《しんや》に何度《なんど》も腹痛《ふくつう》があり，便《べん》意《い》を訴《うった》えたといいます。そのためにその介護職《かいごしょく》は，居室《きょしつ》からトイレまでの車《くるま》いすによる移動《いどう》と，車《くるま》いすから便座《べんざ》に腰《こし》かける移乗《いじょう》の介助《かいじょ》を行《おこな》い，Bさんに排便《はいべん》をしてもらったとのこと。

便座《べんざ》に座《すわ》っていた時間《じかん》はおよそ30分《ぷん》だったという報告《ほうこく》を聞《き》いたとき，介護主任《かいごしゅにん》は「深夜《しんや》に腹痛《ふくつう》と便意《べんい》？」と考《かんが》えてしまいました。

この事例《じれい》の介護職《かいごしょく》は，そのとき目《め》の前《まえ》で起《お》こった現象《げんしょう》に対応《たいおう》しているだけにすぎません。たしかに，介護職《かいごしょく》はBさんに対《たい》して移動《いどう》や移乗《いじょう》の介助《かいじょ》を行《おこな》っています。しかし，なぜBさんが深夜《しんや》に排便《はいべん》したくなったのかについてアセスメントする必要《ひつよう》もあるのではないでしょうか。

通常《つうじょう》，深夜《しんや》に排便《はいべん》したくなることはまれで，からだのしくみからいえば，朝《あさ》や日中《にっちゅう》に排《はい》便《べん》することがほとんどです。にもかかわらず，Bさんは深夜《しんや》に便意《べんい》を感《かん》じました。

その理由《りゆう》を探《さぐ》っていくと，Bさん本人《ほんにん》の希望《きぼう》で，日中《にっちゅう》，**緩下剤《かんげざい》**[1] （➡ p.128 参照《さんしょう》）を服用《ふくよう》していたことがわかりました。

この事例《じれい》における**専門性《せんもんせい》のある介護《かいご》**とは，単《たん》なる排便《はいべん》にともなう移動《いどう》や移乗《いじょう》の介助《かいじょ》にとどまらず，「なぜ深夜《しんや》に排便《はいべん》したくなったのだろう？」「いつもそうなのだろうか？」など，疑問《ぎもん》に感《かん》じることの原因《げんいん》や背景《はいけい》を探《さぐ》っていくことです。

事例《じれい》３

Ｃさん（82歳《さい》，女性《じょせい》）は当初《とうしょ》マンションで一人暮《ひとりぐ》らしをしており，最近《さいきん》は訪問介護員《ほうもんかいごいん》（ホームヘルパー）に不平不満《ふへいふまん》を申《もう》し立《た》てて，次々《つぎつぎ》と訪問介護員《ほうもんかいごいん》を交代《こうたい》させていました。

訪問介護員《ほうもんかいごいん》の訪問《ほうもん》がないときは近所《きんじょ》のコンビニエンスストアでレトルト食品《しょくひん》を買《か》い，電子《でんし》レンジで温《あたた》めて食《た》べているのですが，急激《きゅうげき》な体重減少《たいじゅうげんしょう》がみられ，現在《げんざい》は40kg程度《ていど》です。

施設《しせつ》に入所《にゅうしょ》して以降《いこう》は「おかゆにしてください」と希望《きぼう》するため，介護職《かいごしょく》はＣさんの希望《きぼう》にそった食事《しょくじ》を提供《ていきょう》しようとしています。

利用者《りようしゃ》の自己決定《じこけってい》とは，介護職《かいごしょく》が単《たん》に利用者《りようしゃ》の言《い》われるままの介護《かいご》サービスを提供《ていきょう》することではありません。この事例《じれい》における**専門性《せんもんせい》のある介護《かいご》**とは，「おかゆが食《た》べたい」との希望《きぼう》は受《う》けとめながらも，なぜそうした希望《きぼう》が出《だ》されるのかを利用者《りようしゃ》といっしょに考《かんが》えることです。

アセスメントを進《すす》めていくなかで，Ｃさんの場合《ばあい》，義歯《ぎし》のかみ合《あ》わせが悪《わる》く，義歯《ぎし》の調整《ちょうせい》が必要《ひつよう》であることが判明《はんめい》しました。体重《たいじゅう》が減少《げんしょう》しているＣさんに，希望《きぼう》どおりにおかゆを出《だ》すよりも，おかゆを希望《きぼう》する理由《りゆう》を聞《き》きとり，そのうえで対応《たいおう》したほうが栄養状態《えいようじょうたい》の改善《かいぜん》につながります。

主観的《しゅかんてき》な情報《じょうほう》（利用者本人《りようしゃほんにん》のものの見方《みかた》や感情《かんじょう》，考《かんが》え方《かた》，希望《きぼう》など）が大切《たいせつ》であることは間違《まちが》いありません。だからといって，本人《ほんにん》が言《い》ったことをそのまま鵜呑《うの》みにして援助《えんじょ》したとすれば，それは介護《かいご》ではなく，単《たん》なる作業《さぎょう》となってしまいます。

「介護《かいご》」と「単《たん》なる作業《さぎょう》」との大《おお》きな違《ちが》いは，介護過程《かいごかてい》による根拠《こんきょ》にもとづいた行為《こうい》かどうかということです。

介護現場《かいごげんば》は人手不足《ひとでぶそく》ということもあって，無意識《むいしき》のうちに目《め》の前《まえ》の仕事《しごと》を効率的《こうりつてき》に，早《はや》くこなそうと考《かんが》えがちになります。しかし，介護過程《かいごかてい》にもとづいて援助《えんじょ》をする介護職《かいごしょく》と，流《なが》れ作業的《さぎょうてき》な仕事《しごと》をする介護職《かいごしょく》とでは，介護《かいご》の専門性《せんもんせい》に大《おお》きな差《さ》が出《で》ます。

月《がつ》 日《にち》

2. 思考過程《しこうかてい》の訓練《くんれん》

❶ アセスメントの重要性《じゅうようせい》

▶▶ 収集《しゅうしゅう》した情報《じょうほう》の量《りょう》と質《しつ》

介護過程《かいごかてい》のなかでも，アセスメントは重要《じゅうよう》なものの１つです。その最初《さいしょ》の一歩《いっぽ》は，利用者《りようしゃ》を取《と》り巻《ま》く情報《じょうほう》を収集《しゅうしゅう》することにあります。情報《じょうほう》を収集《しゅうしゅう》する際《さい》に忘《わす》れてはならないポイントは表《ひょう》2-2のとおりです。

利用者本人《りようしゃほんにん》の生活《せいかつ》を支援《しえん》するためには，どのような情報《じょうほう》がどのくらい必要《ひつよう》なのか，介護職《かいごしょく》は見通《みとお》しをもって情報《じょうほう》を収集《しゅうしゅう》する必要《ひつよう》があります。なぜなら，収集《しゅうしゅう》した**情報《じょうほう》の量《りょう》と質《しつ》**によって，そのあとの介護過程《かいごかてい》の展開《てんかい》は大《おお》きく左右《さゆう》されるといっても過言《かごん》ではないからです。

表《ひょう》2-2 ● 情報《じょうほう》を収集《しゅうしゅう》する際《さい》のポイント

① 収集《しゅうしゅう》した情報《じょうほう》が正確《せいかく》な事実《じじつ》であるかどうか
② 介護《かいご》に必要《ひつよう》な情報《じょうほう》であるかどうか
③ 偏見《へんけん》や先入観《せんにゅうかん》をもたずに収集《しゅうしゅう》した情報《じょうほう》であるかどうか

収集《しゅうしゅう》した情報《じょうほう》の量《りょう》と質《しつ》が介護過程《かいごかてい》の展開《てんかい》にどのような影響《えいきょう》を与《あた》えるかについて，次《つぎ》の事例《じれい》から考《かんが》えてみましょう。

事例《じれい》４

通所介護《つうしょかいご》（デイサービス）を利用《りよう》しはじめた当初《とうしょ》，Dさん（86歳《さい》，男性《だんせい》）の体重《たいじゅう》は55kg程度《ていど》で，食欲《しょくよく》もほとんどありませんでした。それでも，家《いえ》ではウニのびんづめとご飯《はん》ばかりを何《なん》とか食《た》べているということでした。

介護職《かいごしょく》は何《なん》とか食事《しょくじ》をして栄養《えいよう》をとってもらおうと考《かんが》え，通所介護《つうしょかいご》の利用時《りようじ》に，ほかの利用者《りようしゃ》とは違《ちが》う，Dさんのためだけの別《べつ》メニューを用意《ようい》することを検討《けんとう》しました。

かかわりはじめてまもないころは，利用者《りようしゃ》に関《かん》する情報《じょうほう》も少《すく》ないことがほとんどです。しかし，多《おお》くの場合《ばあい》，介護職《かいごしょく》は情報《じょうほう》が少《すく》ないということをあまり意識《いしき》しないまま，限《かぎ》られた情報《じょうほう》のなかから援助内容《えんじょないよう》や援助方法《えんじょほうほう》を組《く》み立《た》てようとしています。その結果《けっか》，利用者《りようしゃ》にとって望《のぞ》ましいものとは違《ちが》う生活《せいかつ》に導《みちび》いてしまう可能性《かのうせい》もあるのです。

この事例《じれい》における専門性《せんもんせい》のある介護《かいご》とは，D さんに意図的《いとてき》にはたらきかけてさらに情報《じょうほう》を収集《しゅうしゅう》する姿勢《しせい》です。限《かぎ》られた情報《じょうほう》のみに頼《たよ》って「D さんのためだけの別《べつ》メニューを用意《ようい》する」と結論《けつろん》づけるのではなく，D さんに質問《しつもん》をすることで，なぜウニのびんづめばかり食《た》べるのか，ほかに好《す》きな食《た》べ物《もの》はあるのか，特別扱《とくべつあつか》いされることに抵抗《ていこう》はないのかなどを確認《かくにん》・検討《けんとう》します。

さまざまな角度《かくど》から情報《じょうほう》を収集《しゅうしゅう》し，解釈《かいしゃく》し，統合化《とうごうか》することによってはじめて，「食《しょく》を整《ととの》える」という課題《かだい》を明確《めいかく》にすることができるのです。

▶▶ 情報《じょうほう》を得《え》るためのコミュニケーション

介護現場《かいごげんば》では，介護職《かいごしょく》のコミュニケーションのタイプは大《おお》きく分《わ》けて 2 つあります（表《ひょう》 2-3）。

介護職《かいごしょく》には，利用者《りようしゃ》の思《おも》いや願《ねが》いにこころを寄《よ》せ，その心情《しんじょう》をくみとろうと努力《どりょく》し，利《り》用者《ようしゃ》が生活上《せいかつじょう》の困《こま》りごとや悩《なや》みごとを述《の》べられるように傾聴《けいちょう》する姿勢《しせい》が求《もと》められます。そして，利用者《りようしゃ》の悲《かな》しみや苦《くる》しみ，怒《いか》り，喜《よろこ》びなどに共感《きょうかん》できる感性《かんせい》をみがく必要《ひつよう》があります。また，「介護《かいご》は観察《かんさつ》に始《はじ》まって観察《かんさつ》に終《お》わる」ともいわれます。それほど介護職《かいごしょく》には観察力《かんさつりょく》や洞察力《どうさつりょく》が求《もと》められるのです。

観察《かんさつ》とは，五感《ごかん》である視覚《しかく》・聴覚《ちょうかく》・触覚《しょっかく》・嗅覚《きゅうかく》・味覚《みかく》を総動員《そうどういん》して，利用者《りようしゃ》を取《と》り巻《ま》く事実《じじつ》を知識《ちしき》と照《て》らして，ありのままに入手《にゅうしゅ》し，意味《いみ》のある情報《じょうほう》にすることです。また，利《り》用者《ようしゃ》の思《おも》いや願《ねが》いを観察《かんさつ》して，その本質《ほんしつ》や奥底《おくそこ》にあるものを見通《みとお》す洞察力《どうさつりょく》，さらには共感的《きょうかんてき》な態度《たいど》により，利用者《りようしゃ》に関《かん》する真《しん》の情報《じょうほう》を得《え》ることができます。

表《ひょう》 2-3 ● 介護職《かいごしょく》によるコミュニケーションのタイプ

① ドッジボール型《がた》（一方向《いちほうこう》）コミュニケーション	専門的知識《せんもんてきちしき》や技術《ぎじゅつ》は十分《じゅうぶん》もち合《あ》わせているものの，それらを一方的《いっぽうてき》に押《お》しつけるため，相手《あいて》は自分《じぶん》の今《いま》の心情《しんじょう》が十分吐《じゅうぶんは》き出《だ》せない状態《じょうたい》におちいってしまう。相手《あいて》に一方的《いっぽうてき》にボールを投《な》げつけるタイプのコミュニケーションである。
② キャッチボール型《がた》（双方向《そうほうこう》）コミュニケーション	まず相手《あいて》の話《はなし》をよく聞《き》き，思《おも》いを受《う》けとめて，それに焦点《しょうてん》をあわせて自分《じぶん》の言葉《ことば》を選《えら》んで会話《かいわ》し，双方向《そうほうこう》のコミュニケーションがはかれるタイプである。忙《いそが》しい現場《げんば》でキャッチボール型《がた》コミュニケーションをはかることは困難《こんなん》だと感《かん》じるかもしれないが，それをしない限《かぎ》り利用者《りようしゃ》の正確《せいかく》な情報《じょうほう》は得《え》られない。

❷ 「情報《じょうほう》の解釈《かいしゃく》・関連《かんれん》づけ・統合化《とうごうか》」という作業《さぎょう》

▶▶ 離《はな》れ小島《こじま》に橋《はし》をかける作業《さぎょう》

介護過程《かいごかてい》のアセスメント段階《だんかい》のうち，「情報《じょうほう》の収集《しゅうしゅう》」ではこういうことを行《おこな》い，その次《つぎ》の「情報《じょうほう》の解釈《かいしゃく》・関連《かんれん》づけ・統合化《とうごうか》」ではこういうことを行《おこな》う，ということが知識《ちしき》として理解《りかい》できたとします。しかし，それでも，介護職《かいごしょく》が実際《じっさい》に介護過程《かいごかてい》を展開《てんかい》するにあたって最初《さいしょ》につまずいてしまうのが，収集《しゅうしゅう》した情報《じょうほう》をどのように解釈《かいしゃく》し，関連《かんれん》づけて，統合化《とうごうか》するかという作業《さぎょう》だといわれています。

介護職《かいごしょく》が収集《しゅうしゅう》した情報《じょうほう》は，食事《しょくじ》は食事《しょくじ》，入浴《にゅうよく》は入浴《にゅうよく》，排泄《はいせつ》は排泄《はいせつ》……というように，ある意味《いみ》でバラバラであり，項目《こうもく》ごとに分類《ぶんるい》された状態《じょうたい》でアセスメントシートに記入《きにゅう》されています。つまり「情報《じょうほう》の収集《しゅうしゅう》」段階《だんかい》では，いわば，離《はな》れ小島《こじま》のように情報《じょうほう》が散《ち》らばっている状態《じょうたい》にあるのです。

これらの**離《はな》れ小島《こじま》に橋《はし》をかける作業《さぎょう》**，言《い》い換《か》えれば，**情報同士《じょうほうどうし》を関連《かんれん》させながら結《むす》びつける作業《さぎょう》**が「情報《じょうほう》の解釈《かいしゃく》・関連《かんれん》づけ・統合化《とうごうか》」になります。

▶▶ 介護職《かいごしょく》による専門的《せんもんてき》な介護《かいご》

1つひとつの情報《じょうほう》は，断片的《だんぺんてき》で部分的《ぶぶんてき》なものですが，それらのもつ意味《いみ》を解釈《かいしゃく》し，関係《かんけい》のありそうな情報同士《じょうほうどうし》を関連《かんれん》づけて，統合化《とうごうか》すると，それが利用者全体《りようしゃぜんたい》のなかに位置《いち》づけられ，はじめて**介護《かいご》に役立《やくだ》つ情報《じょうほう》**になります。

介護職《かいごしょく》による専門的《せんもんてき》な介護《かいご》とは，思《おも》いつきで場《ば》あたり的《てき》に行《おこな》われるものではありません。介護職《かいごしょく》は，収集《しゅうしゅう》した複数《ふくすう》の情報《じょうほう》を矛盾《むじゅん》なくつなぎ合《あ》わせて仮説《かせつ》を立《た》て，課題《かだい》を明確《めいかく》にしたうえで援助内容《えんじょないよう》や援助方法《えんじょほうほう》を決定《けってい》していきます。

利用者《りようしゃ》の生活《せいかつ》のしづらさが何《なに》に起因《きいん》しているのかを明《あき》らかにすることこそ，介護過程《かいごかてい》の思考《しこう》プロセスの1つなのです。

▶▶ 事例《じれい》から考《かんが》える「離《はな》れ小島《こじま》に橋《はし》をかける作業《さぎょう》」の実際《じっさい》

離《はな》れ小島《こじま》に橋《はし》をかける作業《さぎょう》（＝情報同士《じょうほうどうし》を関連《かんれん》させながら結《むす》びつける作業《さぎょう》）について，次《つぎ》の事例《じれい》から考《かんが》えてみましょう。

事例《じれい》5

Eさん（83歳《さい》，女性《じょせい》）は，夫《おっと》と一人息子《ひとりむすこ》を立《た》てつづけに亡《な》くしてから，体調《たいちょう》をくずしがちになりました。4年前《ねんまえ》に**脳梗塞**《のうこうそく》[2]（➡ p.128参照《さんしょう》）を発症《はっしょう》し，現在《げんざい》，歩行《ほこう》は可能《かのう》ですが，軽度《けいど》の言語障害《げんごしょうがい》があります。

3か月前《げつまえ》に**サービス付《つ》き高齢者向《こうれいしゃむ》け住宅《じゅうたく》**[3]（➡ p.128参照《さんしょう》）に入居《にゅうきょ》して以来《いらい》，主食《しゅしょく》はおかゆを希望《きぼう》しています。現在《げんざい》の体重《たいじゅう》は40kg。病気《びょうき》になる4年前《ねんまえ》は56kgだったということなので，16kgの体重減少《たいじゅうげんしょう》があります。また，うつ傾向《けいこう》があり，ほかの入居者《にゅうきょしゃ》の言動《げんどう》によって落《お》ちこむこともあります。

介護職《かいごしょく》はＥさんに健康的《けんこうてき》な生活《せいかつ》を取《と》り戻《もど》してもらうために，食事《しょくじ》の見直《みなお》しを検討《けんとう》しました。おかゆからご飯《はん》への変更《へんこう》を提案《ていあん》すると，「歯《は》が悪《わる》いので，おかゆのほうがよい」とのことでした。そこで，歯科治療《しかちりょう》をすすめましたが，Ｅさんは「脳梗塞《のうこうそく》になって以来《いらい》，**ワルファリン**[4]（➡p.128参照《さんしょう》）を飲《の》んでいるので，歯科治療《しかちりょう》はできない」と言《い》います。

利用者《りようしゃ》の意向《いこう》を尊重《そんちょう》することは重要《じゅうよう》ですが，より健康的《けんこうてき》な生活《せいかつ》を送《おく》ってもらうためには，状況《じょうきょう》の改善《かいぜん》が必要《ひつよう》です。そこで，介護職《かいごしょく》は次《つぎ》の情報《じょうほう》に注目《ちゅうもく》しました。

① おかゆを希望《きぼう》している
② 4年間《ねんかん》で体重《たいじゅう》が16kg減少《げんしょう》している
③ 歯《は》が悪《わる》い
④ 脳梗塞《のうこうそく》の既往歴《きおうれき》がある
⑤ ワルファリンを服用《ふくよう》している
⑥ うつ傾向《けいこう》がある
⑦ 歯科治療《しかちりょう》はできないと思《おも》っている

これらのうち，①～③の情報《じょうほう》を結《むす》びつけると，Ｅさんの健康的《けんこうてき》な生活《せいかつ》を阻害《そがい》している要因《よういん》は，歯《は》が悪《わる》いために栄養価《えいようか》の高《たか》い食事《しょくじ》が十分《じゅうぶん》に食《た》べられないことだと考《かんが》えられます。この状況《じょうきょう》を改善《かいぜん》するための具体策《ぐたいさく》としては，まずは歯科治療《しかちりょう》が必要《ひつよう》です。

しかし，④～⑦の情報《じょうほう》を結《むす》びつけると，Ｅさんにはうつ傾向《けいこう》があり，「ワルファリンを飲《の》んでいるから，歯《は》が悪《わる》くても歯科治療《しかちりょう》ができない」と思《おも》いこんでいることがわかります。そこで介護職《かいごしょく》は，ケアカンファレンスの結果《けっか》をふまえてＥさんに歯科治療《しかちりょう》が可能《かのう》であることを伝《つた》え，さらに体力《たいりょく》をつけるために，おかゆからやわらかいご飯《はん》に変更《へんこう》することを提案《ていあん》しました。

▶▶ 頭《あたま》のなかで「？」を生《う》み出《だ》す作業《さぎょう》

事例《じれい》5では7つの情報《じょうほう》が集《あつ》められ，それぞれ関係《かんけい》のありそうな情報同士《じょうほうどうし》を関連《かんれん》づけて統合化《とうごうか》し，介護《かいご》に役立《やくだ》つ情報《じょうほう》へと形《かたち》づくっていきました。しかし，情報《じょうほう》が7つではなく4つであった場合《ばあい》には，情報同士《じょうほうどうし》を関連《かんれん》させながら結《むす》びつける作業《さぎょう》がむずかしくなります。

そこで，情報《じょうほう》が限《かぎ》られている場合《ばあい》には，今《いま》ある情報《じょうほう》をもとに「なぜなのだろう？」「どうなっているのだろう？」という思考《しこう》をめぐらし，情報《じょうほう》の量《りょう》と質《しつ》を広《ひろ》げていくようにします。

このことを次《つぎ》の事例《じれい》から考《かんが》えてみましょう。

事例《じれい》6

Fさん（82歳《さい》，女性《じょせい》）は，朝食前《ちょうしょくまえ》に食堂《しょくどう》で新聞《しんぶん》を読《よ》むのが日課《にっか》になっています。

ある朝《あさ》，食堂《しょくどう》のFさんの席《せき》が空《あ》いていました。「あら？　Fさんは？」と介護主任《かいごしゅにん》が担当《たんとう》の介護職《かいごしょく》に聞《き》いてみると，「居室《きょしつ》におられます。食事《しょくじ》はいらないそうです」とのこと。「なぜ？」とさらに聞《き》くと，担当《たんとう》の介護職《かいごしょく》は「……」。

介護主任《かいごしゅにん》は，朝食《ちょうしょく》がいらない理由《りゆう》を本人《ほんにん》に確《たし》かめる必要《ひつよう》があると思《おも》い，居室《きょしつ》を訪《おとず》れてそのことをたずねると，Fさんは「黒《くろ》い便《べん》が出《で》たので，こわくて朝食《ちょうしょく》が食《た》べられないの」と言《い》いました。「黒《くろ》い便《べん》……？」。Fさんのからだに何《なに》が起《お》こっているのでしょう。

そういえば，Fさんはここ何日《なんにち》かさえない表情《ひょうじょう》をしていました。介護主任《かいごしゅにん》は「**上部《じょうぶ》消化管《しょうかかん》** 5 （➡p.128参照《さんしょう》）から出血《しゅっけつ》しているのだろうか？」など，頭《あたま》のなかであれこれ思《おも》いをめぐらしながら，朝食《ちょうしょく》をとらないで受診《じゅしん》してもらうべきか考《かんが》えました。

この事例《じれい》では，介護主任《かいごしゅにん》はほかの介護職《かいごしょく》に，今《いま》までFさんから黒《くろ》い便《べん》が出《で》たという訴《うった》えがあったかどうかを確認《かくにん》しました。すると，ある介護職《かいごしょく》から，「数日前《すうじつまえ》にも訴《うった》えがあったのですが，食堂《しょくどう》へ案内《あんない》すると，そのことを忘《わす》れて食事《しょくじ》をしました」との話《はなし》がありました。

また，黒《くろ》い便《べん》が出《で》たことを看護師《かんごし》に伝《つた》えると，「F さんは先週受診《せんしゅうじゅしん》した際《さい》に，貧血《ひんけつ》があるので鉄剤《てつざい》を処方《しょほう》されました。その影響《えいきょう》ではないでしょうか」との報告《ほうこく》がありました。**鉄《てつ》欠乏性貧血《けつぼうせいひんけつ》** 6 (➡ p.128 参照《さんしょう》) の予防《よぼう》としては，バランスのとれた1日《にち》3回《かい》の食事《しょくじ》が大切《たいせつ》ですから，朝食《ちょうしょく》を食《た》べないという判断《はんだん》は適切《てきせつ》でないことになります。

▶▶ 思考回路《しこうかいろ》を形成《けいせい》する訓練《くんれん》

介護過程《かいごかてい》を展開《てんかい》するためには，利用者《りようしゃ》との日々《ひび》のかかわりのなかで単《たん》に業務《ぎょうむ》をこなすだけでなく，「おや？」「なぜだろう？」と疑問《ぎもん》をもったり，考《かんが》えて行動《こうどう》したりする習慣《しゅうかん》をつける必要《ひつよう》があります。

つまり，介護職《かいごしょく》に求《もと》められるのは，作業《さぎょう》ではなく，より専門的《せんもんてき》な介護《かいご》を提供《ていきょう》するための思考回路《しこうかいろ》を形成《けいせい》する訓練《くんれん》です。

その観点《かんてん》から事例《じれい》6をとらえると，「なぜ朝食《ちょうしょく》を食《た》べたくないと言《い》ったのか？」「なぜ黒《くろ》い便《べん》が出《で》たのか？」など，F さんの言動《げんどう》や体調《たいちょう》に関《かん》して，頭《あたま》のなかで「？」を生《う》み出《だ》すことが大切《たいせつ》になります。

1つひとつの情報《じょうほう》に対《たい》して関心《かんしん》を寄《よ》せて疑問《ぎもん》を抱《いだ》き，「おや？」「なぜだろう？」という問答《もんどう》を頭《あたま》のなかでくり返《かえ》し，意図的《いとてき》な情報収集《じょうほうしゅうしゅう》をすることで，情報《じょうほう》の量《りょう》と質《しつ》をそろえることができます。そのなかから関連《かんれん》する情報同士《じょうほうどうし》がつながったときに，「こういう意味《いみ》があるのか！」と気《き》づくことができます。すると，「だから情報《じょうほう》を集《あつ》めなければいけない」ということにも気《き》がつき，思考《しこう》がおもしろくなります。

月《がつ》
日《にち》

3. ケアマネジメントをふまえた介護過程《かいごかてい》の展開《てんかい》

❶ 介護支援専門員《かいごしえんせんもんいん》に求《もと》められる能力《のうりょく》とケアプランの作成《さくせい》

▶▶ ケアプランから個別《こべつ》サービス計画《けいかく》へ

ケアプラン（居宅《きょたく》サービス計画《けいかく》，施設《しせつ》サービス計画《けいかく》）とは，一人《ひとり》ひとりの利用者《りようしゃ》のニーズにあわせて，適切《てきせつ》な保健《ほけん》・医療《いりょう》・福祉《ふくし》サービスを総合的《そうごうてき》，一体的《いったいてき》，効率的《こうりつてき》に提供《ていきょう》するための全体的《ぜんたいてき》なサービス提供計画《ていきょうけいかく》のことをいいます。

一方《いっぽう》で**個別《こべつ》サービス計画《けいかく》**[7] （➡ p.128 参照《さんしょう》）とは，介護支援専門員《かいごしえんせんもんいん》（ケアマネジャー）が作成《さくせい》したケアプランの目標《もくひょう》を実現《じつげん》するために，具体的《ぐたいてき》なサービスを提供《ていきょう》する事業者《じぎょうしゃ》・専門職《せんもんしょく》ごとに立案《りつあん》される，利用者《りようしゃ》にかかわる，より詳細《しょうさい》な計画《けいかく》のことです。

個別《こべつ》サービス計画《けいかく》の作成《さくせい》にあたっては，利用者一人《りようしゃひとり》ひとりの状態《じょうたい》をふまえ，適切《てきせつ》なサービスが提供《ていきょう》できるように各専門職《かくせんもんしょく》の視点《してん》からアセスメントを行《おこな》い，課題《かだい》の解決《かいけつ》に向《む》けた目標《もくひょう》や具体的《ぐたいてき》な援助内容《えんじょないよう》・方法《ほうほう》を決定《けってい》します。なかでも介護職《かいごしょく》による個別《こべつ》サービス計画《けいかく》は，介護過程《かいごかてい》を展開《てんかい》して作成《さくせい》するもので，一般《いっぱん》に介護計画《かいごけいかく》と呼《よ》ばれます。

個別《こべつ》サービス計画《けいかく》の作成《さくせい》は，介護支援専門員《かいごしえんせんもんいん》によって作成《さくせい》されたケアプランにもとづいて行《おこな》われることになります。そのため，介護職《かいごしょく》をはじめとする個別《こべつ》サービス計画《けいかく》の作成者《さくせいしゃ》は，介護支援専門員《かいごしえんせんもんいん》がどのような手順《てじゅん》をふんでケアプランを作成《さくせい》しているのかを理解《りかい》しておく必要《ひつよう》があります。

▶▶ 介護支援専門員《かいごしえんせんもんいん》に求《もと》められる能力《のうりょく》

介護支援専門員《かいごしえんせんもんいん》は，介護保険制度《かいごほけんせいど》で，利用者《りようしゃ》（要介護者《ようかいごしゃ》または要支援者《ようしえんしゃ》，もしくはその家族《かぞく》など）からの相談《そうだん》に応《おう》じるとともに，利用者《りようしゃ》が心身《しんしん》の状況《じょうきょう》に応《おう》じて適切《てきせつ》なサービスを

図《ず》 2-1 ● 介護支援専門員《かいごしえんせんもんいん》とサービス事業者《じぎょうしゃ》との役割《やくわり》・業務《ぎょうむ》の関係《かんけい》

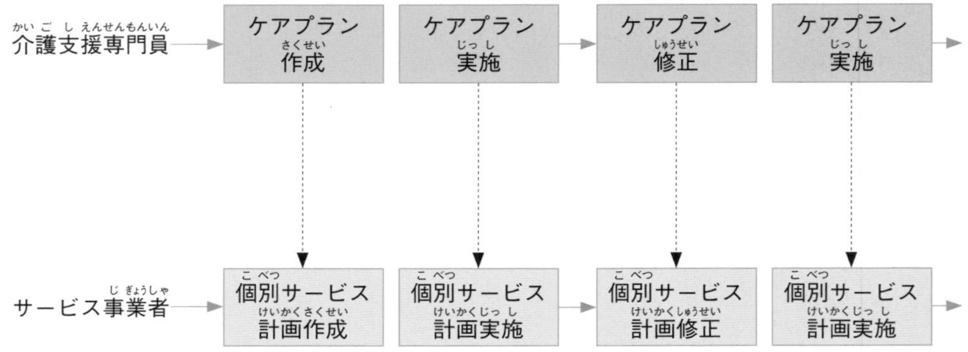

表《ひょう》 2-4 ● 介護支援専門員《かいごしえんせんもんいん》に求《もと》められる能力《のうりょく》

① アセスメント（課題分析《かだいぶんせき》）能力《のうりょく》
② ケアプラン作成能力《さくせいのうりょく》
③ サービス調整能力《ちょうせいのうりょく》
④ 会議運営能力《かいぎうんえいのうりょく》
⑤ 各《かく》サービス間《かん》の情報整理能力《じょうほうせいりのうりょく》
⑥ 生活《せいかつ》の継続性《けいぞくせい》からみるサービス管理能力《かんりのうりょく》
⑦ 面接《めんせつ》・コミュニケーション能力《のうりょく》

利用《りよう》できるように支援《しえん》する役割《やくわり》をにないます。具体的《ぐたいてき》には，そうした役割《やくわり》を**ケアマネジメント**という援助手法《えんじょしゅほう》にのっとって果《は》たすことになります。

ケアマネジメントの流《なが》れについては第《だい》1章《しょう》第《だい》3節《せつ》(☞第《だい》3巻《かん》p.34)でも解説《かいせつ》していますが，そのなかで介護支援専門員《かいごしえんせんもんいん》には表《ひょう》2-4に示《しめ》すような能力《のうりょく》が求《もと》められます。

介護《かいご》を必要《ひつよう》とする高齢者《こうれいしゃ》の場合《ばあい》，自分《じぶん》らしい生活《せいかつ》を継続《けいぞく》していくためにはどのようなサービスを利用《りよう》すればよいか，的確《てきかく》に判断《はんだん》できない人《ひと》も少《すく》なくありません。介護保険制度《かいごほけんせいど》では居宅《きょたく》サービスの種類《しゅるい》も多《おお》く，サービス事業者《じぎょうしゃ》も多様化《たようか》しています。そうしたなかで高《こう》齢者《れいしゃ》やその家族《かぞく》が情報《じょうほう》を集《あつ》め，サービスを適切《てきせつ》に選択《せんたく》することは容易《ようい》ではありません。

そのため，利用者一人《りようしゃひとり》ひとりのニーズにそって，**サービスを効果的《こうかてき》に組《く》み合《あ》わせる支援《しえん》者《しゃ》**として，介護支援専門員《かいごしえんせんもんいん》は位置《いち》づけられています。

また，介護支援専門員《かいごしえんせんもんいん》には，利用者《りようしゃ》を支援《しえん》する**チームのコーディネーター（調整役《ちょうせいやく》）**としての役割《やくわり》も期待《きたい》されています。居宅《きょたく》サービスにおける支援者《しえんしゃ》チームのメンバーは，異《こと》なるさまざまなサービス事業所《じぎょうしょ》に属《ぞく》するフォーマルな専門職《せんもんしょく》のほか，民生委員《みんせいいいん》やボランティア，地域住民《ちいきじゅうみん》といったインフォーマルな人《ひと》たちも含《ふく》まれます。介護支援専門員《かいごしえんせんもんいん》は，利用者《りようしゃ》のニーズにあわせて，こうした人《ひと》たちが提供《ていきょう》するサービスなどを調整《ちょうせい》する役割《やくわり》もになっています。

このように，介護支援専門員《かいごしえんせんもんいん》は介護保険制度《かいごほけんせいど》を運用《うんよう》する要《かなめ》となる役割《やくわり》のにない手《て》であり，介護保険制度《かいごほけんせいど》のなかで提供《ていきょう》されるサービスが，利用者《りようしゃ》のニーズに即《そく》して総合的《そうごうてき》，一体《いったい》的《てき》，効率的《こうりつてき》に提供《ていきょう》されるように調整《ちょうせい》する責任者《せきにんしゃ》ということができます。

▶▶ 介護支援専門員《かいごしえんせんもんいん》によるケアプランの作成《さくせい》

居宅介護支援事業所《きょたくかいごしえんじぎょうしょ》[8] (➡ p.129参照《さんしょう》)の介護支援専門員《かいごしえんせんもんいん》が，ケアプランの作成《さくせい》にあたってどのようなことに留意《りゅうい》すべきかについては，厚生労働省《こうせいろうどうしょう》が基準《きじゅん》を示《しめ》しています（表《ひょう》2-5）。

介護支援専門員《かいごしえんせんもんいん》はアセスメントの結果《けっか》にもとづいて，ケアプランを作成《さくせい》します。その内《ない》容《よう》は，①計画《けいかく》の大《おお》きな方向性《ほうこうせい》を示《しめ》す支援目標《しえんもくひょう》の設定《せってい》，②具体的《ぐたいてき》な計画《けいかく》の作成《さくせい》，という2つに分《わ》かれます。

表《ひょう》 2-5 ● 介護支援専門員《かいごしえんせんもんいん》に求《もと》められるケアプラン作成《さくせい》にあたってのおもな留意点《りゅういてん》

① 地域《ちいき》における指定居宅《していきょたく》サービス事業者等《じぎょうしゃとう》に関《かん》する情報《じょうほう》（サービスの内容《ないよう》や利用料《りようりょう》など）を適正《てきせい》に利用者《りようしゃ》または家族《かぞく》に提供《ていきょう》する。

② 利用者《りようしゃ》が現《げん》にかかえる問題点《もんだいてん》を明《あき》らかにし，自立《じりつ》した日常生活《にちじょうせいかつ》を営《いとな》むことができるように支援《しえん》するうえで解決《かいけつ》すべき課題《かだい》を把握《はあく》する。

③ アセスメントにあたっては，利用者《りようしゃ》の居宅《きょたく》を訪問《ほうもん》し，利用者《りようしゃ》または家族《かぞく》に面接《めんせつ》して行《おこな》う。

④ アセスメントの結果《けっか》にもとづいて，ケアプランの原案《げんあん》を作成《さくせい》する。

⑤ サービス担当者会議《たんとうしゃかいぎ》を開催《かいさい》して，利用者《りようしゃ》に関《かん》する情報《じょうほう》を支援者《しえんしゃ》チームのメンバーと共有《きょうゆう》するとともに，ケアプランの原案《げんあん》の内容《ないよう》についての意見《いけん》を求《もと》める。

⑥ ケアプランの原案《げんあん》の内容《ないよう》について，利用者《りようしゃ》または家族《かぞく》に対《たい》して説明《せつめい》し，同意《どうい》を得《え》る。

⑦ ケアプランを作成《さくせい》した際《さい》には，ケアプランを利用者《りようしゃ》およびケアプランの原案《げんあん》に位置《いち》づけた指定居宅《していきょたく》サービス等《とう》の担当者《たんとうしゃ》に渡《わた》す。

⑧ ケアプランに位置《いち》づけた指定居宅《していきょたく》サービス事業者等《じぎょうしゃとう》に対《たい》して，個別《こべつ》サービス計画《けいかく》の提出《ていしゅつ》を求《もと》める。

⑨ ケアプランの作成後《さくせいご》，ケアプランの実施状況《じっしじょうきょう》の把握《はあく》を行《おこな》い，必要《ひつよう》に応《おう》じてケアプランの変更《へんこう》や指定居宅《していきょたく》サービス事業者等《じぎょうしゃとう》との連絡調整《れんらくちょうせい》を行《おこな》う。

居宅《きょたく》の場面《ばめん》における居宅《きょたく》サービス計画《けいかく》を例《れい》にすると，①の内容《ないよう》は居宅《きょたく》サービス計画書《けいかくしょ》(1)にまとめられます（表《ひょう》 2-6）。ここには「利用者及《りようしゃおよ》び家族《かぞく》の生活《せいかつ》に対《たい》する意向《いこう》を踏《ふ》まえた課題分析《かだいぶんせき》の結果《けっか》」と「総合的《そうごうてき》な援助《えんじょ》の方針《ほうしん》」が記入《きにゅう》され，利用者《りようしゃ》や家族《かぞく》の今後《こんご》の生活《せいかつ》の方向《ほうこう》づけがなされます。

②の内容《ないよう》となる居宅《きょたく》サービス計画書《けいかくしょ》(2)には，生活全般《せいかつぜんぱん》の解決《かいけつ》すべき課題《かだい》（ニーズ）のほか，提供《ていきょう》されるサービスの目標《もくひょう》とその達成時期《たっせいじき》，援助内容《えんじょないよう》（サービス内容《ないよう》，サービス種別《しゅべつ》，提供《ていきょう》する頻度《ひんど》や期間《きかん》）などが記入《きにゅう》されます（表《ひょう》 2-7）。

これらに加《くわ》えて，1週間《しゅうかん》を単位《たんい》にしたサービス利用《りよう》の管理表《かんりひょう》が週間《しゅうかん》サービス計画表《けいかくひょう》として作成《さくせい》されます（表《ひょう》 2-8）。

介護支援専門員《かいごしえんせんもんいん》が作成《さくせい》するケアプランは，アセスメントによって導《みちび》き出《だ》されたニーズごとに，どのようなサービスが必要《ひつよう》になるかをまとめているものです。そして，個別《こべつ》サービス計画《けいかく》は，ケアプランに盛《も》りこまれた1つひとつのサービスについて，援助《えんじょ》の内容《ないよう》や方法《ほうほう》を明確《めいかく》にしています。

表《ひょう》 2-6 ● 居宅《きょたく》サービス計画書《けいかくしょ》(1)の記入《きにゅう》のポイント

第《だい》1表《ひょう》

居宅《きょたく》サービス計画書《けいかくしょ》(1)

作成年月日《さくせいねんがっぴ》　年《ねん》　月《がつ》　日《にち》

初回《しょかい》・紹介《しょうかい》・継続《けいぞく》　　認定済《にんていずみ》・申請中《しんせいちゅう》

利用者名《りようしゃめい》　殿《どの》　生年月日《せいねんがっぴ》　年《ねん》　月《がつ》　日《にち》　住所《じゅうしょ》

居宅《きょたく》サービス計画作成者氏名《けいかくさくせいしゃしめい》

居宅介護支援事業者《きょたくかいごしえんじぎょうしゃ》・事業所名及《じぎょうしょめいおよ》び所在地《しょざいち》

居宅《きょたく》サービス計画作成《けいかくさくせい》（変更《へんこう》）日《び》　年《ねん》　月《がつ》　日《にち》　初回居宅《しょかいきょたく》サービス計画作成日《けいかくさくせいび》　年《ねん》　月《がつ》　日《にち》

認定日《にんていび》　年《ねん》　月《がつ》　日《にち》　認定《にんてい》の有効期間《ゆうこうきかん》　年《ねん》　月《がつ》　日《にち》　～　年《ねん》　月《がつ》　日《にち》

要介護状態区分《ようかいごじょうたいくぶん》	要介護《ようかいご》1　・　要介護《ようかいご》2　・　要介護《ようかいご》3　・　要介護《ようかいご》4　・　要介護《ようかいご》5
利用者及《りようしゃおよ》び家族《かぞく》の生活《せいかつ》に対《たい》する意向《いこう》を踏《ふ》まえた課題分析《かだいぶんせき》の結果《けっか》	利用者《りようしゃ》およびその家族《かぞく》が，どのような内容《ないよう》の介護《かいご》サービスをどの程度《ていど》の頻度《ひんど》で利用《りよう》しながら，どのような生活《せいかつ》をしたいと考《かんが》えているのか意《い》向《こう》を踏《ふ》まえた課題分析《かだいぶんせき》の結果《けっか》を記載《きさい》する。その際《さい》，課題分析《かだいぶんせき》の結果《けっか》として，「自立支援《じりつしえん》」に資《し》するために解決《かいけつ》しなければならない課題《かだい》が把握《はあく》できているか確認《かくにん》する。そのために，利用者《りようしゃ》の主訴《しゅそ》や相談内容等《そうだんないようとう》をふまえた利用者《りようしゃ》がもっている力《ちから》や生活環境等《せいかつかんきょうとう》の評価《ひょうか》を含《ふく》め利用者《りようしゃ》がかかえる問題点《もんだいてん》を明《あき》らかにしていくこと。 なお，利用者《りようしゃ》およびその家族《かぞく》の生活《せいかつ》に対《たい》する意向《いこう》が異《こと》なる場合《ばあい》には，おのおのの主訴《しゅそ》を区別《くべつ》して記載《きさい》する。
介護認定審査会《かいごにんていしんさかい》の意見及《いけんおよ》びサービスの種類《しゅるい》の指定《してい》	被保険者証《ひほけんしゃしょう》を確認《かくにん》し，「認定審査会意見及《にんていしんさかいいけんおよ》びサービスの種類《しゅるい》の指定《してい》」が記載《きさい》されている場合《ばあい》には，これを転記《てんき》する。
総合的《そうごうてき》な援助《えんじょ》の方針《ほうしん》	課題分析《かだいぶんせき》により抽出《ちゅうしゅつ》された「生活全般《せいかつぜんぱん》の解決《かいけつ》すべき課題《かだい》（ニーズ）」に対応《たいおう》して，当該居宅《とうがいきょたく》サービス計画《けいかく》を作成《さくせい》する介護支援専門員《かいごしえんせんもんいん》をはじめ各種《かくしゅ》のサービス担当者《たんとうしゃ》が，どのようなチームケアを行《おこな》おうとするのか，利用者《りようしゃ》および家族《かぞく》を含《ふく》むケアチームが確認《かくにん》，検討《けんとう》のうえ，総合的《そうごうてき》な援助《えんじょ》の方針《ほうしん》を記載《きさい》する。 あらかじめ発生《はっせい》する可能性《かのうせい》が高《たか》い緊急事態《きんきゅうじたい》が想定《そうてい》されている場合《ばあい》には，対応機関《たいおうきかん》やその連絡先《れんらくさき》，また，あらかじめケアチームにおいて，どのような場合《ばあい》を緊急事態《きんきゅうじたい》と考《かんが》えているかや，緊急時《きんきゅうじ》を想定《そうてい》した対応《たいおう》の方法等《ほうほうとう》について記載《きさい》することが望《のぞ》ましい。例《たと》えば，利用者《りようしゃ》の状態《じょうたい》が急《きゅう》変《へん》した場合《ばあい》の連携等《れんけいとう》や，将来《しょうらい》の予測《よそく》やその際《さい》の多職種《たしょくしゅ》との連携《れんけい》を含《ふく》む対応方法《たいおうほうほう》について記載《きさい》する。
生活援助中心型《せいかつえんじょちゅうしんがた》の算定理由《さんていりゆう》	1. 一人暮《ひとりぐ》らし　2. 家族等《かぞくとう》が障害《しょうがい》，疾病等《しっぺいとう》　3. その他《た》（　）

表《ひょう》 2-7 ● 居宅《きょたく》サービス計画書《けいかくしょ》(2)の記入《きにゅう》のポイント

第《だい》2表《ひょう》

居宅《きょたく》サービス計画書《けいかくしょ》(2)

利用者名《りようしゃめい》　　　　殿《どの》　　　　作成年月日《さくせいねんがっぴ》　　年《ねん》　　月《がつ》　　日《にち》

生活全般《せいかつぜんぱん》の解決《かいけつ》すべき課題《かだい》（ニーズ）	目《もく》標《ひょう》				援《えん》助《じょ》内《ない》容《よう》					
	長期目標《ちょうきもくひょう》	（期間《きかん》）	短期目標《たんきもくひょう》	（期間《きかん》）	サービス内容《ないよう》	※1	サービス種別《しゅべつ》	※2	頻度《ひんど》	期間《きかん》

（生活全般の解決すべき課題（ニーズ））
利用者《りようしゃ》の自立《じりつ》を阻害《そがい》する要因等《よういんとう》であって，個々《ここ》の解決《かいけつ》すべき課題《かだい》(ニーズ)についてその相互関係《そうごかんけい》をも含《ふく》めて明《あき》らかにし，それを解決《かいけつ》するための要点《ようてん》がどこにあるかを分析《ぶんせき》し，その波及《はきゅう》する効果《こうか》を予測《よそく》して原則《げんそく》として優先度合《ゆうせんどあ》いが高《たか》いものから順《じゅん》に記載《きさい》する。
具体的《ぐたいてき》には，利用者《りようしゃ》の生活全般《せいかつぜんぱん》の解決《かいけつ》すべき課題《かだい》（ニーズ）のなかで，解決《かいけつ》していかなければならない課題《かだい》の優先順位《ゆうせんじゅんい》を見立《みた》て，そこから目標《もくひょう》を立《た》て，

・利用者自身《りようしゃじしん》の力《ちから》で取《と》り組《く》めること
・家族《かぞく》や地域《ちいき》の協力《きょうりょく》でできること
・ケアチームが支援《しえん》すること

で，できるようになることなどを整理《せいり》し，具体《ぐたい》的《てき》な方法《ほうほう》や手段《しゅだん》をわかりやすく記載《きさい》する。
目標《もくひょう》に対《たい》する援助内容《えんじょないよう》では，「いつまでに，誰《だれ》が，何《なに》を行《おこな》い，どのようになるのか」という目標達成《もくひょうたっせい》に向《む》けた取《と》り組《く》みの内容《ないよう》やサービスの種別《しゅべつ》・頻度《ひんど》や期間《きかん》を設定《せってい》する。

（長期目標の期間・短期目標の期間）
「長期目標《ちょうきもくひょう》」の「期間《きかん》」は，「生活全《せいかつぜん》般《ばん》の解決《かいけつ》すべき課題《かだい》（ニーズ）」を，いつまでに，どのレベルまで解決《かいけつ》するのかの期間《きかん》を記載《きさい》する。
「短期目標《たんきもくひょう》」の「期間《きかん》」は，「長期目《ちょうきもく》標《ひょう》」の達成《たっせい》のためにふむべき段階《だんかい》として設定《せってい》した「短期目標《たんきもくひょう》」の達成期《たっせいき》限《げん》を記載《きさい》する。
また，原則《げんそく》として開始時期《かいしじき》と終了時《しゅうりょうじ》期《き》を記入《きにゅう》することとし，終了時期《しゅうりょうじき》が特定《とくてい》できない場合等《ばあいとう》にあっては，開《かい》始時期《しじき》のみ記載《きさい》する等《など》として取《と》り扱《あつか》って差《さ》し支《つか》えないものとする。
なお，期間《きかん》の設定《せってい》においては「認定《にんてい》の有効期間《ゆうこうきかん》」も考慮《こうりょ》するものとする。

（サービス内容）
「短期目標《たんきもくひょう》」の達成《たっせい》に必要《ひつよう》であって最適《さいてき》なサービスの内容《ないよう》とその方針《ほうしん》を明《あき》らかにし，適切《てきせつ》・簡潔《かんけつ》に記載《きさい》する。
この際《さい》，家族等《かぞくとう》による援助《えんじょ》や必要《ひつよう》に応《おう》じて保《ほ》険給付対象外《けんきゅうふたいしょうがい》サービスも明記《めいき》し，また，当該居《とうがいきょ》宅《たく》サービス計画作成時《けいかくさくせいじ》においてすでに行《おこな》われているサービスについても，そのサービスがニーズに反《はん》せず，利用者《りようしゃ》およびその家族《かぞく》に定《てい》着《ちゃく》している場合《ばあい》には，これも記載《きさい》する。
なお，居宅《きょたく》サービス計画《けいかく》に厚生労働大臣《こうせいろうどうだいじん》が定《さだ》める回数以上《かいすういじょう》の訪問介護《ほうもんかいご》を位置《いち》づける場合《ばあい》にあっては，その利用《りよう》の妥当性《だとうせい》を検討《けんとう》し，当該《とうがい》居宅《きょたく》サービス計画《けいかく》に訪問介護《ほうもんかいご》が必要《ひつよう》な理由《りゆう》を記載《きさい》する必要《ひつよう》があるが，その理由《りゆう》を当該欄《とうがいらん》に記載《きさい》しても差《さ》し支《つか》えない。

（サービス種別）
「サービス内容《ないよう》」およびその提供方《ていきょうほう》針《しん》を適切《てきせつ》に実行《じっこう》することができる居《きょ》宅《たく》サービス事業者《じぎょうしゃ》等《とう》を選定《せんてい》し，具体《ぐたい》的《てき》な「サービス種《しゅ》別《べつ》」および当該《とうがい》サービス提供《ていきょう》を行《おこな》う「事業所名《じぎょうしょめい》」を記載《きさい》する。
家族《かぞく》がになう介護《かいご》部分《ぶぶん》についても，だれが行《おこな》うのかを明記《めいき》する。

（頻度）
「頻度《ひんど》」は，「サービス内容《ないよう》」にかかげたサービスをどの程度《ていど》の「頻《ひん》度《ど》（一定期《いっていき》間内《かんない》での回《かい》数《すう》，実施曜《じっしよう》日等《びとう》）」で実施《じっし》するかを記載《きさい》する。

（期間）
「期間《きかん》」は，「サービス内容《ないよう》」にかかげたサービスをどの程度《ていど》の「期《き》間《かん》」にわたり実施《じっし》するかを記載《きさい》する。
なお，「期《き》間《かん》」の設定《せってい》においては「認定《にんてい》の有《ゆう》効期間《こうきかん》」も考慮《こうりょ》するものとする。

「長期目標《ちょうきもくひょう》」は，基本的《きほんてき》には個々《ここ》の解決《かいけつ》すべき課題《かだい》に対応《たいおう》して設定《せってい》するものである。ただし，解決《かいけつ》すべき課題《かだい》が短期的《たんきてき》に解決《かいけつ》される場合《ばあい》やいくつかの課題《かだい》が解決《かいけつ》されてはじめて達成可能《たっせいかのう》な場合《ばあい》には，複数《ふくすう》の長期目標《ちょうきもくひょう》が設定《せってい》されることもある。
「短期目標《たんきもくひょう》」は，解決《かいけつ》すべき課題《かだい》および長期目標《ちょうきもくひょう》に段階的《だんかいてき》に対応《たいおう》し，解決《かいけつ》に結《むす》びつけるものである。

※1 「保険給付《ほけんきゅうふ》の対象《たいしょう》となるかどうかの区分《くぶん》」について，保険給付対象内《ほけんきゅうふたいしょうない》サービスについては○印《じるし》を付《ふ》す。
※2 「当該《とうがい》サービス提供《ていきょう》を行《おこな》う事業所《じぎょうしょ》」について記入《きにゅう》する。

表《ひょう》 2-8 ● 週間《しゅうかん》サービス計画表《けいかくひょう》の記入《きにゅう》のポイント

第《だい》３表《ひょう》

週間《しゅうかん》サービス計画表《けいかくひょう》

利用者名《りようしゃめい》　　　　　　　　殿《どの》

作成年月日《さくせいねんがっぴ》　　年《ねん》　　月《がつ》　　日《にち》

年《ねん》　　月分《がつぶん》より

		月《げつ》	火《か》	水《すい》	木《もく》	金《きん》	土《ど》	日《にち》	主《おも》な日常生活上《にちじょうせいかつじょう》の活動《かつどう》
	0:00								
深夜《しんや》	2:00								
	4:00								
早朝《そうちょう》	6:00								
午前《ごぜん》	8:00								
	10:00								
午後《ごご》	12:00								
	14:00								
	16:00								
夜間《やかん》	18:00								
	20:00								
深夜《しんや》	22:00								
	24:00								
週単位以外《しゅうたんいいがい》のサービス									

当該様式《とうがいようしき》については，時間軸《じかんじく》，曜日軸《ようびじく》の縦横《たてよこ》をどちらにとってもかまわない。

利用者《りようしゃ》の起床《きしょう》や就寝《しゅうしん》，食事《しょくじ》，排泄《はいせつ》などの平均的《へいきんてき》な１日《にち》の過《す》ごし方《かた》について記載《きさい》する。例《たと》えば，食事《しょくじ》については，朝《ちょう》食《しょく》・昼食《ちゅうしょく》・夕食《ゆうしょく》を記載《きさい》し，その他《た》の例《れい》として，入浴《にゅうよく》，清《せい》拭《しき》，洗面《せんめん》，口腔清掃《こうくうせいそう》，整容《せいよう》，更衣《こうい》，水分補給《すいぶんほきゅう》，体位変換《たいいへんかん》，家族《かぞく》の来訪《らいほう》や支援《しえん》など，家族《かぞく》の支援《しえん》や利用者《りようしゃ》のセルフケアなどを含《ふく》む生活全体《せいかつぜんたい》の流《なが》れが見《み》えるように記載《きさい》する。

各月《かくつき》に利用《りよう》する短期入所等《たんきにゅうしょとう》，福祉用具《ふくしようぐ》，住宅改修《じゅうたくかいしゅう》，医療機関等《いりょうきかんとう》への受診状況《じゅしんじょうきょう》や通院状況《つういんじょうきょう》，その他《た》の外出《がいしゅつ》や「多様《たよう》な主体《しゅたい》により提供《ていきょう》される利用者《りようしゃ》の日常生《にちじょうせい》活全般《かつぜんぱん》を支援《しえん》するサービス」などを記載《きさい》する。

② 個別《こべつ》サービス計画《けいかく》の種類《しゅるい》

▶▶ 個別《こべつ》サービス計画《けいかく》の作成《さくせい》に関《かん》する規定《きてい》

介護保険制度《かいごほけんせいど》を利用《りよう》しながら在宅生活《ざいたくせいかつ》を送《おく》るということは，ケアプランに盛《も》りこまれた各《かく》サービスを具体的《ぐたいてき》かつ個別的《こべつてき》に利用《りよう》することを意味《いみ》します。その際《さい》，サービス事業者《じぎょうしゃ》は，ケアプランの目標実現《もくひょうじつげん》に向《む》けた**個別《こべつ》サービス計画《けいかく》**を作成《さくせい》することになる訳《わけ》です。

たとえば，ある利用者《りようしゃ》の居宅《きょたく》サービス計画書《けいかくしょ》(2)のなかに訪問介護《ほうもんかいご》（ホームヘルプサービス）や通所介護《つうしょかいご》（デイサービス）の利用《りよう》が盛《も》りこまれた場合《ばあい》には，訪問介護《ほうもんかいご》や通所介護《つうしょかいご》のサービス事業者《じぎょうしゃ》ごとに個別《こべつ》サービス計画《けいかく》を作成《さくせい》することになります。

厚生労働省《こうせいろうどうしょう》は，「指定居宅《していきょたく》サービス等《とう》の事業《じぎょう》の人員《じんいん》，設備及《せつびおよ》び運営《うんえい》に関《かん》する基準《きじゅん》」や「指《し》定地域密着型《ていちいきみっちゃくがた》サービスの事業《じぎょう》の人員《じんいん》，設備及《せつびおよ》び運営《うんえい》に関《かん》する基準《きじゅん》」などを示《しめ》し，各個別《かくこべつ》サービス計画《けいかく》の考《かんが》え方《かた》などについて，その概要《がいよう》を説明《せつめい》しています（表《ひょう》2-9）。

▶▶ 個別《こべつ》サービス計画《けいかく》のなかの介護計画《かいごけいかく》

個別《こべつ》サービス計画《けいかく》のなかでも介護職《かいごしょく》が立案《りつあん》する計画《けいかく》は，介護過程《かいごかてい》を展開《てんかい》し作成《さくせい》するもので，一般《いっぱん》に**介護計画《かいごけいかく》**と呼《よ》ばれます。同様《どうよう》に，看護師《かんごし》は看護過程《かんごかてい》を展開《てんかい》し看護計画《かんごけいかく》を立案《りつあん》し，リハビリテーション関係職種《かんけいしょくしゅ》であればリハビリテーション計画《けいかく》を，医師《いし》は診断《しんだん》し，治《ち》療計画《りょうけいかく》を立案《りつあん》します。

このような，利用者《りようしゃ》にかかわる各専門職《かくせんもんしょく》の計画《けいかく》を統合《とうごう》するものとしてケアプランが位置《いち》づけられており，利用者《りようしゃ》やその家族《かぞく》に提示《ていじ》されます。つまり，すべての専門職《せんもんしょく》が協働《きょうどう》，連《れん》携《けい》して1人《ひとり》の利用者《りようしゃ》を支《ささ》えています。

介護計画《かいごけいかく》は，利用者《りようしゃ》や家族《かぞく》の望《のぞ》む生活《せいかつ》に向《む》けて，必要《ひつよう》な支援《しえん》を提供《ていきょう》していくためのものです。したがって，必《かなら》ず**利用者《りようしゃ》や家族《かぞく》の同意《どうい》**が必要《ひつよう》です。利用者《りようしゃ》や家族《かぞく》に，チームの一員《いちいん》としてアセスメントや計画《けいかく》の立案《りつあん》に参加《さんか》してもらうために，十分《じゅうぶん》なコミュニケーションをはかり，信頼関係《しんらいかんけい》を築《きず》くことが求《もと》められます。

図《ず》 2-2 ● 介護保険制度《かいごほけんせいど》における個別《こべつ》サービス計画《けいかく》の位置《いち》づけ

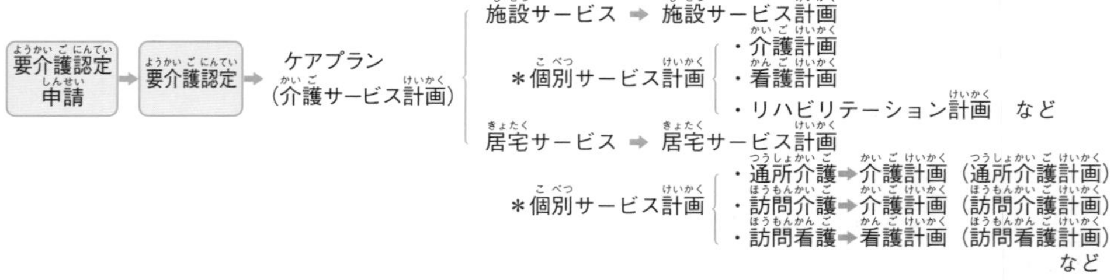

出典《しゅってん》：介護福祉士養成講座編集委員会編《かいごふくししようせいこうざへんしゅういいんかいへん》『新《しん》・介護福祉士養成講座《かいごふくししようせいこうざ》⑨ 介護過程《かいごかてい》 第《だい》３版《ばん》』中央法規出版《ちゅうおうほうきしゅっぱん》，p.54，2015年《ねん》を一部改変《いちぶかいへん》

表《ひょう》2-9 ● 個別《こべつ》サービス計画《けいかく》の作成《さくせい》に関《かん》するおもな規定《きてい》

訪問介護《ほうもんかいご》（ホームヘルプサービス）	サービス提供責任者《ていきょうせきにんしゃ》は，利用者《りようしゃ》の日常生活全般《にちじょうせいかつぜんぱん》の状況《じょうきょう》および希望《きぼう》をふまえて，指定訪問介《していほうもんかい》護《ご》の目標《もくひょう》，当該目標《とうがいもくひょう》を達成《たっせい》するための具体的《ぐたいてき》なサービスの内容等《ないようとう》を記載《きさい》した訪問介護計画《ほうもんかいごけいかく》を作成《さくせい》しなければならない。
訪問看護《ほうもんかんご》	看護師等《かんごしとう》は，利用者《りようしゃ》の希望《きぼう》，主治《しゅじ》の医師《いし》の指示《しじ》および心身《しんしん》の状況等《じょうきょうとう》をふまえて，療養上《りょうようじょう》の目標《もくひょう》，当該目標《とうがいもくひょう》を達成《たっせい》するための具体的《ぐたいてき》なサービスの内容等《ないようとう》を記載《きさい》した訪問看護計画書《ほうもんかんごけいかくしょ》を作成《さくせい》しなければならない。
訪問《ほうもん》リハビリテーション	医師《いし》および理学療法士《りがくりょうほうし》，作業療法士《さぎょうりょうほうし》または言語聴覚士《げんごちょうかくし》は，当該医師《とうがいいし》の診療《しんりょう》にもとづき，利《り》用者《ようしゃ》の病状《びょうじょう》，心身《しんしん》の状況《じょうきょう》，希望《きぼう》およびそのおかれている環境《かんきょう》をふまえて，当該《とうがい》サービスの目標《もくひょう》，当該目標《とうがいもくひょう》を達成《たっせい》するための具体的《ぐたいてき》なサービスの内容等《ないようとう》を記載《きさい》した訪問《ほうもん》リハビリテーション計画《けいかく》を作成《さくせい》しなければならない。
通所介護《つうしょかいご》（デイサービス）	指定通所介護事業所《していつうしょかいごじぎょうしょ》の管理者《かんりしゃ》は，利用者《りようしゃ》の心身《しんしん》の状況《じょうきょう》，希望《きぼう》およびそのおかれている環境《かんきょう》をふまえて，機能訓練等《きのうくんれんとう》の目標《もくひょう》，当該目標《とうがいもくひょう》を達成《たっせい》するための具体的《ぐたいてき》なサービスの内容等《ないようとう》を記載《きさい》した通所介護計画《つうしょかいごけいかく》を作成《さくせい》しなければならない。
通所《つうしょ》リハビリテーション	医師《いし》および理学療法士《りがくりょうほうし》，作業療法士《さぎょうりょうほうし》その他《た》もっぱら指定通所《していつうしょ》リハビリテーションの提供《ていきょう》にあたる通所《つうしょ》リハビリテーション従業者《じゅうぎょうしゃ》は，診療《しんりょう》または運動機能検査《うんどうきのうけんさ》，作業能力検査等《さぎょうのうりょくけんさとう》をもとに，共同《きょうどう》して，利用者《りようしゃ》の心身《しんしん》の状況《じょうきょう》，希望《きぼう》およびそのおかれている環境《かんきょう》をふまえて，リハビリテーションの目標《もくひょう》，当該目標《とうがいもくひょう》を達成《たっせい》するための具体的《ぐたいてき》なサービスの内容等《ないようとう》を記載《きさい》した通所《つうしょ》リハビリテーション計画《けいかく》を作成《さくせい》しなければならない。
短期入所生活《たんきにゅうしょせいかつ》介護《かいご》（ショートステイ）	指定短期入所生活介護事業所《していたんきにゅうしょせいかつかいごじぎょうしょ》の管理者《かんりしゃ》は，相当期間以上《そうとうきかんいじょう》にわたり継続《けいぞく》して入所《にゅうしょ》することが予定《よてい》される利用者《りようしゃ》については，利用者《りようしゃ》の心身《しんしん》の状況《じょうきょう》，希望《きぼう》およびそのおかれている環境《かんきょう》をふまえて，指定短期入所生活介護《していたんきにゅうしょせいかつかいご》の提供《ていきょう》の開始前《かいしまえ》から終了後《しゅうりょうご》にいたるまでの利用者《りようしゃ》が利用《りよう》するサービスの継続性《けいぞくせい》に配慮《はいりょ》して，ほかの短期入所生活介護従業者《たんきにゅうしょせいかつかいごじゅうぎょうしゃ》と協議《きょうぎ》のうえ，サービスの目標《もくひょう》，当該目標《とうがいもくひょう》を達成《たっせい》するための具体的《ぐたいてき》なサービスの内容等《ないようとう》を記載《きさい》した短期入所生活《たんきにゅうしょせいかつ》介護計画《かいごけいかく》を作成《さくせい》しなければならない。
短期入所療養《たんきにゅうしょりょうよう》介護《かいご》（ショートステイ）	指定短期入所療養介護事業所《していたんきにゅうしょりょうようかいごじぎょうしょ》の管理者《かんりしゃ》は，相当期間以上《そうとうきかんいじょう》にわたり継続《けいぞく》して入所《にゅうしょ》することが予定《よてい》される利用者《りようしゃ》については，利用者《りようしゃ》の心身《しんしん》の状況《じょうきょう》，病状《びょうじょう》，希望《きぼう》およびそのおかれている環境《かんきょう》ならびに医師《いし》の診療《しんりょう》の方針《ほうしん》にもとづき，指定短期入所療養介護《していたんきにゅうしょりょうようかいご》の提供《ていきょう》の開始前《かいしまえ》から終《しゅう》了後《りょうご》にいたるまでの利用者《りようしゃ》が利用《りよう》するサービスの継続性《けいぞくせい》に配慮《はいりょ》して，ほかの短期入所療養《たんきにゅうしょりょうよう》介護従業者《かいごじゅうぎょうしゃ》と協議《きょうぎ》のうえ，サービスの目標《もくひょう》，当該目標《とうがいもくひょう》を達成《たっせい》するための具体的《ぐたいてき》なサービスの内容等《ないようとう》を記載《きさい》した短期入所療養介護計画《たんきにゅうしょりょうようかいごけいかく》を作成《さくせい》しなければならない。
小規模多機能《しょうきぼたきのう》型居宅介護《がたきょたくかいご》	介護支援専門員《かいごしえんせんもんいん》は，利用者《りようしゃ》の心身《しんしん》の状況《じょうきょう》，希望《きぼう》およびそのおかれている環境《かんきょう》をふまえて，ほかの小規模多機能型居宅介護従業者《しょうきぼたきのうがたきょたくかいごじゅうぎょうしゃ》と協議《きょうぎ》のうえ，援助《えんじょ》の目標《もくひょう》，当該目標《とうがいもくひょう》を達成《たっせい》するための具体的《ぐたいてき》なサービスの内容等《ないようとう》を記載《きさい》した小規模多機能型居宅介護計画《しょうきぼたきのうがたきょたくかいごけいかく》を作成《さくせい》するとともに，これを基本《きほん》としつつ，利用者《りようしゃ》の日々《ひび》の様態《ようたい》，希望等《きぼうとう》を勘案《かんあん》し，随時適切《ずいじてきせつ》に通《かよ》いサービス，訪問《ほうもん》サービスおよび宿泊《しゅくはく》サービスを組《く》み合《あ》わせた介護《かいご》を行《おこな》わなくてはならない。
福祉用具貸与《ふくしようぐたいよ》	福祉用具専門相談員《ふくしようぐせんもんそうだんいん》は，利用者《りようしゃ》の希望《きぼう》，心身《しんしん》の状況《じょうきょう》およびそのおかれている環境《かんきょう》をふまえ，指定福祉用具貸与《していふくしようぐたいよ》の目標《もくひょう》，当該目標《とうがいもくひょう》を達成《たっせい》するための具体的《ぐたいてき》なサービスの内容等《ないようとう》を記《き》載《さい》した福祉用具貸与計画《ふくしようぐたいよけいかく》を作成《さくせい》しなければならない。この場合《ばあい》において，指定特定福祉用《していとくていふくしよう》具販売《ぐはんばい》の利用《りよう》があるときは，特定福祉用具販売計画《とくていふくしようぐはんばいけいかく》と一体《いったい》のものとして作成《さくせい》されなければならない。

❸ ケアプランから介護計画《かいごけいかく》へ

▶▶ 介護職《かいごしょく》による介護計画《かいごけいかく》の立案《りつあん》

介護職《かいごしょく》が立案《りつあん》する介護計画《かいごけいかく》は，介護支援専門員《かいごしえんせんもんいん》が作成《さくせい》したケアプランをふまえて，介護《かいご》職《しょく》の視点《してん》からあらためてアセスメントを行《おこな》い，利用者《りようしゃ》の望《のぞ》む生活《せいかつ》に近《ちか》づけるための計画《けいかく》です。課題《かだい》を明《あき》らかにしたうえで，まずゴール（目標《もくひょう》）をえがきます。そして，その目標《もくひょう》を達成《たっせい》するための援助内容《えんじょないよう》・方法《ほうほう》，援助《えんじょ》の頻度《ひんど》について，実施《じっし》の可能性《かのうせい》を考慮《こうりょ》して具体化《ぐたいか》していきます（表《ひょう》2-10）。

その際《さい》に，利用者本人《りようしゃほんにん》と援助《えんじょ》を実施《じっし》するすべての介護職《かいごしょく》のあいだで，共通《きょうつう》した認識《にんしき》，統《とう》一《いつ》した考《かんが》え方《かた》をもって援助《えんじょ》を進《すす》めていくための会議《かいぎ》が必要《ひつよう》となります。初回《しょかい》のアセスメントや計画内容《けいかくないよう》の検討《けんとう》のほか，解決困難《かいけつこんなん》な状況《じょうきょう》が発生《はっせい》したとき，利用者《りようしゃ》の状況《じょうきょう》が変化《へんか》したときなどにも必《かなら》ず会議《かいぎ》を開《ひら》き，介護職《かいごしょく》のあいだで共通認識《きょうつうにんしき》をもつようにします。

介護計画《かいごけいかく》は，ケアプランに連動《れんどう》しています。したがって，介護計画《かいごけいかく》に変更《へんこう》が生《しょう》じた場合《ばあい》には，必《かなら》ずサービス担当者会議《たんとうしゃかいぎ》やケアカンファレンスの場《ば》で報告《ほうこく》し，ほかの専門職《せんもんしょく》の意見《いけん》と了解《りょうかい》を求《もと》める必要《ひつよう》があります。

▶▶ ケアの標準化《ひょうじゅんか》と個別化《こべつか》

介護計画《かいごけいかく》の立案《りつあん》にあたっては，ケアの標準化《ひょうじゅんか》と個別化《こべつか》の視点《してん》が大切《たいせつ》になります。

ケアの標準化《ひょうじゅんか》とは，組織《そしき》が定《さだ》める標準的《ひょうじゅんてき》なケアの方法《ほうほう》・手順《てじゅん》をマニュアル化《か》し，業務手《ぎょうむて》順《じゅん》として統一《とういつ》することです。たとえば，入浴《にゅうよく》の介護《かいご》において，準備《じゅんび》や後片《あとかた》づけ，介助方法《かいじょほうほう》などについて，ケアの標準化《ひょうじゅんか》に向《む》けた取《と》り組《く》みを行《おこな》うことによって，提供《ていきょう》される入浴介護《にゅうよくかいご》のばらつきをおさえることができます。

一方《いっぽう》，**ケアの個別化《こべつか》**とは，さまざまな状態像《じょうたいぞう》，ニーズをもつ利用者一人《りようしゃひとり》ひとりに応《おう》じた介護《かいご》サービスを提供《ていきょう》することをいいます。たとえば，一般的《いっぱんてき》には，入浴《にゅうよく》の際《さい》の快適《かいてき》なお湯《ゆ》の温度《おんど》は38～40℃といわれていますが，より高《たか》い温度《おんど》で入浴《にゅうよく》する習慣《しゅうかん》のある人《ひと》にとっては，ぬるく感《かん》じられるため，十分《じゅうぶん》に満足感《まんぞくかん》が得《え》られない場合《ばあい》もあります。

つまり，一人《ひとり》ひとりに応《おう》じた援助《えんじょ》を行《おこな》うためには，組織《そしき》が定《さだ》める標準的《ひょうじゅんてき》な方法《ほうほう》・手順《てじゅん》に加《くわ》えて，利用者一人《りようしゃひとり》ひとりの生活習慣《せいかつしゅうかん》や価値観《かちかん》を尊重《そんちょう》した個別化《こべつか》の視点《してん》を加《くわ》えることによって，その人《ひと》にふさわしい援助《えんじょ》を行《おこな》うことが可能《かのう》になります。

表《ひょう》 2-10 ● 介護計画書《かいごけいかくしょ》の記入《きにゅう》のポイント

介護計画書《かいごけいかくしょ》

氏名《しめい》：

整合性《せいごうせい》を保《たも》ち，常《つね》に連動《れんどう》させる

長期目標《ちょうきもくひょう》（期間《きかん》：6か月《げつ》）	

課《か》 題《だい》	短期目標《たんきもくひょう》		具体的《ぐたいてき》な援助内容《えんじょないよう》・方法《ほうほう》		頻《ひん》 度《ど》
	目標《もくひょう》	期間《きかん》	内容《ないよう》	方法《ほうほう》	

アセスメント表《ひょう》(2)（☞第《だい》3巻《かん》p.91，p.111）で導《みちび》き出《だ》した課題《かだい》を，優先《ゆうせん》順位《じゅんい》にそって書《か》く

具体的《ぐたいてき》でわかりやすい表現《ひょうげん》にする

だれが見《み》ても同《おな》じ行動《こうどう》がとれるように書《か》く

第《だい》2節《せつ》

介護過程《かいごかてい》の実践的展開《じっせんてきてんかい》

□月《がつ》 □日《にち》

1. 事例《じれい》で学《まな》ぶ介護過程《かいごかてい》の展開《てんかい》

❶ 事例《じれい》を用《もち》いて介護過程《かいごかてい》を学《まな》ぶ目的《もくてき》

第《だい》3節《せつ》と第《だい》4節《せつ》では，2つの事例《じれい》を用《もち》いて介護過程《かいごかてい》の展開《てんかい》の実際《じっさい》を学《まな》びます。

事例《じれい》を用《もち》いて介護過程《かいごかてい》を学《まな》ぶ目的《もくてき》は，アセスメントから評価《ひょうか》までの一連《いちれん》の思考過程《しこうかてい》を追《つい》体験《たいけん》することにあります。したがって，どのような意図《いと》で情報《じょうほう》を収集《しゅうしゅう》し，収集《しゅうしゅう》した情報《じょうほう》をどのように解釈《かいしゃく》・関連《かんれん》づけ・統合化《とうごうか》した結果《けっか》，どのような課題《かだい》を導《みちび》き出《だ》したのか，その課《か》題《だい》を解決《かいけつ》するためにどのような計画《けいかく》を立《た》てて実施《じっし》したのか，実施《じっし》した結果《けっか》をどのように評《ひょう》価《か》したのか，1つひとつていねいにイメージしながら読《よ》み進《すす》めてみてください。

事例《じれい》をくり返《かえ》していねいに読《よ》みこむことにより，同《おな》じようにみえていた利用者《りようしゃ》もその思《おも》いは一人《ひとり》ひとりまったく異《こと》なること，同《おな》じ課題《かだい》をかかえた利用者《りようしゃ》でも，専門職《せんもんしょく》のかかわり方《かた》によって，まったく違《ちが》う効果《こうか》が得《え》られることなどが理解《りかい》できます。

同時《どうじ》に，目《め》の前《まえ》の利用者《りようしゃ》にとって，もっとも身近《みぢか》な援助者《えんじょしゃ》である介護職《かいごしょく》の役割《やくわり》の重要性《じゅうようせい》を感《かん》じることもできます。また，より適切《てきせつ》なかかわり方《かた》のヒントが見《み》つかるかもしれません。さらに，掲載《けいさい》されている事例《じれい》について，「このような援助内容《えんじょないよう》・方法《ほうほう》がよいのではないか」「この利用者《りようしゃ》には，もっとこのような可能性《かのうせい》があるのではないか」など，別《べつ》の課題《かだい》がみえてくることもあるでしょう。

❷ 事例《じれい》を用《もち》いた思考過程《しこうかてい》のトレーニング

介護職《かいごしょく》は，収集《しゅうしゅう》した情報《じょうほう》をさまざまな角度《かくど》から分析《ぶんせき》し，利用者《りようしゃ》の望《のぞ》む生活《せいかつ》の実現《じつげん》に向《む》けてあらゆる可能性《かのうせい》を追求《ついきゅう》する姿勢《しせい》を常《つね》にもちつづけることが大切《たいせつ》です。

介護過程《かいごかてい》を展開《てんかい》する際《さい》は，意図的《いとてき》に情報《じょうほう》を収集《しゅうしゅう》し，その人《ひと》にとっての情報《じょうほう》の意味《いみ》を解釈《かいしゃく》し，情報《じょうほう》と情報《じょうほう》の関連性《かんれんせい》に気《き》づき，適切《てきせつ》に統合化《とうごうか》して課題《かだい》を導《みちび》き出《だ》すアセスメントがとくに重要《じゅうよう》です。利用者《りようしゃ》の生活《せいかつ》は，アセスメントによってどのような課題《かだい》を導《みちび》き出《だ》すかにかかっています。

第《だい》3節《せつ》と第《だい》4節《せつ》に掲載《けいさい》している事例《じれい》を通《つう》じて思考過程《しこうかてい》のトレーニングを何度《なんど》もくり返《かえ》すことにより，どのような利用者《りようしゃ》に対《たい》しても適切《てきせつ》に介護過程《かいごかてい》を展開《てんかい》できるようになると同《どう》時《じ》に，介護《かいご》の真《しん》の魅力《みりょく》を実感《じっかん》することができるでしょう。

月《がつ》
日《にち》

2. 取《と》り上《あ》げる事例《じれい》と構成《こうせい》

❶ 取《と》り上《あ》げる事例《じれい》

第《だい》3節《せつ》と第《だい》4節《せつ》では，利用者《りようしゃ》とその生活環境《せいかつかんきょう》ごとに，「施設《しせつ》で暮《く》らす高齢者《こうれいしゃ》」「自宅《じたく》で暮《く》らす高齢者《こうれいしゃ》」の2つの事例《じれい》を取《と》り上《あ》げ，アセスメント→計画《けいかく》の立案《りつあん》→実施《じっし》→評価《ひょうか》という介護過程《かいごかてい》の一連《いちれん》の流《なが》れがみえるような事例《じれい》を集《あつ》めています。

❷ 各事例《かくじれい》の構成《こうせい》と掲載《けいさい》するシート類《るい》

各事例《かくじれい》には，その事例《じれい》の内容《ないよう》をあらわす「タイトル」をつけています。

タイトルに続《つづ》く「利用者《りようしゃ》のプロフィール」「家族構成《かぞくこうせい》および生活歴《せいかつれき》」「現在《げんざい》の状況《じょうきょう》」を含《ふく》む【フェイスシート】は，利用者《りようしゃ》に関《かん》して収集《しゅうしゅう》した情報《じょうほう》をまとめたものです。不足《ふそく》している情報《じょうほう》はないか，重要《じゅうよう》な情報《じょうほう》はどれかなど，利用者《りようしゃ》をイメージして吟味《ぎんみ》しながら読《よ》むとよいでしょう。

【アセスメント表《ひょう》(1)】は，収集《しゅうしゅう》した情報《じょうほう》をICFの枠組《わくぐ》みにもとづいて整理《せいり》したものです。利用者《りようしゃ》の思《おも》いと現状《げんじょう》との違《ちが》いを把握《はあく》しやすいように，各項目《かくこうもく》に「現在《げんざい》の状況《じょうきょう》」と「本人《ほんにん》の思《おも》い」の欄《らん》を掲載《けいさい》しています。

【アセスメント表《ひょう》(2)】は，【アセスメント表《ひょう》(1)】で整理《せいり》した1つひとつの情報《じょうほう》を解釈《かいしゃく》・関連《かんれん》づけ・統合化《とうごうか》した結果《けっか》と，そこから導《みちび》き出《だ》される課題《かだい》をまとめています。いちばん左《ひだり》の「アセスメント項目番号《こうもくばんごう》」は，【アセスメント表《ひょう》(1)】に整理《せいり》した情報《じょうほう》の番号《ばんごう》を示《しめ》しています。

また，いちばん右《みぎ》の欄《らん》の「優先順位《ゆうせんじゅんい》」は，導《みちび》き出《だ》されたいくつかの課題《かだい》のうち，優先的《ゆうせんてき》に取《と》り組《く》むべき課題《かだい》の順番《じゅんばん》を示《しめ》しています。

【介護計画書《かいごけいかくしょ》】の「課題《かだい》」は，【アセスメント表《ひょう》(2)】の優先順位《ゆうせんじゅんい》の高《たか》い順《じゅん》に記入《きにゅう》しています。

また，【介護計画書《かいごけいかくしょ》】と【実施評価表《じっしひょうかひょう》】の2つの様式《ようしき》は，それぞれの項目《こうもく》❶や❷同士《どうし》を左右《さゆう》に並《なら》べて，いちばん左《ひだり》の「課題《かだい》」からいちばん右《みぎ》の「評価《ひょうか》」までを横《よこ》につなげて読《よ》み通《とお》すと，1つのストーリーができあがります。つまり，「Aという課題《かだい》の解決《かいけつ》に向《む》けてBという短期目標《たんきもくひょう》を設定《せってい》し，Cという援助《えんじょ》をDという方法《ほうほう》でEという頻度《ひんど》で行《おこな》う計画《けいかく》を立《た》てて実施《じっし》したところ，Fのような状況《じょうきょう》となった。したがって，Gのように評価《ひょうか》できる」というストーリーです。

【実施評価表《じっしひょうかひょう》】のいちばん下《した》にある「気《き》づいたこと（新《あら》たな課題《かだい》や可能性《かのうせい》）」の欄《らん》には，援助《えんじょ》の実施《じっし》において気《き》づいたことを記入《きにゅう》します。ここでの「気《き》づき」は，計画《けいかく》の修正《しゅうせい》につながる重要《じゅうよう》な視点《してん》となります。

第《だい》3節《せつ》 施設《しせつ》で暮《く》らす高齢者《こうれいしゃ》の介護過程《かいごかてい》

❶ 利用者《りようしゃ》のプロフィール

氏名《しめい》：Gさん
性別《せいべつ》：女性《じょせい》
年齢《ねんれい》：80歳《さい》
生活環境《せいかつかんきょう》：介護老人福祉施設《かいごろうじんふくししせつ》
要介護度《ようかいごど》：要介護《ようかいご》2（入所時点《にゅうしょじてん》では要介護《ようかいご》3だったが，
入所後要介護《にゅうしょごようかいご》2となった）

認知症高齢者《にんちしょうこうれいしゃ》の日常生活自立度《にちじょうせいかつじりつど》[9]（➡ p.129 参照《さんしょう》）
：Ⅲa（☞第《だい》3巻《かん》p.224）

障害高齢者《しょうがいこうれいしゃ》の日常生活自立度《にちじょうせいかつじりつど》[10]（➡ p.129 参照《さんしょう》）
：A1（☞第《だい》3巻《かん》p.224）

❷ 家族構成《かぞくこうせい》および生活歴《せいかつれき》

▶▶ 幼少期《ようしょうき》から結婚《けっこん》するまで

・満州《まんしゅう》（現《げん》・中国東北部《ちゅうごくとうほくぶ》）生《う》まれ。
・父《ちち》は警察官《けいさつかん》で，裕福《ゆうふく》な家庭《かてい》の4人《にん》きょうだいの末《すえ》っ子《こ》として，何不自由《なにふじゆう》なく幼少期《ようしょうき》を過《す》ごした。
・戦後《せんご》，日本《にほん》に引《ひ》き揚《あ》げ，女学校《じょがっこう》を卒業後《そつぎょうご》，まもなく結婚《けっこん》した。
・もともとおだやかで，やさしい性格《せいかく》であった。
・結婚《けっこん》するまでは家事《かじ》をしたことがなかった。

▶▶ 結婚後《けっこんご》

・結婚後《けっこんご》は，きびしい姑《しゅうとめ》のもとで，慣《な》れない畑仕事《はたけしごと》をしていた時期《じき》もあった。
・何度《なんど》も涙《なみだ》を流《なが》したが，夫《おっと》がやさしかったので耐《た》えることができた。
・夫婦《ふうふ》のあいだに子《こ》どもはなく，夫婦《ふうふ》ともに定年《ていねん》まで会社勤《かいしゃづと》めをした。
・会社勤《かいしゃづと》めを始《はじ》めてからは，夫《おっと》のために家事《かじ》を一生懸命行《いっしょうけんめいおこな》っていた。
・2番目《ばんめ》の姉《あね》の家庭《かてい》がクリスチャンで，その家庭《かてい》の温《あたた》かさ，明《あか》るい雰囲気《ふんいき》にひかれ，夫婦《ふうふ》で教会《きょうかい》に行《い》くようになった。
・Gさんは洗礼《せんれい》を受《う》けたいと思《おも》ったが，姑《しゅうとめ》は大反対《だいはんたい》し，洗礼《せんれい》を受《う》けるなら離縁《りえん》だと言《い》った。

・そのとき夫《おっと》は洗礼《せんれい》を受《う》けても離縁《りえん》はしないと 姑《しゅうとめ》 に宣言《せんげん》し，結局《けっきょく》Ｇさんと夫《おっと》はいっしょに洗礼《せんれい》を受《う》けることとなった。

▶▶ 定年後《ていねんご》

・定年《ていねん》までは夫婦《ふうふ》で会社勤《かいしゃづと》めをして，家庭《かてい》を守《まも》ってきた。

・定年後《ていねんご》は，夫婦仲《ふうふなか》よく，自宅《じたく》を開放《かいほう》して，近所《きんじょ》の子《こ》どもや友人《ゆうじん》を集《あつ》めては，キリスト教《きょう》の集会《しゅうかい》を開《ひら》いていた。

・6年《ねん》くらい前《まえ》から，夫《おっと》は糖尿病《とうにょうびょう》と認知症《にんちしょう》が悪化《あっか》して寝《ね》たきりとなった。

・夫《おっと》の介護《かいご》はＧさんがになったが，しだいにＧさんにももの忘《わす》れがみられるようになり，夫《おっと》の服薬管理《ふくやくかんり》，食事《しょくじ》の準備《じゅんび》などができなくなった。

・やがてＧさん自身《じしん》の整容《せいよう》や入浴《にゅうよく》なども 滞《とどこお》るようになり，訪問介護《ほうもんかいご》（ホームヘルプサービス）を利用《りよう》するにいたった。

・3年前《ねんまえ》に夫《おっと》が亡《な》くなったあと，Ｇさんはしばらくさびしさのため，うつ的《てき》な状態《じょうたい》が続《つづ》いた。

・夫《おっと》の死後《しご》1年経《ねんた》ったころから，Ｇさんは少《すこ》しずつ元気《げんき》を取《と》り戻《もど》してきたが，もの忘《わす》れはいっそうひどくなってきた。

・1番目《ばんめ》の姉《あね》の家族《かぞく》が近所《きんじょ》に住《す》んでおり，夫《おっと》の死後《しご》は，その長女《ちょうじょ》（Ｇさんの姪《めい》）がＧさんの面倒《めんどう》をよくみていた。

・2年《ねん》くらい前《まえ》から，金銭管理《きんせんかんり》や身《み》のまわりの世話《せわ》をしてくれていた姪《めい》に対《たい》して，「私《わたし》の財産《ざいさん》を狙《ねら》っている」という被害妄想《ひがいもうそう》がみられるようになった。

・受診《じゅしん》の結果《けっか》，アルツハイマー型認知症《がたにんちしょう》（☞第《だい》4巻《かん》 pp.345-346）と診断《しんだん》された。

・1年前《ねんまえ》に自宅《じたく》において**脳出血《のうしゅっけつ》**[11]（➡ p.129参照《さんしょう》）で倒《たお》れ，3か月間《げつかん》，入院生活《にゅういんせいかつ》を送《おく》った。

・麻痺《まひ》などは残《のこ》らなかったが，認知症《にんちしょう》があるために一人暮《ひとりぐ》らしが困難《こんなん》になって短期入所生《たんきにゅうしょせい》活介護《かつかいご》（ショートステイ）を利用《りよう》し，そのあと，自宅《じたく》から徒歩《とほ》10分《ぷん》ほどの距離《きょり》にある介護老人福祉施設《かいごろうじんふくししせつ》に入所《にゅうしょ》となった。

③ 現在《げんざい》の状況《じょうきょう》

▶▶ 健康状態《けんこうじょうたい》

(1) 一般状態《いっぱんじょうたい》

・身長《しんちょう》：150cm

・体重《たいじゅう》：56.5kg

・体温《たいおん》：36.0 ～ 36.8℃

・呼吸《こきゅう》：20 ～ 22回《かい》／分《ぷん》

・脈拍《みゃくはく》：64 ～ 70 回《かい》／分《ぷん》

・血圧《けつあつ》：120 ／ 80mmHg

⑵ 認知症《にんちしょう》

・6年《ねん》くらい前《まえ》から発症《はっしょう》し，現在《げんざい》，記憶障害《きおくしょうがい》（☞第《だい》4巻《かん》p.303）や見当識障害《けんとうしきしょうがい》（☞第《だい》4巻《かん》p.304），被害妄想《ひがいもうそう》などがみられる。

⑶ 脳出血《のうしゅっけつ》

・1年前《ねんまえ》に発症《はっしょう》したが，麻痺《まひ》などの後遺症《こういしょう》は残《のこ》っていない。

⑷ 視力《しりょく》

・日常生活《にちじょうせいかつ》に支障《ししょう》はない。

・老眼鏡《ろうがんきょう》をかけなくても新聞《しんぶん》が読《よ》める。

⑸ 聴力《ちょうりょく》

・時々聞《ときどきき》き返《かえ》しがあるが，日常生活《にちじょうせいかつ》に支障《ししょう》はない。

⑹ 精神状態《せいしんじょうたい》

・2年《ねん》くらい前《まえ》から，身《み》のまわりの世話《せわ》をしてくれていた姪《めい》に対《たい》して「私《わたし》の財産《ざいさん》を狙《ねら》っている」という被害妄想《ひがいもうそう》がみられるようになり，それ以降《いこう》，親《した》しい人《ひと》に対《たい》する被害妄想《ひがいもうそう》がくり返《かえ》しみられるようになる。

⑺ 服薬《ふくやく》

・アルツハイマー型認知症治療薬《がたにんちしょうちりょうやく》（ドネペジル）（☞第《だい》4巻《かん》p.356）を服用《ふくよう》している。

▶▶ 日常生活《にちじょうせいかつ》の状況《じょうきょう》

⑴ 移動《いどう》

・動作《どうさ》はゆっくりであるが，自力《じりき》で起《お》き上《あ》がり，座位《ざい》を保《たも》つことはできる。

・ベッドの手《て》すりやいすなどにつかまり，自分《じぶん》で立《た》ち上《あ》がることができる。

・円背《えんぱい》があるが，平地《へいち》は支《ささ》えなしで歩《ある》くことができる。

・外《そと》を歩《ある》くときには手引《てび》きが必要《ひつよう》である。

⑵ 身《み》じたく

・動作《どうさ》はゆっくりであるが，衣服《いふく》の着脱《ちゃくだつ》は何《なん》とか1人《ひとり》でできる。ただし，衣服《いふく》を整《ととの》える介助《かいじょ》は必要《ひつよう》である。

・夜《よる》はパジャマに着替《きが》えずにそのまま寝《ね》てしまうため，「着替《きが》えましょう」という声《こえ》かけが必要《ひつよう》である。

⑶ 食事《しょくじ》

・食《た》べる動作《どうさ》は自立《じりつ》している。

・普通食《ふつうしょく》を何《なん》でもよく食《た》べる。

・季節《きせつ》の果物《くだもの》や甘《あま》いものが好《す》きである。
・肥満傾向《ひまんけいこう》にあるため，外出《がいしゅつ》や帰宅《きたく》の際《さい》に食《た》べすぎないように介護保険外《かいごほけんがい》の自費《じひ》ヘルパー（外出時《がいしゅつじ》の付《つ》き添《そ》いサービスのヘルパースタッフ）に配慮《はいりょ》してもらっている。
・歯《は》は全部自分《ぜんぶじぶん》の歯《は》で，自分《じぶん》でみがいているが，時々忘《ときどきわす》れることもあるので，声《こえ》かけが必要《ひつよう》である。

(4) 排泄《はいせつ》

・尿意《にょうい》と便意《べんい》はある。
・自分《じぶん》でトイレに行《い》くことができるが，時々尿《ときどきにょう》もれがあるため，パッドを使用《しよう》している。
・トイレに行《い》ったときには，パッドに出《で》ているかどうかをチェックする必要《ひつよう》がある。

(5) 入浴《にゅうよく》・清潔保持《せいけつほじ》

・洗身《せんしん》は手《て》の届《とど》くところは自分《じぶん》でできるが，手《て》の届《とど》かないところは介助《かいじょ》が必要《ひつよう》である。
・洗髪《せんぱつ》も介護職《かいごしょく》が介助《かいじょ》している。
・入浴《にゅうよく》は好《す》きで，自分《じぶん》から「汗《あせ》をかいたのでシャワーを浴《あ》びたい」と希望《きぼう》することもある。

(6) 睡眠《すいみん》

・夜《よる》は24時《じ》ごろに就寝《しゅうしん》し，朝《あさ》は7時《じ》から8時《じ》ごろ，介護職《かいごしょく》にうながされて起《お》きている。

(7) コミュニケーション

・認知症《にんちしょう》による記憶障害《きおくしょうがい》があるので，言《い》ったことを忘《わす》れて同《おな》じことを何度《なんど》もくり返《かえ》す。
・自分《じぶん》の言《い》いたいことが言葉《ことば》にならず，考《かんが》えているうちに何《なに》を言《い》いたかったか忘《わす》れてしまって悶々《もんもん》とすることが増《ふ》えてきた。そのために，イライラしてまわりの人《ひと》に手《て》を上《あ》げそうになることもある。
・介護職《かいごしょく》に質問《しつもん》しても，介護職《かいごしょく》から返《かえ》ってきた言葉《ことば》の意味《いみ》を理解《りかい》することがむずかしくなっている。
・一方《いっぽう》で，仲《なか》のよい入所者《にゅうしょしゃ》にキリスト教《きょう》の話《はなし》をするときは，流暢《りゅうちょう》に話《はな》すことができる。

(8) サービスの利用状況《りようじょうきょう》

・介護老人福祉施設《かいごろうじんふくししせつ》に入所中《にゅうしょちゅう》である。ベッドまわりには思《おも》い出《で》の写真《しゃしん》や花《はな》がたくさん飾《かざ》ってあり，聖書《せいしょ》やキリスト教《きょう》に関《かん》する書物《しょもつ》も置《お》いてある。
・自宅《じたく》に帰《かえ》りたい気持《きも》ちが強《つよ》かったり，外出《がいしゅつ》を希望《きぼう》したりするので，介護保険外《かいごほけんがい》の自費《じひ》ヘルパーを利用《りよう》し，毎週月曜日《まいしゅうげつようび》・木曜日《もくようび》の午前中《ごぜんちゅう》2時間《じかん》と木曜日《もくようび》の午後《ごご》の祈禱会《きとうかい》，日《にち》曜日《ようび》の礼拝《れいはい》で，外出《がいしゅつ》をしている。

▶▶ 経済状況《けいざいじょうきょう》

・Gさんの厚生年金《こうせいねんきん》（1か月《げつ》に23万円《まんえん》）や貯蓄《ちょちく》などから，毎月《まいつき》の施設《しせつ》の利用料《りようりょう》，介護保《かいごほ》険外《けんがい》の自費《じひ》ヘルパーの費用《ひよう》，教会《きょうかい》への献金《けんきん》（合計《ごうけい》で18万円前後《まんえんぜんご》）をまかなっても，まだ十分《じゅうぶん》にゆとりがある。
・金銭管理《きんせんかんり》は姪《めい》が行《おこな》っているが，Gさんの希望《きぼう》が常《つね》に優先《ゆうせん》されるように配慮《はいりょ》されている。

▶▶Gさんや家族《かぞく》などの思《おも》い

・Gさんは，「最期《さいご》まで神様《かみさま》に感謝《かんしゃ》して信仰《しんこう》をまっとうしたい」「時々《ときどき》自宅《じたく》に帰《かえ》ったり，好《す》きなところへ出《で》かけたりして楽《たの》しく過《す》ごしたい」と考《かんが》えている。

・施設入所《しせつにゅうしょ》については，「入所《にゅうしょ》したら，すぐ隣《となり》が教会《きょうかい》だからいつでも礼拝《れいはい》や祈祷会《きとうかい》に行《い》けてうれしい」と言《い》っていた。

・それに対《たい》して姪《めい》も「Gさんの希望《きぼう》どおり過《す》ごしてほしい」と思《おも》っている。

・「自分《じぶん》にできることは手伝《てつだ》いたい」という気持《きも》ちがあり，介護職《かいごしょく》を助《たす》けるため，下膳《げぜん》やタオルたたみなどを手伝《てつだ》っている。

・「施設《しせつ》にいると，動《うご》く距離《きょり》が少《すく》ないので，足腰《あしこし》が弱《よわ》ってしまう」と気《き》にしており，介護《かいご》保険外《ほけんがい》で利用《りよう》している自費《じひ》ヘルパーと外出《がいしゅつ》して歩《ある》きたいと思《おも》っている。

・「自宅《じたく》が近《ちか》いので，運動《うんどう》を兼《か》ねてできるだけ自宅《じたく》に帰《かえ》って，そうじをしたり，草取《くさと》りをしたりして過《す》ごしたい」と思《おも》っている。

・「身《み》ぎれいにしておきたいと思《おも》うが，着替《きが》えるのは面倒《めんどう》」に感《かん》じている。

・肥満傾向《ひまんけいこう》にあるものの，「昔《むかし》はとてもやせていたので，太《ふと》ることは気《き》にならない」「ヘルパーさんや友人《ゆうじん》たちといっしょにおいしいものを食《た》べて，楽《たの》しい時間《じかん》を過《す》ごしたい」と思《おも》っている。

・夜間《やかん》によごれた下着《したぎ》を脱《ぬ》いで，ベッドの下《した》に置《お》いていることがあり，「よごれた下着《したぎ》を介護職《かいごしょく》に洗《あら》ってもらうことは申《もう》し訳《わけ》ない」と話《はな》す。

・外出《がいしゅつ》から帰《かえ》ってくると，「外出《がいしゅつ》から帰《かえ》ったとき，汗《あせ》をかいたときは，いつでもシャワーを浴《あ》びたい」と言《い》う。

・もともと夜遅《よるおそ》くまで起《お》きていて聖書《せいしょ》や本《ほん》を読《よ》み，朝《あさ》はゆっくり起《お》きる生活《せいかつ》リズムだったため，「夜《よる》は遅《おそ》くまで起《お》きて，朝《あさ》はゆっくり寝《ね》たい」と，長《なが》く習慣《しゅうかん》にしていた生活《せいかつ》を施《し》設《せつ》でも続《つづ》けたいと思《おも》っている。

・信仰心《しんこうしん》が篤《あつ》く，「自分自身《じぶんじしん》の信仰《しんこう》をまっとうしたい」「まわりの人《ひと》にキリスト教《きょう》のことを伝《つた》えたい」「自分《じぶん》にできること，人《ひと》の役《やく》に立《た》つことをしたい」「自分《じぶん》の持《も》っているものは，神様《かみさま》のために使《つか》いたい」と思《おも》っている。また，「私《わたし》が礼拝《れいはい》や祈祷会《きとうかい》の日《ひ》や時間《じかん》を思《おも》い出《だ》せなかったら『今《いま》から礼拝《れいはい》ですよ』と教《おし》えてほしい。教《おし》えてもらって忘《わす》れずに教会《きょうかい》に行《い》きたい」と言《い》う。

・Gさんに聞《き》くと「特技《とくぎ》はないの」と言《い》う。「神様一筋《かみさまひとすじ》？」と聞《き》くと,「そう，それそれ！」と笑顔《えがお》で答《こた》える。

・自分《じぶん》で洋服《ようふく》のほころびが直《なお》せたとき，「このくらいのことは私《わたし》にもできるのよね。まだまだ私《わたし》にもできることがあるのね」とうれしそうに言《い》ったことがある。

▶▶ 最近《さいきん》の様子《ようす》

・毎週月曜日《まいしゅうげつようび》と木曜日《もくようび》は朝《あさ》10時《じ》に，介護保険外《かいごほけんがい》で利用《りよう》している自費《じひ》ヘルパーが迎《むか》えに来《き》て，2時間程度《じかんていど》，近隣《きんりん》を散歩《さんぽ》したり，帰宅《きたく》したり，買《か》い物《もの》をしたりすることを楽《たの》しみにしている。

・毎週月曜日《まいしゅうげつようび》と木曜日《もくようび》に自宅《じたく》に帰《かえ》るのは，夫《おっと》が生《い》きていたときにしていたような家庭集会《かていしゅうかい》を開《ひら》いて，キリスト教《きょう》の伝道《でんどう》をしたいという気持《きも》ちからである。

・しかし，翌日《よくじつ》には外出《がいしゅつ》したことを忘《わす》れてしまい，「最近《さいきん》，出《で》かけていないからヘルパーさんを呼《よ》んでちょうだい」と事務室《じむしつ》まで来《く》ることが多《おお》い。そのつど，外出《がいしゅつ》したことを伝《つた》えると「ああ，出《で》かけたんだね」と言《い》うが，すぐに忘《わす》れて何度《なんど》も事務室《じむしつ》に来《く》るということをくり返《かえ》している。

・入所当初《にゅうしょとうしょ》は，施設《しせつ》の隣《となり》が教会《きょうかい》なので「礼拝《れいはい》にも祈禱会《きとうかい》にも行《い》ける」と喜《よろこ》んでいた。

・日曜日《にちようび》の礼拝《れいはい》と木曜日《もくようび》の祈禱会《きとうかい》に行《い》きたいという気持《きも》ちは強《つよ》いが，見当識障害《けんとうしきしょうがい》により曜《よう》日《び》や時間《じかん》がわからなくなっており，その時間《じかん》には思《おも》い出《だ》せなかったり，気《き》がつかなかったりすることが続《つづ》いた。

・礼拝《れいはい》と祈禱会《きとうかい》について，介護職《かいごしょく》は「Gさんがおぼえているときに行《い》ってもらおう」という対応《たいおう》をしていた。

・礼拝等《れいはいとう》に行《い》けなかったことに対《たい》して感情《かんじょう》をあらわにして怒《おこ》ることがたびたびある。

・「自分《じぶん》の持《も》っているものは，神様《かみさま》のために使《つか》いたい」と思《おも》って教会《きょうかい》に献金《けんきん》をしているが，献金《けんきん》することを思《おも》い出《だ》せずに忘《わす》れてしまったり，献金《けんきん》してもそのことを思《おも》い出《だ》せなかったりしたことがあった。

▶▶ 施設《しせつ》サービス計画《けいかく》

Gさんの介護老人福祉施設入所《かいごろうじんふくししせつにゅうしょ》のため，施設《しせつ》の介護支援専門員《かいごしえんせんもんいん》（ケアマネジャー）が表《ひょう》2-11，表《ひょう》2-12，表《ひょう》2-13のように施設《しせつ》サービス計画《けいかく》および週間《しゅうかん》サービス計画表《けいかくひょう》を作成《さくせい》した。

表《ひょう》2-11 ● 施設《しせつ》サービス計画書《けいかくしょ》(1)

第《だい》1表《ひょう》

施設《しせつ》サービス計画書《けいかくしょ》(1)

作成年月日《さくせいねんがっぴ》 ○ 年《ねん》 4 月《がつ》 1 日《ついたち》

初回《しょかい》 ・ 紹介《しょうかい》 ・ 継続《けいぞく》　　認定済《にんていずみ》 ・ 申請中《しんせいちゅう》

利用者名《りようしゃめい》　G　殿《どの》　生年月日《せいねんがっぴ》 ○ 年《ねん》 ○ 月《がつ》 ○ 日《にち》　住所《じゅうしょ》 H県《けん》H市《し》○○町《まち》

施設《しせつ》サービス計画作成者《けいかくさくせいしゃ》氏名及《しめいおよ》び職種《しょくしゅ》　J：介護《かいご》支援専門員《しえんせんもんいん》

施設《しせつ》サービス計画作成介護保険施設名及《けいかくさくせいかいごほけんしせつめいおよ》び所在地《しょざいち》

施設《しせつ》サービス計画作成《けいかくさくせい》（変更《へんこう》）日《び》 ○ 年《ねん》 4 月《がつ》 1 日《ついたち》　初回施設《しょかいしせつ》サービス計画作成日《けいかくさくせいび》 △ 年《ねん》 4 月《がつ》 1 日《ついたち》

認定日《にんていび》 ○ 年《ねん》 ○ 月《がつ》 ○ 日《にち》　認定《にんてい》の有効期間《ゆうこうきかん》 ○ 年《ねん》 ○ 月《がつ》 ○ 日《にち》 ～ ○ 年《ねん》 ○ 月《がつ》 ○ 日《にち》

要介護状態区分《ようかいごじょうたいくぶん》	要介護《ようかいご》1 ・ 要介護《ようかいご》2 ・ 要介護《ようかいご》3 ・ 要介護《ようかいご》4 ・ 要介護《ようかいご》5
利用者及《りようしゃおよ》び家族《かぞく》の生活《せいかつ》に対《たい》する意向《いこう》	本人《ほんにん》…神様《かみさま》に感謝《かんしゃ》しながら，信仰生活《しんこうせいかつ》を続《つづ》けたい。 時々家《ときどきいえ》に帰《かえ》ったり，好《す》きなところへ出《で》かけて楽《たの》しく過《す》ごしたい。 足腰《あしこし》が弱《よわ》くならないようにしたい。 姪《めい》……Gさんの希望《きぼう》どおり過《す》ごしてほしい。
介護認定審査会《かいごにんていしんさかい》の意見及《いけんおよ》びサービスの種類《しゅるい》の指定《してい》	なし
総合的《そうごうてき》な援助《えんじょ》の方針《ほうしん》	Gさんが，神様《かみさま》に感謝《かんしゃ》しながら信仰生活《しんこうせいかつ》をまっとうできるように支援《しえん》します。 家《いえ》に帰《かえ》ったり，好《す》きなところへ出《で》かけたりするなど，楽《たの》しみや喜《よろこ》びのもてる生活《せいかつ》ができるように支援《しえん》します。

表《ひょう》2-12 ● 施設《しせつ》サービス計画書《けいかくしょ》(2)

第《だい》2表《ひょう》

施設《しせつ》サービス計画書《けいかくしょ》(2)

利用者名《りようしゃめい》 G 殿《どの》　　作成年月日《さくせいねんがっぴ》 ○ 年《ねん》 4 月《がつ》 1 日《ついたち》

生活全般《せいかつぜんぱん》の解決《かいけつ》すべき課題《かだい》（ニーズ）	目《もく》標《ひょう》				援《えん》助《じょ》内《ない》容《よう》			
	長期目標《ちょうきもくひょう》	（期間《きかん》）	短期目標《たんきもくひょう》	（期間《きかん》）	サービス内容《ないよう》	担当者《たんとうしゃ》	頻度《ひんど》	期間《きかん》
信仰《しんこう》を守《まも》りたい。	教会《きょうかい》に行《い》き，信《しん》仰《こう》を守《まも》ることができる。	4月《がつ》から3月《がつ》まで（1年間《ねんかん》）	忘《わす》れずに教会《きょうかい》に行《い》ける。	4月《がつ》から9月《がつ》まで（6か月《げつ》）	❶確実《かくじつ》に教会《きょうかい》に行《い》けるように支援《しえん》する	❶介護職《かいごしょく》	日曜日《にちようび》の礼拝《れいはい》 木曜日《もくようび》の祈禱会《きとうかい》	4月《がつ》から9月《がつ》まで（6か月《げつ》）
					❷献金《けんきん》を準備《じゅんび》する	❷相談員《そうだんいん》，事務職《じむしょく》		
心配事《しんぱいごと》や気《き》になっていることを解決《かいけつ》して安心《あんしん》して過《す》ごしたい。	心配事《しんぱいごと》や気《き》になっていることが解決《かいけつ》できて安《あん》心《しん》できる。	4月《がつ》から3月《がつ》まで（1年間《ねんかん》）	①定期的《ていきてき》に帰宅《きたく》できる。	4月《がつ》から9月《がつ》まで（6か月《げつ》）	❶定期的《ていきてき》な帰宅《きたく》を支援《しえん》する	❶相談員《そうだんいん》	月曜日《げつようび》と木曜日《もくようび》の午前中《ごぜんちゅう》	4月《がつ》から9月《がつ》まで（6か月《げつ》）
			②やりたいことや思《おも》っていることが整理《せいり》できて気持《きも》ちが落《お》ち着《つ》く。		❷本人《ほんにん》の気持《きも》ちを傾聴《けいちょう》する	❷介護職《かいごしょく》	随時《ずいじ》	

第《だい》2表《ひょう》

施設《しせつ》サービス計画書《けいかくしょ》(2)

利用者名《りようしゃめい》　G　殿《どの》　　　　作成年月日《さくせいねんがっぴ》　○　年《ねん》　4　月《がつ》　1　日《ついたち》

生活全般《せいかつぜんぱん》の解決《かいけつ》すべき課題《かだい》（ニーズ）	目《もく》標《ひょう》				援《えん》助《じょ》内《ない》容《よう》			
	長期目標《ちょうきもくひょう》	(期間《きかん》)	短期目標《たんきもくひょう》	(期間《きかん》)	サービス内容《ないよう》	担当者《たんとうしゃ》	頻度《ひんど》	期間《きかん》
身《み》のまわりのことで「できること」を見《み》つけて楽《たの》しく過《す》ごしたい。	できること，やってみたいことが見《み》つかり，生《い》きる喜《よろこ》びや自《じ》信《しん》を取《と》り戻《もど》すことができる。	4月《がつ》から3月《がつ》まで(1年間《ねんかん》)	できることやってみたいことが見《み》つかって実行《じっこう》できる。	4月《がつ》から9月《がつ》まで(6か月《げつ》)	❶できること，人《ひと》の役《やく》に立《た》つことをいっしょに探《さが》す	❶❷介護職《かいごしょく》	随時《ずいじ》	4月《がつ》から9月《がつ》まで(6か月《げつ》)
					❷実行《じっこう》の支援《しえん》			
健康《けんこう》を維持《いじ》したい。	健康的《けんこうてき》な生活《せいかつ》ができる。	4月《がつ》から3月《がつ》まで(1年間《ねんかん》)	体調《たいちょう》よく過《す》ごせる。	4月《がつ》から9月《がつ》まで(6か月《げつ》)	❶体調《たいちょう》の管理《かんり》	❶看護職《かんごしょく》	入浴前《にゅうよくまえ》	4月《がつ》から9月《がつ》まで(6か月《げつ》)
					❷服薬《ふくやく》の確認《かくにん》	❷看護職《かんごしょく》	毎食時《まいしょくじ》	
					❸筋力低下《きんりょくていか》の予防《よぼう》	❸介護職《かいごしょく》	毎日《まいにち》	
			おいしく適正量《てきせいりょう》の食事《しょくじ》がとれる。	4月《がつ》から9月《がつ》まで(6か月《げつ》)	❶適切《てきせつ》な栄養《えいよう》ケア計画《けいかく》を立《た》てる	❶管理栄養《かんりえいよう》士《し》	随時《ずいじ》	4月《がつ》から9月《がつ》まで(6か月《げつ》)

表《ひょう》2-13 ● 週間《しゅうかん》サービス計画表《けいかくひょう》

第《だい》3表《ひょう》

週間《しゅうかん》サービス計画表《けいかくひょう》

利用者名《りようしゃめい》　G　殿《どの》

作成年月日《さくせいねんがっぴ》　○年《ねん》　4月《がつ》　1日《ついたち》
○年《ねん》　4月分《がつぶん》より

		月《げつ》	火《か》	水《すい》	木《もく》	金《きん》	土《ど》	日《にち》	主《おも》な日常生活上《にちじょうせいかつじょう》の活動《かつどう》
深夜《しんや》	4:00								
早朝《そうちょう》	6:00	服薬確認《ふくやくかくにん》	服薬確認《ふくやくかくにん》	服薬確認《ふくやくかくにん》	服薬確認《ふくやくかくにん》	服薬確認《ふくやくかくにん》	服薬確認《ふくやくかくにん》	服薬確認《ふくやくかくにん》	起床《きしょう》（声《こえ》かけが必要《ひつよう》）
								礼拝《れいはい》への声《こえ》かけ・準備《じゅんび》	着替《きが》え，排泄《はいせつ》，朝食《ちょうしょく》，整容《せいよう》
午前《ごぜん》	8:00							献金《けんきん》の手渡《てわた》し	
	10:00	外出《がいしゅつ》（帰宅《きたく》） 自費《じひ》ヘルパー			外出《がいしゅつ》（帰宅《きたく》） 自費《じひ》ヘルパー		バイタルチェック 入浴《にゅうよく》	礼拝《れいはい》へ出席《しゅっせき》 自費《じひ》ヘルパー	
									昼食《ちゅうしょく》
午後《ごご》	12:00	服薬確認《ふくやくかくにん》	服薬確認《ふくやくかくにん》	服薬確認《ふくやくかくにん》	服薬確認《ふくやくかくにん》	服薬確認《ふくやくかくにん》	服薬確認《ふくやくかくにん》	服薬確認《ふくやくかくにん》	
	14:00		バイタルチェック 入浴《にゅうよく》						おやつ
									レクリエーションに参加《さんか》する等《など》
	16:00								
		服薬確認《ふくやくかくにん》	服薬確認《ふくやくかくにん》	服薬確認《ふくやくかくにん》	服薬確認《ふくやくかくにん》 祈禱会《きとうかい》への声《こえ》かけ・準備《じゅんび》	服薬確認《ふくやくかくにん》	服薬確認《ふくやくかくにん》	服薬確認《ふくやくかくにん》	夕食《ゆうしょく》
夜間《やかん》	18:00				祈禱会《きとうかい》へ出席《しゅっせき》 自費《じひ》ヘルパー				
	20:00								着替《きが》え，排泄《はいせつ》
深夜《しんや》	22:00								聖書《せいしょ》を読《よ》んだり，本《ほん》を読《よ》んだりして過《す》ごす
	24:00								就寝《しゅうしん》
	2:00								
	4:00								

週単位以外《しゅうたんいいがい》のサービス	入浴《にゅうよく》の前《まえ》にバイタルサインのチェック 礼拝《れいはい》の前日《ぜんじつ》に下剤《げざい》を服用《ふくよう》しないようにチェック

(注《ちゅう》)「日課計画表《にっかけいかくひょう》」との選定《せんてい》による使用可《しようか》。

Gさんのフェイスシート

氏名《しめい》	Gさん
性別《せいべつ》	女性《じょせい》
年齢《ねんれい》	80歳《さい》
入所年《にゅうしょねん》・月《げつ》	○年《ねん》4月《がつ》
入所《にゅうしょ》にいたった理由《りゆう》	1年前《ねんまえ》に自宅《じたく》において脳出血《のうしゅっけつ》で倒《たお》れ，3か月間《げつかん》，入院生活《にゅういんせいかつ》を送《おく》った。麻痺《まひ》などは残《のこ》らなかったが，認知症《にんちしょう》があるために一人暮《ひとりぐ》らしが困難《こんなん》になって短期入所生活介護《たんきにゅうしょせいかつかいご》を利用《りよう》し，そのあと，自宅《じたく》から近《ちか》い介護老人福祉施設《かいごろうじんふくししせつ》に入所《にゅうしょ》となった。
家族《かぞく》	亡《な》くなった夫《おっと》とのあいだに子《こ》どもはいない。1番目《ばんめ》の姉《あね》の家族《かぞく》が近所《きんじょ》に住《す》んでおり，その長女《ちょうじょ》がGさんの面倒《めんどう》をよくみている。
キーパーソン	1番目《ばんめ》の姉《あね》の長女《ちょうじょ》（Gさんの姪《めい》）
入所前《にゅうしょまえ》の生活状況《せいかつじょうきょう》	Gさんは，警察官《けいさつかん》の家庭《かてい》に4人《にん》きょうだいの末《すえ》っ子《こ》として満州《まんしゅう》で生《う》まれ，何不自由《なにふじゆう》なく幼少期《ようしょうき》を過《す》ごした。戦後《せんご》，日本《にほん》に引《ひ》き揚《あ》げ，女学校卒業後《じょがっこうそつぎょうご》，まもなく結婚《けっこん》した。結婚後《けっこんご》はきびしい姑《しゅうとめ》のもとで，慣《な》れない畑仕事《はたけしごと》をしていた時期《じき》もあった。Gさんは何度《なんど》も涙《なみだ》を流《なが》したが，夫《おっと》がやさしかったので耐《た》えることができたという。 子《こ》どもはなく，定年《ていねん》まで夫婦《ふうふ》で会社勤《かいしゃづと》めをした。Gさんの2番目《ばんめ》の姉《あね》の家庭《かてい》がクリスチャンで，その影響《えいきょう》もあり，夫婦《ふうふ》で教会《きょうかい》に行《い》くようになった。姑《しゅうとめ》からは「洗礼《せんれい》を受《う》けるなら離縁《りえん》だ」と言《い》われたが，夫《おっと》が「洗礼《せんれい》を受《う》けても離縁《りえん》はしない」と姑《しゅうとめ》に宣言《せんげん》し，結局《けっきょく》Gさんと夫《おっと》はいっしょに洗礼《せんれい》を受《う》けた。定年後《ていねんご》は，自宅《じたく》を開放《かいほう》して，近所《きんじょ》の子《こ》どもや友人《ゆうじん》を集《あつ》めてはキリスト教《きょう》の集会《しゅうかい》を開《ひら》いていた。 6年《ねん》くらい前《まえ》から，夫《おっと》は糖尿病《とうにょうびょう》と認知症《にんちしょう》が悪化《あっか》して寝《ね》たきりとなった。Gさんは夫《おっと》の介護《かいご》をになったが，Gさんにももの忘《わす》れがみられるようになり，夫《おっと》の服薬管理《ふくやくかんり》，食事《しょくじ》の準備《じゅんび》などができなくなった。Gさん自身《じしん》の整容《せいよう》や入浴《にゅうよく》なども滞《とどこお》るようになり，訪問介護《ほうもんかいご》を利用《りよう》するようになった。 夫《おっと》の死後《しご》1年経《ねんた》ったころから，Gさんは少《すこ》しずつ元気《げんき》を取《と》り戻《もど》してきたが，もの忘《わす》れはいっそうひどくなってきた。そしてそのころから，金銭管理《きんせんかんり》や身《み》のまわりの世話《せわ》をしてくれていた姪《めい》に対《たい》して，「私《わたし》の財産《ざいさん》を狙《ねら》っている」という被害妄想《ひがいもうそう》がみられるようになった。受診《じゅしん》の結果《けっか》，アルツハイマー型認知症《がたにんちしょう》と診断《しんだん》された。
入所《にゅうしょ》における本人《ほんにん》・家族《かぞく》などの要望《ようぼう》	Gさんの要望《ようぼう》:最期《さいご》まで神様《かみさま》に感謝《かんしゃ》して信仰《しんこう》をまっとうしたい。時々自宅《ときどきじたく》に帰《かえ》ったり，好《す》きなところへ出《で》かけたりして楽《たの》しく過《す》ごしたい。 姪《めい》の要望《ようぼう》：Gさんの希望《きぼう》どおり過《す》ごしてほしい。
その他《た》	

Gさんのアセスメント表《ひょう》(1)

1．心身《しんしん》の状況《じょうきょう》（心身機能《しんしんきのう》・身体構造《しんたいこうぞう》／健康状態《けんこうじょうたい》）

	項目《こうもく》	現在《げんざい》の状況《じょうきょう》
1	要介護状態区分《ようかいごじょうたいくぶん》／ 障害程度等級《しょうがいていどとうきゅう》	要介護《ようかいご》２（入所時点《にゅうしょじてん》では要介護《ようかいご》３だったが，入所後要介護《にゅうしょごようかいご》２となった）
2	認知症高齢者《にんちしょうこうれいしゃ》の 日常生活自立度《にちじょうせいかつじりつど》	認知症高齢者《にんちしょうこうれいしゃ》の日常生活自立度《にちじょうせいかつじりつど》：Ⅲa （記憶障害《きおくしょうがい》，見当識障害《けんとうしきしょうがい》，被害妄想《ひがいもうそう》など）
3	障害《しょうがい》の状況《じょうきょう》（身体《しんたい》・ 知的《ちてき》・精神《せいしん》）	障害高齢者《しょうがいこうれいしゃ》の日常生活自立度《にちじょうせいかつじりつど》：A1
4	現在《げんざい》のおもな疾患《しっかん》	アルツハイマー型認知症《がたにんちしょう》
5	服薬《ふくやく》	アルツハイマー型認知症治療薬《がたにんちしょうちりょうやく》（ドネペジル）
6	既往歴《きおうれき》	脳出血《のうしゅっけつ》（1年前《ねんまえ》）
7	平常時《へいじょうじ》の バイタルサイン	体温《たいおん》：36.0～36.8℃，呼吸《こきゅう》：20～22回《かい》/分《ぷん》，脈拍《みゃくはく》：64～70回《かい》/分《ぷん》， 血圧《けつあつ》：120／80mmHg
8	その他《た》	身長《しんちょう》：150cm，体重《たいじゅう》：56.5kg 視力《しりょく》：日常生活《にちじょうせいかつ》に支障《ししょう》はない（老眼鏡《ろうがんきょう》をかけなくても新聞《しんぶん》が読《よ》める）。 聴力《ちょうりょく》：時々聞《ときどきき》き返《かえ》しがあるが，日常生活《にちじょうせいかつ》に支障《ししょう》はない。

2. 日常生活《にちじょうせいかつ》の状況《じょうきょう》（活動《かつどう》）

	項目《こうもく》	現在《げんざい》の状況《じょうきょう》	本人《ほんにん》の思《おも》い
9	家事《かじ》	結婚《けっこん》するまでは家事《かじ》をしたことがなかったが，会社勤《かいしゃづと》めを始《はじ》めてからは，夫《おっと》のために家事《かじ》を一生懸命《いっしょうけんめい》行っていた。施設《しせつ》に入所《にゅうしょ》してからは，介護職《かいごしょく》を助《たす》けるため，下膳《げぜん》やタオルたたみなどを手伝《てつだ》っている。	「自分《じぶん》にできることは手伝《てつだ》いたい」という気持《きも》ちがある。
10	移動《いどう》	動作《どうさ》はゆっくりであるが，自力《じりき》で起《お》き上《あ》がり，座位《ざい》を保《たも》つことはできる。ベッドの手《て》すりやいすなどにつかまり，自分《じぶん》で立《た》ち上《あ》がることができる。円背《えんぱい》があるが，平地《へいち》は支《ささ》えなしで歩《ある》くことができる。外《そと》を歩《ある》くときには手引《てび》きが必要《ひつよう》である。	「施設《しせつ》にいると，動《うご》く距離《きょり》が少《すく》ないので，足腰《あしこし》が弱《よわ》ってしまう」と気《き》にしており，介護保険外《かいごほけんがい》で利用《りよう》している自費《じひ》ヘルパーと外出《がいしゅつ》して歩《ある》きたいと思《おも》っている。
11	身《み》じたく	動作《どうさ》はゆっくりであるが，衣服《いふく》の着脱《ちゃくだつ》は何《なん》とか1人《ひとり》でできる。ただし，衣服《いふく》を整《ととの》える介助《かいじょ》は必要《ひつよう》である。夜《よる》はパジャマに着替《きが》えずにそのまま寝《ね》てしまうため，「着替《きが》えましょう」という声《こえ》かけが必要《ひつよう》である。	「身《み》ぎれいにしておきたいと思《おも》うが，着替《きが》えるのは面倒《めんどう》」に感《かん》じている。

12	食事《しょくじ》	食《た》べる動作《どうさ》は自立《じりつ》しており，普通食《ふつうしょく》を何《なん》でもよく食《た》べる。季節《きせつ》の果物《くだもの》や甘《あま》いものが好《す》きだが，肥満傾向《ひまんけいこう》にあるため，外出《がいしゅつ》や帰宅《きたく》の際《さい》に食《た》べすぎないように介護保険外《かいごほけんがい》の自費《じひ》ヘルパーに配慮《はいりょ》してもらっている。歯《は》は全部自分《ぜんぶじぶん》の歯《は》で自分《じぶん》でみがいているが，時々忘《ときどきわす》れることもあるので，声《こえ》かけが必要《ひつよう》である。	「昔《むかし》はとてもやせていたので，太《ふと》ることは気《き》にならない」「ヘルパーさんや友人《ゆうじん》たちといっしょにおいしいものを食《た》べて，楽《たの》しい時間《じかん》を過《す》ごしたい」と思《おも》っている。
13	排泄《はいせつ》	尿意《にょうい》と便意《べんい》はあり，自分《じぶん》でトイレに行《い》くこともできるが，時々尿《ときどきにょう》もれがあるため，パッドを使用《しよう》している。トイレに行《い》ったときには，パッドに出《で》ているかどうかをチェックする必要《ひつよう》がある。夜間《やかん》によごれた下着《したぎ》を脱《ぬ》いで，ベッドの下《した》に置《お》いていることがある。	「よごれた下着《したぎ》を介護職《かいごしょく》に洗《あら》ってもらうことは申《もう》し訳《わけ》ない」と話《はな》す。
14	入浴《にゅうよく》・清潔保持《せいけつほじ》	洗身《せんしん》は手《て》の届《とど》くところは自分《じぶん》でできるが，手《て》の届《とど》かないところは介助《かいじょ》が必要《ひつよう》である。洗髪《せんぱつ》も介護職《かいごしょく》が介助《かいじょ》している。入浴《にゅうよく》は好《す》きで，自分《じぶん》から「汗《あせ》をかいたのでシャワーを浴《あ》びたい」と希望《きぼう》することもある。	「外出《がいしゅつ》から帰《かえ》ったとき，汗《あせ》をかいたときは，いつでもシャワーを浴《あ》びたい」と言《い》う。
15	睡眠《すいみん》	もともと夜遅《よるおそ》くまで起《お》きていて聖書《せいしょ》や本《ほん》を読《よ》み，朝《あさ》はゆっくり起《お》きる生活《せいかつ》リズムだった。今《いま》も同《おな》じような生活《せいかつ》リズムで，夜《よる》は24時《じ》ごろに就寝《しゅうしん》し，朝《あさ》は７時《じ》から８時《じ》ごろ，介護職《かいごしょく》にうながされて起《お》きている。	「夜《よる》は遅《おそ》くまで起《お》きて，朝《あさ》はゆっくり寝《ね》たい」と，長《なが》く習慣《しゅうかん》にしていた生活《せいかつ》を施設《しせつ》でも続《つづ》けたいと思《おも》っている。
16	コミュニケーション	認知症《にんちしょう》による記憶障害《きおくしょうがい》があるので，言《い》ったことを忘《わす》れて同《おな》じことを何度《なんど》もくり返《かえ》す。自分《じぶん》の言《い》いたいことが言葉《ことば》にならず，考《かんが》えているうちに何《なに》を言《い》いたかったか忘《わす》れてしまって悶々《もんもん》とすることが増《ふ》えてきた。そのために，イライラしてまわりの人《ひと》に手《て》を上《あ》げそうになることもある。介護職《かいごしょく》に質問《しつもん》しても，介護職《かいごしょく》から返《かえ》ってきた言葉《ことば》の意味《いみ》を理解《りかい》することがむずかしくなっている。一方《いっぽう》で，仲《なか》のよい入所者《にゅうしょしゃ》にキリスト教《きょう》の話《はなし》をするときは，流暢《りゅうちょう》に話《はな》すことができる。	「まわりの人《ひと》にキリスト教《きょう》のことを伝《つた》えたい」と思《おも》っている。

3. 豊《ゆた》かさ（参加《さんか》）

	項《こう》　目《もく》	現在《げんざい》の状況《じょうきょう》	本人《ほんにん》の思《おも》い
17	意欲《いよく》・生《い》きがい	毎週月曜日《まいしゅうげつようび》と木曜日《もくようび》に自宅《じたく》に帰《かえ》るのは，夫《おっと》が生《い》きていたときにしていたような家《か》庭集会《ていしゅうかい》を開《ひら》いて，キリスト教《きょう》の伝道《でんどう》をしたいという気持《きも》ちからである。日曜日《にちようび》の礼拝《れいはい》と木曜日《もくようび》の祈禱会《きとうかい》に行《い》きたいという気持《きも》ちは強《つよ》いが，見当識障害《けんとうしきしょうがい》により曜日《ようび》や時間《じかん》がわからなくなっており，その時《じ》間《かん》には思《おも》い出《だ》せなかったり，気《き》がつかなかったりすることが続《つづ》いた。	「入所《にゅうしょ》したら，すぐ隣《となり》が教会《きょうかい》だからいつでも礼拝《れいはい》や祈禱会《きとうかい》に行《い》けてうれしい」と言《い》っていた。 「私《わたし》が礼拝《れいはい》や祈禱会《きとうかい》の日《ひ》や時間《じかん》を思《おも》い出《だ》せなかったら『今《いま》から礼拝《れいはい》ですよ』と教《おし》えてほしい。教《おし》えてもらって忘《わす》れずに教会《きょうかい》に行《い》きたい」と言《い》う。
18	余暇《よか》の過《す》ごし方《かた》	毎週月曜日《まいしゅうげつようび》と木曜日《もくようび》は朝《あさ》10時《じ》に，介護《かいご》保険外《ほけんがい》で利用《りよう》している自費《じひ》ヘルパーが迎《むか》えに来《き》て，2時間程度《じかんていど》，近隣《きんりん》を散歩《さんぽ》したり，帰宅《きたく》したり，買《か》い物《もの》をしたりすることを楽《たの》しみにしている。	「自宅《じたく》が近《ちか》いので，運動《うんどう》を兼《か》ねてできるだけ自宅《じたく》に帰《かえ》って，そうじをしたり，草取《くさと》りをしたりして過《す》ごしたい」と思《おも》っている。
19	役割《やくわり》（家庭《かてい》／社会《しゃかい》）	定年《ていねん》までは夫婦《ふうふ》で会社勤《かいしゃづと》めをして，家庭《かてい》を守《まも》ってきた。定年後《ていねんご》は，夫婦仲《ふうふなか》よく，自宅《じたく》を開放《かいほう》して，近所《きんじょ》の子《こ》どもや友人《ゆうじん》を集《あつ》めては，キリスト教《きょう》の集会《しゅうかい》を開《ひら》いていた。	「まわりの人《ひと》にキリスト教《きょう》のことを伝《つた》えたい」「自分《じぶん》にできること，人《ひと》の役《やく》に立《た》つことをしたい」と思《おも》っている。
20	その他《た》		

4. 環境《かんきょう》（環境因子《かんきょういんし》）

	項《こう》　目《もく》	現在《げんざい》の状況《じょうきょう》	本人《ほんにん》の思《おも》い
21	生活環境《せいかつかんきょう》	自宅《じたく》から歩《ある》いて10分《ぷん》ほどの距離《きょり》にある介護老人福祉施設《かいごろうじんふくししせつ》に入所《にゅうしょ》している。ベッドまわりには思《おも》い出《で》の写真《しゃしん》や花《はな》がたくさん飾《かざ》ってあり，聖書《せいしょ》やキリスト教《きょう》に関《かん》する書物《しょもつ》も置《お》いてある。	「自宅《じたく》が近《ちか》いので，運動《うんどう》を兼《か》ねてできるだけ自宅《じたく》に帰《かえ》って，そうじをしたり，草取《くさと》りをしたりして過《す》ごしたい」と思《おも》っている。
22	生活《せいかつ》に必要《ひつよう》な用具《ようぐ》	尿意《にょうい》と便意《べんい》はあり，自分《じぶん》でトイレに行《い》くことができるが，時々尿《ときどきにょう》もれがあるため，パッドを使用《しよう》している。	「よごれた下着《したぎ》を介護職《かいごしょく》に洗《あら》ってもらうことは申《もう》し訳《わけ》ない」と話《はな》す。
23	経済状況《けいざいじょうきょう》	Gさんの厚生年金《こうせいねんきん》（1か月《げつ》に23万円《まんえん》）や貯蓄《ちょちく》などから，毎月《まいつき》の施設《しせつ》の利用料《りようりょう》，介護保険外《かいごほけんがい》の自費《じひ》ヘルパーの費用《ひよう》，教会《きょうかい》への献金《けんきん》（合計《ごうけい》で18万円前後《まんえんぜんご》）をまかなっても，まだ十分《じゅうぶん》にゆとりがある。金《きん》銭管理《せんかんり》は姪《めい》が行《おこな》っているが，Gさんの希望《きぼう》が常《つね》に優先《ゆうせん》されるように配慮《はいりょ》されている。	「姪《めい》は，私《わたし》の財産《ざいさん》を狙《ねら》っている」「自分《じぶん》の持《も》っているものは，神様《かみさま》のために使《つか》いたい」と思《おも》っている。

24	家族関係《かぞくかんけい》	亡《な》くなった夫《おっと》とのあいだに子《こ》どもはいない。Ｇさんの１番目《ばんめ》の姉《あね》の家族《かぞく》が近所《きんじょ》に住《す》んでおり，夫《おっと》の死後《しご》は，その長女《ちょうじょ》（Ｇさんの姪《めい》）が金銭管理《きんせんかんり》や身《み》のまわりの世話《せわ》をしていた。	夫《おっと》が亡《な》くなってさびしい気持《きも》ちがある。一方《いっぽう》で，「姪《めい》は，私《わたし》の財産《ざいさん》を狙《ねら》っている」と思《おも》っている。
25	サービス（制度《せいど》）の利用状況《りようじょうきょう》	介護老人福祉施設《かいごろうじんふくししせつ》に入所中《にゅうしょちゅう》である。そのほか，介護保険外《かいごほけんがい》の自費《じひ》ヘルパーを利用《りよう》し，毎週月曜日《まいしゅうげつようび》・木曜日《もくようび》の午前中《ごぜんちゅう》２時《じ》間《かん》と木曜日《もくようび》の午後《ごご》の祈祷会《きとうかい》，日曜日《にちようび》の礼《れい》拝《はい》で，外出《がいしゅつ》をしている。	「施設《しせつ》にいると，動《うご》く距離《きょり》が少《すく》ないので，足腰《あしこし》が弱《よわ》ってしまう」と気《き》にしており，介護保険外《かいごほけんがい》で利用《りよう》している自費《じひ》ヘルパーと外出《がいしゅつ》して歩《ある》きたいと思《おも》っている。
26	その他《た》		

5. その他《た》（個人因子《こじんいんし》）

	項《こう》　目《もく》	現在《げんざい》の状況《じょうきょう》
27	価値観《かちかん》・習慣《しゅうかん》	２番目《ばんめ》の姉《あね》の影響《えいきょう》で夫婦《ふうふ》ともにクリスチャンとなった。定年後《ていねんご》は夫婦《ふうふ》で家庭集会《かていしゅうかい》を開《ひら》くなど，教会生活《きょうかいせいかつ》を中心《ちゅうしん》に過《す》ごしてきた。現在《げんざい》も日曜日《にちようび》の礼拝《れいはい》と木曜日《もくようび》の祈《き》祷会《とうかい》に行《い》きたいと思《おも》っており，「私《わたし》が礼拝《れいはい》や祈祷会《きとうかい》の日《ひ》や時間《じかん》を思《おも》い出《だ》せなかったら『今《いま》から礼拝《れいはい》ですよ』と教《おし》えてほしい。教《おし》えてもらって忘《わす》れずに教会《きょうかい》に行《い》きたい」と言《い》っている。また，「自分《じぶん》の持《も》っているものは，神様《かみさま》のために使《つか》いたい」と思《おも》って教会《きょうかい》に献金《けんきん》をしているが，献金《けんきん》したことを思《おも》い出《だ》せないことなどがあった。
28	性格《せいかく》（個性《こせい》）	もともとおだやかで，やさしい性格《せいかく》である。信仰心《しんこうしん》が篤《あつ》く，伝道熱心《でんどうねっしん》である。しかし，認知症《にんちしょう》が進《すす》むにつれ，コミュニケーションがうまくはかれなかったり，外《がい》出《しゅつ》した翌日《よくじつ》には外出《がいしゅつ》したことを忘《わす》れてしまったりして，苛立《いらだ》たしさを表現《ひょうげん》することがある。
29	生活歴《せいかつれき》・出身地《しゅっしんち》	Ｇさんは，警察官《けいさつかん》の家庭《かてい》に４人《にん》きょうだいの末《すえ》っ子《こ》として満州《まんしゅう》で生《う》まれ，何不自《なにふじ》由《ゆう》なく幼少期《ようしょうき》を過《す》ごした。戦後《せんご》，日本《にほん》に引《ひ》き揚《あ》げ，女学校卒業後《じょがっこうそつぎょうご》，まもなく結婚《けっこん》した。夫婦《ふうふ》のあいだに子《こ》どもはなく，夫婦《ふうふ》ともに定年《ていねん》まで会社勤《かいしゃづと》めをした。２番《ばん》目《め》の姉《あね》の影響《えいきょう》で，夫婦《ふうふ》ともに洗礼《せんれい》を受《う》けた。６年《ねん》くらい前《まえ》から，夫《おっと》は糖尿病《とうにょうびょう》と認《にん》知症《ちしょう》が悪化《あっか》して寝《ね》たきりとなり，３年前《ねんまえ》に亡《な》くなった。Ｇさんは夫《おっと》の介護《かいご》をになったが，Ｇさんにももの忘《わす》れがみられるようになった。夫《おっと》が亡《な》くなったあと，１年《ねん》前《まえ》に自宅《じたく》において脳出血《のうしゅっけつ》で倒《たお》れ，入院《にゅういん》した。そのあと，短期入所生活介護《たんきにゅうしょせいかつかいご》の利用《りよう》開始《かいし》となり，現在《げんざい》は介護老人福祉施設《かいごろうじんふくししせつ》に入所《にゅうしょ》している。
30	特技《とくぎ》	Ｇさんに聞《き》くと「特技《とくぎ》はないの」と言《い》う。「神様一筋《かみさまひとすじ》？」と聞《き》くと，「そう，それそれ！」と笑顔《えがお》で答《こた》える。
31	１日《にち》の過《す》ごし方《かた》	もともと夜遅《よるおそ》くまで起《お》きていて聖書《せいしょ》や本《ほん》を読《よ》み，朝《あさ》はゆっくり起《お》きる生活《せいかつ》リズムだった。今《いま》も同《おな》じような生活《せいかつ》リズムで，夜《よる》は24時《じ》ごろに就寝《しゅうしん》し，朝《あさ》は７時《じ》から８時《じ》ごろ，介護職《かいごしょく》にうながされて起《お》きている。毎週月曜日《まいしゅうげつようび》と木曜日《もくようび》は朝《あさ》10時《じ》に，介護保険外《かいごほけんがい》で利用《りよう》している自費《じひ》ヘルパーが迎《むか》えに来《き》て，２時間程度《じかんていど》，近隣《きんりん》を散歩《さんぽ》したり，帰宅《きたく》したり，買《か》い物《もの》をしたりすることを楽《たの》しみにしている。
32	その他《た》	自分《じぶん》で洋服《ようふく》のほころびが直《なお》せたとき，「このくらいのことは私《わたし》にもできるのよね。まだまだ私《わたし》にもできることがあるのね」とうれしそうに言《い》ったことがある。

❹ アセスメント表《ひょう》(2)作成《さくせい》におけるヒント

アセスメント表《ひょう》(1)で収集《しゅうしゅう》した情報《じょうほう》をどのように解釈《かいしゃく》して，別《べつ》の情報《じょうほう》とどのように結《むす》びつけ，アセスメント表《ひょう》(2)を作成《さくせい》していくのか考《かんが》えます。

アセスメント表《ひょう》(1)で得《え》た情報《じょうほう》を解釈《かいしゃく》し，関連《かんれん》づけ，統合化《とうごうか》していくときの視点《してん》としては「自立支援《じりつしえん》」「快適《かいてき》さ」「安全《あんぜん》さ」そして「その人《ひと》らしい生活《せいかつ》の実現《じつげん》」をめざして「自己《じこ》実現《じつげん》に向《む》かっているか」がポイントになります。

介護職《かいごしょく》がGさんのアセスメントをするときにいちばん大切《たいせつ》なことは「Gさんの言葉《ことば》」と「Gさんの感情《かんじょう》」です。

Gさんは認知症《にんちしょう》ではありますが，まだ自分《じぶん》の気持《きも》ちや，昔《むかし》の思《おも》い出《で》を言葉《ことば》であらわすことができます。時《とき》には十分《じゅうぶん》な言葉《ことば》にならず，怒《いか》りの気持《きも》ちを叫《さけ》んだり，相手《あいて》をたたいたりして表現《ひょうげん》することもありますが，ふだんの言葉《ことば》の端々《はしばし》にはどのように生《い》きていきたいのかがいつもちりばめられています。

また，言葉《ことば》そのものにだけ着目《ちゃくもく》するのではなく，怒《いか》りや苛立《いらだ》ちをあらわしたときは，言《こと》葉《ば》の奥《おく》に「自分《じぶん》のしたいこととは違《ちが》う」「自分《じぶん》の思《おも》いが伝《つた》わっていない」という思《おも》いがあると受《う》けとめて，「Gさんはどうしたいのだろう」と考《かんが》えることが必要《ひつよう》です。

この思考《しこう》を助《たす》けてくれるものが「アセスメント表《ひょう》(1)」で得《え》た情報《じょうほう》です。

▶▶ 優先順位《ゆうせんじゅんい》❶の課題《かだい》

介護職《かいごしょく》がいちばん気《き》になったことは「入所《にゅうしょ》したら，すぐ隣《となり》が教会《きょうかい》だからいつでも礼拝《れいはい》や祈禱会《きとうかい》に行《い》けてうれしい」と言《い》っていたにもかかわらず，入所後《にゅうしょご》になかなか礼拝等《れいはいとう》に出席《しゅっせき》できなかったことです。そして，礼拝等《れいはいとう》に行《い》けなかったことに対《たい》して感情《かんじょう》をあらわにして怒《おこ》ることがたびたびあります。アセスメント表《ひょう》(1)のアセスメント項目番号《こうもくばんごう》（以下《いか》，項目《こうもく》番号《ばんごう》）28の「性格《せいかく》（個性《こせい》）」を見《み》ると「もともとおだやかでやさしい性格《せいかく》」で「信仰心《しんこうしん》が篤《あつ》く，伝道熱心《でんどうねっしん》」と表記《ひょうき》してあるのに，そういうGさんらしさが影《かげ》をひそめてしまっています。

Gさんにとっては「信仰《しんこう》をまっとうする」ということが「自立《じりつ》」であり，「快適《かいてき》」であり，「自己実現《じこじつげん》」です。そう解釈《かいしゃく》してアセスメント表《ひょう》(1)を見《み》ていくと，項目番号《こうもくばんごう》16・19の「まわりの人《ひと》にキリスト教《きょう》のことを伝《つた》えたい」，項目番号《こうもくばんごう》17・27の「私《わたし》が礼拝《れいはい》や祈禱《きとう》会《かい》の日《ひ》や時間《じかん》を思《おも》い出《だ》せなかったら『今《いま》から礼拝《れいはい》ですよ』と教《おし》えてほしい。教《おし》えてもらって忘《わす》れずに教会《きょうかい》に行《い》きたい」，項目番号《こうもくばんごう》30の「特技《とくぎ》はないの」「神様一筋《かみさまひとすじ》？」「そう，それそれ！」という情報《じょうほう》がつながって浮《う》かび上《あ》がってきます。そして，このアセスメントで浮《う》かび上《あ》がってきたことがかなえられていないために怒《いか》りや苛立《いらだ》ちが起《お》こっていることが課題《かだい》だと理解《りかい》できます。

Gさんは足《あし》のふらつきなどがあり，礼拝等《れいはいとう》に介護老人福祉施設《かいごろうじんふくししせつ》の職員《しょくいん》が個別《こべつ》に付《つ》き添《そ》うことはむずかしいため，「安全《あんぜん》」に行《い》ってもらえるように，介護保険外《かいごほけんがい》の自費《じひ》ヘルパーに依頼《いらい》することを提案《ていあん》しました。

▶▶ 優先順位《ゆうせんじゅんい》❷の課題《かだい》

Ｇさんなりに「自宅《じたく》が近《ちか》いので，運動《うんどう》を兼《か》ねてできるだけ自宅《じたく》に帰《かえ》って，そうじをしたり，草取《くさと》りをしたりして過《す》ごしたい」（項目番号《こうもくばんごう》18・21）と，「施設《しせつ》にいると，動《うご》く距離《きょり》が少《すく》ないので，足腰《あしこし》が弱《よわ》ってしまう」（項目番号《こうもくばんごう》10・25）のようにからだを動《うご》かして，筋《きん》力低下《りょくていか》を防《ふせ》ぎたい気持《きも》ち（自立《じりつ》へ向《む》かった思考《しこう》）と，自宅《じたく》をきれいにして以前《いぜん》のように家《か》庭集会《ていしゅうかい》ができる環境《かんきょう》を整《ととの》えたい（快適《かいてき》さ）ということを結《むす》びつけて考《かんが》えていたので，その思《おも》いを尊重《そんちょう》します。

しかし，認知症《にんちしょう》による記憶障害《きおくしょうがい》から外出《がいしゅつ》したことを忘《わす》れてしまい，「最近《さいきん》，出《で》かけていない」と項目番号《こうもくばんごう》16・28のように思《おも》いこんでイライラすることがあるので，自費《じひ》ヘルパーに自宅《じたく》に帰《かえ》って過《す》ごしている様子《ようす》を写真《しゃしん》に撮《と》ってもらったり，庭《にわ》の花《はな》を持《も》ち帰《かえ》ってもらい話題《わだい》にしたり，思《おも》い出《だ》してもらうようにします。

▶▶ 優先順位《ゆうせんじゅんい》❸の課題《かだい》

このころ，もともとおだやかでやさしかったＧさんらしさが感《かん》じられないような不穏《ふおん》さが目立《めだ》っていたことから考《かんが》えます。

Ｇさんは，「自分《じぶん》にできることは手伝《てつだ》いたい」（項目番号《こうもくばんごう》9），「よごれた下着《したぎ》を介護職《かいごしょく》に洗《あら》ってもらうことは申《もう》し訳《わけ》ない」（項目番号《こうもくばんごう》13・22）という気持《きも》ちをもっていますが，記《き》憶障害《おくしょうがい》から，自分《じぶん》の思《おも》いがかなえられなかったり，かなえられていないと思《おも》って怒《おこ》ったり，イライラしたりという印象《いんしょう》が強《つよ》くなっています。生活全般《せいかつぜんぱん》においてもだんだん受動的《じゅどうてき》になっていて，「介護職《かいごしょく》にやってもらう」スタイルになっています。

そのようなＧさんの姿《すがた》を見《み》てＧさん本来《ほんらい》のおだやかでやさしいＧさんらしさを取《と》り戻《もど》す支援《しえん》が必要《ひつよう》です。

また，あるときＧさんの洋服《ようふく》にほころびがあることがわかりました。とっさに「Ｇさん，直《なお》してみますか？」とたずねると，「私《わたし》？　できるかしら」と躊躇《ちゅうちょ》しながらも，針《はり》と糸《いと》に手《て》を伸《の》ばしました。少《すこ》し時間《じかん》はかかりましたが直《なお》すことができました。そのとき「これくらいのことは私《わたし》にもできるのよね。まだまだ私《わたし》にもできることがあるのね」（項目番号《こうもくばんごう》32）とうれしそうに話《はな》しました。このようにＧさんのわかること，できることを探《さが》して，やり遂《と》げてもらい，自信《じしん》をもってもらうことで，Ｇさんらしさが取《と》り戻《もど》せることを実感《じっかん》しました。そしてこのようなことをもっと探《さが》して体験《たいけん》してもらうことが必要《ひつよう》です。

Gさんのアセスメント表《ひょう》(2)

アセスメント 項目番号《こうもくばんごう》	情報《じょうほう》の解釈《かいしゃく》・関連《かんれん》づけ・統合化《とうごうか》	課《か》　題《だい》	優先順位《ゆうせんじゅんい》
9，13， 22，32	Gさんは，会社勤《かいしゃづと》めを始《はじ》めてからは，夫《おっと》のために家事《かじ》を一生懸命行《いっしょうけんめいおこな》っていた。 施設《しせつ》に入所《にゅうしょ》してからは，介護職《かいごしょく》が忙《いそが》しそうに業務《ぎょうむ》に追《お》われていると，タオルをたたんだり，食事《しょくじ》の下膳《げぜん》を手伝《てつだ》ったりしてくれる。 また，自分《じぶん》の服《ふく》にほころびがあったとき，何《なん》とか自分《じぶん》で直《なお》すことができた。そのとき「このくらいのことは私《わたし》にもできるのよね。まだまだ私《わたし》にもできることがあるのね」とうれしそうに言《い》ったことがある。 認知症《にんちしょう》のために「できない」「忘《わす》れる」ということに着目《ちゃくもく》しすぎて，本人《ほんにん》の力《ちから》が発揮《はっき》できていないのではないか。	自分《じぶん》でできることを見《み》つけて，そこから生《い》きる喜《よろこ》びや自信《じしん》を取《と》り戻《もど》すことが大切《たいせつ》である。	❸
16，17， 19，27， 28，30	Gさんは，自分自身《じぶんじしん》の信仰《しんこう》をまっとうしたいという気持《きも》ち，礼拝《れいはい》と祈禱会《きとうかい》に行《い》きたいという気持《きも》ちは強《つよ》いが，見当識障害《けんとうしきしょうがい》により曜日《ようび》や時間《じかん》がわからなくなっており，その時間《じかん》には思《おも》い出《だ》せなかったり，気《き》がつかなかったりすることが続《つづ》いた。 介護職《かいごしょく》は「Gさんがおぼえているときに行《い》ってもらおう」という対応《たいおう》をしていたが，Gさんの願《ねが》いは「自分《じぶん》が忘《わす》れていたり，思《おも》い出《だ》せなかったら教《おし》えてほしい」というものである。	「最期《さいご》まで信仰《しんこう》をまっとうしたい」という願《ねが》いが強《つよ》いのに，認《にん》知症《ちしょう》による記憶障害《きおくしょうがい》や見当識障《けんとうしきしょう》害《がい》のために礼拝《れいはい》と祈禱会《きとうかい》に行《い》く日《ひ》を忘《わす》れて，悲《かな》しい思《おも》いをしている。	❶
10，16， 18，21， 25，28， 31	Gさんは「施設《しせつ》にいると，動《うご》く距離《きょり》が少《すく》ないので，足腰《あしこし》が弱《よわ》ってしまう」「自宅《じたく》が近《ちか》いので，運動《うんどう》を兼《か》ねてできるだけ自宅《じたく》に帰《かえ》って，そうじをしたり，草取《くさと》りをしたりして過《す》ごしたい」「夫《おっと》との思《おも》い出《で》のある家《いえ》をきれいにして，いつでも家庭集会《かていしゅうかい》を開《ひら》けるようにしたい」と考《かんが》えており，毎週月曜《まいしゅうげつよう》日《び》と木曜日《もくようび》の午前中《ごぜんちゅう》，２時間程度《じかんていど》，介護保険外《かいごほけんがい》で利用《りよう》している自費《じひ》ヘルパーと近隣《きんりん》を散歩《さんぽ》したり，帰宅《きたく》したり，買《か》い物《もの》をしたりすることを楽《たの》しみにしている。また，木曜日《もくようび》の午後《ごご》は祈禱会《きとうかい》，日曜日《にちようび》は礼拝《れいはい》で外出《がいしゅつ》している。 しかし，認知症《にんちしょう》による記憶障害《きおくしょうがい》や見当識障害《けんとうしきしょうがい》のために，コミュニケーションがうまくはかれなかったり，外出《がいしゅつ》した翌日《よくじつ》には前日《ぜんじつ》に外出《がいしゅつ》したことを忘《わす》れてしまったりすると，イライラしてしまう。	足腰《あしこし》の運動《うんどう》を兼《か》ねて，定期的《ていきてき》に帰宅《きたく》することを今後《こんご》も継続《けいぞく》したいと思《おも》っているが，認知症《にんちしょう》による記憶障害《きおくしょうがい》や見当識障害《けんとうしきしょうがい》のために，外出《がいしゅつ》した翌日《よくじつ》には前日《ぜんじつ》に外《がい》出《しゅつ》したことを忘《わす》れてしまい，イライラしてしまう。	❷

● Gさんの介護計画書《かいごけいかくしょ》

氏名《しめい》：　　　　　Gさん

長期目標《ちょうきもくひょう》（期間《きかん》：12か月《げつ》）	自分《じぶん》の信仰《しんこう》にもとづいた日々《ひび》の生活《せいかつ》を送《おく》ることができる。

課題《かだい》	短期目標《たんきもくひょう》		具体的《ぐたいてき》な援助内容《えんじょないよう》・方法《ほうほう》		頻度《ひんど》
	目標《もくひょう》	期間《きかん》	内容《ないよう》	方法《ほうほう》	
❶「最期《さいご》まで信仰《しんこう》をまっとうしたい」という願《ねが》いが強《つよ》いのに，認《にん》知症《ちしょう》による記憶《きおく》障害《しょうがい》や見当識障《けんとうしきしょう》害《がい》のために礼拝《れいはい》と祈禱会《きとうかい》に行《い》く日《ひ》を忘《わす》れて，悲《かな》しい思《おも》いをしている。	教会《きょうかい》の礼拝《れいはい》と祈禱会《きとうかい》に参加《さんか》できる。	6か月《げつ》	①礼拝《れいはい》，祈禱会《きとうかい》への参加《さんか》の呼《よ》びかけ	①あらかじめ準備《じゅんび》ができるように，出《で》かける1時間《じかん》前《まえ》に「今日《きょう》は礼拝《れいはい》（もしくは祈禱会《きとうかい》）がありますよ」と呼《よ》びかけを行《おこな》う。	日曜日《にちようび》(礼拝《れいはい》) 木曜日《もくようび》（祈《き》禱会《とうかい》)
			②忘《わす》れているときの言葉《ことば》かけ，出《で》かける準備《じゅんび》の支援《しえん》	②時間《じかん》が来《き》ても出《で》かけられないときに言葉《ことば》かけを行《おこな》い，出《で》かける準備《じゅんび》を手伝《てつだ》う。	日曜日《にちようび》(礼拝《れいはい》) 木曜日《もくようび》（祈《き》禱会《とうかい》)
			③事務室前《じむしつまえ》までの誘導《ゆうどう》	③聖書《せいしょ》を持《も》って事務室前《じむしつまえ》まで誘導《ゆうどう》する。	礼拝《れいはい》，祈禱《きとう》会《かい》に出《で》かける前《まえ》
			④事務室前《じむしつまえ》から居室《きょしつ》への誘導《ゆうどう》	④事務室前《じむしつまえ》まで戻《もど》って来《き》たら連絡《れんらく》をもらって迎《むか》えに行《い》く。	礼拝後《れいはいご》，祈《き》禱会後《とうかいご》
❷足腰《あしこし》の運動《うんどう》を兼《か》ねて，定期的《ていきてき》に帰宅《きたく》することを今後《こんご》も継続《けいぞく》したいと思《おも》っているが，認知症《にんちしょう》による記憶障害《きおくしょうがい》や見《けん》当識障害《とうしきしょうがい》のために，外出《がいしゅつ》した翌《よく》日《じつ》には前日《ぜんじつ》に外《がい》出《しゅつ》したことを忘《わす》れてしまい，イライラしてしまう。	自分《じぶん》の思《おも》いがまとまらなくても，介護職《かいごしょく》の援助《えんじょ》によって落《お》ち着《つ》いた生活《せいかつ》を送《おく》ることができる。	6か月《げつ》	①足腰《あしこし》の運動《うんどう》を兼《か》ねた定期的《ていきてき》な外出《がいしゅつ》(散歩《さんぽ》，帰宅《きたく》，買《か》い物《もの》など）の準備《じゅんび》の支援《しえん》	①出《で》かけることを伝《つた》え着替《きが》えなどができていなかったら声《こえ》かけをする。	月曜日《げつようび》と木《もく》曜日《ようび》
			②気持《きも》ちが落《お》ち着《つ》かないときの傾聴《けいちょう》	②何《なに》が気《き》になっているかを傾聴《けいちょう》し，Gさんが言《い》いたいことをわかりやすく整理《せいり》して，本人《ほんにん》に伝《つた》える。また，Gさんが気《き》にしていることですでに解決《かいけつ》していることは，安《あん》心《しん》してよいと伝《つた》える。	随時《ずいじ》

❸自分《じぶん》でできることを見《み》つけて，そこから生《い》きる喜《よろこ》びや自信《じしん》を取《と》り戻《もど》すことが大《たい》切《せつ》である。	日常生活《にちじょうせいかつ》のなかで役割《やくわり》をもったり，人《ひと》の役《やく》に立《た》ったりすることができる。	６か月《げつ》	Ｇさんにできること，人《ひと》の役《やく》に立《た》てることをいっしょに探《さが》し，行《おこな》ってもらう。	①下膳《げぜん》やタオルたたみ，針《はり》仕事《しごと》など，Ｇさんがやってみたいことを見《み》つけて，実際《じっさい》に行《おこな》ってもらう。その際《さい》，できたことをいっしょに喜《よろこ》び，感謝《かんしゃ》の気持《きも》ちを伝《つた》える。	随時《ずいじ》
				②ほかにもできることややってみたいことがあるか，いっしょに探《さが》す。	随時《ずいじ》

Gさんの実施評価表《じっしひょうかひょう》

担当者氏名《たんとうしゃしめい》：　K（介護福祉士《かいごふくしし》）

実施状況《じっしじょうきょう》	評価《ひょうか》
❶礼拝《れいはい》も祈禱会《きとうかい》も，Gさんがおぼえているときに行《い》ってもらうという対応《たいおう》はせず，必《かなら》ず参加《さんか》を呼《よ》びかけることにした。また，呼《よ》びかけをしても忘《わす》れているときは，さらに言葉《ことば》かけをするとともに，着替《きが》えや持《も》ち物《もの》の準備《じゅんび》を手伝《てつだ》い，確実《かくじつ》に参加《さんか》できるところまで援助《えんじょ》した。	Gさんは，いつでも必《かなら》ず礼拝《れいはい》や祈禱会《きとうかい》に参加《さんか》したい気持《きも》ちをもっているので，介護職《かいごしょく》からの呼《よ》びかけや準備《じゅんび》の援助《えんじょ》に対《たい》しては，うれしそうな表情《ひょうじょう》を見《み》せている。 Gさんの認知症《にんちしょう》は徐々《じょじょ》に進行《しんこう》しており，参加《さんか》の日時《にちじ》を忘《わす》れる頻度《ひんど》は増《ま》しているので，今後《こんご》も継続《けいぞく》して援助《えんじょ》する必要《ひつよう》がある。
❷足腰《あしこし》の運動《うんどう》を兼《か》ねての外出《がいしゅつ》は，月曜日《げつようび》と木曜日《もくようび》と日《にち》曜日《ようび》の週３日《しゅうみっか》，Gさんが介護保険外《かいごほけんがい》で利用《りよう》している自費《じひ》ヘルパーに定期的《ていきてき》に依頼《いらい》しているため，確実《かくじつ》に帰宅《きたく》できている。	月曜日《げつようび》と木曜日《もくようび》と日曜日《にちようび》の外出《がいしゅつ》は，「足腰《あしこし》の運動《うんどう》になる」「自宅《じたく》を片《かた》づけることができる」「家庭集会《かていしゅうかい》を開催《かいさい》できる可能性《かのうせい》がある」という意味《いみ》で，Gさんにとって非常《ひじょう》に大切《たいせつ》な時間《じかん》となっている。 しかし，週３日《しゅうみっか》では現在《げんざい》のGさんにとって記憶《きおく》に残《のこ》りにくく，満足《まんぞく》できる頻度《ひんど》ではないと思《おも》われるため，さらに検討《けんとう》の必要《ひつよう》がある。
❷「姪《めい》が自分《じぶん》の財産《ざいさん》を狙《ねら》っているのではないか」など，Gさんが認知症《にんちしょう》のために混乱《こんらん》していると思《おも》われるときは，ゆっくりGさんの話《はなし》を聞《き》いたり，現状《げんじょう》をわかりやすく伝《つた》えたりした。また，Gさんが言《い》いたいことを忘《わす》れてしまい，イライラだけ残《のこ》っているようなときには，何《なに》が言《い》いたかったのかを整理《せいり》し，表現《ひょうげん》できるように援助《えんじょ》した。	Gさんの発言《はつげん》だけをとらえて「被害妄想《ひがいもうそう》」「もの忘《わす》れ」と表面的《ひょうめんてき》に片《かた》づけてしまわず，どのような動機《どうき》があって妄想《もうそう》などが起《お》きているのかを理解《りかい》してかかわるようにした。すると，根源的《こんげんてき》には「信仰《しんこう》をまっとうしたい」という強《つよ》い願《ねが》いからきているものであることが理解《りかい》できた。 認知症《にんちしょう》の進行《しんこう》にともなって，思《おも》っていることがまとまりにくく，表現《ひょうげん》しづらい状況《じょうきょう》は強《つよ》くなっていくと思《おも》われるので，今後《こんご》も継続《けいぞく》して援助《えんじょ》する必要《ひつよう》がある。
❸下膳《げぜん》やタオルたたみ，針仕事《はりしごと》など，Gさんにできそうなことを，見守《みまも》りのもとで，行《おこな》ってもらうようにした。できたときには達成感《たっせいかん》を十分《じゅうぶん》に味《あじ》わってもらえるように，感謝《かんしゃ》の言葉《ことば》を伝《つた》え，いっしょに喜《よろこ》ぶようにした。	もともと奉仕《ほうし》の精神《せいしん》は旺盛《おうせい》な人《ひと》なので，人《ひと》の役《やく》に立《た》てることについては，介護職《かいごしょく》が予想《よそう》したよりも，生《い》き生《い》きと喜《よろこ》んでもらえる場面《ばめん》がみられた。 一方《いっぽう》で，認知症《にんちしょう》による記憶障害《きおくしょうがい》のために根気《こんき》が続《つづ》きにくいこともあるので，配慮《はいりょ》しながら援助《えんじょ》することも大切《たいせつ》である。

気《き》づいたこと （新《あら》たな課題《かだい》や可能性《かのうせい》）	①月曜日《げつようび》と木曜日《もくようび》と日曜日《にちようび》，定期的《ていきてき》に外出《がいしゅつ》しているが，次《つぎ》の日《ひ》には「今日《きょう》帰《かえ》りたい」「自分《じぶん》の家《いえ》なんだから，いつでも帰《かえ》りたい」という気持《きも》ちになっている。週３日《しゅうみっか》では，Gさんが満足《まんぞく》する外出《がいしゅつ》にはなっていないかもしれないので，適切《てきせつ》な頻度《ひんど》を検討《けんとう》する必要《ひつよう》がある。 ②認知症《にんちしょう》の進行《しんこう》にともなって，思《おも》っていることがまとまりにくく，表現《ひょうげん》しづらい状況《じょうきょう》が増《ふ》えてきている。Gさんの本当《ほんとう》の願《ねが》いや希望《きぼう》していることをよく傾聴《けいちょう》する必要《ひつよう》がある。

❺【解説《かいせつ》】Gさんの介護過程《かいごかてい》について

介護老人福祉施設《かいごろうじんふくししせつ》に入所《にゅうしょ》しているGさんの事例《じれい》です。

入所当初《にゅうしょとうしょ》は，施設《しせつ》の隣《となり》が教会《きょうかい》なので「礼拝《れいはい》にも祈禱会《きとうかい》にも行《い》ける」と喜《よろこ》んでいましたが，認知症《にんちしょう》による見当識障害《けんとうしきしょうがい》のために曜日《ようび》や時間《じかん》がわからなくなり，礼拝《れいはい》や祈禱会《きとうかい》に参加《さんか》できないことが多《おお》くなってきました。

Gさんは「私《わたし》が礼拝《れいはい》や祈禱会《きとうかい》の日《ひ》や時間《じかん》を思《おも》い出《だ》せなかったら『今《いま》から礼拝《れいはい》ですよ』と教《おし》えてほしい。教《おし》えてもらって忘《わす》れずに教会《きょうかい》に行《い》きたい」と強《つよ》く希望《きぼう》しました。そこで，確実《かくじつ》に礼拝《れいはい》に参加《さんか》ができる計画《けいかく》を立案《りつあん》しました（優先順位《ゆうせんじゅんい》❶）。

そして，「自宅《じたく》に帰《かえ》りたい」「足腰《あしこし》を弱《よわ》らせないようにしたい」「自分《じぶん》の持《も》っているものは神様《かみさま》のために使《つか》いたい」などの思《おも》いが認知症《にんちしょう》によってうまくまとまらず，苛立《いらだ》ってしまい，本来《ほんらい》のGさんらしさが失《うしな》われてしまうことから，定期的《ていきてき》に帰宅《きたく》ができるように継続《けいぞく》して援助《えんじょ》することと，Gさんの思《おも》いを傾聴《けいちょう》（☞第《だい》2巻《かん》p.138）することを課題《かだい》にあげました（優先順位《ゆうせんじゅんい》❷）。

さらに，認知症《にんちしょう》のために「できない」「忘《わす》れてしまう」ということに着目《ちゃくもく》しすぎて生《い》きる喜《よろこ》びや自信《じしん》がもてていないため，これらを取《と》り戻《もど》す援助《えんじょ》が必要《ひつよう》であると判断《はんだん》しました（優先順位《ゆうせんじゅんい》❸）。

この事例《じれい》において大切《たいせつ》な視点《してん》は，「Gさんの願《ねが》いや思《おも》いを真《しん》に理解《りかい》して援助《えんじょ》する」ことです。「Gさんは何《なに》を望《のぞ》んでいるのか？　どこまで援助《えんじょ》すれば自己実現《じこじつげん》に近《ちか》づくのか？」を探《さぐ》っていく必要《ひつよう》があります。

礼拝《れいはい》や祈禱会《きとうかい》に行《い》けなかったときの失望《しつぼう》，姪《めい》が自分《じぶん》の財産《ざいさん》を狙《ねら》っているのではないかという被害妄想《ひがいもうそう》，毎日《まいにち》でも家《いえ》に帰《かえ》りたいという強《つよ》い願《ねが》いなどは，バラバラにとらえていると認知症《にんちしょう》による「記憶障害《きおくしょうがい》」「被害妄想《ひがいもうそう》」としかみえません。しかし，Gさんの気持《きも》ちの根底《こんてい》には「信仰《しんこう》をまっとうしたい」という強《つよ》い希望《きぼう》が流《なが》れていることが理解《りかい》できました。

そして，「苛立《いらだ》ち」「怒《いか》り」として表現《ひょうげん》されているのは「信仰《しんこう》をまっとうしたい」という「自分《じぶん》の生《い》き方《かた》」にそぐわないところから来《き》ていることがわかってきました。

介護過程《かいごかてい》を展開《てんかい》しながら，介護職《かいごしょく》は「今《いま》の状態《じょうたい》は本人《ほんにん》の願《ねが》いにかなっているのか？」「本人《ほんにん》の生活《せいかつ》は以前《いぜん》よりよくなったか？」「本人《ほんにん》は自分《じぶん》の人生《じんせい》を生《い》きているか？」に着目《ちゃくもく》してアセスメントを重《かさ》ね，利用者《りようしゃ》の真《しん》のニーズに向《む》かって援助《えんじょ》していくことが大切《たいせつ》です。

第《だい》4節《せつ》

自宅《じたく》で暮《く》らす高齢者《こうれいしゃ》の介護過程《かいごかてい》

❶ 利用者《りようしゃ》のプロフィール

氏名《しめい》：L さん
性別《せいべつ》：女性《じょせい》
年齢《ねんれい》：82 歳《さい》
生活環境《せいかつかんきょう》：自宅《じたく》
要介護度《ようかいごど》：要介護《ようかいご》3
認知症高齢者《にんちしょうこうれいしゃ》の日常生活自立度《にちじょうせいかつじりつど》：Ⅲ a （☞第《だい》３巻《かん》p.224）
障害高齢者《しょうがいこうれいしゃ》の日常生活自立度《にちじょうせいかつじりつど》：A2 （☞第《だい》３巻《かん》p.224）

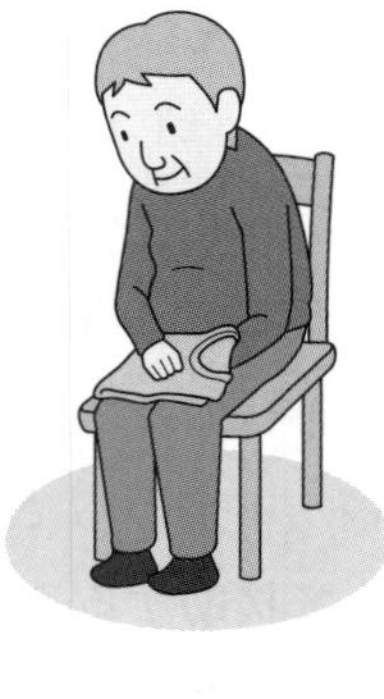

❷ 家族構成《かぞくこうせい》および生活歴《せいかつれき》

▶▶ 幼少期《ようしょうき》から青年期《せいねんき》まで

- M 県《けん》の港町《みなとまち》で，8 人《にん》きょうだい（姉《あね》と弟《おとうと》3 人《にん》，妹《いもうと》3 人《にん》）の次女《じじょ》として生《う》まれる。
- 父《ちち》は漁師《りょうし》で，実家《じっか》は漁業《ぎょぎょう》をしながら旅館《りょかん》も経営《けいえい》していた。
- 子《こ》どものころからきょうだいの面倒見《めんどうみ》がよく，忙《いそが》しい両親《りょうしん》に代《か》わって家事《かじ》などの手伝《てつだ》いもよくしていた。
- 女学校《じょがっこう》を卒業後《そつぎょうご》，着物《きもの》が好《す》きで，呉服店《ごふくてん》で働《はたら》きながら着物《きもの》の着付《きつ》けや和裁《わさい》の技術《ぎじゅつ》を習得《しゅうとく》し，休日《きゅうじつ》は旅館《りょかん》を手伝《てつだ》う働《はたら》き者《もの》だった。
- 明《あか》るくおだやかな性格《せいかく》で，接客《せっきゃく》が得意《とくい》で社交的《しゃこうてき》だった。

▶▶ 結婚《けっこん》から子育《こそだ》て

- 24 歳《さい》のときに大工《だいく》をしていた夫《おっと》と結婚《けっこん》し，現在《げんざい》の場所《ばしょ》に引《ひ》っ越《こ》した。
- 27 歳《さい》のときに長女《ちょうじょ》を出産《しゅっさん》。出産後《しゅっさんご》は和裁《わさい》の内職《ないしょく》をしながら子育《こそだ》てをした。
- 夫婦仲《ふうふなか》はとても良好《りょうこう》で，近所《きんじょ》でも評判《ひょうばん》のおしどり夫婦《ふうふ》だった。
- 町内会《ちょうないかい》の活動《かつどう》にも積極的《せっきょくてき》に参加《さんか》し，地域《ちいき》の人《ひと》からの信頼《しんらい》が厚《あつ》く，きょうだいや親戚《しんせき》との交流《こうりゅう》も大切《たいせつ》にしていた。

▶▶ 長女《ちょうじょ》の結婚《けっこん》・孫娘《まごむすめ》の誕生《たんじょう》

- 長女《ちょうじょ》の結婚《けっこん》を機会《きかい》に，大工《だいく》だった夫《おっと》が家《いえ》を建《た》て替《か》え，長女夫婦《ちょうじょふうふ》と同居《どうきょ》した。
- 長女夫婦《ちょうじょふうふ》が共働《ともばたら》きだったので，孫娘《まごむすめ》が生《う》まれたころから L さんが家事《かじ》をすべてにない，子《こ》ども好《ず》きだったこともあって孫娘《まごむすめ》の世話《せわ》をすることが生《い》きがいとなった。

▶▶ 家族《かぞく》の喪失《そうしつ》

・2年前《ねんまえ》に長女《ちょうじょ》の夫《おっと》が病気《びょうき》で死亡《しぼう》し，翌年《よくとし》の春《はる》に今度《こんど》はLさんの夫《おっと》が交通事故《こうつうじこ》で突然亡《とつぜんな》くなった。

・続《つづ》けて最愛《さいあい》の家族《かぞく》を亡《な》くしたことで精神的《せいしんてき》に大《おお》きなショックを受《う》け，しばらくふさぎこむ日々《ひび》が続《つづ》き，家族《かぞく》との会話《かいわ》が極端《きょくたん》に減《へ》った。

・夫《おっと》の死《し》から半年《はんとし》が過《す》ぎた秋《あき》ごろから，もの忘《わす》れが目立《めだ》つようになり，ある日《ひ》，長女《ちょうじょ》が仕《し》事《ごと》から帰《かえ》ると，冷蔵庫《れいぞうこ》にあった食料品《しょくりょうひん》がすべて食《た》べつくされており，Lさんに聞《き》いても「知《し》らない」と言《い》う。長女《ちょうじょ》が心配《しんぱい》になってかかりつけ医《い》に相談《そうだん》し，脳神経外科《のうしんけいげか》を受診《じゅしん》したところアルツハイマー型認知症《がたにんちしょう》（☞第《だい》4巻《かん》pp.345-346）と診断《しんだん》された。

・趣味《しゅみ》だった裁縫《さいほう》には関心《かんしん》がなくなり，長女《ちょうじょ》が裁縫道具箱《さいほうどうぐばこ》を用意《ようい》してもまったく興味《きょうみ》を示《しめ》さなくなった。

▶▶ 介護《かいご》の始《はじ》まり

・そのあとも「財布《さいふ》がなくなった」「着物《きもの》が盗《ぬす》まれた」と家族《かぞく》に何度《なんど》も訴《うった》えたり，1人《ひとり》で外出《がいしゅつ》して家《いえ》がわからなくなったり，片時《かたとき》も目《め》が離《はな》せなくなった。

・さらに，明《あか》るくおだやかな性格《せいかく》のLさんが，家族《かぞく》に対《たい》して攻撃的《こうげきてき》な態度《たいど》をとるようになり，家族《かぞく》はその変化《へんか》にとまどい，結局《けっきょく》，長女《ちょうじょ》が小学校《しょうがっこう》の教師《きょうし》の仕事《しごと》を辞《や》めてLさんの介護《かいご》をすることにした。

・しかし，長女《ちょうじょ》は持病《じびょう》の関節《かんせつ》リウマチがあり，通院《つういん》しながら治療《ちりょう》をしているために無理《むり》ができず，民生委員《みんせいいいん》に相談《そうだん》し，介護保険《かいごほけん》サービスを利用《りよう》することになった。

▶▶ 家族構成《かぞくこうせい》

・現在《げんざい》は長女《ちょうじょ》（55歳《さい》），孫娘《まごむすめ》（27歳《さい》）との三人暮《さんにんぐ》らし。

・長女《ちょうじょ》は近所《きんじょ》のスーパーでパートとして働《はたら》いている。

・長女《ちょうじょ》はパートの終業《しゅうぎょう》が遅《おそ》く，帰宅《きたく》が遅《おそ》くなりがちである。

・長女《ちょうじょ》は持病《じびょう》の関節《かんせつ》リウマチが悪化《あっか》し治療《ちりょう》をしている。

・長女《ちょうじょ》は朝《あさ》，関節《かんせつ》リウマチによる手指《しゅし》の痛《いた》みがひどく，Lさんの介助《かいじょ》や家事《かじ》に支障《ししょう》をきたしている。

・20時《じ》ごろに家族《かぞく》そろって夕飯《ゆうはん》を食《た》べるなど，家族関係《かぞくかんけい》は良好《りょうこう》である。

・Lさんは家族《かぞく》に対《たい》して遠慮深《えんりょぶか》いところがある。長女《ちょうじょ》の体調《たいちょう》や仕事《しごと》を心配《しんぱい》していて，希望《きぼう》があっても言《い》いだしにくいときがある。

❸ 現在《げんざい》の状況《じょうきょう》

▶▶ 健康状態《けんこうじょうたい》

⑴ 一般状態《いっぱんじょうたい》

・身長《しんちょう》：140㎝くらい
・体重《たいじゅう》：50㎏くらい（おなかまわりがふくよか，増加傾向《ぞうかけいこう》にある）
・体温《たいおん》：36.5～37.0℃
・呼吸《こきゅう》：20～25回《かい》／分《ぷん》
・脈拍《みゃくはく》：65～70回《かい》／分《ぷん》
・血圧《けつあつ》：150／90mmHg

⑵ 認知症《にんちしょう》

・1年前《ねんまえ》の秋《あき》ごろから，もの忘《わす》れの症状《しょうじょう》が目立《めだ》つようになり，1人《ひとり》で外出《がいしゅつ》して家《いえ》に戻《もど》れなくなったり，「財布《さいふ》がなくなった」「着物《きもの》が盗《ぬす》まれた」と家族《かぞく》に何度《なんど》も訴《うった》えたりするなど，BPSD（行動《こうどう》・心理症状《しんりしょうじょう》）がみられた。

⑶ 高血圧《こうけつあつ》

・60歳《さい》のころから血圧《けつあつ》が高《たか》くなり，高血圧症《こうけつあつしょう》（☞第《だい》4巻《かん》p.263）と診断《しんだん》される。血圧降《けつあつこう》下剤《かざい》を服用《ふくよう》しているが，現在《げんざい》は安定《あんてい》している。

⑷ 視力《しりょく》

・日常生活《にちじょうせいかつ》に支障《ししょう》はない。
・老眼鏡《ろうがんきょう》をかけなくても新聞《しんぶん》が読《よ》める。

⑸ 聴力《ちょうりょく》

・通常《つうじょう》の会話《かいわ》で時々聞《ときどきき》こえていないことがある。

⑹ 精神状態《せいしんじょうたい》

・夫《おっと》が交通事故《こうつうじこ》で亡《な》くなった精神的《せいしんてき》なショックから，明《あか》るくおだやかだった性格《せいかく》が一変《いっぺん》し，ふさぎこむ日々《ひび》が続《つづ》き，家族《かぞく》に対《たい》して攻撃的《こうげきてき》な態度《たいど》をみせていたが，現在《げんざい》は落《お》ち着《つ》いている。

⑺ 服薬《ふくやく》

・血圧降下剤《けつあつこうかざい》を服用《ふくよう》している。
・飲《の》み忘《わす》れることが時々《ときどき》あったので，現在《げんざい》は長女《ちょうじょ》が管理《かんり》している。

⑻ 医療《いりょう》

・かかりつけ医《い》（内科《ないか》）が月《つき》1回往診《かいおうしん》し，健康管理《けんこうかんり》（体重《たいじゅう》の増加傾向《ぞうかけいこう》），高血圧《こうけつあつ》や便秘《べんぴ》などの指導《しどう》，薬《くすり》の処方《しょほう》のほか，発熱《はつねつ》などの緊急時《きんきゅうじ》にも対応《たいおう》している。
・長女《ちょうじょ》の付《つ》き添《そ》いで，3か月《げつ》に1回歯科受診《かいしかじゅしん》し，義歯《ぎし》の点検《てんけん》を受《う》けている。

日常生活《にちじょうせいかつ》の状況《じょうきょう》

(1) 移動《いどう》・移乗《いじょう》

- 若《わか》いころから歩《ある》くのが好《す》き。足腰《あしこし》が丈夫《じょうぶ》なのが自慢《じまん》で，介助《かいじょ》なしで歩《ある》くことができる。しかし，うながされなければずっと座《すわ》ったままでみずから歩《ある》くことはしない。
- 歩行時《ほこうじ》は足元《あしもと》に注意《ちゅうい》がおよばないので，言葉《ことば》をかけたり段差《だんさ》では手《て》を貸《か》すなどの配慮《はいりょ》が必要《ひつよう》。
- 布団《ふとん》からの起《お》き上《あ》がりや寝返《ねがえ》りは自力《じりき》でできる。いす座位《ざい》も安定《あんてい》している。
- 「毎日《まいにち》，1里《り》（約《やく》4km）歩《ある》いて女学校《じょがっこう》に通《かよ》っていたのよ」と言《い》っている。
- 長女《ちょうじょ》の仕事《しごと》が休《やす》みの日《ひ》は近所《きんじょ》をいっしょに散歩《さんぽ》している。
- 歩《ある》くのが好《す》きなので，長女《ちょうじょ》と散歩《さんぽ》をするのは楽《たの》しい。

(2) 身《み》じたく

- 1人《ひとり》で着替《きが》えることはむずかしいが，言葉《ことば》をかけながら順番《じゅんばん》どおりに服《ふく》を手渡《てわた》せば，着脱《ちゃくだつ》ができる。
- お気《き》に入《い》りの柘植《つげ》の櫛《くし》で毎朝《まいあさ》，髪《かみ》をとかしている。
- 「夫《おっと》がくれた大事《だいじ》な櫛《くし》なのよ」と言《い》い，黒髪《くろかみ》が自慢《じまん》だった。

(3) 食事《しょくじ》

- 長女《ちょうじょ》が調理《ちょうり》し，Lさんの血圧《けつあつ》を考《かんが》え，減塩薄味《げんえんうすあじ》にしている。
- 港町《みなとまち》の出身《しゅっしん》なので魚料理《さかなりょうり》が好《す》きである。
- 朝《あさ》はパンと牛乳《ぎゅうにゅう》，夜《よる》は魚《さかな》や野菜《やさい》が中心《ちゅうしん》の和食《わしょく》が多《おお》い。
- 水分摂取量《すいぶんせっしゅりょう》が少《すく》なく，汁物《しるもの》や緑茶《りょくちゃ》などをすすめるが半分程度《はんぶんていど》しか飲《の》まない。
- 歯《は》は総義歯《そうぎし》だがしっかり咀嚼《そしゃく》できている。
- 「熱《あつ》い緑茶《りょくちゃ》が好《す》きだけど，お便所《べんじょ》が近《ちか》くなるからね」と言《い》っている。

(4) 排泄《はいせつ》

- 自分《じぶん》から尿意《にょうい》・便意《べんい》を伝《つた》えられず，トイレに行《い》きたいときはもぞもぞとからだを揺《ゆ》らしている。
- 長女《ちょうじょ》が言葉《ことば》をかけてトイレに連《つ》れて行《い》くが，間《ま》に合《あ》わずに尿《にょう》をもらすことが週《しゅう》1～2回《かい》ある。
- ズボンの上《あ》げ下《さ》げに介助《かいじょ》が必要《ひつよう》。
- トイレットペーパーをポケットに入《い》れてためこむので，排泄《はいせつ》が終《お》わったら毎回手渡《まいかいてわた》ししている。
- 便秘《べんぴ》になりやすく3日《みっか》に1回《かい》の頻度《ひんど》で排便《はいべん》がある。
- かかりつけ医《い》から便秘対策《べんぴたいさく》として，**食物繊維《しょくもつせんい》**[12] （➡ p.129参照《さんしょう》）の多《おお》い食事《しょくじ》や，適度《てきど》な運《うん》動《どう》と十分《じゅうぶん》な水分摂取《すいぶんせっしゅ》をするように指導《しどう》されている。
- 長女《ちょうじょ》が，8時《じ》の朝食後《ちょうしょくご》，10時《じ》のお茶《ちゃ》の時間《じかん》のあと，12時《じ》の昼食後《ちゅうしょくご》，15時《じ》のおやつのあとなど，約《やく》2～3時間《じかん》を目安《めやす》にトイレ誘導《ゆうどう》をしている。朝食後《ちょうしょくご》と15時《じ》のおやつのあとに尿《にょう》の失敗《しっぱい》が多《おお》い。

・「便秘《べんぴ》でおなかがくるしいのよ」と言《い》っている。

(5) 入浴《にゅうよく》・清潔保持《せいけつほじ》

・お風呂《ふろ》は好《す》きだが，自宅《じたく》の浴槽《よくそう》が深《ふか》いために浴槽《よくそう》から出《で》られなくなったことがあり，こわい思《おも》いをした。

・毎晩長女《まいばんちょうじょ》がいっしょに入浴《にゅうよく》し，洗髪《せんぱつ》や洗身《せんしん》の介助《かいじょ》をしていたが，長女《ちょうじょ》の関節《かんせつ》リウマチが悪化《あっか》し入浴《にゅうよく》の介助《かいじょ》がむずかしくなった。言葉《ことば》をかければ前《まえ》のほうは自分《じぶん》で洗《あら》える。

・「お風呂《ふろ》が大好《だいす》きなのよ」と言《い》っている。

(6) 睡眠《すいみん》

・毎日《まいにち》21時《じ》に就寝《しゅうしん》し，布団《ふとん》に入《はい》ってしばらくは子守歌《こもりうた》や童謡《どうよう》を口《くち》ずさんでいるが，長《ちょう》女《じょ》がトイレ誘導《ゆうどう》のため夜中《よなか》に様子《ようす》を見《み》に行《い》くと，ぐっすり眠《ねむ》っている。

・朝《あさ》は7時《じ》に起床《きしょう》している。

・昼食後《ちゅうしょくご》に30分程度《ぷんていど》昼寝《ひるね》をしている。

(7) コミュニケーション

・若《わか》いころから旅館《りょかん》や呉服店《ごふくてん》で接客《せっきゃく》をしていたので，人《ひと》と話《はな》すのが好《す》きで社交的《しゃこうてき》だった。

・最近《さいきん》は認知症《にんちしょう》が進《すす》み，顔見知《かおみし》りの近所《きんじょ》の人《ひと》や，きょうだいの顔《かお》がだれだかわからなくなり，外出《がいしゅつ》の機会《きかい》が減《へ》っている。

・会話《かいわ》が成立《せいりつ》しないことが多《おお》くなったが，時《とき》には冗談《じょうだん》を言《い》って笑《わら》わせることもある。

・長女《ちょうじょ》のことは「お姉《ねえ》さん」と呼《よ》び，孫娘《まごむすめ》は小学生《しょうがくせい》だと思《おも》いこんで接《せっ》している。

・昔《むかし》から「ありがとうね」が口癖《くちぐせ》で，今《いま》でも感謝《かんしゃ》の気持《きも》ちを必《かなら》ず伝《つた》えている。

・会話《かいわ》がかみ合《あ》わないことが多《おお》くなったが，Lさんが楽《たの》しそうに笑顔《えがお》でうなずくので家《か》族《ぞく》は気《き》にしていない。

(8) サービスの利用状況《りようじょうきょう》

・訪問介護《ほうもんかいご》（ホームヘルプサービス）（週《しゅう》5回《かい》）

・通所介護《つうしょかいご》（デイサービス）（週《しゅう》2回《かい》）

▶▶ 経済状況《けいざいじょうきょう》

・夫《おっと》の**遺族年金《いぞくねんきん》**[13] (➡ p.129 参照《さんしょう》) と，長女《ちょうじょ》のパート収入《しゅうにゅう》を生活費《せいかつひ》にあてている。

・金銭管理《きんせんかんり》は長女《ちょうじょ》が行《おこな》っている。

▶▶ 居住環境《きょじゅうかんきょう》

・自宅《じたく》は持《も》ち家《いえ》，2階建《かいだ》ての一軒家《いっけんや》。

・寝室《しんしつ》として1階《かい》の6畳《じょう》の和室《わしつ》に布団《ふとん》を敷《し》いて寝《ね》ている。

・トイレは居間《いま》と寝室《しんしつ》から遠《とお》い場所《ばしょ》にあるので，わかりにくい。

・浴室《よくしつ》の出入《でい》り口《ぐち》に手《て》すりがついているが，浴槽《よくそう》が深《ふか》いのですのこを敷《し》いている。

・屋外《おくがい》への出入《でい》りは台所《だいどころ》の勝手口《かってぐち》を利用《りよう》し，勝手口《かってぐち》には３段《だん》の階段《かいだん》がある。
・「私《わたし》がお風呂《ふろ》好《ず》きだから，大工《だいく》の夫《おっと》が手《て》すりをつけてくれたのよ」と誇《ほこ》らしげに言《い》っている。

▶▶ Ｌさんや家族《かぞく》などの思《おも》い

・夫《おっと》が建《た》てた愛着《あいちゃく》のある家《いえ》で，家族《かぞく》と仲《なか》よく暮《く》らしたいと思《おも》っている。
・長女《ちょうじょ》がつくる料理《りょうり》はおいしいと思《おも》っている。また，緑茶《りょくちゃ》は好《す》きだが，トイレのことが心配《しんぱい》で飲《の》まないようにしている。
・トイレの世話《せわ》を家族《かぞく》にしてもらうのが申《もう》し訳《わけ》ないと思《おも》っている。
・いつか孫娘《まごむすめ》に浴衣《ゆかた》を縫《ぬ》ってやりたいと思《おも》っている。
・家族《かぞく》に迷惑《めいわく》をかけず，仲《なか》よく暮《く》らしたいと思《おも》っている。
・毎日台所《まいにちだいどころ》に立《た》って料理《りょうり》をつくり，そうじや洗濯《せんたく》などの家事《かじ》をにない，家庭《かてい》を支《ささ》えることが自分《じぶん》の生《い》きがいであり，役割《やくわり》だと思《おも》って生《い》きてきた。「私《わたし》が家《いえ》のことはしてやらないとね」と言《い》っている。
・長女《ちょうじょ》は「これまでと同《おな》じように家族《かぞく》が仲《なか》よく過《す》ごせるようにしたい」と思《おも》っている。「自分《じぶん》の病気《びょうき》が心配《しんぱい》だが，できるだけ母《はは》の介護《かいご》をしたい」と思《おも》っている。
・孫娘《まごむすめ》は「母《はは》の病気《びょうき》が心配《しんぱい》なので，できるだけ介護負担《かいごふたん》がかからないようにしてほしい」と思《おも》っている。

▶▶ 最近《さいきん》の様子《ようす》

・最近《さいきん》のＬさんは精神的《せいしんてき》に落《お》ち着《つ》きを取《と》り戻《もど》し，家族《かぞく》に対《たい》する攻撃的《こうげきてき》な言動《げんどう》はみられなくなった。
・日中《にっちゅう》は居間《いま》のソファーに座《すわ》って，新聞《しんぶん》の折《お》りこみチラシを読《よ》んでいる。
・長女《ちょうじょ》が留守《るす》の日《ひ》は，ほとんど家《いえ》から出《で》かけることはない。
・家事《かじ》が得意《とくい》だったものの，現在《げんざい》は以前《いぜん》のようにやらなくなった。ただ，今《いま》も洗濯物《せんたくもの》をたたんだり，食器《しょっき》をふいたりしている。
・愛用《あいよう》している裁縫道具《さいほうどうぐ》があるが，最近《さいきん》は裁縫《さいほう》をしていない。
・夫《おっと》からもらった柘植《つげ》の櫛《くし》を大切《たいせつ》にしている。

▶▶ 居宅《きょたく》サービス計画《けいかく》

Ｌさんの在宅生活《ざいたくせいかつ》の継続《けいぞく》のため，居宅介護支援事業所《きょたくかいごしえんじぎょうしょ》の介護支援専門員《かいごしえんせんもんいん》（ケアマネジャー）が表《ひょう》2-14，表《ひょう》2-15，表《ひょう》2-16のように居宅《きょたく》サービス計画《けいかく》および週間《しゅうかん》サービス計《けい》画表《かくひょう》を作成《さくせい》した。

表《ひょう》2-14 居宅《きょたく》サービス計画書《けいかくしょ》(1)

第《だい》1表《ひょう》

居宅《きょたく》サービス計画書《けいかくしょ》(1)

作成年月日《さくせいねんがっぴ》　○年《ねん》　10月《がつ》　1日《ついたち》

初回《しょかい》　・　紹介《しょうかい》　・　継続《けいぞく》　　**認定済《にんていずみ》**　・　申請中《しんせいちゅう》

利用者名《りようしゃめい》　L　殿《どの》　生年月日《せいねんがっぴ》　○年《ねん》　○月《がつ》　○日《にち》　住所《じゅうしょ》　M県《けん》M市《し》△△町《まち》

居宅《きょたく》サービス計画作成者氏名《けいかくさくせいしゃしめい》　N：介護支援専門員《かいごしえんせんもんいん》

居宅介護支援事業者《きょたくかいごしえんじぎょうしゃ》・事業所名及《じぎょうしょめいおよ》び所在地《しょざいち》

居宅《きょたく》サービス計画作成《けいかくさくせい》（変更《へんこう》）日《び》　年《ねん》　月《がつ》　日《にち》　初回居宅《しょかいきょたく》サービス計画作成日《けいかくさくせいび》　○年《ねん》　10月《がつ》　1日《ついたち》

認定日《にんていび》　○年《ねん》　○月《がつ》　○日《にち》　認定《にんてい》の有効期間《ゆうこうきかん》　○年《ねん》　○月《がつ》　○日《にち》　～　○年《ねん》　○月《がつ》　○日《にち》

要介護状態区分《ようかいごじょうたいくぶん》	要介護《ようかいご》1　・　要介護《ようかいご》2　・　**要介護《ようかいご》3**　・　要介護《ようかいご》4　・　要介護《ようかいご》5
利用者及《りようしゃおよ》び家族《かぞく》の生活《せいかつ》に対《たい》する意向《いこう》を踏《ふ》まえた課題分析《かだいぶんせき》の結果《けっか》	本人《ほんにん》……家族《かぞく》といっしょに，住《す》み慣《な》れた自宅《じたく》で暮《く》らしたい。 長女《ちょうじょ》……これまでと同《おな》じように家族《かぞく》が仲《なか》よく過《す》ごせるようにしたい。 自分《じぶん》の病気《びょうき》が心配《しんぱい》だが，できるだけ母《はは》の介護《かいご》をしたい。 孫娘《まごむすめ》……母《はは》の病気《びょうき》が心配《しんぱい》なので，できるだけ介護負担《かいごふたん》がかからないようにしてほしい。
介護認定審査会《かいごにんていしんさかい》の意見及《いけんおよ》びサービスの種類《しゅるい》の指定《してい》	なし
総合的《そうごうてき》な援助《えんじょ》の方針《ほうしん》	・得意《とくい》だった家事《かじ》をいっしょに行《おこな》い，自分《じぶん》の役割《やくわり》をもちながら，住《す》み慣《な》れた自宅《じたく》で生活《せいかつ》が続《つづ》けられるように支援《しえん》します。 ・長女《ちょうじょ》の病気《びょうき》にも配慮《はいりょ》しながら，介護負担《かいごふたん》の軽減《けいげん》をめざします。
生活援助中心型《せいかつえんじょちゅうしんがた》の算定理由《さんていりゆう》	1. 一人暮《ひとりぐ》らし　**2. 家族等《かぞくとう》が障害《しょうがい》，疾病等《しっぺいとう》**　3. その他《た》（　）

表《ひょう》2-15 ● 居宅《きょたく》サービス計画書《けいかくしょ》(2)

第《だい》2表《ひょう》

居宅《きょたく》サービス計画書《けいかくしょ》(2)

利用者名《りようしゃめい》　L　殿《どの》

作成年月日《さくせいねんがっぴ》　○　年《ねん》　10　月《がつ》　1　日《ついたち》

生活全般《せいかつぜんぱん》の解決《かいけつ》すべき課題《かだい》（ニーズ）	目《もく》標《ひょう》				援《えん》助《じょ》内《ない》容《よう》					
	長期目標《ちょうきもくひょう》	(期間《きかん》)	短期目標《たんきもくひょう》	(期間《きかん》)	サービス内容《ないよう》	※1	サービス種別《しゅべつ》	※2	頻度《ひんど》	期間《きかん》
家族《かぞく》に迷惑《めいわく》をかけずにトイレに行《い》きたい。	安心《あんしん》してトイレに行《い》くことができる。	10月《がつ》から9月《がつ》まで(1年間《ねんかん》)	トイレに行《い》きたくなったらがまんせず，言《い》うことができる。	10月《がつ》から3月《がつ》まで(6か月《げつ》)	❶排泄《はいせつ》のタイミングにあわせてトイレ誘導《ゆうどう》を行《おこな》う。 ❷排泄《はいせつ》の有無《うむ》を確認《かくにん》する。	○	❶❷家族《かぞく》 ❶❷訪問介護《ほうもんかいご》		毎日《まいにち》 週5日《しゅういつか》 (朝《あさ》・夕《ゆう》)	10月《がつ》 〜 9月《がつ》 (1年間《ねんかん》)
大好《だいす》きなお風呂《ふろ》に入《はい》りたい。	継続的《けいぞくてき》に安心《あんしん》してお風呂《ふろ》に入《はい》ることができる。	10月《がつ》から9月《がつ》まで(1年間《ねんかん》)	定期的《ていきてき》に安心《あんしん》してお風呂《ふろ》に入《はい》ることができる。	10月《がつ》から3月《がつ》まで(6か月《げつ》)	バイタルサインの測定《そくてい》，衣《い》服《ふく》の着脱《ちゃくだつ》，洗身介助《せんしんかいじょ》を行《おこな》う。	○	通所介護《つうしょかいご》		週2日《しゅうふつか》	10月《がつ》 〜 9月《がつ》 (1年間《ねんかん》)
家族《かぞく》のために家事《かじ》がしたい。	できる範囲《はんい》の家《か》事《じ》を行《おこな》うことができる。	10月《がつ》から9月《がつ》まで(1年間《ねんかん》)	洗濯物《せんたくもの》のタオルを1人《ひとり》でたためる。 食事《しょくじ》の前《まえ》に食卓《しょくたく》をふき，家族《かぞく》の箸《はし》を用意《ようい》できる。	10月《がつ》から3月《がつ》まで(6か月《げつ》)	いっしょに家事《かじ》を行《おこな》う。	○	家族《かぞく》 訪問介護《ほうもんかいご》		毎日《まいにち》 週5日《しゅういつか》 (夕《ゆう》)	10月《がつ》 〜 9月《がつ》 (1年間《ねんかん》)

※1 「保険給付《ほけんきゅうふ》の対象《たいしょう》となるかどうかの区分《くぶん》」について，保険給付対象内《ほけんきゅうふたいしょうない》サービスについては○印《じるし》を付《ふ》す。

※2 「当該《とうがい》サービス提供《ていきょう》を行《おこな》う事業所《じぎょうしょ》」について記入《きにゅう》する。

表《ひょう》2-16 ● 週間《しゅうかん》サービス計画表《けいかくひょう》

第《だい》３表《ひょう》

週間《しゅうかん》サービス計画表《けいかくひょう》

利用者名《りようしゃめい》　L　殿《どの》

作成年月日《さくせいねんがっぴ》　○　年《ねん》　10　月《がつ》　1　日《ついたち》

○　年《ねん》　10　月分《がつぶん》より

		月《げつ》	火《か》	水《すい》	木《もく》	金《きん》	土《ど》	日《にち》	主《おも》な日常生活上《にちじょうせいかつじょう》の活動《かつどう》
深夜《しんや》	0:00								
	2:00								
	4:00								
早朝《そうちょう》	6:00								起床《きしょう》
午前《ごぜん》	8:00	訪問介護《ほうもんかいご》	訪問介護《ほうもんかいご》	訪問介護《ほうもんかいご》	訪問介護《ほうもんかいご》	訪問介護《ほうもんかいご》			朝食《ちょうしょく》・服薬《ふくやく》
	10:00		通所介護《つうしょかいご》(入浴《にゅうよく》)			通所介護《つうしょかいご》(入浴《にゅうよく》)			お茶《ちゃ》の時間《じかん》
	12:00								昼食《ちゅうしょく》
午後《ごご》	14:00								昼寝《ひるね》
	16:00	訪問介護《ほうもんかいご》	訪問介護《ほうもんかいご》	訪問介護《ほうもんかいご》	訪問介護《ほうもんかいご》	訪問介護《ほうもんかいご》			おやつの時間《じかん》
	18:00								
夜間《やかん》	20:00								夕食《ゆうしょく》 就寝《しゅうしん》
深夜《しんや》	22:00								
	24:00								

週単位以外《しゅうたんいいがい》のサービス	月《つき》１回《かい》　かかりつけ医《い》の往診《おうしん》

Ｌさんのフェイスシート

氏名《しめい》	Ｌさん
性別《せいべつ》	女性《じょせい》
年齢《ねんれい》	82歳《さい》
サービス利用開始《りようかいし》年《ねん》・月《げつ》	○年《ねん》10月《がつ》
サービス利用《りよう》にいたった理由《りゆう》	1年前《ねんまえ》の秋《あき》ごろからもの忘《わす》れが目立《めだ》ちはじめ，ある日《ひ》，冷蔵庫《れいぞうこ》にあった食料品《しょくりょうひん》がすべて食《た》べつくされていた。心配《しんぱい》になった長女《ちょうじょ》が，かかりつけ医《い》に相談《そうだん》し，脳神経外科《のうしんけいげか》を受診《じゅしん》したところ，アルツハイマー型認知症《がたにんちしょう》と診断《しんだん》された。そのあとも「財布《さいふ》がなくなった」「着物《きもの》が盗《ぬす》まれた」と家族《かぞく》に何度《なんど》も訴《うった》えたり，1人《ひとり》で外出《がいしゅつ》して家《いえ》がわからなくなったり，片時《かたとき》も目《め》が離《はな》せなくなった。そして，明《あか》るくおだやかな性格《せいかく》のＬさんが，家族《かぞく》に対《たい》して攻撃的《こうげきてき》な態度《たいど》をとるようになり，長女《ちょうじょ》が小学校《しょうがっこう》の教師《きょうし》の仕事《しごと》を辞《や》めて介護《かいご》をすることにした。しかし，長女《ちょうじょ》には持病《じびょう》の関節《かんせつ》リウマチがあり，通院《つういん》しながら治療《ちりょう》をしているために無理《むり》ができない。そこで民生委員《みんせいいいん》に相談《そうだん》し，介護保険《かいごほけん》サービスを利用《りよう》することになった。
家族《かぞく》	長女《ちょうじょ》（55歳《さい》），孫娘《まごむすめ》（27歳《さい》）との三人暮《さんにんぐ》らし。 長女《ちょうじょ》は近所《きんじょ》のスーパーでパートとして働《はたら》いているが，持病《じびょう》の関節《かんせつ》リウマチが悪化《あっか》し治療《ちりょう》をしている。とくに朝《あさ》は手指《しゅし》の関節《かんせつ》の痛《いた》みがひどく，家事《かじ》や介護《かいご》に支障《ししょう》がでている。
キーパーソン	長女《ちょうじょ》
サービス利用前《りようまえ》の生活状況《せいかつじょうきょう》	Ｍ県《けん》の港町《みなとまち》で，8人《にん》きょうだいの次女《じじょ》として生《う》まれる。実家《じっか》は漁業《ぎょぎょう》をしながら旅館《りょかん》も経営《けいえい》していた。子《こ》どものころからきょうだいの面倒見《めんどうみ》がよく，家事《かじ》などの手伝《てつだ》いもよくしていた。女学校《じょがっこう》を卒業後《そつぎょうご》，呉服店《ごふくてん》で働《はたら》きながら，休日《きゅうじつ》は旅館《りょかん》を手伝《てつだ》う働《はたら》き者《もの》だった。24歳《さい》で結婚《けっこん》し，27歳《さい》で長女《ちょうじょ》を出産《しゅっさん》する。町内会《ちょうないかい》の活動《かつどう》にも積極的《せっきょくてき》に参加《さんか》し，きょうだいや親戚《しんせき》との交流《こうりゅう》も大切《たいせつ》にしていた。長女《ちょうじょ》の結婚《けっこん》を機会《きかい》に大工《だいく》の夫《おっと》が家《いえ》を建《た》て替《か》え，長女夫婦《ちょうじょふうふ》と同居《どうきょ》する。長女夫婦《ちょうじょふうふ》が共働《ともばたら》きだったので，Ｌさんが家事《かじ》をにない，孫《まご》娘《むすめ》の世話《せわ》をするのが生《い》きがいだった。近年《きんねん》は家事《かじ》もほとんどしなくなり，趣味《しゅみ》の裁縫《さいほう》をして過《す》ごしていたが，夫《おっと》の死《し》から半年《はんとし》が過《す》ぎたころから，認知症《にんちしょう》の症状《しょうじょう》があらわれ，現在《げんざい》は長女《ちょうじょ》の介護《かいご》を受《う》けながら生活《せいかつ》している。
サービス利用《りよう》における本人《ほんにん》・家族《かぞく》などの要望《ようぼう》	Ｌさんの要望《ようぼう》：夫《おっと》が建《た》てた愛着《あいちゃく》のある家《いえ》で，家族《かぞく》と仲《なか》よく暮《く》らしたい。 長女《ちょうじょ》の要望《ようぼう》：これまでと同《おな》じように家族《かぞく》が仲《なか》よく過《す》ごせるようにしたい。自分《じぶん》の病気《びょうき》が心配《しんぱい》だが，できるだけ母《はは》の介護《かいご》をしたい。 孫娘《まごむすめ》の要望《ようぼう》：母《はは》の病気《びょうき》が心配《しんぱい》なので，できるだけ介護負担《かいごふたん》がかからないようにしてほしい。
その他《た》	

● Lさんのアセスメント表《ひょう》(1)

1．心身《しんしん》の状況《じょうきょう》（心身機能《しんしんきのう》・身体構造《しんたいこうぞう》／健康状態《けんこうじょうたい》）

	項《こう》　目《もく》	現在《げんざい》の状況《じょうきょう》
1	要介護状態区分《ようかいごじょうたいくぶん》／ 障害程度等級《しょうがいていどとうきゅう》	要介護《ようかいご》３
2	認知症高齢者《にんちしょうこうれいしゃ》の 日常生活自立度《にちじょうせいかつじりつど》	認知症高齢者《にんちしょうこうれいしゃ》の日常生活自立度《にちじょうせいかつじりつど》：Ⅲa
3	障害《しょうがい》の状況《じょうきょう》(身体《しんたい》・ 知的《ちてき》・精神《せいしん》)	障害高齢者《しょうがいこうれいしゃ》の日常生活自立度《にちじょうせいかつじりつど》：A2
4	現在《げんざい》のおもな疾患《しっかん》	アルツハイマー型認知症《がたにんちしょう》，高血圧症《こうけつあつしょう》
5	服薬《ふくやく》	血圧降下剤《けつあつこうかざい》
6	既往歴《きおうれき》	60歳《さい》のころから血圧《けつあつ》が高《たか》くなり服薬治療《ふくやくちりょう》を続《つづ》けている。
7	平常時《へいじょうじ》の バイタルサイン	体温《たいおん》：36.5～37.0℃，呼吸《こきゅう》：20～25回《かい》／分《ぷん》，脈拍《みゃくはく》：65～70回《かい》／分《ぷん》， 血圧《けつあつ》：150／90mmHg
8	その他《た》	身長《しんちょう》：140cmくらい，体重《たいじゅう》：50kgくらい 体型《たいけい》：おなかまわりがふくよかで，体重《たいじゅう》が増加傾向《ぞうかけいこう》にある。 視力《しりょく》：日常生活《にちじょうせいかつ》に支障《ししょう》はない（老眼鏡《ろうがんきょう》をかけなくても新聞《しんぶん》が読《よ》める）。 聴力《ちょうりょく》：通常《つうじょう》の会話《かいわ》で時々聞《ときどきき》こえていないことがある。

2. 日常生活《にちじょうせいかつ》の状況《じょうきょう》（活動《かつどう》）

	項《こう》　目《もく》	現在《げんざい》の状況《じょうきょう》	本人《ほんにん》の思《おも》い
9	家事《かじ》	家事《かじ》が得意《とくい》だったものの，現在《げんざい》は認知症《にんちしょう》が進《すす》み，以前《いぜん》のようにやらなくなったが，洗濯物《せんたくもの》たたみや，食器《しょっき》ふきなどは今《いま》でもできる。	家事《かじ》をにない，家庭《かてい》を支《ささ》えることが自《じ》分《ぶん》の生《い》きがいである。 「私《わたし》が家《いえ》のことはしてやらないとね」と言《い》っている。
10	移動《いどう》	足腰《あしこし》が丈夫《じょうぶ》で，介助《かいじょ》なしで歩《ある》くことができるが，うながされなければずっと座《すわ》ったままでみずから歩《ある》くことはしない。歩《ほ》行時《こうじ》は足元《あしもと》に注意《ちゅうい》がおよばないので，言《こと》葉《ば》をかけたり段差《だんさ》では手《て》を貸《か》すなどの配《はい》慮《りょ》が必要《ひつよう》。布団《ふとん》からの起《お》き上《あ》がりや寝返《ねがえ》りは自力《じりき》でできる。いす座位《ざい》も安定《あんてい》している。	若《わか》いころから歩《ある》くのが好《す》きで，足腰《あしこし》が丈夫《じょうぶ》なのが自慢《じまん》だった。 「毎日《まいにち》，１里《り》（約《やく》４㎞）歩《ある》いて女学校《じょがっこう》に通《かよ》っていたのよ」と言《い》っている。
11	身《み》じたく	１人《ひとり》で着替《きが》えることはむずかしいが，言《こと》葉《ば》をかけながら順番《じゅんばん》どおりに服《ふく》を手渡《てわた》せば着脱《ちゃくだつ》ができる。 お気《き》に入《い》りの柘植《つげ》の櫛《くし》で毎朝《まいあさ》，髪《かみ》をとかしている。	着物《きもの》が好《す》きで，呉服店《ごふくてん》で働《はたら》き，着物《きもの》の着付《きつ》けをしていた。 「夫《おっと》がくれた大事《だいじ》な櫛《くし》なのよ」と言《い》い，黒髪《くろかみ》が自慢《じまん》だった。

12	食事《しょくじ》	長女《ちょうじょ》が調理《ちょうり》し，減塩薄味《げんえんうすあじ》で，朝《あさ》はパンと牛乳《ぎゅうにゅう》，夜《よる》は魚《さかな》や野菜《やさい》が中心《ちゅうしん》の和食《わしょく》が多《おお》い。緑茶《りょくちゃ》などの水分《すいぶん》をすすめるが半分程《はんぶんてい》度《ど》しか飲《の》もうとしない。歯《は》は総義歯《そうぎし》だがしっかり咀嚼《そしゃく》できている。	長女《ちょうじょ》がつくる料理《りょうり》はおいしい。緑茶《りょくちゃ》は好《す》きだが，トイレのことが心配《しんぱい》で飲《の》まないようにしている。 「熱《あつ》い緑茶《りょくちゃ》が好《す》きだけど，お便所《べんじょ》が近《ちか》くなるからね」と言《い》っている。
13	排泄《はいせつ》	自分《じぶん》から尿意《にょうい》・便意《べんい》を伝《つた》えられず，トイレに行《い》きたいときはもぞもぞとからだを揺《ゆ》らしている。長女《ちょうじょ》が言葉《ことば》をかけてトイレに連《つ》れて行《い》くが，間《ま》に合《あ》わずに尿《にょう》をもらすことが週《しゅう》１～２回《かい》ある。 長女《ちょうじょ》が，８時《じ》の朝食後《ちょうしょくご》，10時《じ》のお茶《ちゃ》の時間《じかん》のあと，12時《じ》の昼食後《ちゅうしょくご》，15時《じ》のおやつのあとなど，約《やく》２～３時間《じかん》を目《め》安《やす》にトイレ誘導《ゆうどう》をしている。朝食後《ちょうしょくご》と15時《じ》のおやつのあとに尿《にょう》の失敗《しっぱい》が多《おお》い。ズボンの上《あ》げ下《さ》げに介助《かいじょ》が必要《ひつよう》。トイレットペーパーをポケットに入《い》れてためこむので，排泄《はいせつ》が終《お》わったら毎回手渡《まいかいてわた》している。 便秘《べんぴ》になりやすく３日《みっか》に１回《かい》の頻度《ひんど》で排便《はいべん》がある。	トイレの世話《せわ》を家族《かぞく》にしてもらうのが申《もう》し訳《わけ》ないと思《おも》っている。 「便秘《べんぴ》でおなかがくるしいのよ」と言《い》っている。
14	入浴《にゅうよく》・清潔保持《せいけつほじ》	毎晩長女《まいばんちょうじょ》がいっしょに入浴《にゅうよく》し，洗髪《せんぱつ》や洗《せん》身《しん》の介助《かいじょ》をしていたが，長女《ちょうじょ》の関節《かんせつ》リウマチが悪化《あっか》し入浴《にゅうよく》の介助《かいじょ》がむずかしくなった。言葉《ことば》をかければ前《まえ》のほうは自分《じぶん》で洗《あら》える。自宅《じたく》の浴槽《よくそう》が深《ふか》いので出《で》られなくなったことがある。	お風呂《ふろ》は好《す》きだが，自宅《じたく》の浴槽《よくそう》から出《で》られなくなったことがあり，こわい思《おも》いをした。 「お風呂《ふろ》が大好《だいす》きなのよ」と言《い》っている。
15	睡眠《すいみん》	毎日《まいにち》21時《じ》に就寝《しゅうしん》。布団《ふとん》に入《はい》ってしばらくは子守歌《こもりうた》や童謡《どうよう》を口《くち》ずさんでいるが，夜中《よなか》はぐっすり眠《ねむ》っている。朝《あさ》は７時《じ》に起床《きしょう》する。昼食後《ちゅうしょくご》に30分程度《ぶんていど》昼寝《ひるね》をしている。	ぐっすり眠《ねむ》っている。
16	コミュニケーション	最近《さいきん》は認知症《にんちしょう》が進《すす》み，顔見知《かおみし》りの近所《きんじょ》の人《ひと》や，きょうだいの顔《かお》がだれだかわからなくなった。会話《かいわ》が成立《せいりつ》しないことが多《おお》くなったが，時《とき》には冗談《じょうだん》を言《い》って笑《わら》わせる。若《わか》いころから人《ひと》と話《はなし》をすることが好《す》きだった。会話《かいわ》がかみ合《あ》わないことが多《おお》くなったが，Ｌさんが楽《たの》しそうに笑顔《えがお》でうなずくので家族《かぞく》は気《き》にしていない。	長女《ちょうじょ》のことは「お姉《ねえ》さん」と呼《よ》び，孫《まご》娘《むすめ》は小学生《しょうがくせい》だと思《おも》っている。 昔《むかし》から「ありがとうね」が口癖《くちぐせ》で，今《いま》でも感謝《かんしゃ》の気持《きも》ちを必《かなら》ず伝《つた》える。

3. 豊《ゆた》かさ（参加《さんか》）

	項《こう》　目《もく》	現在《げんざい》の状況《じょうきょう》	本人《ほんにん》の思《おも》い
17	意欲《いよく》・生《い》きがい	長女《ちょうじょ》夫婦《ふうふ》が共働《ともばたら》きだったので，孫娘《まごむすめ》の世《せ》話《わ》をするのが生《い》きがいだった。趣味《しゅみ》だった裁縫《さいほう》には関心《かんしん》がなくなり，長女《ちょうじょ》が裁縫《さいほう》道具箱《どうぐばこ》を用意《ようい》してもまったく興味《きょうみ》を示《しめ》さなくなった。	孫娘《まごむすめ》はまだ小学生《しょうがくせい》なので，自分《じぶん》が世話《せわ》をしなければいけないと思《おも》っている。いつか孫娘《まごむすめ》に浴衣《ゆかた》を縫《ぬ》ってやりたいと思《おも》っている。
18	余暇《よか》の過《す》ごし方《かた》	日中《にっちゅう》は居間《いま》のソファーに座《すわ》り，新聞《しんぶん》の折《お》りこみチラシを読《よ》んで過《す》ごしている。長《ちょう》女《じょ》の仕事《しごと》が休《やす》みの日《ひ》は近所《きんじょ》をいっしょに散歩《さんぽ》している。	歩《ある》くのが好《す》きなので，長女《ちょうじょ》と散歩《さんぽ》をするのは楽《たの》しい。
19	役割《やくわり》（家庭《かてい》／社会《しゃかい》）	子《こ》どものころから働《はたら》き者《もの》で，家《いえ》の手伝《てつだ》いやきょうだいの面倒《めんどう》をよくみていた。女《じょ》学校《がっこう》を卒業《そつぎょう》して結婚《けっこん》するまでは呉服店《ごふくてん》で働《はたら》き，休日《きゅうじつ》は旅館《りょかん》の手伝《てつだ》いをしていた。結婚《けっこん》して長女《ちょうじょ》の出産《しゅっさん》を機《き》に仕事《しごと》を辞《や》めて育児《いくじ》に専念《せんねん》し，和裁《わさい》の内職《ないしょく》をしながら大《だい》工《く》の夫《おっと》を支《ささ》えてきた。また，町内会《ちょうないかい》の活《かつ》動《どう》にも積極的《せっきょくてき》に参加《さんか》し，きょうだいや親《しん》戚《せき》との交流《こうりゅう》も大切《たいせつ》にしていた。孫娘《まごむすめ》が生《う》まれてからは，家事《かじ》をすべてにない，孫《まご》娘《むすめ》の世話《せわ》をしていた。	毎日《まいにち》台所《だいどころ》に立《た》って料理《りょうり》をつくり，そうじや洗濯《せんたく》などの家事《かじ》をにない，家庭《かてい》を支《ささ》えることが自分《じぶん》の生《い》きがいであり，役割《やくわり》だと思《おも》って生《い》きてきた。「私《わたし》が家《いえ》のことはしてやらないとね」と言《い》っている。
20	その他《た》		

4. 環境《かんきょう》（環境因子《かんきょういんし》）

	項《こう》　目《もく》	現在《げんざい》の状況《じょうきょう》	本人《ほんにん》の思《おも》い
21	生活環境《せいかつかんきょう》	自宅《じたく》は持《も》ち家《いえ》で，２階建《かいだ》ての一軒家《いっけんや》。居《い》間《ま》で過《す》ごし，夜《よる》は６畳《じょう》の和室《わしつ》に布団《ふとん》を敷《し》いて寝《ね》ている。トイレは居間《いま》や寝室《しんしつ》から遠《とお》くわかりにくい場所《ばしょ》にある。浴室《よくしつ》の出入《でい》り口《ぐち》に手《て》すりがついているが，浴槽《よくそう》が深《ふか》いのですのこを敷《し》いている。屋外《おくがい》への出入《でい》りは，台所《だいどころ》の勝手口《かってぐち》を利用《りよう》し，勝《かっ》手口《てぐち》には３段《だん》の階段《かいだん》がある。	「私《わたし》がお風呂《ふろ》を好《す》きだから，大工《だいく》の夫《おっと》が手《て》すりをつけてくれたのよ」と誇《ほこ》らしげに言《い》っている。
22	生活《せいかつ》に必要《ひつよう》な用具《ようぐ》	愛用《あいよう》している裁縫道具《さいほうどうぐ》と夫《おっと》からもらった柘植《つげ》の櫛《くし》	裁縫《さいほう》がしたいと思《おも》っている。夫《おっと》からもらった柘植《つげ》の櫛《くし》を大切《たいせつ》にしている。
23	経済状況《けいざいじょうきょう》	遺族年金《いぞくねんきん》と長女《ちょうじょ》のパート収入《しゅうにゅう》	

24	家族関係《かぞくかんけい》	長女《ちょうじょ》（55歳《さい》），孫娘《まごむすめ》（27歳《さい》）との三人《さんにん》暮《ぐ》らし。長女《ちょうじょ》は近所《きんじょ》のスーパーでパートとして働《はたら》いているが，持病《じびょう》の関節《かんせつ》リウマチが悪化《あっか》し，通院《つういん》しながら治療《ちりょう》を続《つづ》けている。長女《ちょうじょ》は朝《あさ》，関節《かんせつ》リウマチによる手《しゅ》指《し》の痛《いた》みがひどく，Ｌさんの介助《かいじょ》や家事《かじ》に支障《ししょう》をきたしている。長女《ちょうじょ》はパートの終業《しゅうぎょう》が遅《おそ》く，帰宅《きたく》が遅《おそ》くなりがちである。 Ｌさんは長女《ちょうじょ》の体調《たいちょう》や仕事《しごと》を心配《しんぱい》していて，希望《きぼう》があっても言《い》いだしにくいときがある。	家族《かぞく》に迷惑《めいわく》をかけず，仲《なか》よく暮《く》らしたいと思《おも》っている。
25	サービス（制度《せいど》）の利用状況《りようじょうきょう》	訪問介護《ほうもんかいご》：週《しゅう》５回《かい》 通所介護《つうしょかいご》：週《しゅう》２回《かい》	
26	その他《た》	かかりつけ医《い》（内科《ないか》）による月《つき》１回《かい》の往診《おうしん》で，健康管理《けんこうかんり》（体重《たいじゅう》の増加傾向《ぞうかけいこう》）や，高血圧《こうけつあつ》と便秘《べんぴ》に関《かん》する指導《しどう》などが行《おこな》われ，さらに，長女《ちょうじょ》の付《つ》き添《そ》いで３か月《げつ》に１回《かい》歯科受診《しかじゅしん》し，義歯《ぎし》の点検《てんけん》を受《う》けている。	

5. その他《た》（個人因子《こじんいんし》）

	項目《こうもく》	現在《げんざい》の状況《じょうきょう》
27	価値観《かちかん》・習慣《しゅうかん》	毎日台所《まいにちだいどころ》に立《た》って料理《りょうり》をつくり，そうじや洗濯《せんたく》などの家事《かじ》をにない，家庭《かてい》を支《ささ》えることが自分《じぶん》の生《い》きがいだった。
28	性格《せいかく》（個性《こせい》）	明《あか》るくおだやかな性格《せいかく》で，人《ひと》と話《はな》すことが好《す》きな社交的《しゃこうてき》な性格《せいかく》だが，家族《かぞく》に対《たい》して遠慮深《えんりょぶか》いところがある。
29	生活歴《せいかつれき》・出身地《しゅっしんち》	Ｍ県《けん》の港町《みなとまち》で，８人《にん》きょうだい（姉《あね》と弟《おとうと》３人《にん》，妹《いもうと》３人《にん》）の次女《じじょ》として生《う》まれる。父《ちち》は漁師《りょうし》で，漁業《ぎょぎょう》をしながら旅館《りょかん》も経営《けいえい》していた。女学校《じょがっこう》を卒業後《そつぎょうご》，呉服店《ごふくてん》で働《はたら》きながら，休日《きゅうじつ》は旅館《りょかん》を手伝《てつだ》う働《はたら》き者《もの》だった。24歳《さい》のときに大工《だいく》の夫《おっと》と結婚《けっこん》し，現在《げんざい》の場所《ばしょ》に引《ひ》っ越《こ》した。27歳《さい》のときに長女《ちょうじょ》を出産《しゅっさん》する。出産後《しゅっさんご》は和裁《わさい》の内職《ないしょく》をしながら子育《こそだ》てをした。長女《ちょうじょ》の結婚《けっこん》を機会《きかい》に長女夫婦《ちょうじょふうふ》と同居《どうきょ》する。長女夫婦《ちょうじょふうふ》が共働《ともばたら》きだったので，孫娘《まごむすめ》が生《う》まれたころから，Ｌさんが家事《かじ》をすべてにない，子《こ》ども好《す》きだったこともあってＬさんが孫娘《まごむすめ》の世話《せわ》をした。
30	特技《とくぎ》	和裁《わさい》の技術《ぎじゅつ》を習得《しゅうとく》したが，現在《げんざい》，裁縫《さいほう》はしていない。
31	１日《にち》の過《す》ごし方《かた》	朝《あさ》は7時《じ》に起床《きしょう》し，日中《にっちゅう》は居間《いま》のソファーに座《すわ》り，新聞《しんぶん》の折《お》りこみチラシを読《よ》みながら過《す》ごしている。20時《じ》ごろに家族《かぞく》そろって夕飯《ゆうはん》を食《た》べ，21時《じ》に就寝《しゅうしん》している。
32	その他《た》	

❹ アセスメント表《ひょう》(2)作成《さくせい》におけるヒント

アセスメント表《ひょう》(1)で収集《しゅうしゅう》した情報《じょうほう》をどのように解釈《かいしゃく》して，別《べつ》の情報《じょうほう》とどのように結《むす》びつけ，アセスメント表《ひょう》(2)を作成《さくせい》していくのか考《かんが》えます。つまり，訪問介護《ほうもんかいご》のサービス提《てい》供責任者《きょうせきにんしゃ》としてどのように考《かんが》えたか（思考過程《しこうかてい》）について説明《せつめい》します。

▶▶ 優先順位《ゆうせんじゅんい》❶の課題《かだい》

アセスメント表《ひょう》(1)のアセスメント項目番号《こうもくばんごう》（以下《いか》，項目番号《こうもくばんごう》）13の「排泄《はいせつ》」では，長《ちょう》女《じょ》がトイレ誘導《ゆうどう》をしていますが間《ま》に合《あ》わずに尿《にょう》をもらすとあります。

なぜそうなるのかを考《かんが》えたときに，Lさんの思《おも》いから家族《かぞく》に対《たい》する遠慮《えんりょ》があるのではないか，食後《しょくご》にトイレに行《い》く習慣《しゅうかん》を現在《げんざい》，継続《けいぞく》できていないのではないかという疑問《ぎもん》がわき，事実《じじつ》の確認《かくにん》を行《おこな》いました。

実際《じっさい》には8時《じ》の朝食後《ちょうしょくご》，10時《じ》のお茶《ちゃ》の時間《じかん》のあと，12時《じ》の昼食後《ちゅうしょくご》，15時《じ》のおやつのあと，といった具合《ぐあい》に約《やく》2～3時間《じかん》を目安《めやす》に長女《ちょうじょ》がトイレ誘導《ゆうどう》をしていました。そのなかで尿《にょう》の失敗《しっぱい》が多《おお》い時間《じかん》が8時《じ》の朝食後《ちょうしょくご》と15時《じ》のおやつのあとでした。

その原因《げんいん》は，介護者《かいごしゃ》である長女《ちょうじょ》は，朝《あさ》，関節《かんせつ》リウマチによる手指《しゅし》の痛《いた》みがひどく，夕方《ゆうがた》はパートの終業《しゅうぎょう》が遅《おそ》くなるからでした。Lさんも長女《ちょうじょ》の体調《たいちょう》や仕事《しごと》に対《たい》して心配《しんぱい》していることがわかり，遠慮《えんりょ》して言《い》い出《だ》せないようでした。

そこで，その時間帯《じかんたい》に訪問介護員《ほうもんかいごいん》（ホームヘルパー）がサービスに入《はい》ることで，排泄《はいせつ》のタイミングにあわせて安心《あんしん》してトイレに行《い》くことができるのではないかと考《かんが》えました。

▶▶ 優先順位《ゆうせんじゅんい》❷の課題《かだい》

家庭《かてい》での役割《やくわり》（項目番号《こうもくばんごう》9「家事《かじ》」）に関《かん》しては，Lさんの生活習慣《せいかつしゅうかん》や価値観《かちかん》，家族《かぞく》に対《たい》する思《おも》いを考《かんが》えましょう。アルツハイマー型認知症《がたにんちしょう》の影響《えいきょう》で昔《むかし》のように家事《かじ》をすることができなくても，だれかが手伝《てつだ》ったりいっしょに行《おこな》ったりすることで，これまでのようなLさんの思《おも》いをくみとった家事行為《かじこうい》ができるのではないかと考《かんが》えました。

アセスメント表《ひょう》(2)は頭《あたま》のなかで情報《じょうほう》を解釈《かいしゃく》し，関連《かんれん》づけ，統合化《とうごうか》したこと（思考過程《しこうかてい》）を文章化《ぶんしょうか》したものです。

介護支援専門員《かいごしえんせんもんいん》が広《ひろ》く大《おお》きく利用者《りようしゃ》の生活課題《せいかつかだい》をとらえるのに対《たい》し，サービス提供責任《ていきょうせきにん》者《しゃ》は介護職《かいごしょく》の視点《してん》から，より細《こま》かな生活場面《せいかつばめん》や利用者《りようしゃ》の思《おも》いを把握《はあく》し，事実《じじつ》の全体《ぜんたい》が明《あき》らかになるまで利用者《りようしゃ》と向《む》き合《あ》うことがとても大切《たいせつ》です。

なぜなら，そのことが日々《ひび》の暮《く》らしの質《しつ》につながるからです。そして，なぜそのような結論《けつろん》になったのかという根拠《こんきょ》を，介護職《かいごしょく》として，介護支援専門員《かいごしえんせんもんいん》や他職種《たしょくしゅ》にきちんと提示《ていじ》し，説明《せつめい》できることが重要《じゅうよう》なのです。

● Lさんのアセスメント表《ひょう》(2)

アセスメント項目番号《こうもくばんごう》	情報《じょうほう》の解釈《かいしゃく》・関連《かんれん》づけ・統合化《とうごうか》	課題《かだい》	優先順位《ゆうせんじゅんい》
4, 12, 13, 16, 21, 24, 26	長女《ちょうじょ》が２時間《じかん》おきにトイレに誘導《ゆうどう》しているが，タイミングが合《あ》わず尿《にょう》をもらしてしまうことがある。Ｌさんの場合《ばあい》，食後《しょくご》にトイレに行《い》く習慣《しゅうかん》にあわせて言葉《ことば》かけをすれば，安心《あんしん》できるのではないか。しかし，長女《ちょうじょ》の関節《かんせつ》リウマチが悪化《あっか》し，朝《あさ》は介助《かいじょ》がむずかしく，Ｌさんは家族《かぞく》に対《たい》して遠慮《えんりょ》し，排泄《はいせつ》の訴《うった》えや水分摂取《すいぶんせっしゅ》をがまんしているのではないか。また，かかりつけ医《い》から便秘《べんぴ》に関《かん》する指導《しどう》が行《おこな》われており，安心《あんしん》して緑茶《りょくちゃ》を飲《の》めるように援《えん》助《じょ》していく必要《ひつよう》がある。	排泄《はいせつ》のタイミングや習慣《しゅうかん》にあわせて言葉《ことば》かけやトイレ誘導《ゆうどう》を行《おこな》い，気兼《きが》ねなく安心《あんしん》してトイレに行《い》けるようにはたらきかける必要《ひつよう》がある。	❶
4, 9, 17, 19, 27, 29	Ｌさんは子《こ》どものころから家事《かじ》を手伝《てつだ》う働《はたら》き者《もの》で，結婚《けっこん》してからも，毎日台所《まいにちだいどころ》に立《た》って調理《ちょうり》し，そうじや洗濯《せんたく》などの家事《かじ》をにない，家族《かぞく》を支《ささ》えてきた。Ｌさんにとって家事《かじ》をすることは喜《よろこ》びであり，生《い》きがいであったと考《かんが》えられる。しかし，アルツハイマー型認知症《がたにんちしょう》が進行《しんこう》し，昔《むかし》のように家事《かじ》をすることができなくなり，現在《げんざい》は家族《かぞく》の世話《せわ》になっているが，今《いま》でも家族《かぞく》の役《やく》に立《た》ちたいと思《おも》っている。家族《かぞく》のためにできること，したいことをいっしょに探《さが》し，行《おこな》うことによって，Ｌさんの自《じ》信《しん》にもつながるのではないだろうか。Ｌさんの現《げん》在《ざい》の状態《じょうたい》をよく観察《かんさつ》しながら援助《えんじょ》をしていく必要《ひつよう》がある。	家事《かじ》が得意《とくい》で，家族《かぞく》の世話《せわ》をしたいと思《おも》っているので，Ｌさんができる家事《かじ》を探《さが》し，家庭《かてい》のなかで役割《やくわり》をもちつづける必要《ひつよう》がある。	❷

● Lさんの訪問介護計画書《ほうもんかいごけいかくしょ》

氏名《しめい》：　　　　Lさん

長期目標《ちょうきもくひょう》 (期間《きかん》：12か月《げつ》)	住《す》み慣《な》れた自宅《じたく》で，家族《かぞく》といっしょに安心《あんしん》して暮《く》らしたい。

課《か》 題《だい》	短期目標《たんきもくひょう》		具体的《ぐたいてき》な援助内容《えんじょないよう》・方法《ほうほう》		頻《ひん》 度《ど》
	目標《もくひょう》	期間《きかん》	内容《ないよう》	方法《ほうほう》	
❶排泄《はいせつ》のタイミングや習慣《しゅうかん》にあわせて，言葉《ことば》かけやトイレ誘導《ゆうどう》を行《おこな》い，気兼《きが》ねなく安心《あんしん》してトイレに行《い》けるようにはたらきかける必要《ひつよう》がある。	安心《あんしん》してトイレに行《い》くことができる。	６か月《げつ》	①尿意《にょうい》・便意《べんい》の確認《かくにん》をする。	訪問時《ほうもんじ》に家族《かぞく》との連絡《れんらく》ノートを確認《かくにん》し，排泄《はいせつ》のリズムにあわせて，尿意《にょうい》や便意《べんい》の確認《かくにん》をする。	訪問時《ほうもんじ》
			②トイレまで安《あん》全《ぜん》に誘導《ゆうどう》する。	足元《あしもと》に注意《ちゅうい》がおよぶように言葉《ことば》をかけながら，トイレまで誘導《ゆうどう》する。	訪問時《ほうもんじ》
			③適切《てきせつ》な排泄介《はいせつかい》助《じょ》を行《おこな》う。	安心《あんしん》して排泄《はいせつ》ができるように，ズボンと下着《したぎ》の上《あ》げ下《お》ろしを介助《かいじょ》し，排泄後《はいせつご》にペーパーを手渡《てわた》すようにする。	訪問時《ほうもんじ》
	便秘《べんぴ》にならないように，日々《ひび》の排便《はいべん》がスムーズにできる。	６か月《げつ》	①日々《ひび》の排便状《はいべんじょう》況《きょう》を観察《かんさつ》し，記録《きろく》をつけ，報告《ほうこく》する。	腹部《ふくぶ》の痛《いた》みや膨満感《ぼうまんかん》などがないか確認《かくにん》し，便秘《べんぴ》が続《つづ》くときは家族《かぞく》に報告《ほうこく》し，かかりつけ医《い》に連絡《れんらく》するなど適《てき》切《せつ》な対応《たいおう》をとる。	訪問時《ほうもんじ》
			②水分《すいぶん》の摂取量《せっしゅりょう》を確認《かくにん》し，足《た》りないようであれば水分補《すいぶんほ》給《きゅう》を行《おこな》う。	緑茶《りょくちゃ》などを用意《ようい》し，飲《の》みたいときに気兼《きが》ねなく飲《の》めるような言葉《ことば》かけを行《おこな》う。	訪問時《ほうもんじ》
❷家事《かじ》が得意《とくい》で，家族《かぞく》の世話《せわ》をしたいと思《おも》っているので，Lさんができる家事《かじ》を探《さが》し，家庭《かてい》のなかで役割《やくわり》をもちつづける必要《ひつよう》がある。	少《すこ》しでも自分《じぶん》で家事《かじ》をすることができる。	６か月《げつ》	①Lさんといっしょに，おやつの準備《じゅんび》や後《あと》片《かた》づけを行《おこな》う。	長女《ちょうじょ》が用意《ようい》したおやつをLさんといっしょに皿《さら》に盛《も》りつけ，食後《しょくご》は訪問介護員《ほうもんかいごいん》が洗《あら》った食器《しょっき》をLさんにふいてもらう。	訪問時《ほうもんじ》
			②洗濯物《せんたくもの》をいっしょにたたむ。	訪問介護員《ほうもんかいごいん》が取《と》りこんだ洗《せん》濯物《たくもの》をいっしょにたたむ。	訪問時《ほうもんじ》

● Lさんの実施評価表《じっしひょうかひょう》

担当者氏名《たんとうしゃしめい》：　P（介護福祉士《かいごふくしし》）

実施状況《じっしじょうきょう》	評　価《ひょうか》
❶訪問介護員《ほうもんかいごいん》は家族《かぞく》との連絡《れんらく》ノートに書《か》かれている排《はい》泄状況《せつじょうきょう》を確認《かくにん》してから，言《こと》葉《ば》かけやトイレ誘導《ゆうどう》を行《おこな》うようにしている。また，Lさんの排泄習慣《はいせつしゅうかん》にあわせて，昼食後《ちゅうしょくご》にトイレ誘導《ゆうどう》を行《おこな》うことにより，スムーズに排泄介助《はいせつかいじょ》ができている。また，排便《はいべん》の状態《じょうたい》（便秘《べんぴ》になっていないか）を観察《かんさつ》し，家族《かぞく》に報告《ほうこく》している。	Lさんが気兼《きが》ねなくトイレに行《い》くことができるように，連絡《れんらく》ノートを活用《かつよう》し，家族《かぞく》と情報《じょうほう》を共有《きょうゆう》しながら，排泄習慣《はいせつしゅうかん》や生活状況《せいかつじょうきょう》にあわせてタイミングよく言《こと》葉《ば》をかけ，トイレ誘導《ゆうどう》を行《おこな》うように援助《えんじょ》している。また，Lさんのトイレに対《たい》する不安《ふあん》な思《おも》いにも配慮《はいりょ》し，安心《あんしん》して好《す》きな緑茶《りょくちゃ》が飲《の》めるように，排泄《はいせつ》の安定《あんてい》に向《む》けて，援助《えんじょ》を続《つづ》けていきたい。
❷Lさんは家事《かじ》が得意《とくい》だったので，訪問介護員《ほうもんかいごいん》と会《かい》話《わ》をしながらいっしょに行《おこな》うことで，生《い》き生《い》きとした表情《ひょうじょう》になり，食《た》べ終《お》わった食器《しょっき》を運《はこ》んだり，テーブルをふいたり，Lさんから積極的《せっきょくてき》に取《と》り組《く》むようになっている。	現在《げんざい》のLさんにできること，したいことをいっしょに探《さが》し，実際《じっさい》に行《おこな》うことによって，自信《じしん》につながっている。しかし，年齢《ねんれい》や認知症《にんちしょう》などによってできないこともあるので，Lさんの状態《じょうたい》をよく観察《かんさつ》しながら，無《む》理《り》のないように援助《えんじょ》をしていく必要《ひつよう》がある。

気《き》づいたこと （新《あら》たな課題《かだい》や可能性《かのうせい》）	Lさんの排泄《はいせつ》リズムを観察《かんさつ》し，適切《てきせつ》なトイレ誘導《ゆうどう》を行《おこな》うことにより，常《つね》にトイレを気《き》にしながら生活《せいかつ》していたLさんの不安《ふあん》が解消《かいしょう》され，安心《あんしん》して緑茶《りょくちゃ》を飲《の》んだり，家事《かじ》に集中《しゅうちゅう》して取《と》り組《く》んだり，日常生活《にちじょうせいかつ》が安定《あんてい》するようになった。 今後《こんご》は，Lさんや家族《かぞく》の状況《じょうきょう》にあわせて，通所介護《つうしょかいご》やかかりつけ医《い》と連携《れんけい》しながら，自宅《じたく》での生活《せいかつ》が続《つづ》けられるように援助《えんじょ》していきたい。

❺【解説《かいせつ》】Lさんの介護過程《かいごかてい》について

この事例《じれい》は，家族《かぞく》とともに住《す》み慣《な》れた自宅《じたく》で暮《く》らすＬさんが，訪問介護《ほうもんかいご》サービスの利《り》用《よう》を開始《かいし》するときに，訪問介護員《ほうもんかいごいん》の視点《してん》で行《おこな》った介護過程《かいごかてい》の展開《てんかい》をまとめたものです。

Ｌさんはアルツハイマー型認知症《がたにんちしょう》と診断《しんだん》され，排泄《はいせつ》や入浴《にゅうよく》などが１人《ひとり》ではむずかしくなり，家族《かぞく》の介護《かいご》を受《う》けながら自宅《じたく》で生活《せいかつ》をしていますが，介護《かいご》をしている長女《ちょうじょ》の持病《じびょう》が悪《あっ》化《か》し，介護《かいご》が負担《ふたん》になってきたので，介護保険《かいごほけん》サービスを利用《りよう》することになりました。

Ｌさんが毎日《まいにち》の生活《せいかつ》でいちばん困《こま》っていることは排泄《はいせつ》でした。尿意《にょうい》や便意《べんい》を伝《つた》えることができず，尿《にょう》をもらしてしまうことがあり，便秘《べんぴ》にも悩《なや》まされていました。そこで，排泄《はいせつ》のタイミングを観察《かんさつ》し，適切《てきせつ》な言葉《ことば》かけやトイレ誘導《ゆうどう》を行《おこな》い，便秘《べんぴ》にならないようなはたらきかけをする必要《ひつよう》がありました（優先順位《ゆうせんじゅんい》❶）。家族《かぞく》と連絡《れんらく》ノートで情報《じょうほう》を共有《きょうゆう》し，適《てき》切《せつ》なトイレ誘導《ゆうどう》ができるようになると，トイレに対《たい》する不安《ふあん》も少《すこ》しずつ解消《かいしょう》され，排泄状《はいせつじょう》況《きょう》も安定《あんてい》するようになりました。

そして，子《こ》どものころから働《はたら》き者《もの》で，結婚《けっこん》してからも家族《かぞく》のために家事《かじ》をすることが生《い》きがいだったＬさんが，家庭《かてい》のなかで再《ふたた》び役割《やくわり》をもてるように，家族《かぞく》のためにできる家《か》事《じ》をいっしょに探《さが》し，行《おこな》うことにしました（優先順位《ゆうせんじゅんい》❷）。

この事例《じれい》において大切《たいせつ》な視点《してん》は，Ｌさんの暮《く》らしを生活支援《せいかつしえん》の視点《してん》からアセスメントし，Ｌさんが何《なに》に困《こま》っているのかを把握《はあく》し，家族《かぞく》の思《おも》いや介護状態《かいごじょうたい》なども考慮《こうりょ》しながら，「住《す》み慣《な》れた自宅《じたく》で，家族《かぞく》といっしょに安心《あんしん》して暮《く》らしたい」というＬさんの思《おも》いを実現《じつげん》するために介護過程《かいごかてい》を展開《てんかい》することです。

介護支援専門員《かいごしえんせんもんいん》が作成《さくせい》した居宅《きょたく》サービス計画書《けいかくしょ》(2)では，３つの課題《かだい》が提案《ていあん》されました。これらの課題《かだい》を「サービス担当者会議《たんとうしゃかいぎ》の要点《ようてん》」としてサービス担当者会議《たんとうしゃかいぎ》で具体的《ぐたいてき》なサービス内容《ないよう》やサービス種別《しゅべつ》（どこの事業所《じぎょうしょ》がになうか）を検討《けんとう》し，実際《じっさい》に提供《ていきょう》するサービスを決《き》めました。

そして，訪問介護《ほうもんかいご》ではＬさんの排泄《はいせつ》の介助《かいじょ》と，家事《かじ》の一部《いちぶ》の手伝《てつだ》いを担当《たんとう》することが決《き》まったので，サービス提供責任者《ていきょうせきにんしゃ》がそれぞれの課題《かだい》に対《たい》して目標《もくひょう》（短期《たんき》・長期《ちょうき》）を設定《せってい》し，具体的《ぐたいてき》なサービス内容《ないよう》や手順《てじゅん》を検討《けんとう》し，訪問介護計画書《ほうもんかいごけいかくしょ》を作成《さくせい》しました。

居宅《きょたく》サービス計画書《けいかくしょ》(2)の入浴《にゅうよく》の課題《かだい》を訪問介護《ほうもんかいご》で対応《たいおう》することは可能《かのう》です。しかし，この場合《ばあい》，入浴《にゅうよく》は①自宅《じたく》の浴槽《よくそう》が深《ふか》く危険《きけん》なため自宅《じたく》での入浴《にゅうよく》は困難《こんなん》，②長女《ちょうじょ》が仕事《しごと》で留《る》守《す》の日《ひ》はほとんど家《いえ》から出《で》かけることはない，③Ｌさんは社交的《しゃこうてき》な性格《せいかく》なので他者《たしゃ》との交流《こうりゅう》にも問題《もんだい》がない，といった事情《じじょう》を考《かんが》え，通所介護《つうしょかいご》で入浴介助《にゅうよくかいじょ》をすることがサービス担《たん》当者会議《とうしゃかいぎ》で決《き》まりました。

このように，各《かく》サービス提供事業所《ていきょうじぎょうしょ》で働《はたら》く介護職《かいごしょく》は，介護支援専門員《かいごしえんせんもんいん》から提案《ていあん》された利《り》用者《ようしゃ》の課題《かだい》に対《たい》して専門職《せんもんしょく》（訪問介護事業所《ほうもんかいごじぎょうしょ》のサービス提供責任者等《ていきょうせきにんしゃなど》）の立場《たちば》からアセスメントを行《おこな》い，その結果《けっか》を介護支援専門員《かいごしえんせんもんいん》をはじめとした多職種《たしょくしゅ》に報告《ほうこく》するなど，利用者《りようしゃ》を支《ささ》えるチームの一員《いちいん》として居宅《きょたく》サービスの方針《ほうしん》に深《ふか》くかかわっていくことが，多職種連《たしょくしゅれん》携《けい》の視点《してん》において求《もと》められます。

そのためには，実際《じっさい》に利用者《りようしゃ》とかかわる訪問介護員《ほうもんかいごいん》は，Ｌさんの日常生活《にちじょうせいかつ》の様子《ようす》や家族《かぞく》の変化《へんか》などを観察《かんさつ》し，日《ひ》ごろからサービス提供責任者《ていきょうせきにんしゃ》と訪問介護員《ほうもんかいごいん》のあいだで情報《じょうほう》を共有《きょうゆう》することが専門職《せんもんしょく》として非常《ひじょう》に重要《じゅうよう》です。

演習課題《えんしゅうかだい》

月《がつ》 日《にち》

事例《じれい》　介護老人福祉施設《かいごろうじんふくししせつ》で生活《せいかつ》するQさんの事例《じれい》

❶ 利用者《りようしゃ》のプロフィール

氏名《しめい》：Qさん
性別《せいべつ》：男性《だんせい》
年齢《ねんれい》：75歳《さい》
生活環境《せいかつかんきょう》：介護老人福祉施設《かいごろうじんふくししせつ》
要介護度《ようかいごど》：要介護《ようかいご》4
認知症高齢者《にんちしょうこうれいしゃ》の日常生活自立度《にちじょうせいかつじりつど》：Ⅱb（☞第《だい》3巻《かん》p.224）
障害高齢者《しょうがいこうれいしゃ》の日常生活自立度《にちじょうせいかつじりつど》：B1（☞第《だい》3巻《かん》p.224）

❷ 家族構成《かぞくこうせい》および生活歴《せいかつれき》

▶▶ 幼少期《ようしょうき》から就職《しゅうしょく》，定年《ていねん》まで

・農業《のうぎょう》を営《いとな》む両親《りょうしん》のもと6人《にん》きょうだいの四男《よんなん》として生《う》まれる。
・高等学校卒業後《こうとうがっこうそつぎょうご》，地元《じもと》の農業協同組合《のうぎょうきょうどうくみあい》に勤務《きんむ》する。
・そのあと，結婚《けっこん》し，2人《ふたり》の息子《むすこ》をもうける。
・55歳《さい》のとき，パーキンソン病《びょう》（☞第《だい》4巻《かん》pp.276-277）を発症《はっしょう》する。
・定年《ていねん》（60歳《さい》）まで同《おな》じ農業協同組合《のうぎょうきょうどうくみあい》に勤務《きんむ》しており，58歳《さい》のときから2年間《ねんかん》は組合長《くみあいちょう》を務《つと》めていた。
・組合長《くみあいちょう》になってからは，仕事柄《しごとがら》，常《つね》に身《み》だしなみを整《ととの》え，毅然《きぜん》とした態度《たいど》をつらぬいていた。
・交友関係《こうゆうかんけい》も広《ひろ》く，どちらかというと派手《はで》な私生活《しせいかつ》であった。
・パーキンソン病《びょう》のため，定年近《ていねんちか》くには歩行時《ほこうじ》につまずくことも頻繁《ひんぱん》にみられるようになった。

▶▶ 定年以降《ていねんいこう》

・定年後《ていねんご》は妻《つま》と2人《ふたり》でおだやかに生活《せいかつ》していたが，3年前《ねんまえ》に妻《つま》が他界《たかい》した。
・妻《つま》が他界《たかい》してからは，次男夫婦《じなんふうふ》との同居《どうきょ》を始《はじ》めた。

・年々《ねんねん》パーキンソン病《びょう》の症状《しょうじょう》が進行《しんこう》し，ADL[14]（➡ p.129 参照《さんしょう》）の低下《ていか》がはっきりとみられるようになったほか，1 年前《ねんまえ》に自宅《じたく》の居室《きょしつ》で転倒《てんとう》し，左大腿骨頸部《ひだりだいたいこつけいぶ》を骨折《こっせつ》した。
・同居《どうきょ》している次男夫婦《じなんふうふ》は共働《ともばたら》きだったため，在宅《ざいたく》での生活《せいかつ》が困難《こんなん》になった。
・Q さんの希望《きぼう》もあって介護老人福祉施設《かいごろうじんふくししせつ》に入所《にゅうしょ》することとなった。
・もともと Q さんは，同施設《どうしせつ》の通所介護《つうしょかいご》（デイサービス）を週《しゅう》2 回《かい》，また，短期入所生活介護《たんきにゅうしょせいかつかいご》（ショートステイ）を月《つき》7 日《なのか》利用《りよう》していた。

▶▶ 現在《げんざい》の家族構成《かぞくこうせい》

・息子《むすこ》2 人《ふたり》は結婚《けっこん》し，長男《ちょうなん》は仕事《しごと》の関係《かんけい》で他県《たけん》で生活《せいかつ》している（子《こ》どもは 3 人《にん》）。
・入所前《にゅうしょまえ》までは次男夫婦《じなんふうふ》（子《こ》どもなし）と同居《どうきょ》していた。
・次男《じなん》は地元《じもと》の役場《やくば》に勤務《きんむ》し，次男《じなん》の妻《つま》は地元《じもと》の保育所《ほいくしょ》で保育士《ほいくし》をしている。
・次男夫婦《じなんふうふ》の自宅《じたく》は施設《しせつ》の近《ちか》くにある。

③ 現在《げんざい》の状況《じょうきょう》

▶▶ 健康状態《けんこうじょうたい》

⑴ 一般状態《いっぱんじょうたい》

・体温《たいおん》：35.8℃
・呼吸《こきゅう》：25 ～ 28 回《かい》／分《ぷん》
・脈拍《みゃくはく》：80 ～ 90 回《かい》／分《ぷん》
・血圧《けつあつ》：130 ／ 80mmHg

⑵ 障害《しょうがい》の状況《じょうきょう》

・パーキンソン病《びょう》にともなう症状《しょうじょう》（言語障害《げんごしょうがい》，手指振戦《しゅししんせん》，小《こ》きざみ歩行《ほこう》，嚥下機能《えんげきのう》の低下《ていか》）

⑶ 現在《げんざい》のおもな疾患《しっかん》

・パーキンソン病《びょう》
・骨粗鬆症《こつそしょうしょう》（☞第《だい》4 巻《かん》pp.264-265）
・軽度《けいど》の認知症《にんちしょう》（改訂長谷川式簡易知能評価《かいていはせがわしきかんいちのうひょうか》スケール（☞第《だい》4 巻《かん》pp.340-341）20 点《てん》）

⑷ 既往歴《きおうれき》

・左大腿骨頸部骨折《ひだりだいたいこつけいぶこっせつ》（1 年前《ねんまえ》に自宅《じたく》の居室《きょしつ》で転倒《てんとう》）

⑸ 服薬《ふくやく》

・パーキンソン病治療薬《びょうちりょうやく》
・骨粗鬆症治療薬《こつそしょうしょうちりょうやく》
・緩下剤《かんげざい》（3 日《か》以上排便《いじょうはいべん》がない場合《ばあい》に服用《ふくよう》）

(6)　精神状態《せいしんじょうたい》

・夜間《やかん》せん妄《もう》（☞第《だい》4巻《かん》p.338）の症状《しょうじょう》が，月《つき》に3回程度《かいていど》の頻度《ひんど》であらわれる。おもに猿《さる》や狐《きつね》といった動物《どうぶつ》があらわれたと訴《うった》え，精神《せいしん》が不安定《ふあんてい》になることがあるが，コミュニケーションをはかることで落《お》ち着《つ》く。

(7)　視力《しりょく》

・日常生活《にちじょうせいかつ》において，とくに支障《ししょう》はない。

(8)　聴力《ちょうりょく》

・日常生活《にちじょうせいかつ》において，とくに支障《ししょう》はない。

▶▶日常生活《にちじょうせいかつ》の状況《じょうきょう》

(1)　移動《いどう》

・立《た》ち上《あ》がるときに不安定《ふあんてい》であり，小《こ》きざみ歩行《ほこう》がみられるため，転倒《てんとう》の危険性《きけんせい》がある。
・短《みじか》い距離《きょり》であれば，手《て》すりやアーム付《つ》き四輪歩行器《よんりんほこうき》を使用《しよう》して移動《いどう》することができる。
・居室《きょしつ》から食堂《しょくどう》，浴室《よくしつ》など，長《なが》い距離《きょり》を移動《いどう》する場合《ばあい》には電動車《でんどうくるま》いすを使用《しよう》するが，ほかの入所者《にゅうしょしゃ》や建物《たてもの》の壁《かべ》にぶつかりそうになるなど，まだ運転操作《うんてんそうさ》に慣《な》れていない。

(2)　身《み》じたく

・毎朝《まいあさ》，ひげそり，洗面《せんめん》，義歯《ぎし》の装着《そうちゃく》などは自分《じぶん》で行《おこな》っている。
・髪《かみ》も毎朝整髪料《まいあさせいはつりょう》をつけてセットするなど，ほぼ自立《じりつ》している。
・その日《ひ》に着《き》る洋服《ようふく》は，居室《きょしつ》のクローゼットから自分《じぶん》で用意《ようい》している。
・面会《めんかい》があるときには，ふだんよりもおしゃれに気《き》をつかっている。

(3)　食事《しょくじ》

・食事《しょくじ》は自立《じりつ》しており，好《す》き嫌《きら》いなく，出《だ》されたものはすべて食《た》べている。
・嚥下《えんげ》の機能《きのう》が低下《ていか》しているため，主食《しゅしょく》はおかゆ，副食《ふくしょく》はきざみ食《しょく》である。
・昔《むかし》は酒《さけ》やたばこを好《この》んでいたが，今《いま》はやめている。
・面会《めんかい》に来《く》る知人《ちじん》（農業協同組合当時《のうぎょうきょうどうくみあいとうじ》の部下《ぶか》や世話《せわ》になった人《ひと》）が，時々《ときどき》パック寿司《ずし》を持《も》って来《き》て，居室《きょしつ》で食《た》べていることがある。

(4)　排泄《はいせつ》

・尿意《にょうい》と便意《べんい》はある。
・昼間《ひるま》は失禁《しっきん》パンツを着用《ちゃくよう》しているが，障害者用《しょうがいしゃよう》トイレに電動車《でんどうくるま》いすで移動《いどう》し，自力《じりき》で排泄《はいせつ》している。
・夜間《やかん》は紙《かみ》パンツを着用《ちゃくよう》し，ポータブルトイレを使用《しよう》している。

(5)　入浴《にゅうよく》・清潔保持《せいけつほじ》

・週《しゅう》2回《かい》，入浴《にゅうよく》している。
・電動車《でんどうくるま》いすを使用《しよう》して，居室《きょしつ》から浴室《よくしつ》まで移動《いどう》している。

・入浴《にゅうよく》はほぼ自立《じりつ》しているが，洗髪《せんぱつ》のほか，足先《あしさき》や背中《せなか》を洗《あら》うときには一部《いちぶ》介助《かいじょ》が必要《ひつよう》である。

(6) 睡眠《すいみん》

・日中《にっちゅう》は活動的《かつどうてき》であり，夜《よる》は 20 時《じ》に就寝《しゅうしん》している。
・夜中《よなか》に 2 回《かい》ほどトイレに行《い》くが，それ以外《いがい》は基本的《きほんてき》に安眠《あんみん》している。

(7) コミュニケーション

・言語障害《げんごしょうがい》があるため発語《はつご》は聞《き》きとりにくいが，相手《あいて》の話《はなし》を理解《りかい》する能力《のうりょく》は十分《じゅうぶん》にある。
・自分《じぶん》の意思《いし》が介護職《かいごしょく》に伝《つた》わらないことにストレスを感《かん》じている。
・筆談《ひつだん》も有効《ゆうこう》なコミュニケーション手段《しゅだん》になっている。

(8) サービスの利用状況《りようじょうきょう》

・介護老人福祉施設《かいごろうじんふくししせつ》に入所《にゅうしょ》している。
・居室《きょしつ》は 4 人部屋《にんべや》で，窓側《まどがわ》のベッドを使用《しよう》している。
・ベッドのわきにポータブルトイレが置《お》いてある。
・ほかにも，電動車《でんどうくるま》いす，アーム付《つ》き四輪歩行器《よんりんほこうき》，ワープロなどが所《ところ》せましと並《なら》んでいる。

▶▶ 経済状況《けいざいじょうきょう》

・厚生年金《こうせいねんきん》を中心《ちゅうしん》とした定期収入《ていきしゅうにゅう》がある（1 か月《げつ》あたり約《やく》20 万円《まんえん》）。
・貯金《ちょきん》もあり，経済的《けいざいてき》な問題《もんだい》はない。

▶▶ 性格《せいかく》

・昔《むかし》から我《が》の強《つよ》い性格《せいかく》である。
・自分《じぶん》のことは自分《じぶん》で行《おこな》うという思《おも》いが強《つよ》い。

▶▶ 1 日《にち》の過《す》ごし方《かた》

・毎朝《まいあさ》6 時《じ》に起床《きしょう》し，20 時《じ》に就寝《しゅうしん》する。
・日中《にっちゅう》は，日々《ひび》のレクリエーションやクラブ活動《かつどう》，施設《しせつ》の行事《ぎょうじ》などに積極的《せっきょくてき》に参加《さんか》している。
・居室《きょしつ》にいるときは，読書《どくしょ》やワープロ入力《にゅうりょく》をしている。

▶▶ Q さんや家族《かぞく》などの思《おも》い

・Q さんは，「自分《じぶん》の望《のぞ》みどおりの生活《せいかつ》をしたい。施設《しせつ》に入《はい》ったあとも頻繁《ひんぱん》に外出《がいしゅつ》したり，帰宅《きたく》したりしたい。身《み》のまわりのことはできるだけ自分《じぶん》でしたい」と考《かんが》えている。
・次男夫婦《じなんふうふ》は，「施設内《しせつない》で安全《あんぜん》に，けがなく生活《せいかつ》してほしい。月《つき》1 回程度《かいていど》は帰《かえ》ってきてほしい」と思《おも》っている。

・可能《かのう》な限《かぎ》り自分《じぶん》１人《ひとり》で歩《ある》きたいと思《おも》っている。また，電動車《でんどうくるま》いすに乗《の》って，買《か》い物《もの》や外《がい》食《しょく》，昔《むかし》の勤務先《きんむさき》，自宅《じたく》などに行《い》きたいという強《つよ》い思《おも》いがある。
・いつもきちんとした身《み》なりでいたい。
・時々《ときどき》は外出《がいしゅつ》をした折《おり》に，お寿司《すし》などの豪華《ごうか》な食事《しょくじ》をしたいという思《おも》いがある。
・排泄《はいせつ》のたびに介護職《かいごしょく》を呼《よ》ぶのは申《もう》し訳《わけ》ない，自分《じぶん》でできることはできるだけ自分《じぶん》で行《おこな》いたいという思《おも》いが強《つよ》い。
・入浴《にゅうよく》が好《す》きなので，もっと頻繁《ひんぱん》に入浴《にゅうよく》したいと思《おも》っている。
・将来的《しょうらいてき》にはパソコンを購入《こうにゅう》して，孫《まご》とメールのやりとりをしたいと思《おも》っている。
・自分《じぶん》のふだんの生活《せいかつ》や，孫《まご》のために使《つか》うお金《かね》は惜《お》しまない。
・介護保険外《かいごほけんがい》の有償《ゆうしょう》サービスを利用《りよう》してでも，買《か》い物《もの》や外食《がいしょく》に出《で》かけたいと思《おも》っている。
・障害者用《しょうがいしゃよう》トイレの近《ちか》くの個室《こしつ》に部屋替《へやが》えを希望《きぼう》している。
・「孫《まご》にもっと会《あ》いたい」という思《おも》いがある。
・日々《ひび》のレクリエーションやクラブ活動《かつどう》，施設《しせつ》の行事《ぎょうじ》などに積極的《せっきょくてき》に参加《さんか》しており，そのことがリハビリテーションにもなると思《おも》っている。
・とにかく何《なん》でも自分《じぶん》でできるようになりたいという希望《きぼう》があり，専門的《せんもんてき》リハビリテーション訓練《くんれん》の機会《きかい》の増加《ぞうか》を希望《きぼう》している。

▶▶ 最近《さいきん》の様子《ようす》

・施設《しせつ》に入所《にゅうしょ》してからは，月《つき》１回程度《かいていど》，帰宅《きたく》している。
・ふだんは次男《じなん》の妻《つま》に電話《でんわ》をして，買《か》い物《もの》などを頼《たの》んでいる。
・ワープロを使用《しよう》して，他県《たけん》に住《す》む孫《まご》との手紙《てがみ》や写真《しゃしん》のやりとりに生《い》きがいを感《かん》じている。
・農業協同組合《のうぎょうきょうどうくみあい》の組合長《くみあいちょう》だったという経歴《けいれき》から，今《いま》でも当時《とうじ》の部下《ぶか》や世話《せわ》になった人《ひと》が面《めん》会《かい》に来《く》る。
・毎週土曜日《まいしゅうどようび》の午後《ごご》は，理学療法士《りがくりょうほうし》による専門的《せんもんてき》なリハビリテーション訓練《くんれん》を受《う》けている。
・昔《むかし》の仕事柄《しごとがら》，身《み》だしなみはいつもきちんとしている。
・最近《さいきん》，次男《じなん》が使《つか》わなくなったワープロを譲《ゆず》り受《う》け，文字入力《もじにゅうりょく》ができるようになった。

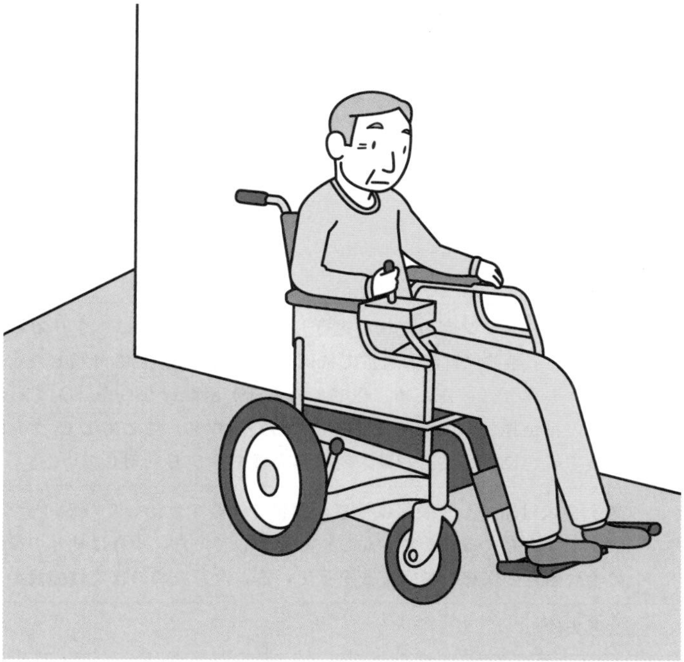

Q さんは，電動車《でんどうくるま》いすに乗《の》って，買《か》い物《もの》や外食《がいしょく》，昔《むかし》の勤務先《きんむさき》，自宅《じたく》などに行《い》きたいという強《つよ》い思《おも》いがある。

Q さんは，将来的《しょうらいてき》にはパソコンを購入《こうにゅう》して，孫《まご》とメールのやりとりをしたいと思《おも》っている。

Q さんのフェイスシート

氏名《しめい》	Q さん
性別《せいべつ》	男性《だんせい》
年齢《ねんれい》	75 歳《さい》
入所年《にゅうしょねん》・月《げつ》	○年《ねん》４月《がつ》
入所《にゅうしょ》にいたった理由《りゆう》	年々《ねんねん》パーキンソン病《びょう》の症状《しょうじょう》が進行《しんこう》し，ADL の低下《ていか》がはっきりとみられるようになったほか，１年前《ねんまえ》に自宅《じたく》の居室《きょしつ》で転倒《てんとう》し，左大腿骨頸部《ひだりだいたいこつけいぶ》を骨折《こっせつ》した。同居《どうきょ》している次男《じなん》夫婦《ふうふ》は共働《ともばたら》きだったため，在宅《ざいたく》での生活《せいかつ》が困難《こんなん》になった。Q さんの希望《きぼう》もあって介護老人福祉施設《かいごろうじんふくししせつ》に入所《にゅうしょ》することとなった。なお，もともと Q さんは，同施設《どうしせつ》の通所《つうしょ》介護《かいご》を週《しゅう》２回《かい》，また，短期入所生活介護《たんきにゅうしょせいかつかいご》を月《つき》７日《なのか》利用《りよう》していた。
家族《かぞく》	息子《むすこ》２人《ふたり》は結婚《けっこん》し，長男《ちょうなん》は仕事《しごと》の関係《かんけい》で他県《たけん》で生活《せいかつ》している（子《こ》どもは３人《にん》）。入所《にゅうしょ》前《まえ》までは次男夫婦《じなんふうふ》（子《こ》どもなし）と同居《どうきょ》していた。次男《じなん》は地元《じもと》の役場《やくば》に勤務《きんむ》し，次男《じなん》の妻《つま》は地元《じもと》の保育所《ほいくしょ》で保育士《ほいくし》をしている。次男夫婦《じなんふうふ》の自宅《じたく》は施設《しせつ》の近《ちか》くにある。
キーパーソン	次男夫婦《じなんふうふ》
入所前《にゅうしょまえ》の生活状況《せいかつじょうきょう》	農業《のうぎょう》を営《いとな》む両親《りょうしん》のもと６人《にん》きょうだいの四男《よんなん》として生《う》まれた。高等学校卒業後《こうとうがっこうそつぎょうご》，地《じ》元《もと》の農業協同組合《のうぎょうきょうどうくみあい》に勤務《きんむ》し，そのあと，結婚《けっこん》し，２人《ふたり》の息子《むすこ》をもうけた。 55 歳《さい》のとき，パーキンソン病《びょう》を発症《はっしょう》。定年《ていねん》（60 歳《さい》）まで同《おな》じ農業協同組合《のうぎょうきょうどうくみあい》に勤務《きんむ》しており，58 歳《さい》のときから２年間《ねんかん》は組合長《くみあいちょう》を務《つと》めていた。組合長《くみあいちょう》になってからは，仕事柄《しごとがら》，常《つね》に身《み》だしなみを整《ととの》え，毅然《きぜん》とした態度《たいど》をつらぬいていた。交友関係《こうゆうかんけい》も広《ひろ》く，どちらかというと派手《はで》な私生活《しせいかつ》であった。パーキンソン病《びょう》のため，定年近《ていねんちか》くには歩行時《ほこうじ》につまずくことも頻繁《ひんぱん》にみられるようになった。 定年後《ていねんご》は妻《つま》と２人《ふたり》でおだやかに生活《せいかつ》していたが，３年前《ねんまえ》に妻《つま》が他界《たかい》した。妻《つま》が他界《たかい》してからは，次男夫婦《じなんふうふ》との同居《どうきょ》を始《はじ》めた。
入所《にゅうしょ》における本人《ほんにん》・家族《かぞく》などの要望《ようぼう》	Q さんの要望《ようぼう》：「自分《じぶん》の望《のぞ》みどおりの生活《せいかつ》をしたい。施設《しせつ》に入《はい》ったあとも頻繁《ひんぱん》に外出《がいしゅつ》したり，帰宅《きたく》したりしたい。身《み》のまわりのことはできるだけ自分《じぶん》でしたい」 次男夫婦《じなんふうふ》の要望《ようぼう》：「施設内《しせつない》で安全《あんぜん》に，けがなく生活《せいかつ》してほしい。月《つき》１回程度《かいていど》は帰《かえ》ってきてほしい」
その他《た》	毎週土曜日《まいしゅうどようび》の午後《ごご》は，理学療法士《りがくりょうほうし》による専門的《せんもんてき》なリハビリテーション訓練《くんれん》を受《う》けているが，とにかく何《なん》でも自分《じぶん》でできるようになりたいという希望《きぼう》があり，専門的《せんもんてき》リハビリテーション訓練《くんれん》の機会《きかい》の増加《ぞうか》を希望《きぼう》している。

pp.116-122 の「利用者《りようしゃ》のプロフィール」「家族構成《かぞくこうせい》および生活歴《せいかつれき》」「現在《げんざい》の状況《じょうきょう》」および「フェイスシート」を読《よ》み，Q さんについてアセスメントを行《おこな》ってみよう。

● Q さんのアセスメント表《ひょう》(1)

1. 心身《しんしん》の状況《じょうきょう》（心身機能《しんしんきのう》・身体構造《しんたいこうぞう》／健康状態《けんこうじょうたい》）

	項《こう》　目《もく》	現在《げんざい》の状況《じょうきょう》
1	要介護状態区分《ようかいごじょうたいくぶん》／障害程度等級《しょうがいていどとうきゅう》	
2	認知症高齢者《にんちしょうこうれいしゃ》の日常生活自立度《にちじょうせいかつじりつど》	
3	障害《しょうがい》の状況《じょうきょう》(身体《しんたい》・知的《ちてき》・精神《せいしん》)	
4	現在《げんざい》のおもな疾患《しっかん》	
5	服薬《ふくやく》	
6	既往歴《きおうれき》	
7	平常時《へいじょうじ》のバイタルサイン	
8	その他《た》	

2. 日常生活《にちじょうせいかつ》の状況《じょうきょう》（活動《かつどう》）

	項《こう》　目《もく》	現在《げんざい》の状況《じょうきょう》	本人《ほんにん》の思《おも》い
9	家事《かじ》		
10	移動《いどう》		
11	身《み》じたく		
12	食事《しょくじ》		

13	排泄《はいせつ》		
14	入浴《にゅうよく》・清潔《せいけつ》保《ほ》持《じ》		
15	睡眠《すいみん》		
16	コミュニケーション		

3. 豊《ゆた》かさ（参加《さんか》）

	項《こう》　目《もく》	現在《げんざい》の状況《じょうきょう》	本人《ほんにん》の思《おも》い
17	意欲《いよく》・生《い》きがい		
18	余暇《よか》の過《す》ごし方《かた》		
19	役割《やくわり》（家庭《かてい》／社会《しゃかい》）		
20	その他《た》		

4. 環境《かんきょう》（環境因子《かんきょういんし》）

	項《こう》目《もく》	現在《げんざい》の状況《じょうきょう》	本人《ほんにん》の思《おも》い
21	生活環境《せいかつかんきょう》		
22	生活《せいかつ》に必要《ひつよう》な用具《ようぐ》		
23	経済状況《けいざいじょうきょう》		
24	家族関係《かぞくかんけい》		
25	サービス（制度《せいど》）の利用状況《りようじょうきょう》		
26	その他《た》		

5. その他《た》（個人因子《こじんいんし》）

	項《こう》目《もく》	現在《げんざい》の状況《じょうきょう》
27	価値観《かちかん》・習慣《しゅうかん》	
28	性格《せいかく》（個性《こせい》）	
29	生活歴《せいかつれき》・出身地《しゅっしんち》	
30	特技《とくぎ》	
31	1日《にち》の過《す》ごし方《かた》	
32	その他《た》	

● Qさんのアセスメント表《ひょう》(2)

アセスメント項目番号《こうもくばんごう》	情報《じょうほう》の解釈《かいしゃく》・関連《かんれん》づけ・統合《とうごう》化《か》	課《か》　題《だい》	優先順《ゆうせんじゅん》位《い》

pp.123-126 の「Q さんのアセスメント表《ひょう》(1) (2)」をもとに介護計画《かいごけいかく》を立《た》ててみよう。

Q さんの介護計画書《かいごけいかくしょ》

氏名《しめい》：

長期目標《ちょうきもくひょう》 (期間《きかん》：　　　)	

課《か》題《だい》	短期目標《たんきもくひょう》		具体的《ぐたいてき》な援助内容《えんじょないよう》・方法《ほうほう》		頻《ひん》度《ど》
	目標《もくひょう》	期間《きかん》	内容《ないよう》	方法《ほうほう》	

第《だい》2章《しょう》 用語解説《ようごかいせつ》

1 緩下剤

かんげざい

➡ p.54 参照《さんしょう》

便通《べんつう》をうながす下剤《げざい》のうち，大腸《だいちょう》での水分《すいぶん》吸収《きゅうしゅう》を抑《おさ》え，便《べん》の水分含量《すいぶんがんりょう》を増《ふ》やすことによって作用《さよう》するもの。

2 脳梗塞

のうこうそく

➡ p.58 参照《さんしょう》

脳血栓《のうけっせん》や脳塞栓《のうそくせん》などによる脳血流障害《のうけつりゅうしょうがい》により，脳細胞《のうさいぼう》が壊死《えし》におちいった状態《じょうたい》のこと。

3 サービス付き高齢者向け住宅

さーびすつきこうれいしゃむけじゅうたく

➡ p.58 参照《さんしょう》

高齢者《こうれいしゃ》の居住《きょじゅう》の安定確保《あんていかくほ》に関《かん》する法律《ほうりつ》において，高齢者生活支援《こうれいしゃせいかつしえん》サービスを提供《ていきょう》することとしている賃貸住宅《ちんたいじゅうたく》とされ，都道府県《とどうふけん》知事《ちじ》の登録《とうろく》を受《う》けたものをいう。

4 ワルファリン

わるふぁりん

➡ p.59 参照《さんしょう》

ワーファリンともいう。心臓《しんぞう》や血管《けっかん》の病気《びょうき》のある人《ひと》では，血液《けつえき》が固《かた》まりやすい状態《じょうたい》になることがあるため，それを防《ふせ》ぎ，血液《けつえき》を固《かた》まりにくくするための薬《くすり》。

5 上部消化管

じょうぶしょうかかん

➡ p.60 参照《さんしょう》

食道《しょくどう》，胃《い》，十二指腸《じゅうにしちょう》のこと。

6 鉄欠乏性貧血

てつけつぼうせいひんけつ

➡ p.61 参照《さんしょう》

貧血《ひんけつ》とは，血液中《けつえきちゅう》の赤血球《せっけっきゅう》の数《かず》やヘモグロビンの濃度《のうど》が低《ひく》い状態《じょうたい》をいうが，そのなかでも鉄欠乏性貧血《てつけつぼうせいひんけつ》とは，鉄不足《てつぶそく》が原因《げんいん》で起《お》こる貧血《ひんけつ》のことである。

7 個別サービス計画

こべつさーびすけいかく

➡ p.62 参照《さんしょう》

介護支援専門員《かいごしえんせんもんいん》（ケアマネジャー）が作成《さくせい》するケアプラン（居宅《きょたく》サービス計画《けいかく》，施設《しせつ》サービス計画《けいかく》など）の目標《もくひょう》を実現《じつげん》するために，専門職《せんもんしょく》ごとに立案《りつあん》された，利用者《りようしゃ》にかかわるより詳細《しょうさい》な計画《けいかく》のこと。利用者一人《りようしゃひと》ひとりの状態《じょうたい》をふまえ，その人《ひと》らしい生活《せいかつ》をするための援助《えんじょ》ができるように，各専門《かくせんもん》職《しょく》の視点《してん》からアセスメントを行《おこな》い，課題《かだい》の解決《かいけつ》に向《む》けた目標《もくひょう》や具体的《ぐたいてき》な援助《えんじょ》の内容《ないよう》・方法《ほうほう》を決定《けってい》する。介護職《かいごしょく》が立案《りつあん》する個別《こべつ》サービス計画《けいかく》は，介護過程《かいごかてい》にもとづいて作《さく》成《せい》するもので，一般《いっぱん》に介護計画《かいごけいかく》と呼《よ》ばれる。

8 居宅介護支援事業所

きょたくかいごしえんじぎょうしょ

➡ p.63 参照《さんしょう》

介護保険制度《かいごほけんせいど》によって制度化《せいどか》されたもので，居宅介護支援《きょたくかいごしえん》（ケアマネジメント）を実施《じっし》する事業所《じぎょうしょ》のこと。人員基準《じんいんきじゅん》として，常勤《じょうきん》の介護支援専門員《かいごしえんせんもんいん》を1名以上配置《めいいじょうはいち》することが義務《ぎむ》づけられている。

9 認知症高齢者の日常生活自立度

にんちしょうこうれいしゃのにちじょうせいかつじりつど

➡ p.74 参照《さんしょう》

1993（平成《へいせい》5）年《ねん》10月《がつ》に発表《はっぴょう》された認知《にんち》症高齢者《しょうこうれいしゃ》の判定基準《はんていきじゅん》にもとづく度合《どあ》いのこと。ランクⅠ～ランクⅣおよびランクMの基準《きじゅん》が定《さだ》められており，医学的《いがくてき》な認知症《にんちしょう》の程度《ていど》ではなく生活《せいかつ》の状態像《じょうたいぞう》から介護《かいご》の必《ひつ》要度《ようど》を示《しめ》すものである。

10 障害高齢者の日常生活自立度

しょうがいこうれいしゃのにちじょうせいかつじりつど

➡ p.74 参照《さんしょう》

「障害老人《しょうがいろうじん》の日常生活自立度《にちじょうせいかつじりつど》（寝《ね》たきり度《ど》）判定基準《はんていきじゅん》」作成検討会《さくせいけんとうかい》が厚生省《こうせいしょう》（当時《とうじ》）の依頼《いらい》を受《う》けて，1991（平成《へいせい》3）年《ねん》10月《がつ》に公表《こうひょう》した判定基準《はんていきじゅん》にもとづく寝《ね》たきりの度《ど》合《あ》いのこと。この基準《きじゅん》では，ランクJ（生《せい》活自立《かつじりつ》），ランクA（準寝《じゅんね》たきり），ランクB（寝《ね》たきり），ランクC（寝《ね》たきり）に分《わ》けられている。

11 脳出血

のうしゅっけつ

➡ p.75 参照《さんしょう》

さまざまな原因《げんいん》で起《お》こる脳《のう》の血管《けっかん》からの出《しゅっ》血《けつ》。脳《のう》の血管《けっかん》が切《き》れる脳内出血《のうないしゅっけつ》と，脳《のう》の表《ひょう》面《めん》の血管《けっかん》が切《き》れて起《お》こるくも膜下出血《まくかしゅっけつ》とがある。

12 食物繊維

しょくもつせんい

➡ p.99 参照《さんしょう》

植物性食品《しょくぶつせいしょくひん》および動物性食品由来《どうぶつせいしょくひんゆらい》のもので人《ひと》の消化酵素《しょうかこうそ》で消化《しょうか》されない食物成分《しょくもつせいぶん》。その性質《せいしつ》から不溶性食物繊維《ふようせいしょくもつせんい》と水溶性食物《すいようせいしょくもつ》繊《せん》維《い》に分類《ぶんるい》される。食物繊維《しょくもつせんい》は，高齢者《こうれいしゃ》にとって，便通《べんつう》の改善《かいぜん》や生活習慣病《せいかつしゅうかんびょう》の予防《よぼう》に効果《こうか》がある。

13 遺族年金

いぞくねんきん

➡ p.100 参照《さんしょう》

国民年金《こくみんねんきん》の被保険者等《ひほけんしゃとう》が死亡《しぼう》した場合《ばあい》に子《こ》のある配偶者《はいぐうしゃ》または子《こ》に支給《しきゅう》される遺族基《いぞくき》礎年金《そねんきん》と，厚生年金《こうせいねんきん》の被保険者等《ひほけんしゃとう》が死亡《しぼう》した場合《ばあい》に一定《いってい》の要件《ようけん》を満《み》たす遺族《いぞく》に支給《しきゅう》される遺族厚生年金《いぞくこうせいねんきん》の総称《そうしょう》。

14 ADL

エーディーエル

➡ p.117 参照《さんしょう》

Activities of Daily Livingの略《りゃく》。「日常生《にちじょうせい》活動作《かつどうさ》」「日常生活活動《にちじょうせいかつかつどう》」などと訳《やく》される。人間《にんげん》が毎日《まいにち》の生活《せいかつ》を送《おく》るための基本的動作《きほんてきどうさ》群《ぐん》のことで，食事《しょくじ》，更衣《こうい》，整容《せいよう》，排泄《はいせつ》，入《にゅう》浴《よく》，移乗《いじょう》，移動《いどう》などがある。

第《だい》3章《しょう》

介護過程《かいごかてい》の展開《てんかい》の実践《じっせん》

（介護過程《かいごかてい》Ⅲ）

利用者《りようしゃ》の特性《とくせい》に応《おう》じた介護過程《かいごかてい》の実践的展開《じっせんてきてんかい》

- 事例《じれい》1　片麻痺《かたまひ》のある高齢者《こうれいしゃ》の夢《ゆめ》の実現《じつげん》に向《む》けた支援《しえん》
- 事例《じれい》2　在宅《ざいたく》で終末期《しゅうまつき》を迎《むか》える高齢者《こうれいしゃ》と家族《かぞく》の生活支援《せいかつしえん》
- 事例《じれい》3　都会《とかい》に住《す》む一人暮《ひとりぐ》らしの高齢者《こうれいしゃ》の生活支援《せいかつしえん》
- 事例《じれい》4　介護老人保健施設《かいごろうじんほけんしせつ》で生活《せいかつ》する利用者《りようしゃ》への支援《しえん》

【到達目標《とうたつもくひょう》】

- 実務者研修課程《じつむしゃけんしゅうかてい》で学《まな》んだ知識《ちしき》・技術《ぎじゅつ》を確実《かくじつ》に習得《しゅうとく》し，活用《かつよう》できる。
- 知識《ちしき》・技術《ぎじゅつ》を総合的《そうごうてき》に活用《かつよう》し，利用者《りようしゃ》の心身《しんしん》の状況等《じょうきょうとう》に応《おう》じて介護過程《かいごかてい》を展開《てんかい》し，系統的《けいとうてき》な介護《かいご》（アセスメント，介護計画立案《かいごけいかくりつあん》，実施《じっし》，モニタリング，介護計画《かいごけいかく》の見直《みなお》し等《とう》）を提供《ていきょう》できる。
- 介護計画《かいごけいかく》を踏《ふ》まえ，安全確保《あんぜんかくほ》・事故防止《じこぼうし》，家族《かぞく》との連携《れんけい》・支援《しえん》，他職種《たしょくしゅ》，他機関《たきかん》との連携《れんけい》を行《おこな》うことができる。
- 知識《ちしき》・技術《ぎじゅつ》を総合的《そうごうてき》に活用《かつよう》し，利用者《りようしゃ》の心身《しんしん》の状況等《じょうきょうとう》に応《おう》じた介護《かいご》を行《おこな》うことができる。

利用者《りようしゃ》の特性《とくせい》に応《おう》じた介護《かいご》過程《かてい》の実践的《じっせんてき》展開《てんかい》

月《がつ》
日《にち》

1. 利用者《りようしゃ》のさまざまな暮《く》らしと介護過程《かいごかてい》の展開《てんかい》

❶ 生活《せいかつ》することの意味《いみ》，人生《じんせい》の尊《とうと》さ，介護職《かいごしょく》の仕事《しごと》の魅力《みりょく》

人《ひと》の暮《く》らしは，その人《ひと》なりの生活歴《せいかつれき》や生活信条《せいかつしんじょう》，価値観《かちかん》，地域《ちいき》の文化的特性《ぶんかてきとくせい》，自然環境《しぜんかんきょう》，利用者《りようしゃ》を取《と》り巻《ま》く人的環境《じんてきかんきょう》，利用者《りようしゃ》の精神的《せいしんてき》･身体的状況《しんたいてきじょうきょう》などが複雑《ふくざつ》にからみ合《あ》って，その人《ひと》なりの暮《く》らしが成《な》り立《た》っています。だからこそ，利用者《りようしゃ》のさまざまな情報《じょうほう》を意図的《いとてき》に収集《しゅうしゅう》し，その情報《じょうほう》の意味《いみ》（その利用者《りようしゃ》にとって特有《とくゆう》の意味《いみ》）を理解《りかい》し，関連性《かんれんせい》に気《き》づき，統合化《とうごうか》していくことで，はじめてその人《ひと》の**個別《こべつ》の生活課題《せいかつかだい》**が明《あき》らかになります。

第《だい》3章《しょう》では，このように個別性《こべつせい》が高《たか》く，かけがえのない人生《じんせい》に寄《よ》り添《そ》った援助《えんじょ》を行《おこな》う介護職《かいごしょく》だからこそ知《し》ることができる，生活《せいかつ》することの意味《いみ》や人生《じんせい》の尊《とうと》さ，介護職《かいごしょく》としての仕事《しごと》の魅力《みりょく》を伝《つた》えたいとの思《おも》いから，4つの事例《じれい》を取《と》り上《あ》げました。

具体的《ぐたいてき》な事例《じれい》のなかから，①介護職《かいごしょく》としての気《き》づきの大切《たいせつ》さ，②介護職《かいごしょく》が収集《しゅうしゅう》する情報《じょうほう》の量《りょう》や質《しつ》によってアセスメントの結果《けっか》が変《か》わってくること，③アセスメントの結果《けっか》が利用者《りようしゃ》の生活《せいかつ》の質《しつ》に大《おお》きな影響《えいきょう》をおよぼすこと，などを学《まな》んでください。

❷ 介護技術《かいごぎじゅつ》の実施《じっし》と評価《ひょうか》

介護職《かいごしょく》は介護支援専門員《かいごしえんせんもんいん》（ケアマネジャー）と違《ちが》い，コーディネート機能《きのう》（利用者《りようしゃ》やサービス提供機関《ていきょうきかん》などの連絡《れんらく》・調整《ちょうせい》）がもっとも求《もと》められているわけではなく，直接的《ちょくせつてき》な援助者《えんじょしゃ》として，**安全性《あんぜんせい》と快適《かいてき》さに配慮《はいりょ》した介護技術《かいごぎじゅつ》の実践《じっせん》**をになう必要《ひつよう》があります。そのため，介護過程《かいごかてい》の展開《てんかい》にあたっては，「アセスメント」や「計画《けいかく》の立案《りつあん》」はもちろんですが，「実施《じっし》」の部分《ぶぶん》において**介護計画《かいごけいかく》にもとづいた介護《かいご》**を実施《じっし》することが重要《じゅうよう》になります。

そこで第《だい》3章《しょう》では，それぞれの事例《じれい》ごとに，利用者《りようしゃ》の特性《とくせい》に応《おう》じた形《かたち》での介護《かいご》をどのように実施《じっし》すればよいかについてまとめています。

たとえば食事《しょくじ》の介助《かいじょ》といっても，利用者《りようしゃ》の身体的《しんたいてき》・精神的状況《せいしんてきじょうきょう》のほか，環境整備《かんきょうせいび》の違《ちが》いによってもその方法《ほうほう》や手順《てじゅん》はさまざまです。第《だい》3章《しょう》に掲載《けいさい》している事例《じれい》と演習課題《えんしゅうかだい》を通《つう》じて，利用者《りようしゃ》の特性《とくせい》に応《おう》じた介護技術《かいごぎじゅつ》を実施《じっし》・評価《ひょうか》してみましょう。

なお，基礎的《きそてき》な介護技術《かいごぎじゅつ》の方法《ほうほう》や手順《てじゅん》については，本《ほん》シリーズの『第《だい》2巻《かん》　介護《かいご》Ⅰ』の第《だい》4章《しょう》および第《だい》5章《しょう》において解説《かいせつ》しています。

月《がつ》

日《にち》

2. 第《だい》3章《しょう》で取《と》り上《あ》げる事例《じれい》の特徴《とくちょう》

❶ 事例《じれい》1「片麻痺《かたまひ》のある高齢者《こうれいしゃ》の夢《ゆめ》の実現《じつげん》に向《む》けた支援《しえん》」

脳梗塞《のうこうそく》[1]（➡p.221 参照《さんしょう》）により右片麻痺《みぎかたまひ》になり，人生《じんせい》の目標《もくひょう》であった4度目《どめ》の遍路参《へんろまい》りを断念《だんねん》していたAさんの夢《ゆめ》の実現《じつげん》に向《む》けた支援《しえん》の事例《じれい》です。この事例《じれい》からは，介護職《かいごしょく》には，「麻痺《まひ》があるから」「歩行《ほこう》が不安定《ふあんてい》だから」と，「できない理由《りゆう》」を探《さが》してあきらめてしまうのではなく，常《つね》に利用者《りようしゃ》の可能性《かのうせい》の実現《じつげん》に向《む》けたアンテナを張《は》り，利用者《りようしゃ》の潜在的《せんざいてき》な能《のう》力《りょく》を引《ひ》き出《だ》すことが求《もと》められていることがわかります。

❷ 事例《じれい》2「在宅《ざいたく》で終末期《しゅうまつき》を迎《むか》える高齢者《こうれいしゃ》と家族《かぞく》の生活支援《せいかつしえん》」

自宅《じたく》で最期《さいご》を迎《むか》えようとしている95歳《さい》のCさんの事例《じれい》です。介護職《かいごしょく》は，終末期《しゅうまつき》において，最期《さいご》をどこでどのように迎《むか》えるのかを利用者自身《りようしゃじしん》が決《き》められるように援助《えんじょ》することも重要《じゅうよう》です。Cさんのように自宅《じたく》で最期《さいご》を迎《むか》えることを望《のぞ》む場合《ばあい》は，それを支《ささ》える家族《かぞく》の協《きょう》力《りょく》が必要《ひつよう》になるため，介護職《かいごしょく》には，家族《かぞく》を援助《えんじょ》することも求《もと》められます。利用者本人《りようしゃほんにん》や家《か》族《ぞく》との十分《じゅうぶん》な話《はな》し合《あ》いのもとに，自分自身《じぶんじしん》の死生観《しせいかん》をはぐくむことが求《もと》められます。

❸ 事例《じれい》3「都会《とかい》に住《す》む一人暮《ひとりぐ》らしの高齢者《こうれいしゃ》の生活支援《せいかつしえん》」

単身赴任《たんしんふにん》の期間《きかん》が長《なが》かったために，近所《きんじょ》づきあいがほとんどない一人暮《ひとりぐ》らしのEさんの事例《じれい》です。都会《とかい》に住《す》む一人暮《ひとりぐ》らしの高齢者《こうれいしゃ》の場合《ばあい》，社会《しゃかい》との関係性《かんけいせい》を構築《こうちく》する援助《えんじょ》をどのように考《かんが》えるかが重要《じゅうよう》となります。この事例《じれい》からは，ケアチームのメンバーのかかわりや活動《かつどう》そのものが，Eさんらしさを尊重《そんちょう》しながら日常生活《にちじょうせいかつ》に変化《へんか》やうるおいを与《あた》える重要《じゅうよう》な社会資源《しゃかいしげん》として機能《きのう》することが理解《りかい》できます。

❹ 事例《じれい》4「介護老人保健施設《かいごろうじんほけんしせつ》で生活《せいかつ》する利用者《りようしゃ》への支援《しえん》」

介護老人保健施設《かいごろうじんほけんしせつ》に入所《にゅうしょ》しているものの，1日《にち》も早《はや》く自宅《じたく》に戻《もど》り，主婦《しゅふ》としての役割《やくわり》を果《は》たしたいと思《おも》っているGさんの事例《じれい》です。Gさんは，自分《じぶん》の身《み》のまわりのことを自分《じぶん》でできるようにならなければと，意欲的《いよくてき》にリハビリテーションにはげんでいます。また，自宅《じたく》に戻《もど》ってからの生活《せいかつ》を考《かんが》え，入浴《にゅうよく》に必要《ひつよう》な福祉用具《ふくしようぐ》についてたずねたり，食後《しょくご》の片《かた》づけを積極的《せっきょくてき》にしたりと，努力《どりょく》を惜《お》しみません。介護職《かいごしょく》には，利用者《りようしゃ》の現在《げんざい》の生活《せいかつ》のみを援《えん》助《じょ》するのではなく，長期的《ちょうきてき》な視野《しや》に立《た》った目標《もくひょう》の設定《せってい》と具体的《ぐたいてき》な援助《えんじょ》が求《もと》められます。

月《がつ》　日《にち》

3. 演習《えんしゅう》の進《すす》め方《かた》

❶ 介護過程《かいごかてい》の展開《てんかい》

第《だい》3章《しょう》で取《と》り上《あ》げる4つの事例《じれい》は，すべて共通《きょうつう》した構成《こうせい》になっています。

事例《じれい》の冒頭《ぼうとう》には，「介護職《かいごしょく》が収集《しゅうしゅう》した利用者《りようしゃ》に関《かん》する情報《じょうほう》」がまとめられています。具《ぐ》体的《たいてき》には，①利用者《りようしゃ》のプロフィール，②家族構成《かぞくこうせい》および生活歴《せいかつれき》，③現在《げんざい》の状況《じょうきょう》，④フェイスシートがそれにあたります。

これらの情報《じょうほう》を項目《こうもく》ごとに整理《せいり》し直《なお》したものがアセスメント表《ひょう》(1)です。このアセスメント表《ひょう》(1)は，ICF の構成要素《こうせいようそ》である「心身機能《しんしんきのう》・身体構造《しんたいこうぞう》」「健康状態《けんこうじょうたい》」「活動《かつどう》」「参加《さんか》」「環《かん》境因子《きょういんし》」「個人因子《こじんいんし》」を置《お》き換《か》えて，全部《ぜんぶ》で32個《こ》のアセスメント項目《こうもく》に分類《ぶんるい》した形《かたち》になっています。

介護職《かいごしょく》は，アセスメント表《ひょう》(1)に散《ち》りばめられている情報《じょうほう》を解釈《かいしゃく》し，関連《かんれん》づけて，統合化《とうごうか》します。つまり，離《はな》れ小島《こじま》に橋《はし》をかけて，利用者《りようしゃ》にとっての課題《かだい》を明確化《めいかくか》するわけです。そのときに用《もち》いるのがアセスメント表《ひょう》(2)になります。ここまでが介護過程《かいごかてい》におけるアセスメントの段階《だんかい》です。

アセスメント表《ひょう》(2)を作成《さくせい》して明《あき》らかになった利用者《りようしゃ》にとっての課題《かだい》は，優先順位《ゆうせんじゅんい》に即《そく》して介護計画書《かいごけいかくしょ》に記入《きにゅう》します。そして，課題《かだい》ごとに目標《もくひょう》を設定《せってい》し，目標《もくひょう》を達成《たっせい》するための具《ぐ》体的《たいてき》な援助内容《えんじょないよう》・方法《ほうほう》を頻度《ひんど》も含《ふく》めて選定《せんてい》します。この作業《さぎょう》が，介護過程《かいごかてい》における計画《けいかく》の立案《りつあん》の段階《だんかい》です。

介護過程《かいごかてい》では，介護計画《かいごけいかく》を立案《りつあん》したあとに実施《じっし》と評価《ひょうか》を行《おこな》うわけですが，実施状況《じっしじょうきょう》とその評価《ひょうか》は実施評価表《じっしひょうかひょう》に記入《きにゅう》します。

以上《いじょう》のように，4つの事例《じれい》を通《とお》して介護過程《かいごかてい》を疑似体験《ぎじたいけん》してください。利用者《りようしゃ》が目《め》の前《まえ》にいるわけではありませんし，情報《じょうほう》も収集《しゅうしゅう》し終《お》えたところからのスタートになりますが，実際《じっさい》の状況《じょうきょう》を想定《そうてい》して「情報《じょうほう》の解釈《かいしゃく》・関連《かんれん》づけ・統合化《とうごうか》」や「課題《かだい》の明確化《めいかくか》」，そして「介護計画《かいごけいかく》の立案《りつあん》」を訓練《くんれん》することは非常《ひじょう》に重要《じゅうよう》です。

❷ 介護技術《かいごぎじゅつ》の実施《じっし》と評価《ひょうか》

4つの事例《じれい》には，最後《さいご》に「演習《えんしゅう》」が設《もう》けられています。事例《じれい》1では移動《いどう》・移乗《いじょう》，事例《じれい》2では食事《しょくじ》，身《み》だしなみ，排泄《はいせつ》，事例《じれい》3では移動《いどう》・移乗《いじょう》，排泄《はいせつ》，事例《じれい》4では衣服《いふく》の着脱《ちゃくだつ》，入浴《にゅうよく》というように，事例《じれい》に登場《とうじょう》する利用者《りようしゃ》に対《たい》してそれぞれの介護《かいご》を行《おこな》うこと（**介護技術《かいごぎじゅつ》の実施《じっし》**）を想定《そうてい》しています。

演習《えんしゅう》の課題《かだい》は，利用者《りようしゃ》ごとに立案《りつあん》された介護計画書《かいごけいかくしょ》に盛《も》りこまれている「具体的《ぐたいてき》な援助《えんじょ》内容《ないよう》・方法《ほうほう》」にもとづいています。つまり，演習《えんしゅう》を行《おこな》うことで，介護過程《かいごかてい》のうちの「実《じっ》施《し》」段階《だんかい》を体験《たいけん》するわけです。介護技術《かいごぎじゅつ》を実施《じっし》したあとには，**確認《かくにん》・評価項目《ひょうかこうもく》**を参考《さんこう》にして，必《かなら》ず**介護技術《かいごぎじゅつ》の評価《ひょうか》**を行《おこな》いましょう。

図《ず》3-1 ● 演習《えんしゅう》の進《すす》め方《かた》

① 介護職《かいごしょく》が収集《しゅうしゅう》した利用者《りようしゃ》に関《かん》する情報《じょうほう》

・利用者《りようしゃ》のプロフィール
・家族構成《かぞくこうせい》および生活歴《せいかつれき》
・現在《げんざい》の状況《じょうきょう》
　健康状態《けんこうじょうたい》，日常生活《にちじょうせいかつ》の状況《じょうきょう》，経済状況《けいざいじょうきょう》，性格《せいかく》，1日《にち》の過《す》ごし方《かた》，本人《ほんにん》や家族《かぞく》などの思《おも》い，最近《さいきん》の様子《ようす》　など
・フェイスシート
　氏名《しめい》，性別《せいべつ》，年齢《ねんれい》，入所《にゅうしょ》もしくはサービス利用開始《りようかいし》の年《とし》・月《つき》，入所《にゅうしょ》もしくはサービス利用《りよう》にいたった理由《りゆう》，家族《かぞく》，キーパーソン，入所《にゅうしょ》もしくはサービス利用前《りようまえ》の生活状《せいかつじょう》況《きょう》，入所《にゅうしょ》もしくはサービス利用《りよう》における本人《ほんにん》・家族《かぞく》などの要望《ようぼう》，その他《た》

↓

② アセスメント

・アセスメント表《ひょう》(1)
　心身《しんしん》の状況《じょうきょう》（心身機能《しんしんきのう》・身体構造《しんたいこうぞう》／健康状態《けんこうじょうたい》），日常生活《にちじょうせいかつ》の状況《じょうきょう》（活動《かつどう》），豊《ゆた》かさ（参加《さんか》），環境《かんきょう》（環境因子《かんきょういんし》），その他《た》（個人因子《こじんいんし》）
・アセスメント表《ひょう》(2)
　情報《じょうほう》の解釈《かいしゃく》・関連《かんれん》づけ・統合化《とうごうか》，課題《かだい》，優先順位《ゆうせんじゅんい》

↓

③ 計画《けいかく》の立案《りつあん》

・介護計画書《かいごけいかくしょ》
　長期目標《ちょうきもくひょう》，課題《かだい》，短期目標《たんきもくひょう》，具体的《ぐたいてき》な援助内容《えんじょないよう》・方法《ほうほう》，頻度《ひんど》

↓

④ 実施《じっし》／評価《ひょうか》

・実施評価表《じっしひょうかひょう》
　実施状況《じっしじょうきょう》，評価《ひょうか》，気《き》づいたこと（新《あら》たな課題《かだい》や可能性《かのうせい》）
・演習《えんしゅう》（＝演習課題《えんしゅうかだい》に即《そく》した介護技術《かいごぎじゅつ》の実施《じっし》と評価《ひょうか》）

□月《がつ》

□日《にち》

事例《じれい》1　片麻痺《かたまひ》のある高齢者《こうれいしゃ》の夢《ゆめ》の実現《じつげん》に向《む》けた支援《しえん》

❶ 利用者《りようしゃ》のプロフィール

氏名《しめい》：Aさん
性別《せいべつ》：男性《だんせい》
年齢《ねんれい》：72歳《さい》
生活環境《せいかつかんきょう》：介護老人保健施設《かいごろうじんほけんしせつ》（2か月後《げつご》の在宅復帰《ざいたくふっき》を目標《もくひょう》にリハビリテーションを実施中《じっしちゅう》）
要介護度《ようかいごど》：要介護《ようかいご》2
入所年《にゅうしょねん》・月《げつ》：○○年《ねん》□月《がつ》
認知症高齢者《にんちしょうこうれいしゃ》の日常生活自立度《にちじょうせいかつじりつど》[2]（➡p.221参照《さんしょう》）：認知症《にんちしょう》はない。
障害高齢者《しょうがいこうれいしゃ》の日常生活自立度《にちじょうせいかつじりつど》[3]（➡p.221参照《さんしょう》）：A1（☞第《だい》3巻《かん》p.224）

❷ 家族構成《かぞくこうせい》および生活歴《せいかつれき》

▶▶ 幼少期《ようしょうき》から就職《しゅうしょく》まで

・4人《にん》きょうだい（姉《あね》・兄《あに》・弟《おとうと》）の次男《じなん》として，瀬戸内海《せとないかい》の小《ちい》さな島《しま》で育《そだ》ち，両親《りょうしん》は農業《のうぎょう》と乳牛《にゅうぎゅう》2頭《とう》の酪農《らくのう》を営《いとな》んでいた。
・生活《せいかつ》は苦《くる》しかったが，家族思《かぞくおも》いであった。
・段々畑《だんだんばたけ》と酪農《らくのう》を手伝《てつだ》いながら小学校《しょうがっこう》を卒業《そつぎょう》し，隣《となり》の島《しま》の中学校時代《ちゅうがっこうじだい》は新聞配達《しんぶんはいたつ》などのアルバイトをしながら卒業《そつぎょう》した。
・中学卒業後《ちゅうがくそつぎょうご》は，働《はたら》きながら近県《きんけん》の夜間高校《やかんこうこう》に通《かよ》い，夜間大学《やかんだいがく》を卒業《そつぎょう》した。
・そのあと，しばらくは近県《きんけん》の政治家《せいじか》の秘書《ひしょ》をしていたが，30歳《さい》で帰省《きせい》し，公社《こうしゃ》に就職《しゅうしょく》した。

▶▶ 結婚《けっこん》から定年後《ていねんご》まで

・結婚《けっこん》して一男三女《いちなんさんじょ》をもうけたが，長男《ちょうなん》は生後《せいご》1週間《しゅうかん》で死亡《しぼう》した。
・45歳《さい》のときには生後《せいご》1週間《しゅうかん》で亡《な》くなった長男《ちょうなん》の供養《くよう》のため，55歳《さい》のときには両親《りょうしん》のために，休暇《きゅうか》を利用《りよう》しながら四国八十八ヶ所《しこくはちじゅうはっかしょ》の「遍路参《へんろまい》り」をした。
・58歳《さい》のときに，職場《しょくば》の健康診断《けんこうしんだん》で高血圧《こうけつあつ》を指摘《してき》され，近《ちか》くの内科医院《ないかいいん》を受診《じゅしん》したところ，高血圧症《こうけつあつしょう》（☞第《だい》4巻《かん》p.263）と診断《しんだん》された。内服薬《ないふくやく》にて長《なが》いあいだ血圧《けつあつ》はコントロールできていた。
・公社《こうしゃ》に勤《つと》めているときは，まじめであり，家庭《かてい》でも厳格《げんかく》な父親《ちちおや》であった。
・60歳《さい》で定年退職《ていねんたいしょく》したあとは，家庭菜園《かていさいえん》と釣《つ》りを趣味《しゅみ》として楽《たの》しんでいたほか，65歳《さい》のとき，亡《な》くなった姉《あね》や弟《おとうと》のために3度目《どめ》の「遍路参《へんろまい》り」をした。

・手先《てさき》が器用《きよう》であり，釣《つ》り竿《ざお》に工夫《くふう》を加《くわ》えることもあった。また，家庭菜園《かていさいえん》をもち，たくさんの野菜《やさい》を収穫《しゅうかく》していた。

・家庭菜園《かていさいえん》で収穫《しゅうかく》したものや，釣《つ》ってきた魚《さかな》を自分《じぶん》で食《た》べたり，家族《かぞく》に食《た》べてもらうのが楽《たの》しみだった。

▶▶ 脳梗塞《のうこうそく》を発症《はっしょう》して以降《いこう》

・6か月前《げつまえ》，家庭菜園《かていさいえん》から帰《かえ》ったあと，気分《きぶん》が悪《わる》くなり嘔吐《おうと》。夜中《よなか》にトイレに行《い》こうと思《おも》ったが右足《みぎあし》がしびれて立《た》てなかった。

・翌朝《よくあさ》，市内《しない》の病院《びょういん》を受診《じゅしん》し脳梗塞《のうこうそく》と診断《しんだん》され，そのまま入院《にゅういん》。

・2か月間《げつかん》，治療《ちりょう》とリハビリテーションを受《う》け，室内《しつない》は歩行器《ほこうき》で歩《ある》けるようになったが，後遺症《こういしょう》として利《き》き手側《てがわ》の麻痺《まひ》（右片麻痺《みぎかたまひ》）と軽度《けいど》の**構音障害《こうおんしょうがい》**[4] (➡ p.221 参照《さんしょう》) が残《のこ》った。

・自宅《じたく》は段差《だんさ》も多《おお》く，すぐに戻《もど》ることはむずかしいため，在宅復帰《ざいたくふっき》の目的《もくてき》で，自宅近《じたくちか》くにある介護老人保健施設《かいごろうじんほけんしせつ》に入所《にゅうしょ》となった。

・75歳《さい》になったら，自分《じぶん》と家族《かぞく》のために人生最後《じんせいさいご》の「遍路参《へんろまい》り」をするのが夢《ゆめ》であったが，4度目《どめ》の遍路参《へんろまい》りは断念《だんねん》した。

▶▶ 現在《げんざい》の家族《かぞく》の状況《じょうきょう》

・妻《つま》は専業主婦《せんぎょうしゅふ》であり，家事《かじ》はすべて行《おこな》っている。

・3人《にん》の子《こ》どものうち，長女《ちょうじょ》は隣《となり》の市《し》に，三女《さんじょ》は同《おな》じ市内《しない》に住《す》んでいる。

・次女《じじょ》は20年前《ねんまえ》に離婚《りこん》して実家《じっか》に帰《かえ》っており，現在《げんざい》もAさん夫婦《ふうふ》と同居《どうきょ》している。

・次女《じじょ》は会社勤《かいしゃづと》めをしている。

・妻《つま》は次女《じじょ》を頼《たよ》りにしており，次女《じじょ》がすべての手続《てつづ》きなどを行《おこな》っている。

・三女《さんじょ》の家族《かぞく》（三女《さんじょ》，夫《おっと》，娘《むすめ》）は介護《かいご》に協力的《きょうりょくてき》である。

3 現在《げんざい》の状況《じょうきょう》

▶▶ 健康状態《けんこうじょうたい》

(1) 一般状態《いっぱんじょうたい》

・体温《たいおん》：36.0 ～ 36.3℃

・呼吸《こきゅう》：18 ～ 20回《かい》／分《ぷん》

・脈拍《みゃくはく》：62回《かい》／分《ぷん》

・血圧《けつあつ》：135 ／ 85mmHg

(2) 障害《しょうがい》の状況《じょうきょう》

・脳梗塞《のうこうそく》の後遺症《こういしょう》として，右片麻痺《みぎかたまひ》と構音障害《こうおんしょうがい》がある。

(3)　現在《げんざい》のおもな疾患《しっかん》

・高血圧症《こうけつあつしょう》（☞第《だい》4巻《かん》p.263）（血圧降下剤《けつあつこうかざい》を服用《ふくよう》）

(4)　既往歴《きおうれき》

・脳梗塞《のうこうそく》

(5)　視力《しりょく》

・白内障《はくないしょう》の手術《しゅじゅつ》をしており，日常生活《にちじょうせいかつ》に支障《ししょう》はない。

(6)　聴力《ちょうりょく》

・日常生活《にちじょうせいかつ》に支障《ししょう》はない。

▶▶ 日常生活《にちじょうせいかつ》の状況《じょうきょう》

(1)　移動《いどう》

・健側《けんそく》（左側《ひだりがわ》）の足《あし》を利用《りよう》して起《お》き上《あ》がり，**端座位《たんざい》**[5]（⇒ p.221 参照《さんしょう》）になることができる。

・退院直後《たいいんちょくご》は歩行器《ほこうき》を使用《しよう》して歩《ある》いていたが，約《やく》1か月《げつ》のリハビリテーションにより**短《たん》下肢装具《かしそうぐ》**[6]（⇒ p.221 参照《さんしょう》）をつけて，50m 程度《ていど》の杖歩行《つえほこう》が可能《かのう》となった。

・段差《だんさ》を越《こ》えるときに少《すこ》しふらつくため，見守《みまも》りが必要《ひつよう》である。

(2)　身《み》じたく

・歯《は》みがき，うがい，洗面《せんめん》は自立《じりつ》している。

・最近《さいきん》はほとんどトレーナーを着《き》ているので，更衣《こうい》は自立《じりつ》している。

・靴下《くつした》をはくのに時間《じかん》がかかるため，妻《つま》がいるときは介助《かいじょ》してもらっている。

・ボタンは自分《じぶん》でとめることができる。

(3)　食事《しょくじ》

・現在《げんざい》は，すべて施設《しせつ》の食事《しょくじ》（減塩食《げんえんしょく》）である。

・1人《ひとり》で食事《しょくじ》をすることができる。

・魚《さかな》などの身《み》をほぐすことは困難《こんなん》だが，あらかじめほぐしておくと，右手《みぎて》に柄《え》の太《ふと》いスプーンを持《も》って食《た》べることができる。

・食欲《しょくよく》はあり，何《なん》でもおいしく食《た》べている。

(4)　排泄《はいせつ》

・日中《にっちゅう》は自力《じりき》でトイレに行《い》けるが，夜間《やかん》はふらつくことがあるので，ベッドで尿器《にょうき》を使《し》用《よう》している。

・排尿《はいにょう》の回数《かいすう》は，1日《にち》6～7回《かい》（そのうち夜間《やかん》1回《かい》）である。

・排便《はいべん》は1日《にち》1回《かい》あるが，便《べん》がかたく，また毎日排便《まいにちはいべん》がないと気《き》になるため，夕食後《ゆうしょくご》，便《べん》をやわらかくするための薬《くすり》（酸化《さんか》マグネシウム）を服用《ふくよう》している。

・水分《すいぶん》は十分《じゅうぶん》にとれている。

(5)　入浴《にゅうよく》・清潔保持《せいけつほじ》

・一般浴《いっぱんよく》で，一部介助《いちぶかいじょ》により入浴《にゅうよく》している。

(6) 睡眠《すいみん》

・睡眠《すいみん》は良好《りょうこう》である。

(7) コミュニケーション

・軽度《けいど》の構音障害《こうおんしょうがい》があり，はっきり発音《はつおん》できないことがあるが，ゆっくり発音《はつおん》すれば，自分《じぶん》の意思《いし》を相手《あいて》に伝《つた》えることができる。

・妻《つま》と次女《じじょ》は毎日面会《まいにちめんかい》に来《き》ており，2人《ふたり》と話《はな》しているときは楽《たの》しそうである。

(8) サービスの利用状況《りようじょうきょう》

・介護老人保健施設《かいごろうじんほけんしせつ》に入所《にゅうしょ》している。

・居室《きょしつ》は2人部屋《ふたりべや》で，奥《おく》に位置《いち》するベッドを利用《りよう》している。

・トイレは居室《きょしつ》の近《ちか》くにある。

▶▶ 経済状況《けいざいじょうきょう》

・公社時代《こうしゃじだい》からの貯金《ちょきん》と定年後《ていねんご》の年金《ねんきん》があり，生活《せいかつ》には困《こま》っていない。

▶▶ 性格《せいかく》

・ふだんはおだやかであり，人《ひと》と話《はなし》をすることが好《す》きである。

・頑固《がんこ》な面《めん》があり，一度決《いちどき》めたことは最後《さいご》までがんばる。

▶▶ 1日《にち》の過《す》ごし方《かた》

・朝《あさ》は5時《じ》に起床《きしょう》，21時《じ》に就寝《しゅうしん》する。

・午前中《ごぜんちゅう》のリハビリテーションと，朝夕《あさゆう》の自発的《じはつてき》な廊下《ろうか》の歩行《ほこう》は欠《か》かさない。

▶▶ Aさんや家族《かぞく》などの思《おも》い

・Aさんは，「倒《たお》れたときはもう歩《ある》くことはできないと思《おも》っていたのに，こんなに歩《ある》くことができるようになった。リハビリテーションを行《おこな》って自宅《じたく》に帰《かえ》り，自立《じりつ》した生活《せいかつ》をしたい。1か所《しょ》でもよいからお遍路《へんろ》さんに行《い》きたい」と要望《ようぼう》している。

・それに対《たい》して妻《つま》や次女《じじょ》も，「自宅《じたく》に帰《かえ》って，入院前《にゅういんまえ》のような生活《せいかつ》をしてもらいたい。畑《はたけ》にも行《い》けるようになってほしい。また，自宅周辺《じたくしゅうへん》でよいからいっしょにお遍路《へんろ》に行《い》きたい」と願《ねが》っている。

・移動《いどう》に関《かん》しては，「外《そと》も安全《あんぜん》に移動《いどう》したい」「坂《さか》や階段《かいだん》も，杖《つえ》を使《つか》って移動《いどう》できるようになりたい」「短下肢装具《たんかしそうぐ》をつけず，ふつうの靴《くつ》をはいて歩《ある》きたい」と思《おも》っている。

・「いつもこのような服《ふく》しか着《き》ていないからあんまり遠《とお》くへは行《い》かんのよ」と言《い》ったことがある。

・本当《ほんとう》は，「少《すこ》しおしゃれをして外出《がいしゅつ》したい」と思《おも》っている。

・食事《しょくじ》については，「おいしく食《た》べたい」「食事療法《しょくじりょうほう》は守《まも》りたい」と言《い》っている。

・「毎日《まいにち》，朝食後《ちょうしょくご》に排便《はいべん》があると，その日《ひ》は快適《かいてき》である」と言《い》っている。
・「家《いえ》に帰《かえ》って自宅《じたく》の風呂《ふろ》に，毎晩《まいばん》，寝《ね》る前《まえ》に入《はい》りたい」と思《おも》っている。
・「ぐっすり眠《ねむ》ることができており，満足《まんぞく》している」と言《い》っている。
・「人《ひと》と話《はな》しているときは楽《たの》しい」と感《かん》じている。
・「自宅《じたく》に帰《かえ》り，歩《ある》くことができれば，1か所《しょ》でもよいからお遍路《へんろ》さんに行《い》きたい」「家《いえ》でとれたきゅうりはおいしかった」「今《いま》ごろは○○が釣《つ》れるのに」など，家庭菜園《かていさいえん》や釣《つ》りが思《おも》い出《だ》され，再度《さいど》やってみたいと思《おも》っている。
・「施設《しせつ》のなかに囲碁《いご》か将棋《しょうぎ》をする人《ひと》がいれば，いっしょにやりたいが，そういう人《ひと》はいない」と言《い》っている。
・「楽《たの》しい思《おも》い出《で》がよみがえることはない」と言《い》っているが，あきらめきれていない。
・「三女《さんじょ》の家族《かぞく》がよく世話《せわ》をしてくれるので，うれしい」「妻《つま》は高齢《こうれい》なので，無理《むり》をさせられない」と言《い》っている。

▶▶ 最近《さいきん》の様子《ようす》

・2か月後《げつご》の在宅復帰《ざいたくふっき》を目標《もくひょう》に，午前中《ごぜんちゅう》，リハビリテーションに熱心《ねっしん》に取《と》り組《く》んでいる。
・朝夕《あさゆう》は自発的《じはつてき》に施設内《しせつない》の廊下《ろうか》を歩《ある》いている。ほかの時間《じかん》は，面会《めんかい》に来《き》た人《ひと》と話《はな》したり，テレビを見《み》たりしている。また，レクリエーションにも時々参加《ときどきさんか》している。
・1週間前《しゅうかんまえ》に，施設《しせつ》の近《ちか》くの札所《ふだしょ》（四国八十八ヶ所《しこくはちじゅうはっかしょ》のお寺《てら》の1つ）に次女《じじょ》の車《くるま》で出《で》かけ，車《くるま》いすでお参《まい》りしたとき，夢《ゆめ》にまでみた「錦《にしき》のお札《ふだ》」をいただき感激《かんげき》していた。
・「錦《にしき》のお札《ふだ》をはじめて見《み》たが，弘法大師様《こうぼうだいしさま》がはげまして，見守《みまも》ってくれているようだ」と涙《なみだ》ぐんでいた。
・時々三女《ときどきさんじょ》の家族《かぞく》と，気分転換《きぶんてんかん》に車《くるま》で外出《がいしゅつ》することがある。
・「もう一度《いちど》お遍路《へんろ》さんに行《い》けるだろうか」と時々《ときどき》つぶやく。

Aさんのフェイスシート

氏名《しめい》	Aさん
性別《せいべつ》	男性《だんせい》
年齢《ねんれい》	72歳《さい》
入所年《にゅうしょねん》・月《げつ》	○○年《ねん》□月《がつ》
入所《にゅうしょ》にいたった理由《りゆう》	6か月前《げつまえ》，家庭菜園《かていさいえん》から帰《かえ》ったあと，気分《きぶん》が悪《わる》くなり嘔吐《おうと》。夜中《よなか》にトイレに行《い》こうと思《おも》ったが右足《みぎあし》がしびれて立《た》てなかった。翌朝《よくあさ》，市内《しない》の病院《びょういん》を受診《じゅしん》し脳梗塞《のうこうそく》と診断《しんだん》され，そのまま入院《にゅういん》した。 2か月間《げつかん》，治療《ちりょう》とリハビリテーションを受《う》け，室内《しつない》は歩行器《ほこうき》で歩《ある》けるようになったが，後遺症《こういしょう》として利《き》き手側《てがわ》の麻痺《まひ》（右片麻痺《みぎかたまひ》）と軽《かる》い構音障害《こうおんしょうがい》が残《のこ》った。 自宅《じたく》は段差《だんさ》も多《おお》く，すぐに戻《もど》ることはむずかしいため，在宅復帰《ざいたくふっき》の目的《もくてき》で，自宅近《じたくちか》くにある介護老人保健施設《かいごろうじんほけんしせつ》に入所《にゅうしょ》となった。75歳《さい》になったら，自分《じぶん》と家族《かぞく》のために人《じん》生最後《せいさいご》の「遍路参《へんろまい》り」をするのが夢《ゆめ》であったが，4度目《どめ》の遍路参《へんろまい》りは断念《だんねん》した。
家族《かぞく》	妻《つま》は専業主婦《せんぎょうしゅふ》である。3人《にん》の子《こ》どものうち，長女《ちょうじょ》は隣《となり》の市《し》に，三女《さんじょ》は同《おな》じ市内《しない》に住《す》んでいる。また，次女《じじょ》は20年前《ねんまえ》に離婚《りこん》して実家《じっか》に帰《かえ》っており，現在《げんざい》もAさん夫婦《ふうふ》と同居《どうきょ》している。次女《じじょ》は会社勤《かいしゃづと》めをしている。妻《つま》と次女《じじょ》は，毎日面会《まいにちめんかい》に来《き》ている。三女《さんじょ》の家族《かぞく》（三女《さんじょ》，夫《おっと》，娘《むすめ》）が介護《かいご》に協力的《きょうりょくてき》である。
キーパーソン	次女《じじょ》
入所前《にゅうしょまえ》の生活状況《せいかつじょうきょう》	4人《にん》きょうだい（姉《あね》・兄《あに》・弟《おとうと》）の次男《じなん》として，瀬戸内海《せとないかい》の小《ちい》さな島《しま》で育《そだ》ち，両親《りょうしん》は農業《のうぎょう》と乳牛《にゅうぎゅう》2頭《とう》の酪農《らくのう》を営《いとな》んでいた。生活《せいかつ》は苦《くる》しかったが，家族思《かぞくおも》いであった。段々畑《だんだんばたけ》と酪農《らくのう》を手伝《てつだ》いながら小学校《しょうがっこう》を卒業《そつぎょう》し，隣《となり》の島《しま》の中学校時代《ちゅうがっこうじだい》は新聞配達《しんぶんはいたつ》などのアルバイトをしながら卒業《そつぎょう》した。中学卒業後《ちゅうがくそつぎょうご》は，働《はたら》きながら近県《きんけん》の夜間高校《やかんこうこう》に通《かよ》い，夜間大学《やかんだいがく》を卒業《そつぎょう》した。そのあと，しばらくは近県《きんけん》の政治家《せいじか》の秘書《ひしょ》をしていたが，30歳《さい》で帰省《きせい》し，公社《こうしゃ》に就職《しゅうしょく》した。 結婚《けっこん》して一男三女《いちなんさんじょ》をもうけたが，長男《ちょうなん》は生後《せいご》1週間《しゅうかん》で死亡《しぼう》した。45歳《さい》のときには生《せい》後《ご》1週間《しゅうかん》で亡《な》くなった長男《ちょうなん》の供養《くよう》のため，55歳《さい》のときには両親《りょうしん》のために，休暇《きゅうか》を利《り》用《よう》しながら四国八十八ヶ所《しこくはちじゅうはっかしょ》の「遍路参《へんろまい》り」をした。58歳《さい》のときに，職場《しょくば》の健康診断《けんこうしんだん》で高血圧《こうけつあつ》を指摘《してき》され，近《ちか》くの内科医院《ないかいいん》を受診《じゅしん》したところ，高血圧症《こうけつあつしょう》と診断《しんだん》された。内《ない》服薬《ふくやく》にて長《なが》いあいだ血圧《けつあつ》はコントロールできていた。公社《こうしゃ》に勤《つと》めているときは，まじめであり，家庭《かてい》でも厳格《げんかく》な父親《ちちおや》であった。60歳《さい》で定年退職《ていねんたいしょく》したあとは，家庭菜園《かていさいえん》と釣《つ》りを趣味《しゅみ》として楽《たの》しんでいたほか，65歳《さい》のとき，亡《な》くなった姉《あね》や弟《おとうと》のために3度目《どめ》の「遍路参《へんろまい》り」をした。家庭菜園《かていさいえん》で収穫《しゅうかく》したものや，釣《つ》ってきた魚《さかな》を自分《じぶん》で食《た》べたり，家族《かぞく》に食《た》べさせたりするのが楽《たの》しみだった。
入所《にゅうしょ》における本人《ほんにん》・家族《かぞく》などの要望《ようぼう》	Aさんの要望《ようぼう》：倒《たお》れたときはもう歩《ある》くことはできないと思《おも》っていたのに，こんなに歩《ある》くことができるようになった。リハビリテーションを行《おこな》って自宅《じたく》に帰《かえ》り，自立《じりつ》した生活《せいかつ》をしたい。1か所《しょ》でもよいからお遍路《へんろ》さんに行《い》きたい。 妻《つま》や次女《じじょ》の要望《ようぼう》：自宅《じたく》に帰《かえ》って，入院前《にゅういんまえ》のような生活《せいかつ》をしてもらいたい。畑《はたけ》にも行《い》けるようになってほしい。また，自宅周辺《じたくしゅうへん》でよいからいっしょにお遍路《へんろ》に行《い》きたい。
その他《た》	

Aさんのアセスメント表《ひょう》(1)

1. 心身《しんしん》の状況《じょうきょう》（心身機能《しんしんきのう》・身体構造《しんたいこうぞう》／健康状態《けんこうじょうたい》）

	項《こう》 目《もく》	現在《げんざい》の状況《じょうきょう》
1	要介護状態区分《ようかいごじょうたいくぶん》／障害程度等級《しょうがいていどとうきゅう》	要介護《ようかいご》2
2	認知症高齢者《にんちしょうこうれいしゃ》の日常生活自立度《にちじょうせいかつじりつど》	認知症《にんちしょう》はない。
3	障害《しょうがい》の状況《じょうきょう》(身体《しんたい》・知的《ちてき》・精神《せいしん》)	障害高齢者《しょうがいこうれいしゃ》の日常生活自立度《にちじょうせいかつじりつど》：A1 脳梗塞《のうこうそく》の後遺症《こういしょう》（右片麻痺《みぎかたまひ》，構音障害《こうおんしょうがい》）
4	現在《げんざい》のおもな疾患《しっかん》	高血圧症《こうけつあつしょう》
5	服薬《ふくやく》	血圧降下剤《けつあつこうかざい》，便《べん》をやわらかくするための薬《くすり》（酸化《さんか》マグネシウム）
6	既往歴《きおうれき》	脳梗塞《のうこうそく》
7	平常時《へいじょうじ》のバイタルサイン	体温《たいおん》：36.0～36.3℃，呼吸《こきゅう》：18～20回《かい》／分《ぷん》，脈拍《みゃくはく》：62回《かい》／分《ぷん》， 血圧《けつあつ》：135／85mmHg
8	その他《た》	視力《しりょく》，聴力《ちょうりょく》：ともに日常生活《にちじょうせいかつ》に支障《ししょう》はない。

2. 日常生活《にちじょうせいかつ》の状況《じょうきょう》（活動《かつどう》）

	項《こう》 目《もく》	現在《げんざい》の状況《じょうきょう》	本人《ほんにん》の思《おも》い
9	家事《かじ》	家事《かじ》は妻《つま》がすべて行《おこな》っている。	
10	移動《いどう》	健側《けんそく》の足《あし》を利用《りよう》して起《お》き上《あ》がり，端座位《たんざい》になることができる。退院直後《たいいんちょくご》は歩行器《ほこうき》を使用《しよう》して歩《ある》いていたが，約《やく》1か月《げつ》のリハビリテーションにより短下肢装具《たんかしそうぐ》をつけて，50m程度《ていど》の杖歩行《つえほこう》が可能《かのう》となった。しかし，段差《だんさ》を越《こ》えるときに少《すこ》しふらつくため，見守《みまも》りが必要《ひつよう》である。	「外《そと》も安全《あんぜん》に移動《いどう》したい」「坂《さか》や階段《かいだん》も，杖《つえ》を使《つか》って移動《いどう》できるようになりたい」「短下肢装具《たんかしそうぐ》をつけず，ふつうの靴《くつ》をはいて歩《ある》きたい」と思《おも》っている。
11	身《み》じたく	歯《は》みがき，うがい，洗面《せんめん》は自立《じりつ》している。最近《さいきん》はほとんどトレーナーを着《き》ているので，更衣《こうい》は自立《じりつ》している。ただし，靴下《くつした》をはくのに時間《じかん》がかかるため，妻《つま》がいるときは介助《かいじょ》してもらっている。ボタンは自分《じぶん》でとめることができる。	「いつもこのような服《ふく》しか着《き》ていないからあんまり遠《とお》くへは行《い》かんのよ」と言《い》ったことがある。本当《ほんとう》は，「少《すこ》しおしゃれをして外出《がいしゅつ》したい」と思《おも》っている。
12	食事《しょくじ》	現在《げんざい》は，すべて施設《しせつ》の食事《しょくじ》（減塩食《げんえんしょく》）である。1人《ひとり》で食事《しょくじ》をすることができる。魚《さかな》などの身《み》をほぐすことは困難《こんなん》だが，あらかじめほぐしておくと，右手《みぎて》に柄《え》の太《ふと》いスプーンを持《も》って食《た》べることができる。食欲《しょくよく》はあり，何《なん》でもおいしく食《た》べている。	家庭菜園《かていさいえん》で収穫《しゅうかく》したものや，釣《つ》ってきた魚《さかな》を自分《じぶん》で食《た》べたり，家族《かぞく》に食《た》べてもらうのが楽《たの》しみだった。現在《げんざい》は，食《しょく》事《じ》を「おいしく食《た》べたい」「食事療法《しょくじりょうほう》は守《まも》りたい」と言《い》っている。

13	排泄《はいせつ》	日中《にっちゅう》は自力《じりき》でトイレに行《い》けるが，夜間《やかん》はふらつくことがあるので，ベッドで尿器《にょうき》を使用《しよう》している。排尿《はいにょう》の回数《かいすう》は，１日《にち》６～７回《かい》（そのうち夜間《やかん》１回《かい》）である。排《はい》便《べん》は１日《にち》１回《かい》あるが，便《べん》がかたく，また毎日排便《まいにちはいべん》がないと気《き》になるため，夕食《ゆうしょく》後《ご》，便《べん》をやわらかくするための薬《くすり》（酸化《さんか》マグネシウム）を服用《ふくよう》している。水分《すいぶん》は十分《じゅうぶん》にとれている。	「毎日《まいにち》，朝食後《ちょうしょくご》に排便《はいべん》があると，その日《ひ》は快適《かいてき》である」と言《い》っている。
14	入浴《にゅうよく》・清潔保持《せいけつほじ》	一般浴《いっぱんよく》で，一部介助《いちぶかいじょ》により入浴《にゅうよく》している。	「家《いえ》に帰《かえ》って自宅《じたく》の風呂《ふろ》に，毎晩《まいばん》，寝《ね》る前《まえ》に入《はい》りたい」と思《おも》っている。
15	睡眠《すいみん》	良好《りょうこう》である。	「ぐっすり眠《ねむ》ることができており，満《まん》足《ぞく》している」と言《い》っている。
16	コミュニケーション	構音障害《こうおんしょうがい》があり，はっきり発音《はつおん》できないことがあるが，ゆっくり発音《はつおん》すれば，自《じ》分《ぶん》の意思《いし》を相手《あいて》に伝《つた》えることができる。妻《つま》と次女《じじょ》は毎日面会《まいにちめんかい》に来《き》ており，２人《ふたり》と話《はな》しているときは楽《たの》しそうである。	「人《ひと》と話《はな》しているときは楽《たの》しい」と感《かん》じている。

3. 豊《ゆた》かさ（参加《さんか》）

	項《こう》　目《もく》	現在《げんざい》の状況《じょうきょう》	本人《ほんにん》の思《おも》い
17	意欲《いよく》・生《い》きがい	２か月後《げつご》の在宅復帰《ざいたくふっき》を目標《もくひょう》に，午前中《ごぜんちゅう》，リハビリテーションに熱心《ねっしん》に取《と》り組《く》んでいる。	「自宅《じたく》に帰《かえ》り，歩《ある》くことができれば，１か所《しょ》でもよいからお遍路《へんろ》さんに行《い》きたい」「家《いえ》でとれたきゅうりはおいしかった」「今《いま》ごろは○○が釣《つ》れるのに」など，家庭菜園《かていさいえん》や釣《つ》りが思《おも》い出《だ》され，再度《さいど》やってみたいと思《おも》っている。
18	余暇《よか》の過《す》ごし方《かた》	朝夕《あさゆう》は自発的《じはつてき》に施設内《しせつない》の廊下《ろうか》を歩《ある》いている。ほかの時間《じかん》は，面会《めんかい》に来《き》た人《ひと》と話《はな》したり，テレビを見《み》たりしている。また，レクリエーションにも時々参加《ときどきさんか》している。	「施設《しせつ》のなかに囲碁《いご》か将棋《しょうぎ》をする人《ひと》がいれば，いっしょにやりたいが，そういう人《ひと》はいない」と言《い》っている。
19	役割《やくわり》（家庭《かてい》／社会《しゃかい》）	公社《こうしゃ》に勤《つと》めているときは，まじめであり，家庭《かてい》でも厳格《げんかく》な父親《ちちおや》であった。定年《ていねん》後《ご》は，家庭菜園《かていさいえん》で収穫《しゅうかく》したものや，釣《つ》ってきた魚《さかな》を自分《じぶん》で食《た》べたり，家族《かぞく》に食《た》べてもらうのが楽《たの》しみだった。	「楽《たの》しい思《おも》い出《で》がよみがえることはない」と言《い》っているが，あきらめきれていない。
20	その他《た》	１週間前《しゅうかんまえ》に，施設《しせつ》の近《ちか》くの札所《ふだしょ》（四国《しこく》八十八ヶ所《はちじゅうはっかしょ》のお寺《てら》の１つ）に次女《じじょ》の車《くるま》で出《で》かけ，車《くるま》いすでお参《まい》りしたとき，夢《ゆめ》にまでみた「錦《にしき》のお札《ふだ》」をいただき感激《かんげき》していた。	「錦《にしき》のお札《ふだ》をはじめて見《み》たが，弘法大《こうぼうだい》師様《しさま》がはげまして，見守《みまも》ってくれているようだ」と涙《なみだ》ぐんでいた。

4. 環境《かんきょう》（環境因子《かんきょういんし》）

	項《こう》　目《もく》	現在《げんざい》の状況《じょうきょう》	本人《ほんにん》の思《おも》い
21	生活環境《せいかつかんきょう》	介護老人保健施設《かいごろうじんほけんしせつ》に入所《にゅうしょ》している。居室《きょしつ》は２人部屋《ふたりべや》で，奥《おく》に位置《いち》するベッドを利用《りよう》している。トイレは居室《きょしつ》の近《ちか》くにある。	
22	生活《せいかつ》に必要《ひつよう》な用具《ようぐ》	杖《つえ》，短下肢装具《たんかしそうぐ》，食事《しょくじ》のための柄《え》の太《ふと》いスプーンなど。	
23	経済状況《けいざいじょうきょう》	公社時代《こうしゃじだい》からの貯金《ちょきん》と定年後《ていねんご》の年金《ねんきん》があり，生活《せいかつ》には困《こま》っていない。	
24	家族関係《かぞくかんけい》	妻《つま》は専業主婦《せんぎょうしゅふ》である。３人《にん》の子《こ》どものうち，長女《ちょうじょ》は隣《となり》の市《し》に，三女《さんじょ》は同《おな》じ市内《しない》に住《す》んでいる。また，次女《じじょ》は20年前《ねんまえ》に離《り》婚《こん》して実家《じっか》に帰《かえ》っており，現在《げんざい》もＡさん夫婦《ふうふ》と同居《どうきょ》している。次女《じじょ》は会社勤《かいしゃづと》めをしている。妻《つま》と次女《じじょ》は，毎日面会《まいにちめんかい》に来《き》ている。三女《さんじょ》の家族《かぞく》（三女《さんじょ》，夫《おっと》，娘《むすめ》）が介護《かいご》に協力的《きょうりょくてき》である。	「三女《さんじょ》の家族《かぞく》がよく世話《せわ》をしてくれるので，うれしい」「妻《つま》は高齢《こうれい》なので，無理《むり》をさせられない」と言《い》っている。
25	サービス（制度《せいど》）の利用状況《りようじょうきょう》	介護老人保健施設《かいごろうじんほけんしせつ》に入所《にゅうしょ》している。	
26	その他《た》		

5. その他《た》（個人因子《こじんいんし》）

	項《こう》　目《もく》	現在《げんざい》の状況《じょうきょう》
27	価値観《かちかん》・習慣《しゅうかん》	幼少《ようしょう》のころ，生活《せいかつ》は苦《くる》しかったが，家族思《かぞくおも》いであった。現在《げんざい》，介護老人保健施設《かいごろうじんほけんしせつ》では，２か月後《げつご》の在宅復帰《ざいたくふっき》を目標《もくひょう》に，午前中《ごぜんちゅう》はリハビリテーションに熱心《ねっしん》に取《と》り組《く》んでいるほか，朝夕《あさゆう》は自発的《じはつてき》に施設内《しせつない》の廊下《ろうか》を歩《ある》いている。
28	性格《せいかく》（個性《こせい》）	ふだんはおだやかであり，人《ひと》と話《はなし》をすることが好《す》きである。頑固《がんこ》な面《めん》があり，一《いち》度《ど》決《き》めたことは最後《さいご》までがんばる。
29	生活歴《せいかつれき》・出身地《しゅっしんち》	４人《にん》きょうだい（姉《あね》・兄《あに》・弟《おとうと》）の次男《じなん》として，瀬戸内海《せとないかい》の小《ちい》さな島《しま》で育《そだ》ち，両親《りょうしん》は農業《のうぎょう》と乳牛《にゅうぎゅう》２頭《とう》の酪農《らくのう》を営《いとな》んでいた。生活《せいかつ》は苦《くる》しかったが，家族思《かぞくおも》いであった。中学卒業後《ちゅうがくそつぎょうご》は，働《はたら》きながら近県《きんけん》の夜間高校《やかんこうこう》に通《かよ》い，夜間大学《やかんだいがく》を卒業《そつぎょう》した。そのあと，しばらくは近県《きんけん》の政治家《せいじか》の秘書《ひしょ》をしていたが，30歳《さい》で帰省《きせい》し，公社《こうしゃ》に就職《しゅうしょく》した。結婚《けっこん》して一男三女《いちなんさんじょ》をもうけたが，長男《ちょうなん》は生後《せいご》１週間《しゅうかん》で死亡《しぼう》した。45歳《さい》のときには生後《せいご》１週間《しゅうかん》で亡《な》くなった長男《ちょうなん》の供養《くよう》のため，55歳《さい》のときには両親《りょうしん》のために，休暇《きゅうか》を利用《りよう》しながら四国八十八ヶ所《しこくはちじゅうはっかしょ》の「遍路参《へんろまい》り」をした。60歳《さい》で定年退職《ていねんたいしょく》したあとは，家庭菜園《かていさいえん》と釣《つ》りを趣味《しゅみ》として楽《たの》しんでいたほか，65歳《さい》のとき，亡《な》くなった姉《あね》や弟《おとうと》のために３度目《どめ》の「遍路参《へんろまい》り」をした。家庭菜園《かていさいえん》で収《しゅう》穫《かく》したものや，釣《つ》ってきた魚《さかな》を自分《じぶん》で食《た》べたり，家族《かぞく》に食《た》べてもらうのが楽《たの》しみだった。
30	特技《とくぎ》	手先《てさき》が器用《きよう》であり，釣《つ》り竿《ざお》に工夫《くふう》を加《くわ》えることもあった。また，家庭菜園《かていさいえん》をもち，たくさんの野菜《やさい》を収穫《しゅうかく》していた。

31	1日《にち》の過《す》ごし方《かた》	朝《あさ》は5時《じ》に起床《きしょう》，21時《じ》に就寝《しゅうしん》する。午前中《ごぜんちゅう》のリハビリテーションと，朝夕《あさゆう》の自発的《じはってき》な廊下《ろうか》の歩行《ほこう》は欠《か》かさない。
32	その他《た》	時々三女《ときどきさんじょ》の家族《かぞく》と，気分転換《きぶんてんかん》に車《くるま》で外出《がいしゅつ》することがある。また，「もう一度《いちど》お遍路《へんろ》さんに行《い》けるだろうか」と時々《ときどき》つぶやく。

● Aさんのアセスメント表《ひょう》(2)

アセスメント項目番号《こうもくばんごう》	情報《じょうほう》の解釈《かいしゃく》・関連《かんれん》づけ・統合化《とうごうか》	課《か》 題《だい》	優先順位《ゆうせんじゅんい》
10，12，17，19，30	Aさんは，家庭菜園《かていさいえん》で収穫《しゅうかく》したものや，釣《つ》ってきた魚《さかな》を自分《じぶん》で食《た》べたり，家族《かぞく》に食《た》べてもらうのが楽《たの》しみだったにもかかわらず，脳梗塞《のうこうそく》で突然《とつぜん》の入院《にゅういん》となってしまった。自宅《じたく》に戻《もど》ったあと，家庭菜園《かていさいえん》や釣《つ》りに行《い》くには，現在《げんざい》の歩行《ほこう》やふらつきの状態《じょうたい》では無理《むり》であるとあきらめてしまっているのではないか。また，家庭菜園《かていさいえん》や釣《つ》りをあきらめずに希望《きぼう》をもつことによって，Aさんの生活《せいかつ》への意欲《いよく》が出《で》るのではないか。さらには，自分《じぶん》の釣《つ》り道具《どうぐ》を，手《て》のリハビリテーションも兼《か》ねて手入《てい》れすることによって，楽《たの》しみにつながるのではないか。	趣味《しゅみ》の家庭菜園《かていさいえん》や釣《つ》りをあきらめずに行《おこな》うことで，生活《せいかつ》への意欲《いよく》を取《と》り戻《もど》す必要《ひつよう》がある。	❺
10，17，20，27，31，32	Aさんは，２か月後《げつご》の在宅復帰《ざいたくふっき》を目標《もくひょう》に，午前中《ごぜんちゅう》，リハビリテーションに熱心《ねっしん》に取《と》り組《く》んでいる。また，朝夕《あさゆう》は自発的《じはつてき》に施設内《しせつない》の廊下《ろうか》を歩《ある》いている。しかし，Aさんの希望《きぼう》であるお遍路《へんろ》さんに行《い》けるようになるためには，もっと安全《あんぜん》で，安定《あんてい》した歩行《ほこう》と，ふらつかない姿勢《しせい》を保《たも》つことが必要《ひつよう》になると思《おも》われる。 今《いま》は歩行訓練《ほこうくんれん》をすることにより外出《がいしゅつ》が可能《かのう》と思《おも》っているが，札所《ふだしょ》は山奥《やまおく》にあることが多《おお》い。そのためには，車《くるま》いすの利用《りよう》，車《くるま》への乗降《じょうこう》，移動中《いどうちゅう》の車中《しゃちゅう》での座位保持《ざいほじ》，石段《いしだん》・階段《かいだん》・山道《やまみち》の歩行《ほこう》などが必要《ひつよう》になる。また，お遍路《へんろ》さんに行《い》くとき，お札《ふだ》を書《か》けるように右手《みぎて》の訓練《くんれん》も必要《ひつよう》である。	お遍路《へんろ》に行《い》くためには，車《くるま》いすの利用《りよう》，車《くるま》から車《くるま》いすへの移乗《いじょう》(車《くるま》への乗降《じょうこう》)，移動中《いどうちゅう》の車中《しゃちゅう》での座位保持《ざいほじ》，石段《いしだん》・階段《かいだん》・山道《やまみち》の歩行《ほこう》などが必要《ひつよう》になる。	❶
		願《ねが》いをかなえるために自分《じぶん》でお札《ふだ》を書《か》く必要《ひつよう》がある。	❷
3，16，20	Aさんには構音障害《こうおんしょうがい》があり，はっきり発音《はつおん》できないことがあるが，ゆっくり発音《はつおん》すれば，自分《じぶん》の意思《いし》を相手《あいて》に伝《つた》えることができる。お参《まい》りの際《さい》に自分《じぶん》で般若心経《はんにゃしんぎょう》をとなえることにより，より満足感《まんぞくかん》やこころの落《お》ち着《つ》きを得《え》られ，言語訓練《げんごくんれん》にもつながるのではないか。	参拝時《さんぱいじ》に満足感《まんぞくかん》やこころの落《お》ち着《つ》きを得《え》るためには，般若心経《はんにゃしんぎょう》を自分《じぶん》でとなえる必要《ひつよう》がある。	❸
4，5，13	Aさんは，日中《にっちゅう》は自力《じりき》でトイレに行《い》けるが，夜間《やかん》はふらつくことがあるので，ベッドで尿器《にょうき》を使用《しよう》している。排便《はいべん》は１日《にち》１回《かい》あるが，便《べん》がかたく，毎日《まいにち》排便《はいべん》がないと気《き》になってしまう。排便《はいべん》が気《き》になるあまり，あまり強《つよ》くいきむと血圧上昇《けつあつじょうしょう》にもつながる可能性《かのうせい》がある。現在《げんざい》，便《べん》をやわらかくするための薬《くすり》(酸化《さんか》マグネシウム)を服用《ふくよう》しているが，食事《しょくじ》の管理《かんり》と水分摂取《すいぶんせっしゅ》も引《ひ》きつづき十分行《じゅうぶんおこな》い，毎日規則《まいにちきそく》正《ただ》しい排便習慣《はいべんしゅうかん》をつけることが必要《ひつよう》ではないか。	便《べん》をやわらかくするための薬《くすり》を服用《ふくよう》しているが，食事《しょくじ》の管理《かんり》と水分摂取《すいぶんせっしゅ》も引《ひ》きつづき十分行《じゅうぶんおこな》い，毎日規則正《まいにちきそくただ》しい排便習慣《はいべんしゅうかん》をつけることが必要《ひつよう》である。	❹

● Aさんの介護計画書《かいごけいかくしょ》

氏名《しめい》：　　　　Aさん

長期目標《ちょうきもくひょう》 **(期間《きかん》：6か月《げつ》)**	安全《あんぜん》で安定《あんてい》した歩行《ほこう》ができ，お遍路《へんろ》に行《い》くことができる。

課題《かだい》	短期目標《たんきもくひょう》		具体的《ぐたいてき》な援助内容《えんじょないよう》・方法《ほうほう》		頻度《ひんど》
	目標《もくひょう》	期間《きかん》	内容《ないよう》	方法《ほうほう》	
❶お遍路《へんろ》に行《い》くためには，車《くるま》いすの利用《りよう》，車《くるま》から車《くるま》いすへの移乗《いじょう》(車《くるま》への乗降《じょうこう》)，移動中《いどうちゅう》の車中《しゃちゅう》での座位保持《ざいほじ》，石段《いしだん》・階段《かいだん》・山道《やまみち》の歩行《ほこう》などが必要《ひつよう》になる。	①杖《つえ》と短下肢装具《たんかしそうぐ》にて平地《へいち》，30cm程度《ていど》の階段《かいだん》，坂《さか》を歩《ある》くことができる。	3か月《げつ》(※)	①歩行《ほこう》の介助《かいじょ》	①訓練室《くんれんしつ》や廊下《ろうか》などでは，平地《へいち》の歩行《ほこう》を想定《そうてい》したリハビリテーションを行《おこな》う。また，訓練室《くんれんしつ》の30cm程度《ていど》の階段《かいだん》，スロープなどを利用《りよう》して，階段《かいだん》や坂道《さかみち》を想定《そうてい》したリハビリテーションを行《おこな》う。介護職《かいごしょく》は，施設《しせつ》のまわりを散歩《さんぽ》する際《さい》に，Aさんが転倒《てんとう》しないように歩行《ほこう》の介助《かいじょ》を行《おこな》うとともに，自然《しぜん》を楽《たの》しむ言葉《ことば》かけなどを行《おこな》う。	毎日《まいにち》
	②車《くるま》への乗降《じょうこう》ができる。	3か月《げつ》(※)	②移乗《いじょう》の介助《かいじょ》	②訓練室《くんれんしつ》などで，車《くるま》いすを使用《しよう》した移乗《いじょう》の介助《かいじょ》を行《おこな》う(これは，あくまでも，札所《ふだしょ》をお参《まい》りする際《さい》の介助《かいじょ》を想定《そうてい》して行《おこな》うものであり，ふだんから車《くるま》いすの使用《しよう》を目的《もくてき》とするものではない)。	毎日《まいにち》
	③移動中《いどうちゅう》の車中《しゃちゅう》で安定《あんてい》した座位《ざい》をとることができる。	3か月《げつ》(※)	③車《くるま》での外出援助《がいしゅつえんじょ》(家族《かぞく》への依頼《いらい》)	③三女《さんじょ》の家族《かぞく》の協力《きょうりょく》を得《え》ながら，Aさんに車《くるま》での外出《がいしゅつ》を行《おこな》ってもらう。	随時《ずいじ》
❷願《ねが》いをかなえるために自分《じぶん》でお札《ふだ》を書《か》く必要《ひつよう》がある。	お札《ふだ》を書《か》くことができる。	3か月《げつ》(※)	筆記《ひっき》(文字《もじ》を書《か》く)の介助《かいじょ》	Aさんに日記《にっき》を書《か》いてみることをすすめる。文字《もじ》を書《か》いてもらう際《さい》には，すべりにくく，筆圧《ひつあつ》が弱《よわ》くても書《か》ける筆《ふで》ペンなどの筆記用具《ひっきようぐ》を用意《ようい》する。	毎日《まいにち》

❸参拝時《さんぱいじ》に満足感《まんぞくかん》やこころの落《お》ち着《つ》きを得《え》るためには，般若心経《はんにゃしんぎょう》を自分《じぶん》でとなえる必要《ひつよう》がある。	般若心経《はんにゃしんぎょう》をとなえることができる。	２か月《げつ》	お経《きょう》をとなえることの見守《みまも》り	起床時《きしょうじ》に１回《かい》ゆっくり般《はん》若心経《にゃしんぎょう》をとなえてもらう。最初《さいしょ》はいすに座《すわ》った状態《じょうたい》でとなえてもらい，姿勢《しせい》が安《あん》定《てい》してきたら徐々《じょじょ》に立《た》って行《おこな》ってもらう。また，家族《かぞく》が面会《めんかい》に来《き》たときには，家《か》族《ぞく》といっしょにとなえてもらう。	毎日《まいにち》
❹便《べん》をやわらかくするための薬《くすり》を服用《ふくよう》しているが，食事《しょくじ》の管理《かんり》と水分摂取《すいぶんせっしゅ》も引《ひ》きつづき十分行《じゅうぶんおこな》い，毎日規則正《まいにちきそくただ》しい排便習慣《はいべんしゅうかん》をつけることが必《ひつ》要《よう》である。	毎日排便《まいにちはいべん》があり，すっきりとした気持《きも》ちでいることができる。	１か月《げつ》	①服薬《ふくやく》の介助《かいじょ》	①処方《しょほう》された薬《くすり》（酸化《さんか》マグネシウム）をきちんと服《ふく》用《よう》できているかどうかを確認《かくにん》し，記録《きろく》する。	毎日《まいにち》
			②食事《しょくじ》および口《こう》腔清潔《くうせいけつ》の介助《かいじょ》	②食事《しょくじ》の内容《ないよう》や量《りょう》，水分《すいぶん》の摂取量《せっしゅりょう》などを確認《かくにん》し，記《き》録《ろく》する。また，食事《しょくじ》が終《お》わってから口腔《こうくう》ケアを行《おこな》う。その際《さい》，右側《みぎがわ》に食物《しょくもつ》残渣《ざんさ》がないかに気《き》をつける。	毎日《まいにち》
			③排泄《はいせつ》の介助《かいじょ》	③生活習慣《せいかつしゅうかん》として，朝食後《ちょうしょくご》にトイレに行《い》き，排便《はいべん》してもらうように援助《えんじょ》する。	毎日《まいにち》
❺趣味《しゅみ》の家庭菜園《かていさいえん》や釣《つ》りをあきらめずに行《おこな》うことで，生活《せいかつ》への意《い》欲《よく》を取《と》り戻《もど》す必《ひつ》要《よう》がある。	①家庭菜園《かていさいえん》に行《い》き，世話《せわ》をすることができる。	２か月《げつ》	①家庭菜園《かていさいえん》への同行《どうこう》（家族《かぞく》への依頼《いらい》）	①三女《さんじょ》の家族《かぞく》の協力《きょうりょく》を得《え》ながら，Ａさんが外出《がいしゅつ》する際《さい》に，家庭菜園《かていさいえん》にも連《つ》れて行《い》ってもらう。収穫《しゅうかく》できるものがあれば，Ａさんにとってもらう。	随時《ずいじ》
	②釣《つ》りの道具《どうぐ》などを手入《てい》れすることができる。	２か月《げつ》	②釣《つ》り道具《どうぐ》の手《て》入《い》れの援助《えんじょ》	②可能《かのう》であれば，家族《かぞく》が面《めん》会《かい》に来《く》る際《さい》，釣《つ》り道具《どうぐ》の一部《いちぶ》を施設《しせつ》に持《も》ってきてもらい，Ａさんが好《す》きなときに手入《てい》れできるようにする。介護職《かいごしょく》は，その手入《てい》れを見守《みまも》りながら，言葉《ことば》をかける。	随時《ずいじ》

（※）短期目標《たんきもくひょう》について：Ａさんは２か月後《げつご》の在宅復帰《ざいたくふっき》をめざしているが，退所後《たいしょご》もＡさんの夢《ゆめ》をかなえるために地域包括《ちいきほうかつ》ケアシステムを活用《かつよう》し，通所介護《つうしょかいご》（デイサービス），通所《つうしょ》リハビリテーションの利用《りよう》をする。目標《もくひょう》は介護支援専門員《かいごしえんせんもんいん》とよく話《はな》し合《あ》い，退所後《たいしょご》も継続《けいぞく》するため，期間《きかん》を３か月《げつ》とした。

Aさんの実施評価表《じっしひょうかひょう》

担当者氏名《たんとうしゃしめい》：　B（介護福祉士《かいごふくしし》）

実施状況《じっしじょうきょう》	評価《ひょうか》
❶お遍路《へんろ》に行《い》くことができるという希望《きぼう》ができ，歩行《ほこう》も安定《あんてい》してきた。家族《かぞく》の協力《きょうりょく》も得《え》て外出《がいしゅつ》することも多《おお》くなった。外出時《がいしゅつじ》は不安《ふあん》があるために車《くるま》いすを使《し》用《よう》しているが，平地《へいち》が多《おお》いところでは「自分《じぶん》で歩《ある》く」と言《い》って自立《じりつ》して歩行《ほこう》する。お寺《てら》は坂《さか》が多《おお》いが，少《すこ》しずつ歩《ある》く距離《きょり》を長《なが》くしている。	ほとんどあきらめていたお遍路《へんろ》に行《い》けるという夢《ゆめ》ができたAさんの表情《ひょうじょう》は明《あか》るくなり，三女《さんじょ》と外出《がいしゅつ》したあと，施設《しせつ》に帰《かえ》ってくると，そのときの様子《ようす》をよく話《はな》してくれるようになった。
❷あるお寺《てら》でAさんは，夢《ゆめ》にまでみた錦《にしき》のお札《ふだ》をいただいた。「弘法大師様《こうぼうだいしさま》がはげまして，見守《みまも》ってくれているようだ」と涙《なみだ》ぐんでいた。それからはとくに三女《さんじょ》の家族《かぞく》が来《き》てくれる日《ひ》を心待《こころま》ちにするようになった。外出《がいしゅつ》の様子《ようす》などを日記《にっき》に書《か》いているが，字《じ》は少《すこ》しずつ判読《はんどく》できるようになってきている。	錦《にしき》のお札《ふだ》をいただいたときは「生《い》きていてよかった……」と感激《かんげき》していた。これでますますお遍路《へんろ》への夢《ゆめ》が現実《げんじつ》になったのではないだろうか。
❸Aさんの居室《きょしつ》は2人部屋《ふたりべや》であるため，同室《どうしつ》の人《ひと》に気《き》をつかい，廊下《ろうか》のベンチに座《すわ》って般若心経《はんにゃしんぎょう》をとなえている。ゆっくりと，3回《かい》ぐらいに分《わ》けてとなえている。最近《さいきん》は大《おお》きなふらつきもなく，座位《ざい》も安定《あんてい》してきている。	時《とき》には仲《なか》のよい入所者《にゅうしょしゃ》が，Aさんといっしょに廊下《ろうか》のベンチに座《すわ》って般若心経《はんにゃしんぎょう》をとなえていることがある。人《ひと》と話《はなし》をすることが好《す》きなAさんにとっては，よいコミュニケーションの機会《きかい》になると思《おも》われる。
❹毎日《まいにち》の服薬《ふくやく》は自己管理《じこかんり》できている。朝食後《ちょうしょくご》にトイレに行《い》くことも習慣《しゅうかん》になり，トイレでの座位《ざい》も安定《あんてい》している。しかし，排便《はいべん》がない日《ひ》は機嫌《きげん》があまりよくない。また，水分《すいぶん》はトイレに行《い》ったあと，必《かなら》ず補給《ほきゅう》すると決《き》めて実行《じっこう》している。血圧《けつあつ》は安定《あんてい》している。	3～4日《にち》に1回《かい》ぐらいの頻度《ひんど》で，排便《はいべん》のないときがある。具体的《ぐたいてき》には，10分間程度《ぶんかんていど》トイレで座《すわ》っているが，それ以上《いじょう》になると血圧《けつあつ》と姿勢《しせい》の安定《あんてい》を考慮《こうりょ》して中《ちゅう》断《だん》する。
❺三女《さんじょ》と外出《がいしゅつ》するときに，家庭菜園《かていさいえん》に寄《よ》ることが多《おお》くなった。野菜《やさい》が実《みの》っていると，車《くるま》から降《お》りてとっている。そのときは笑顔《えがお》で，三女《さんじょ》に持《も》って帰《かえ》るように言《い》うそうである。なお，釣《つ》り道具《どうぐ》はまだ施設《しせつ》に持《も》って来《き》ていない。Aさんも，手入《てい》れをする場所《ばしょ》がないということである。	畑《はたけ》の草《くさ》とりは家族《かぞく》に指示《しじ》をしているが，トマトができていたときは，思《おも》わず1つ食《た》べて，「おいしい！」とつぶやいたとのことである。

気《き》づいたこと （新《あら》たな課題《かだい》や可能性《かのうせい》）	①もう一度《いちど》歩《ある》きたいと思《おも》っていたときと，錦《にしき》のお札《ふだ》をいただいたあととでは表情《ひょうじょう》が違《ちが》うほか，楽《たの》しんで歩行訓練《ほこうくんれん》をしている。だんだんといろいろなことが現実《げんじつ》になっていくことは新《あら》たな夢《ゆめ》につながる。 ②外出《がいしゅつ》を家族《かぞく》にお願《ねが》いしているが，三女《さんじょ》の負担《ふたん》が多《おお》くなっている。 ③自分《じぶん》の目標《もくひょう》に向《む》かって努力《どりょく》しているが，レクリエーションには言葉《ことば》かけをしないと参加《さんか》しないことがある。 ④認知症《にんちしょう》のある入所者《にゅうしょしゃ》とのかかわりにとまどっているようである。

❹【解説《かいせつ》】Aさんの介護過程《かいごかてい》について

Aさんは，「倒《たお》れたときはもう歩《ある》くことはできないと思《おも》っていたのに，こんなに歩《ある》くことができるようになった。リハビリテーションを行《おこな》って自宅《じたく》に帰《かえ》り，自立《じりつ》した生活《せいかつ》をしたい」と，2か月後《げつご》の在宅復帰《ざいたくふっき》を目標《もくひょう》に積極的《せっきょくてき》にリハビリテーションにはげんでいます。

あるとき，介護職《かいごしょく》が歩行《ほこう》の練習《れんしゅう》をしているAさんに，「Aさんの夢《ゆめ》は何《なん》ですか？どうしてそんなにがんばることができるのですか？」と聞《き》いたところ，これまで亡《な》くなった息子《むすこ》や両親《りょうしん》，姉《あね》や弟《おとうと》のために3度《ど》，四国八十八ヶ所《しこくはちじゅうはっかしょ》の遍路参《へんろまい》りをしてきたこと，次《つぎ》は自分《じぶん》や家族《かぞく》のために参《まい》ろうと思《おも》っていた矢先《やさき》に，この病気《びょうき》になってしまい，現在《げんざい》は歩《ある》くことがやっとなので，夢《ゆめ》であった4度目《どめ》の遍路参《へんろまい》りは無理《むり》だとあきらめているが，1か所《しょ》でもよいからお遍路《へんろ》に行《い》きたいと思《おも》っていることを話《はな》してくれました。

また，1週間前《しゅうかんまえ》に，次女《じじょ》が1か所《しょ》だけでもお参《まい》りしようと，施設《しせつ》の近《ちか》くの札所《ふだしょ》（四国《しこく》八十八ヶ所《はちじゅうはっかしょ》のお寺《てら》の1つ）に車《くるま》で連《つ》れて行《い》き，境内《けいだい》へは車《くるま》いすでお参《まい》りしたこと，そのときに，夢《ゆめ》にまでみた「錦《にしき》のお札《ふだ》」をいただいて感激《かんげき》したことを興奮気味《こうふんぎみ》に話《はな》してくれました。

このとき，「錦《にしき》のお札《ふだ》をはじめて見《み》たが，弘法大師様《こうぼうだいしさま》がはげまして，見守《みまも》ってくれているようだ」と，涙《なみだ》ぐんでいたことから，ライフワークである遍路参《へんろまい》りをあきらめずにいることがわかりました。

Aさんの話《はなし》を聞《き》いた介護職《かいごしょく》は，「Aさんは，市内《しない》の札所《ふだしょ》だけでもお参《まい》りをしたいと思《おも》っているのではないか」「今回《こんかい》は自分《じぶん》や家族《かぞく》のためにお参《まい》りする予定《よてい》であったので，とくにこだわっているのではないか」と思《おも》い，その日《ひ》のケアカンファレンスで報告《ほうこく》・相談《そうだん》してみました。

錦《にしき》のお札《ふだ》

ケアカンファレンスでは，「自宅《じたく》に帰《かえ》ることだけでなく，遍路《へんろ》参《まい》りを目標《もくひょう》とすることで，退所後《たいしょご》のより具体的《ぐたいてき》な人生設計《じんせいせっけい》ができるのではないか」「今《いま》のAさんの様子《ようす》であれば，全行程《ぜんこうてい》をお参《まい》りする方法《ほうほう》もあるのではないか」という意見《いけん》でまとまりました。

もともとは「在宅復帰《ざいたくふっき》」を目標《もくひょう》として，ケアプラン（施設《しせつ》サービス計画《けいかく》）や介護計画《かいごけいかく》を立《た》て，リハビリテーションを中心《ちゅうしん》に行《おこな》っていましたが，今回《こんかい》，「Aさんの夢《ゆめ》である4度目《どめ》の遍路参《へんろまい》りを実《じつ》現《げん》させること」を目標《もくひょう》に加《くわ》え，そのために必要《ひつよう》なことをAさんといっしょに検討《けんとう》しました。

まず，Aさんは，施設内《しせつない》で平《たい》らな廊下《ろうか》を歩《ある》く訓練《くんれん》と自宅内《じたくない》の段《だん》差《さ》を越《こ》えられる程度《ていど》の訓練《くんれん》しか行《おこな》っていません。しかし，お参《まい》りをするためには，かなり高《たか》い段差《だんさ》や砂利道《じゃりみち》を安全《あんぜん》に歩《ある》くことができる必要《ひつよう》があります。

さらに，ほとんどのお寺《てら》は山《やま》のなかにあるため，傾斜《けいしゃ》が厳《きび》しく，なおかつ階段《かいだん》には手《て》すりがない場合《ばあい》がほとんどです。境内《けいだい》の階段《かいだん》も1段《だん》の高《たか》さが高《たか》いため，かなりの下肢筋力《かしきんりょく》とバランス感覚《かんかく》が必要《ひつよう》であることが考《かんが》えられました。

また，お参《まい》りをするためには，お札《ふだ》を書《か》かなければなりません。Aさんは利《き》き手《て》である右手《みぎて》に麻痺《まひ》があり，不自由《ふじゆう》さはありますが，Aさんの希望《きぼう》により右手《みぎて》で文字《もじ》を書《か》く練習《れんしゅう》を行《おこな》うことにしました。

札所間《ふだしょかん》の移動《いどう》については，Aさんの三女《さんじょ》の家族《かぞく》が車《くるま》を用意《ようい》して同行《どうこう》することになりました。「1番《ばん》」からの順番《じゅんばん》どおりではありませんが，まずは近隣《きんりん》の札所《ふだしょ》からお参《まい》りすることにしました。

これらのことをふまえて介護職《かいごしょく》は，Aさんの夢《ゆめ》の実現《じつげん》に向《む》けて，次《つぎ》の3つの課題《かだい》を明《あき》らかにしました。

❶ お遍路《へんろ》に行《い》くためには，車《くるま》いすの利用《りよう》，車《くるま》から車《くるま》いすへの移乗《いじょう》（車《くるま》への乗降《じょうこう》），移動《いどう》中《ちゅう》の車中《しゃちゅう》での座位保持《ざいほじ》，石段《いしだん》・階段《かいだん》・山道《やまみち》の歩行《ほこう》などが必要《ひつよう》になる。

❷ 願《ねが》いをかなえるために自分《じぶん》でお札《ふだ》を書《か》く必要《ひつよう》がある。

❸ 参拝時《さんぱいじ》に満足感《まんぞくかん》やこころの落《お》ち着《つ》きを得《え》るためには，般若心経《はんにゃしんぎょう》を自分《じぶん》でとなえる必要《ひつよう》がある。

約《やく》1か月半実施《げつはんじっし》した結果《けっか》，Aさんは，願《ねが》いをこめてお札《ふだ》を書《か》くことができるようになりました。お札《ふだ》を自分《じぶん》で書《か》くということは，それを他人《たにん》に託《たく》しても自分《じぶん》がお参《まい》りしたのと同《おな》じ意味《いみ》があるといわれています。

また，下肢筋力《かしきんりょく》と体力《たいりょく》が十分《じゅうぶん》について，30分間歩《ぷんかんある》いても疲《つか》れなくなりました。さらに，階段《かいだん》の昇降《しょうこう》においても，杖《つえ》や手《て》すりを上手《じょうず》に使《つか》えるようになりました。手《て》すりのないところの階段《かいだん》では，患側《かんそく》（右側《みぎがわ》）からの介助《かいじょ》が必要《ひつよう》になりますが，家族《かぞく》も自然《しぜん》にできるようになりました。

訓練《くんれん》を始《はじ》めて1か月半後《げつはんご》の日曜日《にちようび》，Aさんは次女《じじょ》と三女《さんじょ》に付《つ》き添《そ》われて，市内《しない》の札所《ふだしょ》にお参《まい》りに行《い》ってみました。このお寺《てら》は平地《へいち》にあるため，Aさんは何《なん》の問題《もんだい》もなくお参《まい》りすることができました。とても満足《まんぞく》し，これまでの訓練《くんれん》の成果《せいか》を実感《じっかん》することができて，自《じ》信《しん》にもなりました。

2か月後《げつご》，Aさんは予定《よてい》どおり退所《たいしょ》しました。自宅《じたく》に戻《もど》ったAさんは，早速《さっそく》，隣《となり》の市《し》のお寺《てら》にお参《まい》りしたとのことでした。報告《ほうこく》のはがきには，しっかりした字《じ》で，「念《ねん》のため，車《くるま》いすと健康保険証《けんこうほけんしょう》を持《も》って行《い》きました」と書《か》かれていました。

Aさんの夢《ゆめ》をかなえるためには，退所後《たいしょご》も長期目標《ちょうきもくひょう》・短期目標《たんきもくひょう》を達成《たっせい》する必要《ひつよう》があります。そのため，介護支援専門員《かいごしえんせんもんいん》と話《はな》し，主治医《しゅじい》の病院《びょういん》で，月曜日《げつようび》・木曜日《もくようび》の通所介護《つうしょかいご》（デイサービス）と火曜日《かようび》・金曜日《きんようび》の併設《へいせつ》の通所《つうしょ》リハビリテーションを利用《りよう》して，リハビリテーションをするように介護計画書《かいごけいかくしょ》を作成《さくせい》しました。

■演習《えんしゅう》～Aさんの自立《じりつ》に向《む》けた介護《かいご》の実際《じっさい》（移動《いどう》・移乗《いじょう》の介護《かいご》）～

課題《かだい》1

家族《かぞく》の協力《きょうりょく》も得《え》て，外出《がいしゅつ》することも多《おお》くなったAさん。今日《きょう》は，念願《ねんがん》であったお寺《てら》にお参《まい》りすることになりました。

Aさんは，施設職員《しせつしょくいん》が運転《うんてん》する自動車《じどうしゃ》に乗《の》って，施設《しせつ》の近《ちか》くにあるお寺《てら》に到着《とうちゃく》しました。自動車《じどうしゃ》から車《くるま》いすに移乗《いじょう》して，お寺《てら》の門《もん》まで送《おく》る介助《かいじょ》を行《おこな》いましょう（なお，自動車《じどうしゃ》の座席《ざせき》は，いすを代用《だいよう》します）。

ここに注意《ちゅうい》！

○Aさんには右片麻痺《みぎかたまひ》と軽度《けいど》の構音障害《こうおんしょうがい》があります。

○Aさんは短下肢装具《たんかしそうぐ》をつけています（イラストでは短下肢装具《たんかしそうぐ》を省略《しょうりゃく》しています）。

○お寺《てら》の門《もん》までの道《みち》は，砂利道《じゃりみち》であったり，段差《だんさ》を上《あ》がったりするところがあります。

介助《かいじょ》の方法《ほうほう》と留意点《りゅういてん》

1. 介護職《かいごしょく》は，Aさんの名前《なまえ》を呼《よ》び，あいさつをしてAさんの体調《たいちょう》を確認《かくにん》します。

   ❶ Aさんと視線《しせん》を合《あ》わせ，お参《まい》りできることの喜《よろこ》びを共感《きょうかん》することも大切《たいせつ》です。

2. 介護職《かいごしょく》は，車《くるま》いすを準備《じゅんび》し点検《てんけん》します（タイヤの空気圧《くうきあつ》，ブレーキほか）。

3. 介護職《かいごしょく》は，Aさんに，これから車《くるま》いすに移乗《いじょう》することを説明《せつめい》し，同意《どうい》を得《え》ます。

4. 介護職《かいごしょく》は，車《くるま》いすを適切《てきせつ》な位置《いち》に配置《はいち》します。

   ❶ Aさんの健側《けんそく》（左側《ひだりがわ》）に車《くるま》いすを近《ちか》づけます。

   ❷ 車《くるま》いすのブレーキをしっかりかけ，フットサポートを上《あ》げます。

❶❷

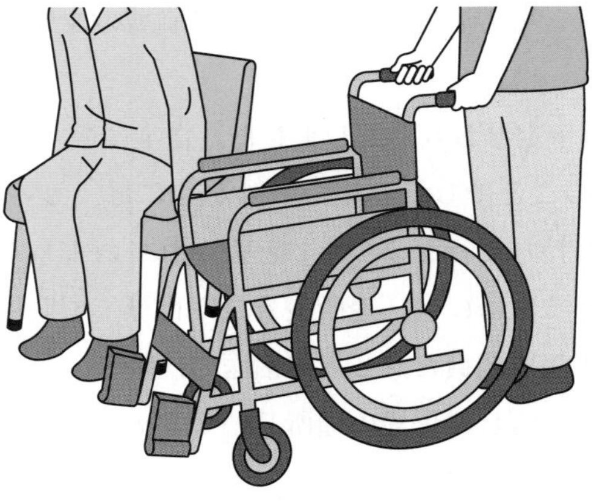

5. Aさんは車《くるま》いすに移乗《いじょう》します。

❶ 健側下肢《けんそくかし》でしっかり体重《たいじゅう》を支《ささ》え，アームサポートをしっかりにぎってもらいます。

❷ このとき，浅《あさ》く座《すわ》り，健側下肢《けんそくかし》を車《くるま》いすのほうへ移動《いどう》し，おじぎをするように立《た》ち上《あ》がってもらいます。

❸ 介護職《かいごしょく》は，膝折《ひざお》れを防止《ぼうし》して，立位《りつい》による立《た》ちくらみがないか確認《かくにん》します。

❹ 立位《りつい》がとれたら，介護職《かいごしょく》は，健側下肢《けんそくかし》を軸《じく》に車《くるま》いす側《がわ》へと腰《こし》を回転《かいてん》させるのを介助《かいじょ》します。

❺ 回転《かいてん》ができたらおじぎをするように，腰《こし》を落《お》としながら座《すわ》る介助《かいじょ》をします。

❻ 深《ふか》く座《すわ》って，患側《かんそく》（右側《みぎがわ》）からフットサポートに足《あし》をのせます。

②

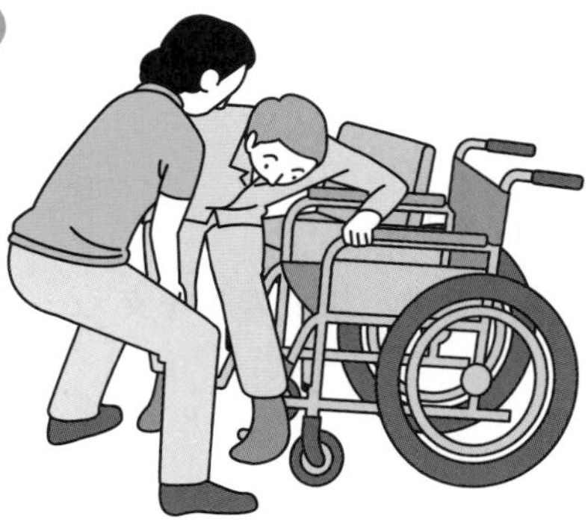

④

6. 介護職《かいごしょく》は，上肢《じょうし》がアームサポートの内側《うちがわ》にあること，膝掛《ひざか》けや上着《うわぎ》が必要《ひつよう》かなどを確認《かくにん》します。

7. 介護職《かいごしょく》は，車《くるま》いすを押《お》して，お寺《てら》の門《もん》まで移動《いどう》します。

❶ 砂利道《じゃりみち》では，キャスタを上《あ》げて車《くるま》いすを押《お》します。

❷ 段差《だんさ》を上《あ》がるときは，前向《まえむ》きに進《すす》み，ティッピングレバーを踏《ふ》んでキャスタを上《あ》げて段《だん》に乗《の》せ，後輪《こうりん》を押《お》し上《あ》げます。

①

②

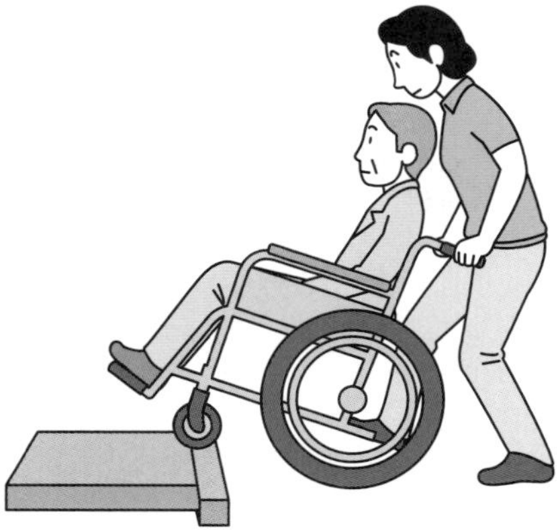

課題《かだい》2

お寺《てら》の門《もん》に着《つ》いたとき，A さんは，「本堂《ほんどう》までは杖《つえ》を使《つか》って歩《ある》いて行《い》きたい」という意欲《いよく》を示《しめ》しました。T 字杖《じつえ》を用《もち》いた歩行介助《ほこうかいじょ》を行《おこな》いましょう。

ここに注意《ちゅうい》！

○本堂《ほんどう》に行《い》くには，平地《へいち》を歩《ある》いたあと，階段《かいだん》を上《あ》がることになります。

○平地《へいち》では，3 動作歩行《どうさほこう》を行《おこな》います。

○本堂《ほんどう》でお参《まい》りをすませたあとは，階段《かいだん》を下《お》りることになります。

○お寺《てら》の階段《かいだん》は，段差《だんさ》が高《たか》い場合《ばあい》があるので注意《ちゅうい》が必要《ひつよう》です。

介助《かいじょ》の方法《ほうほう》と留意点《りゅういてん》

1. 介護職《かいごしょく》は，A さんに介助内容《かいじょないよう》を説明《せつめい》し，同意《どうい》を得《え》ます。
2. A さんは T 字杖《じつえ》を使《つか》って，3 動作歩行《どうさほこう》により平地《へいち》を歩《ある》きます。

❶ 介護職《かいごしょく》は，A さんの患側《かんそく》（右側《みぎがわ》）半歩後方《はんぽこうほう》に位置《いち》します。患側《かんそく》の腕《うで》を支《ささ》え，一方《いっぽう》の手《て》は腰《こし》にそえて身体《しんたい》を支《ささ》えます。

❷ T 字杖《じつえ》の長《なが》さと安全《あんぜん》を点検《てんけん》します。

❸ A さんは最初《さいしょ》に杖《つえ》を左斜《ひだりなな》め前方《ぜんぽう》に出《だ》します。

❹ 次《つぎ》に患側《かんそく》の足《あし》を 1 歩前《ぽまえ》に出《だ》します。

❺ 最後《さいご》に健側《けんそく》（左側《ひだりがわ》）の足《あし》を 1 歩前《ぽまえ》に出《だ》します。

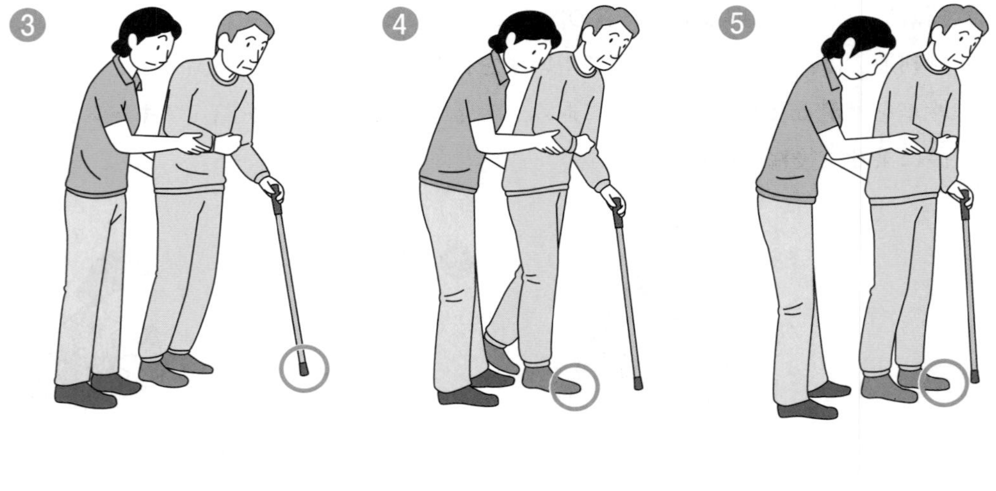

3. Aさんは T字杖《じつえ》を使《つか》って，階段《かいだん》を上《あ》がります。

❶ 介護職《かいごしょく》は，Aさんの患側《かんそく》（右側《みぎがわ》）後方《こうほう》に位置《いち》します。患側《かんそく》の腕《うで》を支《ささ》え，一方《いっぽう》の手《て》は腰《こし》にそえて身体《しんたい》を支《ささ》えます。

❷ Aさんは最初《さいしょ》に杖《つえ》を上段《じょうだん》につきます。

❸ 次《つぎ》に健側《けんそく》（左側《ひだりがわ》）の足《あし》から階段《かいだん》を上《あ》がります。

❹ 最後《さいご》に患側《かんそく》の足《あし》をそろえます。

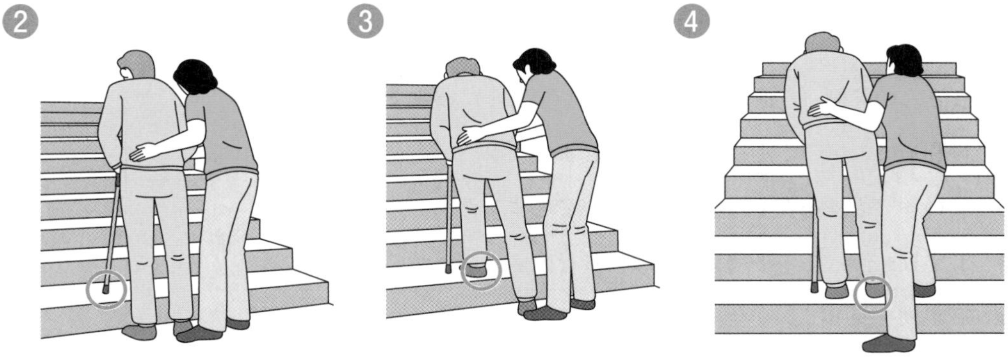

4. 介護職《かいごしょく》は，気分《きぶん》が悪《わる》くないか確認《かくにん》をし，Aさんの健康状態《けんこうじょうたい》に配慮《はいりょ》します。

5. Aさんは T字杖《じつえ》を使《つか》って，階段《かいだん》を下《お》ります。

❶ 介護職《かいごしょく》は，Aさんの患側《かんそく》（右側《みぎがわ》）前方《ぜんぽう》に段《だん》をまたいで位置《いち》します。患側《かんそく》を支《ささ》え，一《いっ》方《ぽう》の手《て》は腰《こし》にそえて身体《しんたい》を支《ささ》えます。

❷ Aさんは最初《さいしょ》に杖《つえ》を下段《かだん》につきます。

❸ 次《つぎ》に患側《かんそく》の足《あし》から階段《かいだん》を下《お》ります。

❹ 最後《さいご》に健側《けんそく》（左側《ひだりがわ》）の足《あし》をそろえます。

確認《かくにん》・評価《ひょうか》してみよう！

確認《かくにん》・評価項目《ひょうかこうもく》	CHECK
❶ A さんに適切《てきせつ》な言葉《ことば》かけができましたか（念願《ねんがん》であったお参《まい》りができることに共感《きょうかん》する言葉《ことば》かけ，体調《たいちょう》や立位《りつい》になったときのふらつきの確認《かくにん》，これから行《おこな》う介助《かいじょ》の説明《せつめい》と同意《どうい》など）。	
❷ A さんの健側《けんそく》（左側《ひだりがわ》）が活用《かつよう》できる位置《いち》に車《くるま》いすを準備《じゅんび》しましたか。	
❸ 車《くるま》いすのブレーキをかけ，フットサポートを上《あ》げておきましたか。	
❹ A さんの健側《けんそく》（左側《ひだりがわ》）上下肢《じょうかし》を活用《かつよう》して安全《あんぜん》に移乗《いじょう》できましたか。	
❺ 砂利道《じゃりみち》での車《くるま》いす走行《そうこう》が安全《あんぜん》にできましたか。	
❻ 車《くるま》いすで段差《だんさ》を安全《あんぜん》に越《こ》えることができましたか。	
❼ T 字杖《じつえ》を使《つか》って，平地《へいち》を安全《あんぜん》に杖歩行《つえほこう》できましたか。	
❽ T 字杖《じつえ》を使《つか》って，安全《あんぜん》に階段《かいだん》を上《あ》がることができましたか。	
❾ T 字杖《じつえ》を使《つか》って，安全《あんぜん》に階段《かいだん》を下《お》りることができましたか。	
❿ 全体《ぜんたい》を通《とお》して A さんの自立《じりつ》に配慮《はいりょ》した援助《えんじょ》ができましたか。	

月《がつ》
日《にち》

事例《じれい》2　在宅《ざいたく》で終末期《しゅうまつき》を迎《むか》える高齢者《こうれいしゃ》と家族《かぞく》の生活支援《せいかつしえん》

❶ 利用者《りようしゃ》のプロフィール

氏名《しめい》：C さん
性別《せいべつ》：女性《じょせい》
年齢《ねんれい》：95 歳《さい》
生活環境《せいかつかんきょう》：自宅《じたく》
要介護度《ようかいごど》：要介護《ようかいご》5
サービス利用開始年《りようかいしねん》・月《げつ》：○○年《ねん》□月《がつ》
認知症高齢者《にんちしょうこうれいしゃ》の日常生活自立度《にちじょうせいかつじりつど》：Ⅲ a（☞第《だい》3巻《かん》p.224）
障害高齢者《しょうがいこうれいしゃ》の日常生活自立度《にちじょうせいかつじりつど》：C2（☞第《だい》3巻《かん》p.224）

❷ 家族構成《かぞくこうせい》および生活歴《せいかつれき》

▶▶ 幼少期《ようしょうき》から夫《おっと》の死亡《しぼう》まで

・実家《じっか》は商売《しょうばい》を営《いとな》んでいた。
・6 人《にん》きょうだいの長女《ちょうじょ》で，家事《かじ》をよく手伝《てつだ》い，裁縫《さいほう》が好《す》きでこまめに行《おこな》っていた。
・旧制高等女学校卒業《きゅうせいこうとうじょがっこうそつぎょう》。23 歳《さい》のとき公務員《こうむいん》の夫《おっと》と結婚《けっこん》。二男一女《になんいちじょ》をもうけた。
・結婚後《けっこんご》は専業主婦《せんぎょうしゅふ》として家庭《かてい》を支《ささ》えた。
・畑《はたけ》で旬《しゅん》の野菜《やさい》を育《そだ》てることを得意《とくい》にしていたほか，料理《りょうり》が上手《じょうず》で，煮物《にもの》は絶品《ぜっぴん》であった。
・長男《ちょうなん》の結婚後《けっこんご》，長男夫婦《ちょうなんふうふ》とははじめから同居《どうきょ》していた。
・長男夫婦《ちょうなんふうふ》はともに公務員《こうむいん》として働《はたら》いていたこともあり，2 人《ふたり》の孫《まご》はずっと C さんにかわいがられていた。
・15 年前《ねんまえ》，C さんが 80 歳《さい》のときに夫《おっと》が死亡《しぼう》。
・そのあと，外出《がいしゅつ》する機会《きかい》も減《へ》り，家族《かぞく》から通所介護《つうしょかいご》（デイサービス）の利用《りよう》をすすめられたが，乗《の》り気《き》ではなく，家《いえ》で音楽《おんがく》を聴《き》いたり，庭《にわ》で花《はな》を育《そだ》てたり，孫《まご》とドライブをしたりして過《す》ごしていた。

▶▶ この 1 年間《ねんかん》の様子《ようす》

・昨年《さくねん》の 1 月《がつ》に脳梗塞《のうこうそく》を発症《はっしょう》し，入院《にゅういん》。右片麻痺《みぎかたまひ》，嚥下障害《えんげしょうがい》がみられた。
・4 月《がつ》に退院《たいいん》するが，7 月《がつ》にトイレで転倒《てんとう》し，右大腿骨骨折《みぎだいたいこつこっせつ》。手術後《しゅじゅつご》，10 月《がつ》に退院《たいいん》。
・骨折前《こっせつまえ》は，伝《つた》い歩《ある》きをしていたが，退院後《たいいんご》は寝《ね》たきりとなる。
・そのあと，12 月《がつ》に肺炎《はいえん》（☞第《だい》4巻《かん》p.281）を発症《はっしょう》して再入院《さいにゅういん》。

・今年《ことし》の2月《がつ》，前々《まえまえ》からCさんが「畳《たたみ》の上《うえ》で死《し》にたい」と言《い》っていたことや自然《しぜん》な形《かたち》でCさんを介護《かいご》し，看取《みと》りたいという家族《かぞく》の希望《きぼう》で退院《たいいん》。
・要介護認定《ようかいごにんてい》を経《へ》て，訪問診療《ほうもんしんりょう》，訪問看護《ほうもんかんご》，訪問介護《ほうもんかいご》（ホームヘルプサービス），訪問入《ほうもんにゅう》浴介護《よくかいご》などのサービスを利用《りよう》しながら自宅《じたく》で生活《せいかつ》することになった。

▶▶ 現在《げんざい》の家族《かぞく》の状況《じょうきょう》

・長男夫婦《ちょうなんふうふ》（ともに定年退職《ていねんたいしょく》）と同居《どうきょ》している。
・おもな介護者《かいごしゃ》である長男《ちょうなん》の妻《つま》（62歳《さい》）は介護《かいご》に積極的《せっきょくてき》で，「実《じつ》はおむつ交換《こうかん》がうまくできなくて……」「上手《じょうず》に食《た》べてもらえなくて……」と介護職《かいごしょく》に相談《そうだん》をもちかけてくる。
・長男《ちょうなん》（66歳《さい》）も，自分《じぶん》の妻《つま》が家事《かじ》をしているときは，Cさんのそばで話《はな》しかけたりしている。
・長男《ちょうなん》の子《こ》ども（Cさんの孫《まご》）は，一男《いちなん》（33歳《さい》）一女《いちじょ》（28歳《さい》）。ともにCさんにかわいがられて育《そだ》ったためか，仕事《しごと》の行《い》き帰《かえ》りには，必《かなら》ずCさんを見舞《みま》って声《こえ》をかけている。
・孫息子《まごむすこ》は体位変換《たいいへんかん》を積極的《せっきょくてき》に行《おこな》っている。
・孫娘《まごむすめ》は，自分《じぶん》の母親《ははおや》の介護負担《かいごふたん》を軽減《けいげん》するため，家事《かじ》には協力的《きょうりょくてき》である。
・Cさんの長女《ちょうじょ》（63歳《さい》）は同市内《どうしない》に，また，次男《じなん》は同県内《どうけんない》に住《す》んでいる。
・Cさんの長女《ちょうじょ》も，長男《ちょうなん》の妻《つま》を気《き》づかい，息抜《いきぬ》きのための外出《がいしゅつ》をすすめたり，腰痛予防《ようつうよぼう》・緩和《かんわ》のために湿布《しっぷ》を届《とど》けたりしている。
・Cさんの存在《そんざい》そのものが，家族《かぞく》のやすらぎになっている。

3 現在《げんざい》の状況《じょうきょう》

▶▶ 健康状態《けんこうじょうたい》

(1) 一般状態《いっぱんじょうたい》
・体温《たいおん》：36.5〜36.8℃
・呼吸《こきゅう》：16〜18回《かい》／分《ぷん》
・脈拍《みゃくはく》：75〜80回《かい》／分《ぷん》
・血圧《けつあつ》：130／85mmHg

(2) 障害《しょうがい》の状況《じょうきょう》
・脳梗塞《のうこうそく》の後遺症《こういしょう》として，右片麻痺《みぎかたまひ》，嚥下障害《えんげしょうがい》がみられる。

(3) おもな疾患《しっかん》
・高血圧症《こうけつあつしょう》（☞第《だい》4巻《かん》p.263）があり，血圧降下剤《けつあつこうかざい》を朝食後《ちょうしょくご》に1錠服用《じょうふくよう》している。

(4) 既往歴《きおうれき》
・既往歴《きおうれき》として，脳梗塞《のうこうそく》（昨年《さくねん》1月《がつ》），右大腿骨骨折《みぎだいたいこつこっせつ》（昨年《さくねん》7月《がつ》），肺炎《はいえん》（昨年《さくねん》12月《がつ》）がある。

(5)　視力《しりょく》

・老化《ろうか》にともなう低下《ていか》はあるものの，日常生活《にちじょうせいかつ》に支障《ししょう》はない。

(6)　聴力《ちょうりょく》

・老化《ろうか》にともなう低下《ていか》はあるものの，日常生活《にちじょうせいかつ》に支障《ししょう》はない。

▶▶ 日常生活《にちじょうせいかつ》の状況《じょうきょう》

(1)　移動《いどう》

・ほぼ寝《ね》たきりの状態《じょうたい》であり，ベッド上《じょう》で過《す》ごしている。
・自力《じりき》で寝返《ねがえ》りができないため，2時間《じかん》おきに体位変換《たいいへんかん》を行《おこな》っている。
・自宅内《じたくない》を移動《いどう》するときには，**リクライニング型車《がたくるま》いす**[7]（➡p.221参照《さんしょう》）を使用《しよう》している。

(2)　身《み》じたく

・洗面《せんめん》などでは全介助《ぜんかいじょ》が必要《ひつよう》である。
・毎朝《まいあさ》，長男《ちょうなん》の妻《つま》が髪《かみ》をとかしている。
・調子《ちょうし》がよいときは，孫娘《まごむすめ》が口紅《くちべに》をつけてくれる。
・「身《み》ぎれいにしておくことは女性《じょせい》としてのたしなみだ」と，いつも孫娘《まごむすめ》に言《い》っていた。

(3)　食事《しょくじ》

・きざみ食《しょく》を全介助《ぜんかいじょ》で，2分《ぶん》の1程度《ていど》食《た》べる。
・嚥下障害《えんげしょうがい》があるので，食《た》べる量《りょう》は少《すく》ない。
・吸《す》い飲《の》みを使用《しよう》して飲《の》み物《もの》を飲《の》んでいる。
・長男《ちょうなん》の妻《つま》は，食事《しょくじ》もできるだけ家族《かぞく》といっしょに食《た》べられるように配慮《はいりょ》している。
・すべて自分《じぶん》の歯《は》であり，口腔内《こうくうない》の清潔《せいけつ》は保《たも》たれている。

(4)　排泄《はいせつ》

・尿意《にょうい》や便意《べんい》はない。
・紙《かみ》おむつを着用《ちゃくよう》している。
・おむつ交換《こうかん》のたびに「はずかしい」「申《もう》し訳《わけ》ない」と言《い》っている。
・尿量《にょうりょう》は少《すく》ない。
・訪問看護師《ほうもんかんごし》が週《しゅう》2回《かい》，**摘便《てきべん》**[8]（➡p.222参照《さんしょう》）を行《おこな》っている。

(5)　入浴《にゅうよく》・清潔保持《せいけつほじ》

・訪問入浴介護《ほうもんにゅうよくかいご》を週《しゅう》1回利用《かいりよう》している。

(6)　睡眠《すいみん》

・21時《じ》には眠《ねむ》っている。
・長男《ちょうなん》の妻《つま》が寝《ね》る前《まえ》に（23時《じ》ごろ）おむつを交換《こうかん》しているが，目《め》を覚《さ》ましてもすぐに寝《ね》ている。
・最近《さいきん》，昼間《ひるま》もウトウトすることが多《おお》くなった。

(7) コミュニケーション

・問《と》いかけにうまく発語《はつご》できないときは，表情《ひょうじょう》で気持《きも》ちをあらわすなど，意思表示《いしひょうじ》はできている。

・人物《じんぶつ》を特定《とくてい》したり，話《はな》しかけられた内容《ないよう》を聞《き》きとったりすることは十分《じゅうぶん》にできる。

(8) サービスの利用状況《りようじょうきょう》

・訪問入浴介護《ほうもんにゅうよくかいご》（週《しゅう》1回《かい》）

・訪問看護《ほうもんかんご》（週《しゅう》2回《かい》）

・訪問診療《ほうもんしんりょう》（週《しゅう》1回《かい》）

・訪問介護《ほうもんかいご》（週《しゅう》5回《かい》）

▶▶ 経済状況《けいざいじょうきょう》

・夫《おっと》の**遺族年金《いぞくねんきん》** [9] （⇒ p.222 参照《さんしょう》）（1か月《げつ》あたり25万円《まんえん》）を受給《じゅきゅう》している。

・介護保険料《かいごほけんりょう》，介護保険自己負担分《かいごほけんじこふたんぶん》，紙《かみ》おむつ代《だい》などは長男夫婦《ちょうなんふうふ》が支払《しはら》っている。

・長男夫婦《ちょうなんふうふ》にとって，経済的《けいざいてき》に困難《こんなん》な状況《じょうきょう》ではない。

▶▶ 性格《せいかく》

・実家《じっか》が商売《しょうばい》を営《いとな》んでいたためか，子《こ》どものころからいつもニコニコしていた。

・高齢《こうれい》になった今《いま》でも，日《ひ》ごろからだれに対《たい》しても「ありがとう」と声《こえ》をかけている。

▶▶ 1日《にち》の過《す》ごし方《かた》

・ほぼ寝《ね》たきりの状態《じょうたい》であり，ベッド上《じょう》で過《す》ごしている。

・気分《きぶん》のよいときは，ギャッチベッドの頭部側《とうぶがわ》を起《お》こして窓越《まどご》しに庭《にわ》の花《はな》を見《み》たり，歌《うた》を聴《き》いたりしている（美空《みそら》ひばりの歌《うた》が好《す》きである）。

・居間《いま》に隣接《りんせつ》する部屋《へや》にベッドがあるため，家族《かぞく》から常《つね》に声《こえ》をかけられている。

▶▶ Cさんや家族《かぞく》などの思《おも》い

・Cさんは，「自分《じぶん》らしく人生《じんせい》をまっとうできるように」という思《おも》いがあり，なかでも，口《くち》から食《た》べることに対《たい》して強《つよ》い思《おも》いをもっている。また，「病院《びょういん》ではなく，畳《たたみ》の上《うえ》で死《し》にたい。私《わたし》が笑顔《えがお》だと，みんなが元気《げんき》になると，亡《な》き夫《おっと》がよく言《い》ってくれていた。これは私《わたし》への夫《おっと》からの遺言《ゆいごん》だ」と頻繁《ひんぱん》に口《くち》にしている。

・おもな介護者《かいごしゃ》である長男《ちょうなん》の妻《つま》は，「お義母《かあ》さんには今《いま》まで，いろいろとよくしてもらったから，恩返《おんがえ》ししたい。でも，不安《ふあん》はある」と思《おも》っている。

・料理《りょうり》が上手《じょうず》で，煮物《にもの》は絶品《ぜっぴん》と言《い》われていたこともあり，つくれない現状《げんじょう》がつらいようで，「何《なに》もできない」「申《もう》し訳《わけ》ない」とよく言《い》う。

・「以前《いぜん》のように孫《まご》と外出《がいしゅつ》したい」という思《おも》いがあるが，現状《げんじょう》ではむずかしいということもよくわかっている。

・エアマットを導入《どうにゅう》しようとしたが，C さんが「寝心地《ねごこち》が悪《わる》い」とのことで使用《しよう》していない。

・「最期《さいご》まで自分《じぶん》の口《くち》から食《た》べたい」という強《つよ》い思《おも》いがあるにもかかわらず，右片麻痺《みぎかたまひ》にともなう利《き》き手交換訓練《てこうかんくんれん》ができていないため，食《た》べさせてもらっていることに「申《もう》し訳《わけ》ない」と思《おも》っている。

・茶道《さどう》の師範《しはん》としてお点前《てまえ》をしていたこともあり，「抹茶《まっちゃ》が飲《の》みたい」という思《おも》いがある。

・排泄《はいせつ》に関《かん》しては,「はずかしい」「もうおしまい」「はじめて嫁《よめ》におむつを交換《こうかん》してもらったときは涙《なみだ》が出《で》た」と言《い》っている。

・「できるだけおむつ交換《こうかん》の回数《かいすう》を減《へ》らしたい」という思《おも》いがある。

・「朝《あさ》，洗面所《せんめんじょ》で顔《かお》を洗《あら》いたい」と思《おも》っている。「でも，迷惑《めいわく》をかけられないので，家族《かぞく》には言《い》えない」でいる。

・「よく寝《ね》ていますよ」「眠《ねむ》っているあいだに死《し》ねたらいいね」と言《い》っている。

・時間《じかん》はかかるが伝《つた》えたいことは伝《つた》えられる。しかし，「今《いま》の状況《じょうきょう》はもどかしい」「うまく言葉《ことば》が出《で》てこないのはつらい」と言《い》っている。

・庭《にわ》に出《で》て花《はな》を摘《つ》みたいようで，「花《はな》はいいね，気持《きも》ちがやすらぐ」と言《い》っている。

・歌《うた》を聴《き》いているとき，「歌《うた》は私《わたし》を元気《げんき》にしてくれる」と言《い》っている。

・経済的《けいざいてき》に「夫《おっと》の遺族年金《いぞくねんきん》があることは大《おお》いに助《たす》かっている」と言《い》っている。

・C さんの長女《ちょうじょ》が気軽《きがる》に会《あ》いに来《き》てくれるのは，「嫁《よめ》がよい人《ひと》だからだ。長男《ちょうなん》にはもったいない人《ひと》だ」と思《おも》っている。

・生活環境《せいかつかんきょう》に対《たい》しては「とくに不満《ふまん》はない」と言《い》っている。

・訪問入浴介護《ほうもんにゅうよくかいご》を週《しゅう》1回利用《かいりよう》していることから，「家《いえ》でお風呂《ふろ》に入《はい》ることができてうれしい」「お風呂《ふろ》に入《はい》ったあとは気持《きも》ちがいい」と思《おも》っている。

▶▶ 最近《さいきん》の様子《ようす》

・身《み》じたく，食事《しょくじ》，排泄《はいせつ》などの場面《ばめん》で，できることは自分《じぶん》なりに行《おこな》おうとしている。

・「何《なに》もできない」「申《もう》し訳《わけ》ない」とよく言《い》うが，何《なん》とかできることはしたいと一生懸命《いっしょうけんめい》である。

● Cさんのフェイスシート

氏名《しめい》	Cさん
性別《せいべつ》	女性《じょせい》
年齢《ねんれい》	95歳《さい》
サービス利用開始《りようかいし》 年《ねん》・月《げつ》	○○年《ねん》□月《がつ》
サービス利用《りよう》に いたった理由《りゆう》	昨年《さくねん》の１月《がつ》に脳梗塞《のうこうそく》を発症《はっしょう》し，入院《にゅういん》。右片麻痺《みぎかたまひ》，嚥下障害《えんげしょうがい》がみられた。4月《がつ》に退院《たいいん》するが，7月《がつ》にトイレで転倒《てんとう》し，右大腿骨骨折《みぎだいたいこつこっせつ》。手術後《しゅじゅつご》，10月《がつ》に退院《たいいん》。骨折前《こっせつまえ》は，伝《つた》い歩《ある》きをしていたが，退院後《たいいんご》は寝《ね》たきりとなる。そのあと，12月《がつ》に肺炎《はいえん》を発症《はっしょう》して再入院《さいにゅういん》。今年《ことし》の２月《がつ》，前々《まえまえ》からCさんが「畳《たたみ》の上《うえ》で死《し》にたい」と言《い》っていたことや自然《しぜん》な形《かたち》でCさんを介護《かいご》し，看取《みと》りたいという家族《かぞく》の希望《きぼう》で退院《たいいん》。要介護認定《ようかいごにんてい》を経《へ》て，訪問診療《ほうもんしんりょう》，訪問看護《ほうもんかんご》，訪問介護《ほうもんかいご》，訪問入浴介護《ほうもんにゅうよくかいご》などのサービスを利用《りよう》しながら自宅《じたく》で生活《せいかつ》することになった。
家族《かぞく》	長男夫婦《ちょうなんふうふ》（ともに定年退職《ていねんたいしょく》）と同居《どうきょ》。おもな介護者《かいごしゃ》である長男《ちょうなん》の妻《つま》（62歳《さい》）は介護《かいご》に積極的《せっきょくてき》で，「実《じつ》はおむつ交換《こうかん》がうまくできなくて……」「上手《じょうず》に食《た》べてもらえなくて……」と介護職《かいごしょく》に相談《そうだん》をもちかけてくる。また，長男《ちょうなん》（66歳《さい》）も，自分《じぶん》の妻《つま》が家事《かじ》をしているときは，Cさんのそばで話《はな》しかけたりしている。 長男《ちょうなん》の子《こ》ども（Cさんの孫《まご》）は，一男《いちなん》（33歳《さい》）一女《いちじょ》（28歳《さい》）。ともにCさんにかわいがられて育《そだ》ったためか，仕事《しごと》の行《い》き帰《かえ》りには，必《かなら》ずCさんを見舞《みま》って声《こえ》をかけている。孫息子《まごむすこ》は体位変換《たいいへんかん》を積極的《せっきょくてき》に行《おこな》っている。また，孫娘《まごむすめ》は，自分《じぶん》の母親《ははおや》の介護負《かいごふ》担《たん》を軽減《けいげん》するため，家事《かじ》には協力的《きょうりょくてき》である。 Cさんの長女《ちょうじょ》（63歳《さい》）は同市内《どうしない》に，また，次男《じなん》は同県内《どうけんない》に住《す》んでいる。Cさんの長《ちょう》女《じょ》も長男《ちょうなん》の妻《つま》を気《き》づかい，息抜《いきぬ》きのための外出《がいしゅつ》をすすめたり，腰痛予防《ようつうよぼう》・緩和《かんわ》のために湿布《しっぷ》を届《とど》けたりしている。
キーパーソン	長男《ちょうなん》の妻《つま》
サービス利用前《りようまえ》の 生活状況《せいかつじょうきょう》	実家《じっか》は商売《しょうばい》を営《いとな》んでいた。６人《にん》きょうだいの長女《ちょうじょ》で，家事《かじ》をよく手伝《てつだ》い，裁縫《さいほう》が好《す》きでこまめに行《おこな》っていた。旧制高等女学校卒業《きゅうせいこうとうじょがっこうそつぎょう》。23歳《さい》のとき公務員《こうむいん》の夫《おっと》と結婚《けっこん》。二男《になん》一女《いちじょ》をもうけた。専業主婦《せんぎょうしゅふ》として家庭《かてい》を支《ささ》えた。畑《はたけ》で旬《しゅん》の野菜《やさい》を育《そだ》てることを得意《とくい》にしていたほか，料理《りょうり》が上手《じょうず》で，煮物《にもの》は絶品《ぜっぴん》であった。 長男《ちょうなん》の結婚後《けっこんご》，長男夫婦《ちょうなんふうふ》とははじめから同居《どうきょ》。長男夫婦《ちょうなんふうふ》はともに公務員《こうむいん》として働《はたら》いていたこともあり，２人《ふたり》の孫《まご》はずっとCさんにかわいがられていた。15年前《ねんまえ》，Cさんが80歳《さい》のときに夫《おっと》が死亡《しぼう》。そのあと，外出《がいしゅつ》する機会《きかい》も減《へ》り，家族《かぞく》から通所介護《つうしょかいご》の利《り》用《よう》をすすめられたが，乗《の》り気《き》ではなく，家《いえ》で音楽《おんがく》を聴《き》いたり，庭《にわ》で花《はな》を育《そだ》てたり，孫《まご》とドライブをしたりして過《す》ごしていた。
サービス利用《りよう》におけ る本人《ほんにん》・家族《かぞく》などの 要望《ようぼう》	Cさんの要望《ようぼう》：自分《じぶん》らしく人生《じんせい》をまっとうできるようにしたい。口《くち》から食《た》べたいし，病院《びょういん》ではなく，畳《たたみ》の上《うえ》で死《し》にたい。 長男《ちょうなん》の妻《つま》の要望《ようぼう》：お義母《かあ》さんには今《いま》まで，いろいろとよくしてもらったから，恩返《おんがえ》ししたい。でも，不安《ふあん》はある。
その他《た》	

● Cさんのアセスメント表《ひょう》(1)

1．心身《しんしん》の状況《じょうきょう》（心身機能《しんしんきのう》・身体構造《しんたいこうぞう》／健康状態《けんこうじょうたい》）

	項《こう》　目《もく》	現在《げんざい》の状況《じょうきょう》
1	要介護状態区分《ようかいごじょうたいくぶん》／ 障害程度等級《しょうがいていどとうきゅう》	要介護《ようかいご》５
2	認知症高齢者《にんちしょうこうれいしゃ》の 日常生活自立度《にちじょうせいかつじりつど》	認知症高齢者《にんちしょうこうれいしゃ》の日常生活自立度《にちじょうせいかつじりつど》：Ⅲa
3	障害《しょうがい》の状況《じょうきょう》(身体《しんたい》・ 知的《ちてき》・精神《せいしん》)	障害高齢者《しょうがいこうれいしゃ》の日常生活自立度《にちじょうせいかつじりつど》：C2 脳梗塞《のうこうそく》の後遺症《こういしょう》（右片麻痺《みぎかたまひ》，嚥下障害《えんげしょうがい》）
4	現在《げんざい》のおもな疾患《しっかん》	高血圧症《こうけつあつしょう》
5	服薬《ふくやく》	血圧降下剤《けつあつこうかざい》（朝食後《ちょうしょくご》１錠《じょう》）
6	既往歴《きおうれき》	脳梗塞《のうこうそく》（昨年《さくねん》１月《がつ》），右大腿骨骨折《みぎだいたいこつこっせつ》（昨年《さくねん》７月《がつ》），肺炎《はいえん》（昨年《さくねん》12月《がつ》）
7	平常時《へいじょうじ》の バイタルサイン	体温《たいおん》：36.5～36.8℃，呼吸《こきゅう》：16～18回《かい》／分《ぷん》，脈拍《みゃくはく》：75～80回《かい》／分《ぷん》， 血圧《けつあつ》：130／85mmHg
8	その他《た》	視力《しりょく》，聴力《ちょうりょく》：ともに老化《ろうか》にともなう低下《ていか》はあるものの，日常生活《にちじょうせいかつ》に支障《ししょう》はない。

2. 日常生活《にちじょうせいかつ》の状況《じょうきょう》（活動《かつどう》）

	項《こう》　目《もく》	現在《げんざい》の状況《じょうきょう》	本人《ほんにん》の思《おも》い
9	家事《かじ》	現在《げんざい》は行《おこな》っていない。	「何《なに》もできない」「申《もう》し訳《わけ》ない」とよく言《い》う。料理《りょうり》が上手《じょうず》で，煮物《にもの》は絶品《ぜっぴん》と言《い》われていたこともあり，つくれない現《げん》状《じょう》がつらい。
10	移動《いどう》	ほぼ寝《ね》たきりの状態《じょうたい》であり，ベッド上《じょう》で過《す》ごしている。自力《じりき》で寝返《ねがえ》りができないため，２時間《じかん》おきに体位変換《たいいへんかん》を行《おこな》っている。自宅内《じたくない》を移動《いどう》するときには，リクライニング型車《がたくるま》いすを使用《しよう》している。	「以前《いぜん》のように孫《まご》と外出《がいしゅつ》したい」という思《おも》いがあるが，現状《げんじょう》ではむずかしいということもよくわかっている。
11	身《み》じたく	洗面《せんめん》などでは全介助《ぜんかいじょ》が必要《ひつよう》である。毎《まい》朝《あさ》，長男《ちょうなん》の妻《つま》が髪《かみ》をとかしている。調子《ちょうし》がよいときは，孫娘《まごむすめ》が口紅《くちべに》をつけてくれる。	「身《み》ぎれいにしておくことは女性《じょせい》としてのたしなみだ」と，いつも孫娘《まごむすめ》に言《い》っていた。「朝《あさ》，洗面所《せんめんじょ》で顔《かお》を洗《あら》いたい。でも，迷惑《めいわく》をかけられないので，家族《かぞく》には言《い》えない」でいる。

12	食事《しょくじ》	きざみ食《しょく》を全介助《ぜんかいじょ》で，２分《ぶん》の１程度《ていど》食《た》べる。嚥下障害《えんげしょうがい》があるので，食《た》べる量《りょう》は少《すく》ない。吸《す》い飲《の》みを使用《しよう》して飲《の》み物《もの》を飲《の》んでいる。すべて自分《じぶん》の歯《は》であり，口腔《こうくう》内《ない》の清潔《せいけつ》は保《たも》たれている。長男《ちょうなん》の妻《つま》は，食事《しょくじ》もできるだけ家族《かぞく》といっしょに食《た》べられるように配慮《はいりょ》している。	「最期《さいご》まで自分《じぶん》の口《くち》から食《た》べたい」という強《つよ》い思《おも》いがあるにもかかわらず，右片麻痺《みぎかたまひ》にともなう利《き》き手交換訓練《てこうかんくんれん》ができていないため，食《た》べさせてもらっていることに「申《もう》し訳《わけ》ない」と思《おも》っている。また，茶道《さどう》の師範《しはん》としてお点前《てまえ》をしていたこともあり，「抹茶《まっちゃ》が飲《の》みたい」という思《おも》いがある。
13	排泄《はいせつ》	尿意《にょうい》や便意《べんい》はなく，紙《かみ》おむつを着用《ちゃくよう》している。おむつ交換《こうかん》のたびに「はずかしい」「申《もう》し訳《わけ》ない」と言《い》っている。尿量《にょうりょう》は少《すく》なく，排便《はいべん》については訪問看護師《ほうもんかんごし》が週《しゅう》２回《かい》，摘便《てきべん》を行《おこな》っている。	「はずかしい」「もうおしまい」「はじめて嫁《よめ》におむつを交換《こうかん》してもらったときは涙《なみだ》が出《で》た」と言《い》っている。また，「できるだけおむつ交換《こうかん》の回数《かいすう》を減《へ》らしたい」という思《おも》いがある。
14	入浴《にゅうよく》・清潔保持《せいけつほじ》	訪問入浴介護《ほうもんにゅうよくかいご》を週《しゅう》１回《かい》利用《りよう》している。	「家《いえ》でお風呂《ふろ》に入《はい》ることができてうれしい」「お風呂《ふろ》に入《はい》ったあとは気持《きも》ちがいい」と思《おも》っている。
15	睡眠《すいみん》	21時《じ》には眠《ねむ》っている。長男《ちょうなん》の妻《つま》が寝《ね》る前《まえ》に（23時《じ》ごろ）おむつを交換《こうかん》しているが，目《め》を覚《さ》ましてもすぐに寝《ね》ている。最近《さいきん》，昼間《ひるま》もウトウトすることが多《おお》くなった。	「よく寝《ね》ていますよ」「眠《ねむ》っているあいだに死《し》ねたらいいね」と言《い》っている。
16	コミュニケーション	問《と》いかけにうまく発語《はつご》できないときは，表情《ひょうじょう》で気持《きも》ちをあらわすなど，意思表示《いしひょうじ》はできている。人物《じんぶつ》を特定《とくてい》したり，話《はな》しかけられた内容《ないよう》を聞《き》きとったりすることは十分《じゅうぶん》にできる。	時間《じかん》はかかるが伝《つた》えたいことは伝《つた》えられる。しかし，「今《いま》の状況《じょうきょう》はもどかしい」「うまく言葉《ことば》が出《で》てこないのはつらい」と言《い》っている。

3. 豊《ゆた》かさ（参加《さんか》）

	項目《こうもく》	現在《げんざい》の状況《じょうきょう》	本人《ほんにん》の思《おも》い
17	意欲《いよく》・生《い》きがい	身《み》じたく，食事《しょくじ》，排泄《はいせつ》などの場面《ばめん》で，できることは自分《じぶん》なりに行《おこな》おうとしている。	「何《なに》もできない」「申《もう》し訳《わけ》ない」とよく言《い》う。しかし，何《なん》とかできることはしたいと一生懸命《いっしょうけんめい》である。
18	余暇《よか》の過《す》ごし方《かた》	ほぼ寝《ね》たきりの状態《じょうたい》であり，ベッド上《じょう》で過《す》ごしている。気分《きぶん》のよいときは，ギャッチベッドの頭部側《とうぶがわ》を起《お》こして窓越《まどご》しに庭《にわ》の花《はな》を見《み》たり，歌《うた》を聴《き》いたりしている（美空《みそら》ひばりの歌《うた》が好《す》きである）。	庭《にわ》に出《で》て花《はな》を摘《つ》みたいようで，「花《はな》はいいね，気持《きも》ちがやすらぐ」と言《い》う。また，歌《うた》を聴《き》いているとき，「歌《うた》は私《わたし》を元気《げんき》にしてくれる」と言《い》う。
19	役割《やくわり》（家庭《かてい》／社会《しゃかい》）	Ｃさんの存在《そんざい》そのものが，家族《かぞく》のやすらぎになっている。	
20	その他《た》		

4. 環境《かんきょう》（環境因子《かんきょういんし》）

	項《こう》　目《もく》	現在《げんざい》の状況《じょうきょう》	本人《ほんにん》の思《おも》い
21	生活環境《せいかつかんきょう》	居間《いま》に隣接《りんせつ》する部屋《へや》にベッドがあり，そこで寝《ね》ている。	「とくに不満《ふまん》はない」と言《い》っている。
22	生活《せいかつ》に必要《ひつよう》な用具《ようぐ》	ギャッチベッド，リクライニング型車《がたくるま》いす，紙《かみ》おむつを利用《りよう》している。	エアマットを導入《どうにゅう》しようとしたが，Cさんが「寝心地《ねごこち》が悪《わる》い」とのことで使《し》用《よう》していない。
23	経済状況《けいざいじょうきょう》	夫《おっと》の遺族年金《いぞくねんきん》（1か月《げつ》あたり25万円《まんえん》）を受給《じゅきゅう》している。介護保険料《かいごほけんりょう》，介護保険《かいごほけん》自己負担分《じこふたんぶん》，紙《かみ》おむつ代《だい》などは長男夫婦《ちょうなんふうふ》が支払《しはら》っているが，長男夫婦《ちょうなんふうふ》にとって，経済的《けいざいてき》に困難《こんなん》な状況《じょうきょう》ではない。	「夫《おっと》の遺族年金《いぞくねんきん》があることは大《おお》いに助《たす》かっている」と言《い》っている。
24	家族関係《かぞくかんけい》	長男夫婦《ちょうなんふうふ》と同居《どうきょ》しており，おもな介護者《かいごしゃ》は長男《ちょうなん》の妻《つま》である。長男《ちょうなん》の妻《つま》は介護《かいご》に積《せっ》極的《きょくてき》で，「実《じつ》はおむつ交換《こうかん》がうまくできなくて……」「上手《じょうず》に食《た》べてもらえなくて……」と介護職《かいごしょく》に相談《そうだん》をもちかけてくる。長男夫婦《ちょうなんふうふ》には2人《ふたり》の子《こ》ども（Cさんの孫《まご》）がおり，Cさんにかわいがられて育《そだ》ったためか，仕事《しごと》の行《い》き帰《かえ》りには，必《かなら》ずCさんを見舞《みま》って声《こえ》をかけている。また，Cさんの長女《ちょうじょ》は同市内《どうしない》に，次男《じなん》は同県内《どうけんない》に住《す》んでいる。Cさんの長女《ちょうじょ》も長《ちょう》男《なん》の妻《つま》を気《き》づかい，息抜《いきぬ》きのための外出《がいしゅつ》をすすめたり，腰痛予防《ようつうよぼう》・緩和《かんわ》のために湿布《しっぷ》を届《とど》けたりしている。	「長女《ちょうじょ》が気軽《きがる》に会《あ》いに来《き》てくれるのは，嫁《よめ》がよい人《ひと》だからだ。長男《ちょうなん》にはもったいない人《ひと》だ」と思《おも》っている。
25	サービス（制度《せいど》）の利用状況《りようじょうきょう》	①訪問入浴介護《ほうもんにゅうよくかいご》（週《しゅう》1回《かい》），②訪問看護《ほうもんかんご》（週《しゅう》2回《かい》），③訪問診療《ほうもんしんりょう》（週《しゅう》1回《かい》），④訪《ほう》問介護《もんかいご》（週《しゅう》5回《かい》）	
26	その他《た》		

5. その他《た》（個人因子《こじんいんし》）

	項目《こうもく》	現在《げんざい》の状況《じょうきょう》
27	価値観《かちかん》・習慣《しゅうかん》	「自分《じぶん》らしく人生《じんせい》をまっとうできるように」という思《おも》いがあり，なかでも，口《くち》から食《た》べることに対《たい》して強《つよ》い思《おも》いをもっている。また，「病院《びょういん》ではなく，畳《たたみ》の上《うえ》で死《し》にたい。私《わたし》が笑顔《えがお》だと，みんなが元気《げんき》になると，亡《な》き夫《おっと》がよく言《い》ってくれていた。これは私《わたし》への夫《おっと》からの遺言《ゆいごん》だ」と頻繁《ひんぱん》に口《くち》にしている。
28	性格《せいかく》（個性《こせい》）	実家《じっか》が商売《しょうばい》を営《いとな》んでいたためか，子《こ》どものころからいつもニコニコしていた。また，高齢《こうれい》になった今《いま》でも，日《ひ》ごろからだれに対《たい》しても「ありがとう」と声《こえ》をかけている。
29	生活歴《せいかつれき》・出身地《しゅっしんち》	実家《じっか》は商売《しょうばい》を営《いとな》んでいた。６人《にん》きょうだいの長女《ちょうじょ》で，家事《かじ》をよく手伝《てつだ》い，裁縫《さいほう》が好《す》きでこまめに行《おこな》っていた。旧制高等女学校卒業《きゅうせいこうとうじょがっこうそつぎょう》。23歳《さい》のとき公務員《こうむいん》の夫《おっと》と結婚《けっこん》。二男一女《になんいちじょ》をもうけた。専業主婦《せんぎょうしゅふ》として家庭《かてい》を支《ささ》えた。畑《はたけ》で旬《しゅん》の野菜《やさい》を育《そだ》てることを得意《とくい》にしていたほか，料理《りょうり》が上手《じょうず》で，煮物《にもの》は絶品《ぜっぴん》であった。長男《ちょうなん》の結婚《けっこん》後《ご》，長男夫婦《ちょうなんふうふ》とははじめから同居《どうきょ》。長男夫婦《ちょうなんふうふ》はともに公務員《こうむいん》として働《はたら》いていたこともあり，２人《ふたり》の孫《まご》はずっとＣさんにかわいがられていた。15年前《ねんまえ》，Ｃさんが80歳《さい》のときに夫《おっと》が死亡《しぼう》。そのあと，外出《がいしゅつ》する機会《きかい》も減《へ》り，家族《かぞく》から通所介護《つうしょかいご》の利用《りよう》をすすめられたが，乗《の》り気《き》ではなく，家《いえ》で音楽《おんがく》を聴《き》いたり，庭《にわ》で花《はな》を育《そだ》てたり，孫《まご》とドライブをしたりして過《す》ごしていた。
30	特技《とくぎ》	家事《かじ》をよく手伝《てつだ》い，裁縫《さいほう》が好《す》きでこまめに行《おこな》っていた。畑《はたけ》で旬《しゅん》の野菜《やさい》を育《そだ》てるのを得意《とくい》にしていたほか，料理《りょうり》が上手《じょうず》で，煮物《にもの》は絶品《ぜっぴん》であった。また，茶道《さどう》の師範《しはん》としてお点前《てまえ》をしていたこともあった。
31	1日《にち》の過《す》ごし方《かた》	ほぼ寝《ね》たきりの状態《じょうたい》であり，ベッド上《じょう》で過《す》ごしているが，気分《きぶん》のよいときは，ギャッチベッドの頭部《とうぶ》を起《お》こして窓越《まどご》しに庭《にわ》の花《はな》を見《み》たり，歌《うた》を聴《き》いたりしている（美空《みそら》ひばりの歌《うた》が好《す》きである）。また，居間《いま》に隣接《りんせつ》する部屋《へや》にベッドがあるため，家族《かぞく》から常《つね》に声《こえ》をかけられている。
32	その他《た》	

● Cさんのアセスメント表《ひょう》(2)

アセスメント項目番号《こうもくばんごう》	情報《じょうほう》の解釈《かいしゃく》・関連《かんれん》づけ・統合化《とうごうか》	課《か》　題《だい》	優先順位《ゆうせんじゅんい》
12, 13, 17, 24, 27, 30	Cさんには「自分《じぶん》らしく人生《じんせい》をまっとうできるように」という思《おも》いがあり，なかでも，口《くち》から食《た》べることに対《たい》して強《つよ》い思《おも》いをもっている。また，食《しょく》事《じ》の場面《ばめん》で，できることは自分《じぶん》なりに行《おこな》おうとする意欲《いよく》もある。この思《おも》いは家族《かぞく》も同《おな》じであり，おもな介護者《かいごしゃ》である長男《ちょうなん》の妻《つま》も積極的《せっきょくてき》に介護《かいご》にかかわっており，できるだけ食事《しょくじ》を家族《かぞく》といっしょに食《た》べられるように配慮《はいりょ》しているほか，「上手《じょうず》に食《た》べてもらえなくて……」と介護職《かいごしょく》に相談《そうだん》をもちかけている。現在《げんざい》, Cさんは，きざみ食《しょく》を全介助《ぜんかいじょ》で，2分《ぶん》の1程度《ていど》食《た》べている。嚥下障害《えんげしょうがい》があるので，食《た》べる量《りょう》は少《すく》ない。なお，尿量《にょうりょう》が少《すく》ないことから，水分《すいぶん》の摂取量《せっしゅりょう》が少《すく》ないのではないかと考《かんが》えられる。	「最期《さいご》まで自分《じぶん》の口《くち》から食《た》べたい」という強《つよ》い思《おも》いがあるにもかかわらず，食事形態《しょくじけいたい》がきざみ食《しょく》であったり，嚥下障害《えんげしょうがい》があったりするために，食《た》べる量《りょう》が少《すく》なくなっている。少《すこ》しずつでも安全《あんぜん》に食《た》べて，水分《すいぶん》をとることが必要《ひつよう》である。	❶
10, 13, 17, 24	Cさんは，排泄《はいせつ》の場面《ばめん》で，できることは自分《じぶん》なりに行《おこな》おうとする意欲《いよく》をもっている。しかし，ほぼ寝《ね》たきりの状態《じょうたい》であり，ベッド上《じょう》で過《す》ごしていることに加《くわ》えて，尿意《にょうい》や便意《べんい》はないために，紙《かみ》おむつを着用《ちゃくよう》している。Cさんは，おむつ交換《こうかん》のたびに「はずかしい」「申《もう》し訳《わけ》ない」と言《い》っており，できるだけおむつ交換《こうかん》の回数《かいすう》を減《へ》らしたいと思《おも》っている。また，おもな介護者《かいごしゃ》である長男《ちょうなん》の妻《つま》は「実《じつ》はおむつ交換《こうかん》がうまくできなくて……」と介《かい》護職《ごしょく》に相談《そうだん》をもちかけている。	長男《ちょうなん》の妻《つま》が自信《じしん》をもっておむつ交換《こうかん》ができ，Cさんが気兼《きが》ねすることなく現状《げんじょう》を受《う》け入《い》れることが必要《ひつよう》となる。	❷
10, 11, 17	Cさんには「身《み》ぎれいにしておくことは女性《じょせい》としてのたしなみだ」との意識《いしき》があるほか，「朝《あさ》，洗《せん》面所《めんじょ》で顔《かお》を洗《あら》いたい。でも，迷惑《めいわく》をかけられないので，家族《かぞく》には言《い》えない」との思《おも》いがある。また，身《み》じたくの場面《ばめん》で，できることは自分《じぶん》なりに行《おこな》おうとする意欲《いよく》もある。しかし，ほぼ寝《ね》たきりの状《じょう》態《たい》であり，ベッド上《じょう》で過《す》ごしているため，洗面《せんめん》などでは全介助《ぜんかいじょ》が必要《ひつよう》である。	「いつも身《み》ぎれいにしていたい」との思《おも》いはあるものの，洗面《せんめん》などの身《み》じたくには介助《かいじょ》が必要《ひつよう》である。	❹
10, 12, 14, 22	Cさんは自力《じりき》で寝返《ねがえ》りができないため，2時間《じかん》おきに体位変換《たいいへんかん》を行《おこな》っているが，入浴《にゅうよく》は週《しゅう》1回《かい》の訪問入浴介護《ほうもんにゅうよくかいご》に限《かぎ》られているほか，食事《しょくじ》の量《りょう》もあまり多《おお》くないなど，褥瘡《じょくそう》の発生《はっせい》が心配《しんぱい》される。なお，エアマットは，「寝心地《ねごこち》が悪《わる》い」との理由《りゆう》で使用《しよう》していない。	褥瘡《じょくそう》を予防《よぼう》するために，清潔《せいけつ》に配慮《はいりょ》し，適切《てきせつ》な福祉用具《ふくしようぐ》を使用《しよう》する必要《ひつよう》がある。	❸

● Cさんの訪問介護計画書《ほうもんかいごけいかくしょ》

氏名《しめい》：　　　　Cさん

<table>
<tr><td>長期目標《ちょうきもくひょう》
（期間《きかん》：6か月《げつ》）</td><td>最期《さいご》まで口《くち》から食《た》べて，身《み》ぎれいに，家族《かぞく》に見守《みまも》られて笑顔《えがお》で生活《せいかつ》できる。</td></tr>
</table>

<table>
<tr><th rowspan="2">課《か》題《だい》</th><th colspan="2">短期目標《たんきもくひょう》</th><th colspan="2">具体的《ぐたいてき》な援助内容《えんじょないよう》・方法《ほうほう》</th><th rowspan="2">頻《ひん》度《ど》</th></tr>
<tr><th>目標《もくひょう》</th><th>期間《きかん》</th><th>内容《ないよう》</th><th>方法《ほうほう》</th></tr>
<tr><td rowspan="2">❶「最期《さいご》まで自分《じぶん》の口《くち》から食《た》べたい」という強《つよ》い思《おも》いがあるにもかかわらず，食《しょく》事形態《じけいたい》がきざみ食《しょく》であったり，嚥下障害《えんげしょうがい》があったりするために，食《た》べる量《りょう》が少《すく》なくなっている。少《すこ》しずつでも安全《あんぜん》に食《た》べて，水分《すいぶん》をとることが必要《ひつよう》である。</td><td rowspan="2">おいしくて，飲《の》みこみやすい食事《しょくじ》を食《た》べることができる。</td><td rowspan="2">1か月《げつ》</td><td>①調理《ちょうり》と食事《しょくじ》の介助《かいじょ》</td><td>①市販《しはん》の高齢者《こうれいしゃ》ソフト食《しょく》を活用《かつよう》したり，きざみ食《しょく》ではなくとろみをつけるといった調理《ちょうり》の工夫《くふう》をしたりして，飲《の》みこみやすい食事《しょくじ》にする。なお，褥瘡《じょくそう》予防《よぼう》の観点《かんてん》から，できるだけ栄養《えいよう》のバランスも考《こう》慮《りょ》する。食事《しょくじ》の介助《かいじょ》に際《さい》しては，健側《けんそく》(左側《ひだりがわ》)の口《こう》角《かく》から差《さ》し出《だ》し，口《くち》に入《い》れてもらうようにする。</td><td>訪問時《ほうもんじ》</td></tr>
<tr><td>②水分補給《すいぶんほきゅう》の介《かい》助《じょ》</td><td>②吸《す》い飲《の》みの口《くち》に，じょうろのように小《ち》さな穴《あな》の空《あ》いたふたをつけて，飲《の》み物《もの》が少《すこ》しずつ出《で》てくる工《く》夫《ふう》をして，飲《の》みこみやすいようにし，水分《すいぶん》をとるようにうながす。</td><td>訪問時《ほうもんじ》</td></tr>
<tr><td>❷長男《ちょうなん》の妻《つま》が自信《じしん》をもっておむつ交換《こうかん》ができ，Cさんが気兼《きが》ねすることなく現状《げんじょう》を受《う》け入《い》れることが必要《ひつよう》となる。</td><td>気持《きも》ちよく，気兼《きが》ねすることなく排泄《はいせつ》をすることができる。</td><td>1か月《げつ》</td><td>おむつ交換《こうかん》の介《かい》助《じょ》</td><td>Cさんの羞恥心《しゅうちしん》に最大限配《さいだいげんはい》慮《りょ》するとともに，負担《ふたん》をかけないようにして，おむつを交換《こうかん》する。その際《さい》，掛《か》け物《もの》は，露出《ろしゅつ》を最低限《さいていげん》にするためだけでなく，保温《ほおん》にもつながることを留意《りゅうい》する。</td><td>訪問時《ほうもんじ》</td></tr>
<tr><td>❸褥瘡《じょくそう》を予防《よぼう》するために，清潔《せいけつ》に配慮《はいりょ》し，適切《てきせつ》な福祉用具《ふくしようぐ》を使用《しよう》する必要《ひつよう》がある。</td><td>常《つね》に清潔《せいけつ》を保《たも》ち，褥瘡《じょくそう》をつくらないようにすることができる。</td><td>1か月《げつ》</td><td>陰部洗浄《いんぶせんじょう》と清拭《せいしき》の介助《かいじょ》</td><td>おむつ交換《こうかん》のたびに，陰部《いんぶ》洗浄《せんじょう》と清拭《せいしき》を行《おこな》う。陰部洗《いんぶせん》浄《じょう》では，台所用洗剤《だいどころようせんざい》の空《あ》き容器《ようき》にぬるま湯《ゆ》を入《い》れて洗《あら》い流《なが》す工夫《くふう》をすることで，家族《かぞく》にも簡単《かんたん》にできることを指導《しどう》する。</td><td>訪問時《ほうもんじ》</td></tr>
</table>

④「いつも身《み》ぎれいにしていたい」との思《おも》いはあるものの，洗《せん》面《めん》などの身《み》じたくには介助《かいじょ》が必《ひつ》要《よう》である。	いつも身《み》ぎれいにしていることができる。	1か月《げつ》	整容《せいよう》の介助《かいじょ》	Cさんの体調《たいちょう》がよければ，ベッドを15度程度《どていど》ギャッチアップして，顔《かお》を蒸《む》しタオルで清拭《せいしき》する。また，その際《さい》にCさん自身《じしん》に髪《かみ》をとかしてもらうように介助《かいじょ》する。	訪問時《ほうもんじ》

● Cさんの実施評価表《じっしひょうかひょう》

担当者氏名《たんとうしゃしめい》：　D（介護福祉士《かいごふくしし》）

実施状況《じっしじょうきょう》	評《ひょう》　価《か》
❶市販《しはん》の高齢者《こうれいしゃ》ソフト食《しょく》は，食《た》べやすさや栄養面《えいようめん》などに配慮《はいりょ》されているが，Cさんの好《この》みではなかったようである。「飲《の》みこみやすさ」だけでなく，「おいしく食《た》べる」という側面《そくめん》にも配慮《はいりょ》しなければならない。	食事量《しょくじりょう》が減《へ》っているCさんに対《たい》して，どのような食《しょく》事《じ》がよいのかを考《かんが》えていくことは大切《たいせつ》なことである。今後《こんご》もCさんに「おいしく食《た》べてもらう」ために，Cさんの好《す》きな食《た》べ物《もの》を家族《かぞく》から聞《き》きとり，また，Cさんを支援《しえん》するチームのメンバーである栄養士《えいようし》にも相談《そうだん》しながら，食事形態《しょくじけいたい》をよりソフトに調理《ちょうり》することでCさんの食《しょく》が進《すす》むように工夫《くふう》したいと考《かんが》える。
❶吸《す》い飲《の》みを工夫《くふう》したことにより，少量《しょうりょう》ずつではあるが，一定量《いっていりょう》の水分《すいぶん》を補給《ほきゅう》できるようになった。	水分補給《すいぶんほきゅう》の介助《かいじょ》を進《すす》めているなかで，Cさんは，おむつ交換《こうかん》の回数《かいすう》を減《へ》らしたいがために水分摂取《すいぶんせっしゅ》をひかえていたことがわかった。介護職《かいごしょく》として，水分《すいぶん》の大切《たいせつ》さを説明《せつめい》していくことで，おむつ交換《こうかん》を気《き》にせず水分《すいぶん》をとってもらえるようなはたらきかけを行《おこな》っていくようにする。
❷ただ黙々《もくもく》と手際《てぎわ》よく紙《かみ》おむつを交換《こうかん》すればよいわけではなく，Cさんの羞恥心《しゅうちしん》に最大限配慮《さいだいげんはいりょ》し，適度《てきど》に言葉《ことば》かけを行《おこな》うようにした。具体的《ぐたいてき》には，露出《ろしゅつ》を最《さい》低限《ていげん》にするために掛《か》け物《もの》を有効《ゆうこう》に使用《しよう》した。	紙《かみ》おむつを交換《こうかん》してもらうこと自体《じたい》にはまだ羞恥心《しゅうちしん》がともなっていると思《おも》われるが，長男《ちょうなん》の妻《つま》ではなく，介《かい》護職《ごしょく》に交換《こうかん》してもらっているという気持《きも》ちの違《ちが》いはあるようで，紙《かみ》おむつを交換《こうかん》している最中《さいちゅう》，落《お》ち着《つ》いた表情《ひょうじょう》をすることが多《おお》くなった。
❸陰部洗浄《いんぶせんじょう》と清拭《せいしき》は，できるだけ手際《てぎわ》よく，Cさんが羞恥心《しゅうちしん》を感《かん》じないように心《こころ》がけた。介助《かいじょ》をしたあと，Cさんは「ありがとう」と拝《おが》むようなしぐさをしていた。	台所用洗剤《だいどころようせんざい》の空《あ》き容器《ようき》にぬるま湯《ゆ》を入《い》れて，陰部《いんぶ》のよごれを洗《あら》い流《なが》す工夫《くふう》をしたことにより，家族《かぞく》も簡単《かんたん》に陰部洗浄《いんぶせんじょう》ができるようになった。ただし，家族《かぞく》が行《おこな》うことでCさんの「はずかしい」「申《もう》し訳《わけ》ない」という気持《きも》ちが増《ま》す可能性《かのうせい》もあるので，家族《かぞく》が行《おこな》う頻度《ひんど》は相《そう》談《だん》して決《き》めることとした。
❹Cさんには「洗面所《せんめんじょ》で顔《かお》を洗《あら》いたい」という希望《きぼう》があるが，蒸《む》しタオルで顔《かお》をふくことで代替《だいたい》している。体調《たいちょう》をみながら髪《かみ》もとかすことで，身《み》じたくを整《ととの》えて生活《せいかつ》するというCさんの思《おも》いはかない，満《まん》足《ぞく》そうである。	蒸《む》しタオルという方法《ほうほう》ではあるが，身《み》ぎれいにしていたいというCさんの思《おも》いにそった援助《えんじょ》を行《おこな》うことができた。顔《かお》の清拭《せいしき》にはほかにも方法《ほうほう》があると思《おも》われるため，そのつど，Cさんに介助内容《かいじょないよう》を説明《せつめい》し，同意《どうい》を得《え》てから行《おこな》うようにする。

気《き》づいたこと （新《あら》たな課題《かだい》や可能性《かのうせい》）	①在宅《ざいたく》での生活《せいかつ》を継続《けいぞく》するためには，現状《げんじょう》をできるだけ維持《いじ》していく必要《ひつよう》があることの確認《かくにん》。 ②食事形態《しょくじけいたい》の検討《けんとう》をはじめとする，さまざまな場面《ばめん》における多職種《たしょくしゅ》との連携《れんけい》。

❹【解説《かいせつ》】Cさんの介護過程《かいごかてい》について

Cさんは，「自分《じぶん》らしく人生《じんせい》をまっとうできるように」という思《おも》いがあり，また，「病院《びょういん》ではなく，畳《たたみ》の上《うえ》で死《し》にたい。私《わたし》が笑顔《えがお》だと，みんなが元気《げんき》になると，亡《な》き夫《おっと》がよく言《い》ってくれていた。これは私《わたし》への夫《おっと》からの遺言《ゆいごん》だ」と頻繁《ひんぱん》に口《くち》にしています。

一方《いっぽう》，家族《かぞく》にとっても，Cさんの存在《そんざい》そのものが家族《かぞく》のやすらぎになっているため，良《りょう》好《こう》な家族関係《かぞくかんけい》のなかで，それぞれが役割分担《やくわりぶんたん》をもってCさんの介護《かいご》にあたっていました。しかし，家族《かぞく》にもできることとできないことがあります。実際《じっさい》に，おもな介護者《かいごしゃ》である長《ちょう》男《なん》の妻《つま》は，介護《かいご》に対《たい》して積極的《せっきょくてき》ではありながらも，「実《じつ》はおむつ交換《こうかん》がうまくできなくて……」「上手《じょうず》に食《た》べてもらえなくて……」という不安《ふあん》を抱《いだ》いていました。

終末期《しゅうまつき》においては，最期《さいご》をどこでどのように迎《むか》えるのかを利用者自身《りようしゃじしん》が決《き》められるように援助《えんじょ》することが重要《じゅうよう》です。そして，Cさんのように自宅《じたく》で最期《さいご》を迎《むか》えることを望《のぞ》む場合《ばあい》には，それを支《ささ》える家族《かぞく》の協力《きょうりょく》も必要《ひつよう》になります。したがって，介護職《かいごしょく》には家族《かぞく》を支援《しえん》することも求《もと》められます。

そこで介護職《かいごしょく》は，アセスメントを通《つう》じて，次《つぎ》の4つの課題《かだい》を明《あき》らかにしました。

❶「最期《さいご》まで自分《じぶん》の口《くち》から食《た》べたい」という強《つよ》い思《おも》いがあるにもかかわらず，食事形態《しょくじけいたい》がきざみ食《しょく》であったり，嚥下障害《えんげしょうがい》があったりするために，食《た》べる量《りょう》が少《すく》なくなっている。少《すこ》しずつでも安全《あんぜん》に食《た》べて，水分《すいぶん》をとることが必要《ひつよう》である。

❷ 長男《ちょうなん》の妻《つま》が自信《じしん》をもっておむつ交換《こうかん》ができ，Cさんが気兼《きが》ねすることなく現状《げんじょう》を受《う》け入《い》れることが必要《ひつよう》となる。

❸ 褥瘡《じょくそう》を予防《よぼう》するために，清潔《せいけつ》に配慮《はいりょ》し，適切《てきせつ》な福祉用具《ふくしようぐ》を使用《しよう》する必要《ひつよう》がある。

❹「いつも身《み》ぎれいにしていたい」との思《おも》いはあるものの，洗面《せんめん》などの身《み》じたくには介《かい》助《じょ》が必要《ひつよう》である。

これらの課題《かだい》を解決《かいけつ》するための援助《えんじょ》を通《つう》じて，介護職《かいごしょく》は，家族《かぞく》からCさんの好《す》きな食《た》べ物《もの》をあらためて聞《き》きとったり，水分補給時《すいぶんほきゅうじ》の吸《す》い飲《の》みや陰部洗浄時《いんぶせんじょうじ》のぬるま湯《ゆ》入《い》れを工《く》夫《ふう》したりして，家族《かぞく》との情報共有《じょうほうきょうゆう》をより深《ふか》めていきました。

在宅《ざいたく》における終末期《しゅうまつき》の介護《かいご》では，利用者本人《りようしゃほんにん》や家族《かぞく》との十分《じゅうぶん》な話《はな》し合《あ》いのもとに，介護《かいご》職《しょく》としての役割《やくわり》を十分《じゅうぶん》に果《は》たすことが求《もと》められます。

■ 演習《えんしゅう》～Cさんの自立《じりつ》に向《む》けた介護《かいご》の実際《じっさい》（食事《しょくじ》，身《み》だしなみ，排泄《はいせつ》の介護《かいご》）～

課題《かだい》1

抹茶《まっちゃ》好《ず》きのCさんが，「抹茶《まっちゃ》のゼリーを食《た》べたい」と話《はな》しかけてきました。食事《しょくじ》の介助《かいじょ》を行《おこな》いましょう。

ここに注意《ちゅうい》！

○Cさんには利《き》き手側《てがわ》（右側《みぎがわ》）の麻痺《まひ》があるため，自分《じぶん》で食《た》べることは困難《こんなん》です。

○Cさんには嚥下障害《えんげしょうがい》があります。

○Cさんは茶道《さどう》の師範《しはん》をしていたこともあり，抹茶《まっちゃ》が飲《の》みたいとの思《おも》いがあります。

介助《かいじょ》の方法《ほうほう》と留意点《りゅういてん》

1. 介護職《かいごしょく》は，Cさんに介助《かいじょ》の内容《ないよう》を説明《せつめい》し，同意《どうい》を得《え》ます。

❶ このとき，気分《きぶん》や体調《たいちょう》のほか，Cさんがしっかり目覚《めざ》めているかを確認《かくにん》します。

2. 介護職《かいごしょく》は，Cさんにとって安楽《あんらく》な姿勢《しせい》に整《ととの》えます。

❶ ベッドの高《たか》さを調整《ちょうせい》し，Cさんの膝下《ひざした》にクッションなどを当《あ》てます。

❷ ベッドを30度《ど》程度《ていど》ギャッチアップし，Cさんの上体《じょうたい》を起《お》こし，適切《てきせつ》な座位《ざい》の位置《いち》と安定性《あんていせい》を確認《かくにん》します。このとき，足《あし》がすべらないようにします。

❸ Cさんの頭部《とうぶ》が前傾姿勢《ぜんけいしせい》になるように枕《まくら》やクッションで調整《ちょうせい》します。

❹ タオルなどを当《あ》てて，Cさんの着衣《ちゃくい》や寝具《しんぐ》がよごれないようにします。

❺ 安楽《あんらく》な姿勢《しせい》になっているかCさんに確認《かくにん》します。

3. Cさんに抹茶《まっちゃ》ゼリーを食《た》べてもらいます。

❶ おしぼりなどを渡《わた》し，手《て》をふいてもらいます。

❷ 健側《けんそく》（左側《ひだりがわ》）が下《した》になるように左側《ひだりがわ》を向《む》いてもらいます。

❸ 「抹茶《まっちゃ》がお好《す》きでしたね」と，実際《じっさい》に抹茶《まっちゃ》ゼリーが見《み》える位置《いち》で確認《かくにん》してもらいます。

❹ 健側《けんそく》の口角《こうかく》からゼリーを差《さ》し出《だ》し，口《くち》に入《い》れてもらいます。

❺ Cさんの食《た》べるリズムに合《あ》わせて，おいしく食《た》べてもらえるように，食《た》べるペースや一口《ひとくち》の量《りょう》に留意《りゅうい》します。

❻ 誤嚥《ごえん》（☞第《だい》2巻《かん》p.396）によるむせなどが起《お》こらないように配慮《はいりょ》します。

❼ Cさんが嚥下《えんげ》したことを確認《かくにん》します。

4. 介護職《かいごしょく》は，後片《あとかた》づけをします。

❶ おしぼりなどで，口《くち》もとや手指《しゅし》などを清拭《せいしき》します。

❷ 着衣《ちゃくい》や寝具《しんぐ》などへの食《た》べこぼしを確認《かくにん》し，ベッドのまわりを整《ととの》えます。

課題《かだい》2

Cさんの目覚《めざ》めと身《み》だしなみに配慮《はいりょ》した，顔《かお》の清拭《せいしき》と整髪《せいはつ》の介助《かいじょ》を行《おこな》いましょう。

ここに注意《ちゅうい》！

○Cさんには右片麻痺《みぎかたまひ》があります。

○Cさんは，「身《み》ぎれいにしておくことは女性《じょせい》としてのたしなみ」といつも孫娘《まごむすめ》に言《い》っています。

○調子《ちょうし》がよいときは，口紅《くちべに》を孫娘《まごむすめ》につけてもらっています。

介助《かいじょ》の方法《ほうほう》と留意点《りゅういてん》

1. 介護職《かいごしょく》は，Cさんに介助《かいじょ》の内容《ないよう》を説明《せつめい》し，同意《どうい》を得《え》ます。
2. 介護職《かいごしょく》は，介助《かいじょ》しやすいベッドの高《たか》さにします。
3. 介護職《かいごしょく》は，Cさんの顔《かお》を清拭《せいしき》します。

❶ Cさんの体調《たいちょう》がよければ，ベッドを15度程度《どていど》ギャッチアップします。

❷ 熱《あつ》めの湯《ゆ》で濡《ぬ》らして，かたくしぼったタオルを渡《わた》します。

❸ Cさんのできないところを介助《かいじょ》します。タオルは三《み》つ折《お》りにしてしっかり持《も》ち，面《めん》を変《か》えながらふいていきます。

❹ ふき残《のこ》しがないか，Cさんの顔色《かおいろ》などを確認《かくにん》します。Cさんにも確認《かくにん》します。

④

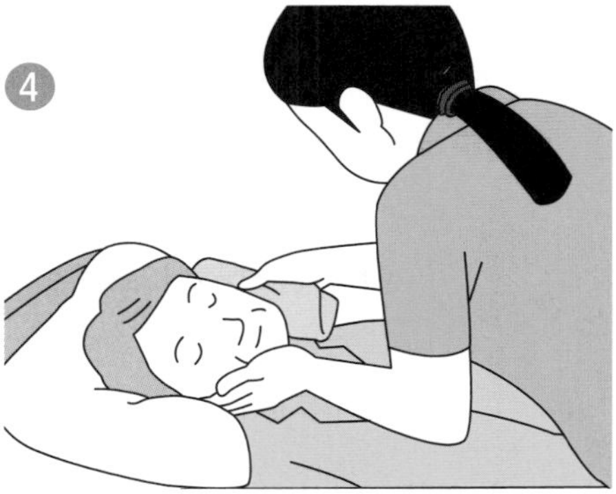

4. 介護職《かいごしょく》は，Cさんの髪《かみ》をとかします。

❶ Cさんの体調《たいちょう》がよければ，膝下《ひざした》にクッションなどを当《あ》ててCさんを安楽《あんらく》な姿勢《しせい》にします。髪《かみ》がとかしやすいように，Cさんの意向《いこう》を確認《かくにん》しながらさらにギャッチアップします。このとき，ふらつきがないかなどを確認《かくにん》します。

❷ くしと鏡《かがみ》を用意《ようい》し，Cさんにも鏡《かがみ》で髪型《かみがた》を見《み》てもらいながら髪《かみ》をとかします。髪《かみ》が整《ととの》ったことを伝《つた》え共感《きょうかん》します。

②

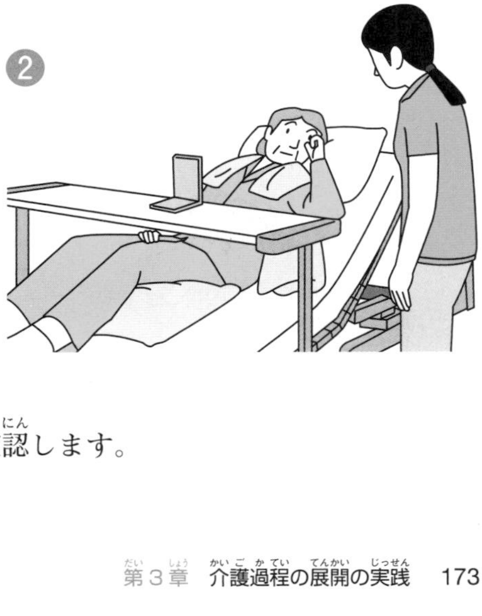

❸ ベッドの高《たか》さを元《もと》に戻《もど》し，Cさんの体調《たいちょう》を確認《かくにん》します。

課題《かだい》３

いつものようにＣさんが目《め》を覚《さ》ましました。目覚《めざ》めをうながし，すっきりした気《き》持《も》ちで食事《しょくじ》ができるように，まずはおむつ交換《こうかん》と陰部《いんぶ》の洗浄《せんじょう》・清拭《せいしき》を行《おこな》い，Ｃさんの清潔《せいけつ》を保持《ほじ》しましょう。

ここに注意《ちゅうい》！

○Ｃさんには右片麻痺《みぎかたまひ》があります。

○Ｃさんには，できるだけおむつ交換《こうかん》の回数《かいすう》を減《へ》らしたいという思《おも》いがあります。

○Ｃさんは，問《と》いかけに対《たい》してうまく発語《はつご》できない場合《ばあい》，表情《ひょうじょう》で気持《きも》ちをあらわしています。

○Ｃさんはパジャマを着《き》ています（上《うえ》は前開《まえびら》きのシャツ，下《した》はズボン）。

介助《かいじょ》の方法《ほうほう》と留意点《りゅういてん》

1. 介護職《かいごしょく》は，Ｃさんの体調《たいちょう》を確認《かくにん》します。

❶ Ｃさんと視線《しせん》を合《あ》わせ，目覚《めざ》めをうながし，体調《たいちょう》を確認《かくにん》します。すっきりした気持《きも》ちで食事《しょくじ》ができるように言葉《ことば》をかけることも大切《たいせつ》です。

2. 介護職《かいごしょく》は，Ｃさんに介助内容《かいじょないよう》を説明《せつめい》し，同意《どうい》を得《え》て，ベッドの高《たか》さを調整《ちょうせい》します。

3. 介護職《かいごしょく》は，紙《かみ》おむつをはずします。

❶ Ｃさんの身体《しんたい》を保温《ほおん》し露出《ろしゅつ》を最低限《さいていげん》にするため，バスタオルを上半身《じょうはんしん》にかけ，掛《か》け物《もの》は足元《あしもと》にたたみます。

❷ Ｃさんを左側臥位《ひだりそくがい》[10]（➡p.222参照《さんしょう》）にして，防水《ぼうすい》シーツを敷《し》きます。

❸ Ｃさんを**仰臥位**《ぎょうがい》[11]（➡p.222参照《さんしょう》）に戻《もど》し，パジャマのズボンを下《お》ろします。

❹ Ｃさんの膝《ひざ》を立《た》て，手袋《てぶくろ》を着用《ちゃくよう》し，「失礼《しつれい》します」と言葉《ことば》をかけながら，紙《かみ》おむつをはずします。

❺ このとき，排泄物《はいせつぶつ》の量《りょう》と状態《じょうたい》のほか，Ｃさんの皮膚《ひふ》の状態《じょうたい》を観察《かんさつ》します。

②

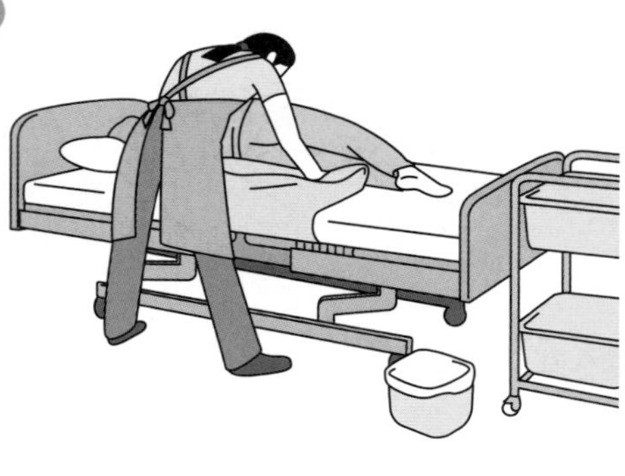

③

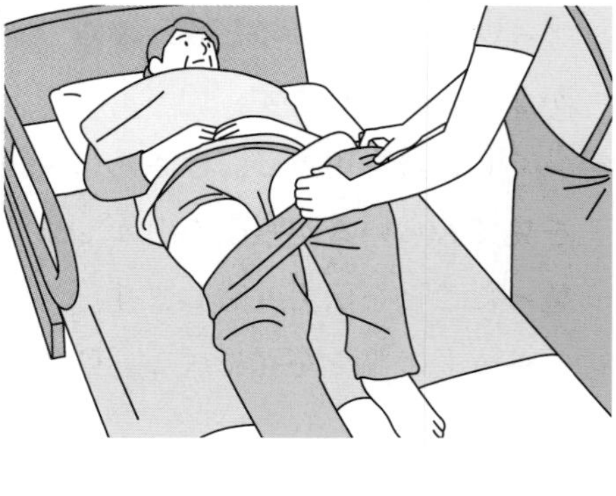

❻　使用《しよう》した紙《かみ》おむつを手前《てまえ》に引《ひ》き出《だ》し，よごれがもれないように内側《うちがわ》に折《お》りたたみます。

⑥

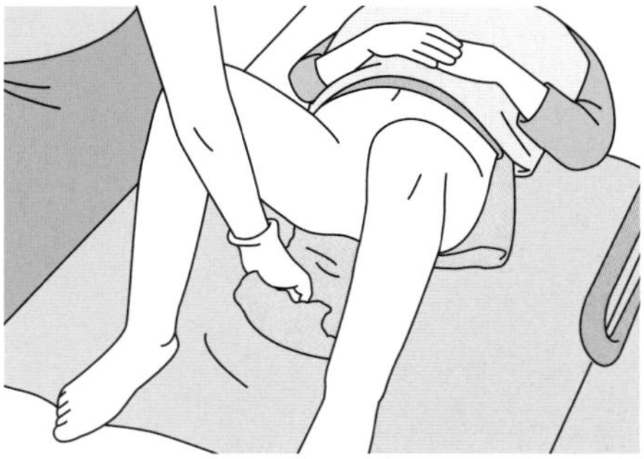

4. 介護職《かいごしょく》は，陰部《いんぶ》を洗浄《せんじょう》します。

❶　外陰部《がいいんぶ》のよごれや分泌物《ぶんぴつぶつ》をぬるま湯《ゆ》で洗《あら》い流《なが》します。
❷　ガーゼに石《せっ》けんをつけて片手《かたて》で陰唇《いんしん》を開《ひら》き十分《じゅうぶん》に洗《あら》います。
❸　ガーゼを折《お》り返《かえ》して肛門《こうもん》も洗《あら》います。
❹　皮膚《ひふ》のしわを伸《の》ばしながら行《おこな》います。
❺　最後《さいご》に石《せっ》けんが残《のこ》らないように十分《じゅうぶん》に洗《あら》い流《なが》します。

①

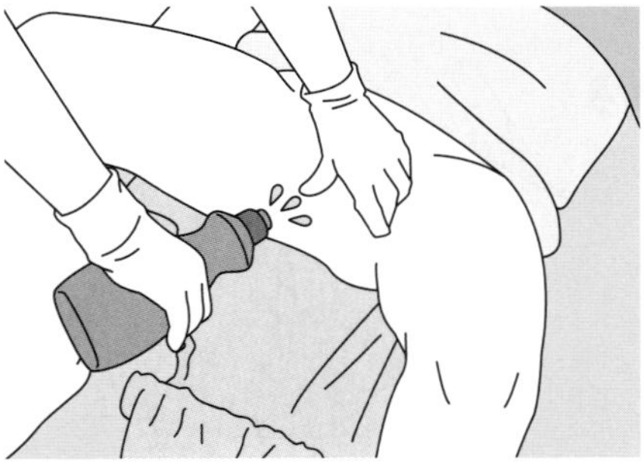

②

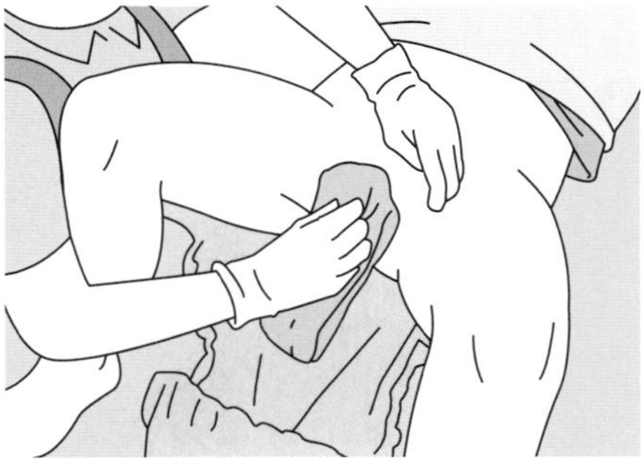

5. 介護職《かいごしょく》は，陰部《いんぶ》を清拭《せいしき》します。

❶　蒸《む》しタオルで中心部《ちゅうしんぶ》を陰部《いんぶ》から肛門《こうもん》へ向《む》かってふきます。感染予防《かんせんよぼう》のため二度《にど》ぶきはせず，タオルの面《めん》を変《か》えながら，今度《こんど》は中心部《ちゅうしんぶ》の両側《りょうがわ》を片側《かたがわ》ずつやさしくふきます。
❷　乾《かわ》いたタオルで湿《しめ》り気《け》をふきとります。
❸　左側臥位《ひだりそくがい》に体位《たいい》を変《か》えて，**殿部《でんぶ》**[12]（➡ p.222 参照《さんしょう》）・肛門部《こうもんぶ》を蒸《む》しタオルでやさしく清《せい》拭《しき》し，皮膚《ひふ》の状態《じょうたい》を観察《かんさつ》します。
❹　乾《かわ》いたタオルで湿《しめ》り気《け》をふきとります。
❺　このとき，よごれた紙《かみ》おむつを引《ひ》き出《だ》して，汚物《おぶつ》入《い》れに入《い》れ，手袋《てぶくろ》をはずします。

③
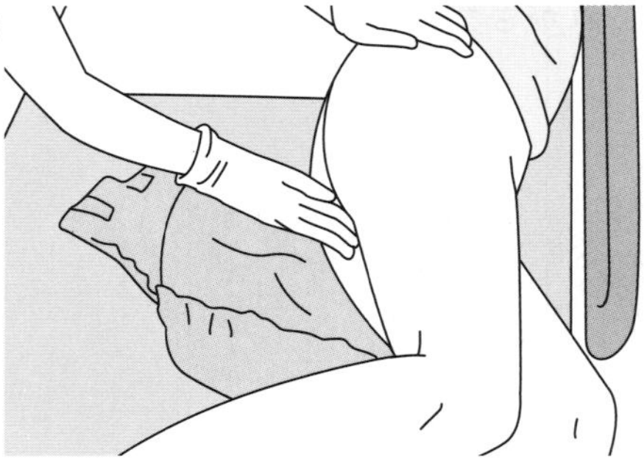

⑤
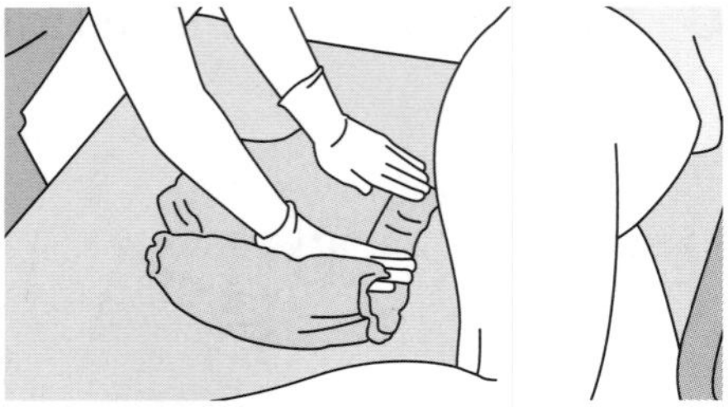

6. 介護職《かいごしょく》は，新《あたら》しい紙《かみ》おむつに交換《こうかん》します。

❶ 新《あたら》しい紙《かみ》おむつの上端《じょうたん》を腸骨部《ちょうこつぶ》に当《あ》てて，紙《かみ》おむつの中央《ちゅうおう》が**脊柱《せきちゅう》**[13]（➡ p.222 参照《さんしょう》）に当《あ》たるように差《さ》しこみます。

❷ Cさんを仰臥位《ぎょうがい》にゆっくり戻《もど》し，紙《かみ》おむつのギャザーを立《た》てながら，鼠径部《そけいぶ》にそわせます。

❸ 紙《かみ》おむつをしっかり引《ひ》き上《あ》げて，広《ひろ》げて当《あ》てます。もれを防《ふせ》ぐために，紙《かみ》おむつのギャザーを立《た》て，鼠径部《そけいぶ》にしっかり当《あ》てます。

❹ Cさんに，おなかが圧迫《あっぱく》されていないかを確認《かくにん》します。

❺ パジャマのズボンを上《あ》げ，着衣《ちゃくい》やシーツのしわを整《ととの》えて，ベッド上《じょう》のCさんが安《あん》全《ぜん》であるかを確認《かくにん》します。

①
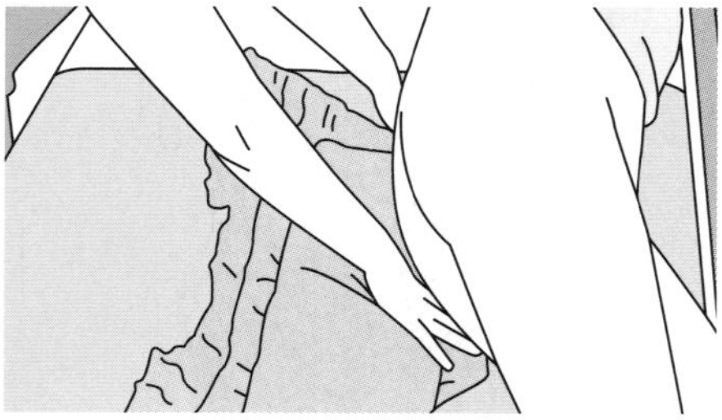

②
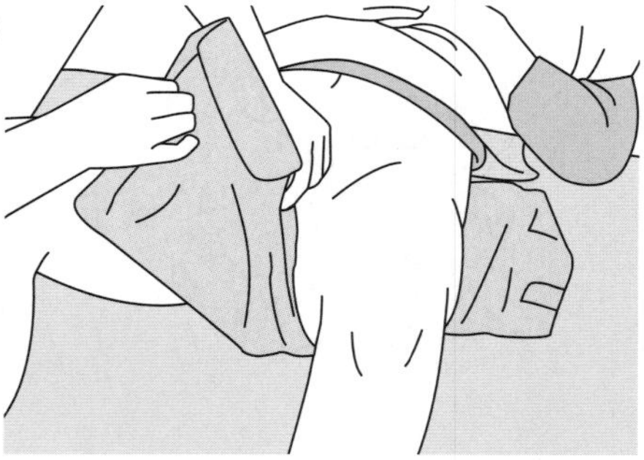

■確認《かくにん》・評価《ひょうか》してみよう！

確認《かくにん》・評価《ひょうか》項目《こうもく》	CHECK
❶　Ｃさんに適切《てきせつ》な言葉《ことば》かけができましたか（目覚《めざ》めをうながしてすっきりした気持《きも》ちで食事《しょくじ》ができるような言葉《ことば》かけ，体調《たいちょう》の確認《かくにん》，これから行《おこな》う介助《かいじょ》の説明《せつめい》と同意《どうい》など）。	
❷　Ｃさんの体調《たいちょう》を観察《かんさつ》しながら，ギャッチアップにより安全《あんぜん》な食事《しょくじ》の姿勢《しせい》をとることができましたか。	
❸　Ｃさんの健側《けんそく》（左側《ひだりがわ》）から介助《かいじょ》しながら，抹茶《まっちゃ》ゼリーを食《た》べてもらいましたか。	
❹　Ｃさんが安全《あんぜん》に嚥下《えんげ》できているかを確認《かくにん》しましたか。	
❺　Ｃさんの目覚《めざ》めと身《み》だしなみに配慮《はいりょ》し，顔《かお》の清拭《せいしき》と整髪《せいはつ》の介助《かいじょ》ができましたか。	
❻　Ｃさんの患側《かんそく》（右側《みぎがわ》）に配慮《はいりょ》した（患側《かんそく》を圧迫《あっぱく》しない）紙《かみ》おむつの交換《こうかん》ができましたか。	
❼　排泄物《はいせつぶつ》の量《りょう》と状態《じょうたい》を観察《かんさつ》しましたか。	
❽　褥瘡《じょくそう》を予防《よぼう》するために皮膚《ひふ》の状態《じょうたい》を観察《かんさつ》しましたか。	
❾　Ｃさんの羞恥心《しゅうちしん》に配慮《はいりょ》し，陰部洗浄《いんぶせんじょう》・清拭《せいしき》ができましたか。	
❿　全体《ぜんたい》を通《とお》してＣさんの自立《じりつ》に配慮《はいりょ》した援助《えんじょ》ができましたか。	

月《がつ》

日《にち》

事例《じれい》3　都会《とかい》に住《す》む一人暮《ひとりぐ》らしの高齢者《こうれいしゃ》の生活支援《せいかつしえん》

❶ 利用者《りようしゃ》のプロフィール

氏名《しめい》：E さん

性別《せいべつ》：男性《だんせい》

年齢《ねんれい》：91 歳《さい》

生活環境《せいかつかんきょう》：自宅《じたく》

要介護度《ようかいごど》：要介護《ようかいご》2

サービス利用開始年《りようかいしねん》・月《げつ》：○○年《ねん》□月《がつ》

認知症高齢者《にんちしょうこうれいしゃ》の日常生活自立度《にちじょうせいかつじりつど》：認知症《にんちしょう》はない。

障害高齢者《しょうがいこうれいしゃ》の日常生活自立度《にちじょうせいかつじりつど》：A2（☞第《だい》3巻《かん》p.224）

❷ 家族構成《かぞくこうせい》および生活歴《せいかつれき》

▶▶ E さんの生活歴《せいかつれき》

- 大学卒業《だいがくそつぎょう》まで地元《じもと》で育《そだ》ち，生命保険会社《せいめいほけんがいしゃ》に就職《しゅうしょく》のため上京《じょうきょう》。そのあと，結婚《けっこん》し，一男一《いちなんいち》女《じょ》をもうけた。
- 結婚後《けっこんご》は転勤《てんきん》があり，単身赴任《たんしんふにん》（海外《かいがい》など）が長《なが》かった。そのため，簡単《かんたん》な家事《かじ》は苦《く》にならない。
- 部長職《ぶちょうしょく》で定年《ていねん》を迎《むか》え，退職《たいしょく》してから数年《すうねん》は，妻《つま》と2人《ふたり》で庭《にわ》の手入《てい》れや旅行《りょこう》などを楽《たの》しんでいた。
- 妻《つま》の乳《にゅう》がんが進行《しんこう》していることがわかってからは献身的《けんしんてき》に介護《かいご》し，都内《とない》にある自宅《じたく》も**バリアフリー**[14]（➡ p.222 参照《さんしょう》）に改築《かいちく》した。
- 妻《つま》が亡《な》くなってから，急激《きゅうげき》に気力《きりょく》と体力《たいりょく》が低下《ていか》し，妻《つま》の遺影《いえい》の前《まえ》のいすに座《すわ》って過《す》ごすことが多《おお》くなった。
- E さんの一人暮《ひとりぐ》らしに不安《ふあん》を感《かん》じた子《こ》どもたちが同居《どうきょ》を申《もう》し出《で》たが，「自分《じぶん》の家《いえ》で好《す》きなように暮《く》らしたい」と断《ことわ》っている。
- しばらくは長女《ちょうじょ》が通《かよ》っていたが，**腸閉塞《ちょうへいそく》**[15]（➡ p.222 参照《さんしょう》）で緊急入院《きんきゅうにゅういん》したこともあり，さらに体力《たいりょく》が低下《ていか》し，入浴《にゅうよく》にも介助《かいじょ》が必要《ひつよう》となった。
- 長女《ちょうじょ》が介護保険《かいごほけん》の手続《てつづ》きをしてサービス利用《りよう》につながった。

▶▶ 現在《げんざい》の家族《かぞく》の状況《じょうきょう》

- 妻《つま》が亡《な》くなって一人暮《ひとりぐ》らしとなり，4年《ねん》になる。

・長男《ちょうなん》と長女《ちょうじょ》も都内《とない》に住《す》んでおり，長女《ちょうじょ》が火曜日《かようび》と木曜日《もくようび》に，長男《ちょうなん》が土曜日《どようび》に泊《と》まりに来《き》ている。
・ニューヨークに住《す》んでいる孫《まご》も，帰国《きこく》すると顔《かお》を見《み》せる。

❸ 現在《げんざい》の状況《じょうきょう》

▶▶ 健康状態《けんこうじょうたい》

(1) 一般状態《いっぱんじょうたい》
　・体温《たいおん》：35.7℃
　・呼吸《こきゅう》：14 ～ 18 回《かい》／分《ぷん》
　・脈拍《みゃくはく》：50 ～ 60 回《かい》／分《ぷん》
　・血圧《けつあつ》：130 ／ 80mmHg

(2) 障害《しょうがい》の状況《じょうきょう》
　・両膝変形性関節症《りょうしつへんけいせいかんせつしょう》による膝痛《しっつう》，下肢筋力低下《かしきんりょくていか》

(3) 現在《げんざい》のおもな疾患《しっかん》
　・両膝変形性関節症《りょうしつへんけいせいかんせつしょう》（☞第《だい》4 巻《かん》p.265）（O 脚《きゃく》。足《あし》にむくみがある）
　・黄斑変性症《おうはんへんせいしょう》（☞第《だい》4 巻《かん》p.267）

(4) 既往歴《きおうれき》
　・腸閉塞《ちょうへいそく》（これまでに緊急入院《きんきゅうにゅういん》2 回《かい》）
　・腸閉塞《ちょうへいそく》が起《お》こるたびに体力《たいりょく》が低下《ていか》している。

(5) 視力《しりょく》
　・黄斑変性症《おうはんへんせいしょう》により，左眼《ひだりめ》が見《み》えにくく，左右《さゆう》の視力《しりょく》に差《さ》がある。また，**視野狭窄《しやきょうさく》**[16]（➡ p.222 参照《さんしょう》）があるが，眼鏡《めがね》をかければ新聞《しんぶん》は読《よ》める。

(6) 聴力《ちょうりょく》
　・日常生活《にちじょうせいかつ》に支障《ししょう》はない。

▶▶ 日常生活《にちじょうせいかつ》の状況《じょうきょう》

(1) 移動《いどう》
　・2 本《ほん》の 4 点杖《てんづえ》を使《つか》って，自宅内《じたくない》をゆっくり歩《ある》く。
　・自宅内《じたくない》には，トイレ，風呂場《ふろば》，廊下《ろうか》に手《て》すりを設置《せっち》しているが，両手《りょうて》で 2 本《ほん》の 4 点《てん》杖《づえ》を使《つか》わないと歩《ある》けないので，廊下《ろうか》の手《て》すりを使《つか》うことは少《すく》ない。

(2) 身《み》じたく
　・上衣《じょうい》はベッドの端《はし》に腰《こし》かけて，時間《じかん》をかければ自分《じぶん》で着替《きが》えることができるが，下衣《かい》は引《ひ》き上《あ》げるときに介助《かいじょ》が必要《ひつよう》になる。
　・毎朝《まいあさ》，洗面台《せんめんだい》の前《まえ》のシャワーチェアに座《すわ》り，洗面《せんめん》，ひげそり，歯《は》みがきを，ゆっくり

時間《じかん》をかけて行《おこな》っている。

・疲《つか》れているときは，ひげをそらないこともある。

(3)　食事《しょくじ》

・昼食《ちゅうしょく》は給食《きゅうしょく》サービスを利用《りよう》している。

・ダイニングの食卓《しょくたく》で，テレビをつけて，箸《はし》を使《つか》って食《た》べている。

・腸閉塞《ちょうへいそく》が怖《こわ》いので，ゆっくりよくかんで食《た》べるようにしている。

(4)　排泄《はいせつ》

・以前《いぜん》から便秘《べんぴ》（☞第《だい》4巻《かん》p.254）の傾向《けいこう》があった。

・ベッドのある居室《きょしつ》から3mくらい離《はな》れた玄関《げんかん》わきのトイレに行《い》き，時間《じかん》がかかるが自《じ》分《ぶん》で排泄《はいせつ》している。

・布《ぬの》パンツに尿取《にょうと》りパッドを当《あ》てているが，排便後《はいべんご》，うまくふくことができないために，尿取《にょうと》りパッドに便《べん》がついていることがある。

・夜間《やかん》は居室《きょしつ》に置《お》いてあるポータブルトイレを利用《りよう》している。

(5)　入浴《にゅうよく》・清潔保持《せいけつほじ》

・週《しゅう》2回《かい》，長男《ちょうなん》と長女《ちょうじょ》が泊《と》まりに来《く》るとき（火《か》・土曜日《どようび》）に入浴《にゅうよく》している。

・足先《あしさき》と背中以外《せなかいがい》は自分《じぶん》で洗《あら》うことができる。

・浴槽《よくそう》をまたぐときにふらつくことがあり，シャワーですませることもある。

(6)　睡眠《すいみん》

・日中《にっちゅう》，テレビを見《み》ながらウトウトしていることも多《おお》いが，夜眠《よるねむ》れないという訴《うった》えはない。

(7)　コミュニケーション

・してほしいことがあるときは，「もしよかったら○○してください」と，おだやかに，明確《めいかく》に話《はな》す。口数《くちかず》は少《すく》ない。

(8)　サービスの利用状況《りようじょうきょう》

・訪問看護《ほうもんかんご》

・訪問介護《ほうもんかいご》（ホームヘルプサービス）（週《しゅう》6回《かい》）

・給食《きゅうしょく》サービス（毎日《まいにち》）

▶▶ 経済状況《けいざいじょうきょう》

・持《も》ち家《いえ》で，長年《ながねん》の蓄《たくわ》えと厚生年金《こうせいねんきん》（☞第《だい》1巻《かん》p.157）がある。

▶▶ 性格《せいかく》

・おだやかななかにも凛《りん》として，自分《じぶん》の主張《しゅちょう》をしっかりもっている。

・ユーモアのセンスがある。たとえば，入浴時《にゅうよくじ》に長女《ちょうじょ》が「頭《あたま》どうします？（頭《あたま》は私《わたし》が洗《あら》いますか？）」とたずねたところ，「（魚《さかな》の）頭《あたま》は猫《ねこ》にあげてください」などと，まじめな顔《かお》でさらりとユーモアのあることを言《い》う。

1日《にち》の過《す》ごし方《かた》

・朝《あさ》は早起《はやお》きで，新聞《しんぶん》を読《よ》むことを楽《たの》しみにしている。

・午前中《ごぜんちゅう》は，ダイニングのいすで新聞《しんぶん》やテレビのニュース番組《ばんぐみ》を見《み》たり，うたた寝《ね》をしたりしている。

・昼食《ちゅうしょく》（給食《きゅうしょく》サービス）後《ご》は，ベッドのある居室《きょしつ》とテレビのあるダイニングのあいだのふすまを開《あ》けて，ベッドからテレビを見《み》ている。

・居室《きょしつ》の妻《つま》の遺影《いえい》の前《まえ》にいすがあり，遺影《いえい》をながめながら座《すわ》っていることもある。

Eさんや家族《かぞく》などの思《おも》い

・Eさんは，「どこにも出《で》かけたくはない。自分《じぶん》の家《いえ》で好《す》きなように暮《く》らしたい。子《こ》どもたちにこれ以上《いじょう》の負担《ふたん》をかけたくないので，介護保険《かいごほけん》と介護保険以外《かいごほけんいがい》のサービスを利用《りよう》しながら，自分《じぶん》のできるところは自分《じぶん》でしたい」と考《かんが》えている。

・長男《ちょうなん》と長女《ちょうじょ》は，「一人暮《ひとりぐ》らしに不安《ふあん》はあるが，できるだけ父親《ちちおや》の希望《きぼう》にそいたい」と思《おも》っている。

・「単身赴任《たんしんふにん》が長《なが》かったため，簡単《かんたん》な家事《かじ》は苦《く》にならない」「できるだけ自分《じぶん》でしたい」という思《おも》いがある。

・移動《いどう》に関《かん》して，「できるだけ自分《じぶん》の足《あし》で移動《いどう》したい」という思《おも》いがある。

・「時間《じかん》がかかるので，着替《きが》えるのがおっくうだ」と思《おも》っている。

・「できるだけやわらかく調理《ちょうり》してもらいたい」と言《い》っている。

・「さっぱりするので，お風呂《ふろ》は楽《たの》しみだ」と言《い》っている。

・「楽《らく》なので，日中《にっちゅう》もベッドで横《よこ》になってテレビを見《み》てしまい，ついウトウトするが，夜《よる》も2回《かい》くらいトイレに起《お》きるほかは眠《ねむ》れる」と言《い》っている。

・「家《いえ》を管理《かんり》し，守《まも》ることが役割《やくわり》だ」と思《おも》っている。

・「経済的《けいざいてき》に子《こ》どもたちに負担《ふたん》をかけたくない」と思《おも》っている。

・「居室《きょしつ》にポータブルトイレを置《お》いているので，夜間《やかん》の排泄《はいせつ》も安心《あんしん》だ」と言《い》っている。

・「ヘルパーさんはゆっくりしっかりと話《はなし》を聞《き》いてくれるので，きちんと要望《ようぼう》を言《い》いやすい」と思《おも》っている。

・「廊下《ろうか》に手《て》すりはあるが，できるだけ4点杖《てんづえ》を使《つか》って歩《ある》きたい」と考《かんが》えている。

最近《さいきん》の様子《ようす》

・都内《とない》の住宅街《じゅうたくがい》にある2階建《かいだ》て住宅《じゅうたく》（持《も》ち家《いえ》）に住《す》んでいる。

・妻《つま》の介護《かいご》をしていたころにバリアフリーに改築《かいちく》し，要所要所《ようしょようしょ》に手《て》すりがついている。

・現在《げんざい》は1階《かい》の南向《みなみむ》きのリビングやダイニング，ベッドのある居室《きょしつ》で生活《せいかつ》している。

・トイレはベッドのある居室《きょしつ》から３ｍくらい離《はな》れた玄関《げんかん》わきにある。
・手入《てい》れのゆきとどいた庭《にわ》がある。
・支《ささ》えなしに立《た》っていられないため，家事全般《かじぜんぱん》に介助《かいじょ》が必要《ひつよう》である。ただし，食《た》べ終《お》わった食器《しょっき》は自分《じぶん》で流《なが》しに運《はこ》び，いすに座《すわ》って洗《あら》っている。
・食材《しょくざい》や日用品《にちようひん》の買《か》い物《もの》はすべて長女《ちょうじょ》が行《おこな》っている。
・寒《さむ》がりで，いつも重《かさ》ね着《ぎ》をしている。
・毎朝《まいあさ》，新聞《しんぶん》がくるのを待《ま》っている。
・妻《つま》が大切《たいせつ》にしていた庭《にわ》の草木《くさき》は，定期的《ていきてき》に庭師《にわし》に依頼《いらい》して手入《てい》れをしている。
・近所《きんじょ》づきあいもなく，知《し》り合《あ》いもいないためか，玄関《げんかん》から外《そと》へはほとんど出《で》ない。
・仕事最優先《しごとさいゆうせん》で特技《とくぎ》はないと言《い》うが，英語《えいご》は堪能《たんのう》である。

Eさんのフェイスシート

氏名《しめい》	Eさん
性別《せいべつ》	男性《だんせい》
年齢《ねんれい》	91歳《さい》
サービス利用開始《りようかいし》年《ねん》・月《げつ》	○○年《ねん》□月《がつ》
サービス利用《りよう》にいたった理由《りゆう》	妻《つま》が亡《な》くなってから，急激《きゅうげき》に気力《きりょく》と体力《たいりょく》が低下《ていか》し，妻《つま》の遺影《いえい》の前《まえ》のいすに座《すわ》って過《す》ごすことが多《おお》くなった。一人暮《ひとりぐ》らしに不安《ふあん》を感《かん》じた子《こ》どもたちが同居《どうきょ》を申《もう》し出《で》たが，「自分《じぶん》の家《いえ》で好《す》きなように暮《く》らしたい」と断《ことわ》っている。しばらくは長女《ちょうじょ》が通《かよ》っていたが，腸閉塞《ちょうへいそく》で緊急入院《きんきゅうにゅういん》したこともあり，さらに体力《たいりょく》が低下《ていか》し，入浴《にゅうよく》にも介助《かいじょ》が必要《ひつよう》となった。長女《ちょうじょ》が介護保険《かいごほけん》の手続《てつづ》きをしてサービス利用《りよう》につながった。
家族《かぞく》	妻《つま》が亡《な》くなって一人暮《ひとりぐ》らしとなり，4年《ねん》になる。長男《ちょうなん》と長女《ちょうじょ》も都内《とない》に住《す》んでおり，長《ちょう》女《じょ》が火曜日《かようび》と木曜日《もくようび》に，長男《ちょうなん》が土曜日《どようび》に泊《と》まりに来《き》ている。また，ニューヨークに住《す》んでいる孫《まご》も，帰国《きこく》すると顔《かお》を見《み》せる。
キーパーソン	長女《ちょうじょ》
サービス利用前《りようまえ》の生活状況《せいかつじょうきょう》	大学卒業《だいがくそつぎょう》まで地元《じもと》で育《そだ》ち，生命保険会社《せいめいほけんがいしゃ》に就職《しゅうしょく》のため上京《じょうきょう》。そのあと，結婚《けっこん》し，一男《いちなん》一女《いちじょ》をもうけた。結婚後《けっこんご》は転勤《てんきん》があり，単身赴任《たんしんふにん》（海外《かいがい》など）が長《なが》かった。部長職《ぶちょうしょく》で定年《ていねん》を迎《むか》え，退職《たいしょく》してから数年《すうねん》は，妻《つま》と２人《ふたり》で庭《にわ》の手入《てい》れや旅行《りょこう》などを楽《たの》しんでいた。妻《つま》の乳《にゅう》がんが進行《しんこう》していることがわかってからは献身的《けんしんてき》に介護《かいご》し，都内《とない》にある自《じ》宅《たく》もバリアフリーに改築《かいちく》した。
サービス利用《りよう》における本人《ほんにん》・家族《かぞく》などの要望《ようぼう》	Eさんの要望《ようぼう》：どこにも出《で》かけたくはない。自分《じぶん》の家《いえ》で好《す》きなように暮《く》らしたい。子《こ》どもたちにこれ以上《いじょう》の負担《ふたん》をかけたくないので，介護保険《かいごほけん》と介護保険以外《かいごほけんいがい》のサービスを利用《りよう》しながら，自分《じぶん》のできるところは自分《じぶん》でしたい。 長男《ちょうなん》と長女《ちょうじょ》の要望《ようぼう》：一人暮《ひとりぐ》らしに不安《ふあん》はあるが，できるだけ父親《ちちおや》の希望《きぼう》にそいたい。
その他《た》	

Eさんのアセスメント表《ひょう》(1)

1. 心身《しんしん》の状況《じょうきょう》（心身機能《しんしんきのう》・身体構造《しんたいこうぞう》／健康状態《けんこうじょうたい》）

	項《こう》　目《もく》	現在《げんざい》の状況《じょうきょう》
1	要介護状態区分《ようかいごじょうたいくぶん》／ 障害程度等級《しょうがいていどとうきゅう》	要介護《ようかいご》２
2	認知症高齢者《にんちしょうこうれいしゃ》の 日常生活自立度《にちじょうせいかつじりつど》	認知症《にんちしょう》はない。
3	障害《しょうがい》の状況《じょうきょう》(身体《しんたい》・ 知的《ちてき》・精神《せいしん》)	障害高齢者《しょうがいこうれいしゃ》の日常生活自立度《にちじょうせいかつじりつど》：A2
4	現在《げんざい》のおもな疾患《しっかん》	両膝変形性関節症《りょうしつへんけいせいかんせつしょう》：O脚《きゃく》，足《あし》にむくみがある。 黄斑変性症《おうはんへんせいしょう》：左眼《ひだりめ》が見《み》えにくく，左右《さゆう》の視力《しりょく》に差《さ》がある。視野狭窄《しやきょうさく》があるが，眼《め》鏡《がね》をかければ新聞《しんぶん》は読《よ》める。
5	服薬《ふくやく》	なし
6	既往歴《きおうれき》	腸閉塞《ちょうへいそく》（これまでに緊急入院《きんきゅうにゅういん》２回《かい》）
7	平常時《へいじょうじ》の バイタルサイン	体温《たいおん》：35.7℃，呼吸《こきゅう》：14～18回《かい》／分《ぶん》，脈拍《みゃくはく》：50～60回《かい》／分《ぶん》， 血圧《けつあつ》：130／80mmHg
8	その他《た》	腸閉塞《ちょうへいそく》が起《お》こるたびに体力《たいりょく》が低下《ていか》している。 聴力《ちょうりょく》は日常生活《にちじょうせいかつ》に支障《ししょう》はない。

2. 日常生活《にちじょうせいかつ》の状況《じょうきょう》（活動《かつどう》）

	項《こう》　目《もく》	現在《げんざい》の状況《じょうきょう》	本人《ほんにん》の思《おも》い
9	家事《かじ》	支《ささ》えなしに立《た》っていられないため，家事《かじ》全般《ぜんぱん》に介助《かいじょ》が必要《ひつよう》である。ただし，食《た》べ終《お》わった食器《しょっき》は自分《じぶん》で流《なが》しに運《はこ》び，いすに座《すわ》って洗《あら》っている。食材《しょくざい》や日用品《にちようひん》の買《か》い物《もの》はすべて長女《ちょうじょ》が行《おこな》っている。	「単身赴任《たんしんふにん》が長《なが》かったため，簡単《かんたん》な家《か》事《じ》は苦《く》にならない」「できるだけ自分《じぶん》でしたい」という思《おも》いがある。
10	移動《いどう》	２本《ほん》の４点杖《てんづえ》を使《つか》って，自宅内《じたくない》をゆっくり歩《ある》く。手《て》すりを設置《せっち》しているが，両《りょう》手《て》で２本《ほん》の４点杖《てんづえ》を使《つか》わないと歩《ある》けないので，廊下《ろうか》の手《て》すりを使《つか》うことは少《すく》ない。	「できるだけ自分《じぶん》の足《あし》で移動《いどう》したい」という思《おも》いがある。
11	身《み》じたく	上衣《じょうい》はベッドの端《はし》に腰《こし》かけて，時間《じかん》をかければ自分《じぶん》で着替《きが》えることができるが，下衣《かい》は引《ひ》き上《あ》げるときに介助《かいじょ》が必要《ひつよう》になる。また，毎朝《まいあさ》，洗面台《せんめんだい》の前《まえ》のシャワーチェアに座《すわ》り，洗面《せんめん》，ひげそり，歯《は》みがきを，ゆっくり時間《じかん》をかけて行《おこな》っている(疲《つか》れているときは，ひげをそらないこともある)。	「時間《じかん》がかかるので，着替《きが》えるのがおっくうだ」と思《おも》っている。

12	食事《しょくじ》	昼食《ちゅうしょく》は給食《きゅうしょく》サービスを利用《りよう》。ダイニングの食卓《しょくたく》で，テレビをつけて，箸《はし》を使《つか》って食《た》べている。腸閉塞《ちょうへいそく》が怖《こわ》いので，ゆっくりよくかんで食《た》べるようにしている。	「できるだけやわらかく調理《ちょうり》してもらいたい」と言《い》っている。
13	排泄《はいせつ》	以前《いぜん》から便秘《べんぴ》の傾向《けいこう》があった。排泄《はいせつ》は，ベッドのある居室《きょしつ》から3mくらい離《はな》れた玄関《げんかん》わきのトイレに行《い》き，時間《じかん》がかかるが自分《じぶん》で行《おこな》っている。布《ぬの》パンツに尿取《にょうと》りパッドを当《あ》てているが，排便後《はいべんご》，うまくふくことができないために，尿取《にょうと》りパッドに便《べん》がついていることがある。また，夜間《やかん》は居室《きょしつ》に置《お》いてあるポータブルトイレを利用《りよう》している。	「居室《きょしつ》にポータブルトイレを置《お》いているので，夜間《やかん》の排泄《はいせつ》も安心《あんしん》だ」と言《い》っている。
14	入浴《にゅうよく》・清潔保持《せいけつほじ》	週《しゅう》２回《かい》，長男《ちょうなん》と長女《ちょうじょ》が泊《と》まりに来《く》るとき（火《か》・土曜日《どようび》）に入浴《にゅうよく》している。足先《あしさき》と背中《せなか》以外《いがい》は自分《じぶん》で洗《あら》うことができる。浴槽《よくそう》をまたぐときにふらつくことがあり，シャワーですませることもある。	「さっぱりするので，お風呂《ふろ》は楽《たの》しみだ」と言《い》っている。
15	睡眠《すいみん》	日中《にっちゅう》，テレビを見《み》ながらウトウトしていることも多《おお》いが，夜眠《よるねむ》れないという訴《うった》えはない。	「楽《らく》なので，日中《にっちゅう》もベッドで横《よこ》になってテレビを見《み》てしまい，ついウトウトするが，夜《よる》も２回《かい》くらいトイレに起《お》きるほかは眠《ねむ》れる」と言《い》っている。
16	コミュニケーション	してほしいことがあるときは，「もしよかったら○○してください」と，おだやかに，明確《めいかく》に話《はな》す。口数《くちかず》は少《すく》ない。	「ヘルパーさんはゆっくりしっかりと話《はなし》を聞《き》いてくれるので，きちんと要望《ようぼう》を言《い》いやすい」と思《おも》っている。

3. 豊《ゆた》かさ（参加《さんか》）

	項《こう》　目《もく》	現在《げんざい》の状況《じょうきょう》	本人《ほんにん》の思《おも》い
17	意欲《いよく》・生《い》きがい	毎朝《まいあさ》，新聞《しんぶん》がくるのを待《ま》っている。また，妻《つま》が大切《たいせつ》にしていた庭《にわ》の草木《くさき》は，定期的《ていきてき》に庭師《にわし》に依頼《いらい》して手入《てい》れをしている。	「介護保険《かいごほけん》と介護保険以外《かいごほけんいがい》のサービスを利用《りよう》しながら，自分《じぶん》のできるところは自分《じぶん》でしたい」と考《かんが》えている。
18	余暇《よか》の過《す》ごし方《かた》	午前中《ごぜんちゅう》は，ダイニングのいすで新聞《しんぶん》やテレビのニュース番組《ばんぐみ》を見《み》たり，うたた寝《ね》をしたりしている。昼食後《ちゅうしょくご》は，ベッドのある居室《きょしつ》とテレビのあるダイニングのあいだのふすまを開《あ》けて，ベッドからテレビを見《み》ている。また，居室《きょしつ》の妻《つま》の遺影《いえい》の前《まえ》にいすがあり，遺影《いえい》をながめながら座《すわ》っていることもある。近所《きんじょ》づきあいもなく，知《し》り合《あ》いもいないためか，玄関《げんかん》から外《そと》へはほとんど出《で》ない。	「どこにも出《で》かけたくはない。自分《じぶん》の家《いえ》で好《す》きなように暮《く》らしたい」と考《かんが》えている。

19	役割《やくわり》（家庭《かてい》／社会《しゃかい》）		「家《いえ》を管理《かんり》し，守《まも》ることが役割《やくわり》だ」と思《おも》っている。
20	その他《た》		

4. 環境《かんきょう》（環境因子《かんきょういんし》）

	項《こう》　目《もく》	現在《げんざい》の状況《じょうきょう》	本人《ほんにん》の思《おも》い
21	生活環境《せいかつかんきょう》	都内《とない》の住宅街《じゅうたくがい》にある２階建《かいだ》て住宅《じゅうたく》（持《も》ち家《いえ》）。妻《つま》の介護《かいご》をしていたころにバリアフリーに改築《かいちく》し，要所要所《ようしょようしょ》に手《て》すりがついている。現在《げんざい》は１階《かい》の南向《みなみむ》きのリビングやダイニング，ベッドのある居室《きょしつ》で生活《せいかつ》している。トイレはベッドのある居室《きょしつ》から3mくらい離《はな》れた玄関《げんかん》わきにある。手入《てい》れのゆきとどいた庭《にわ》がある。	「どこにも出《で》かけたくはない。自分《じぶん》の家《いえ》で好《す》きなように暮《く》らしたい」と考《かんが》えている。
22	生活《せいかつ》に必要《ひつよう》な用具《ようぐ》	４点杖《てんづえ》（２本《ほん》），シャワーチェアを利用《りよう》している。自宅内《じたくない》には，トイレ，風呂場《ふろば》，廊下《ろうか》に手《て》すりを設置《せっち》しているが，両手《りょうて》で２本《ほん》の４点杖《てんづえ》を使《つか》わないと歩《ある》けないので，廊下《ろうか》の手《て》すりを使《つか》うことは少《すく》ない。	「廊下《ろうか》に手《て》すりはあるが，できるだけ４点杖《てんづえ》を使《つか》って歩《ある》きたい」と考《かんが》えている。
23	経済状況《けいざいじょうきょう》	持《も》ち家《いえ》で，長年《ながねん》の蓄《たくわ》えと厚生年金《こうせいねんきん》がある。	「経済的《けいざいてき》に子《こ》どもたちに負担《ふたん》をかけたくない」と思《おも》っている。
24	家族関係《かぞくかんけい》	妻《つま》が亡《な》くなって一人暮《ひとりぐ》らしとなり，４年《ねん》になる。長男《ちょうなん》と長女《ちょうじょ》は同《おな》じ都内《とない》に住《す》んでおり，長女《ちょうじょ》が火曜日《かようび》と木曜日《もくようび》に，長男《ちょうなん》が土曜日《どようび》に泊《と》まりに来《き》ている。また，食材《しょくざい》や日用品《にちようひん》の買《か》い物《もの》はすべて長女《ちょうじょ》が行《おこな》っている。ニューヨークに住《す》んでいる孫《まご》も，帰国《きこく》すると顔《かお》を見《み》せる。	「子《こ》どもたちにこれ以上《いじょう》の負担《ふたん》をかけたくない」と考《かんが》えている。
25	サービス（制度《せいど》）の利用状況《りようじょうきょう》	①訪問看護《ほうもんかんご》，②訪問介護《ほうもんかいご》（週《しゅう》６回《かい》），③給食《きゅうしょく》サービス（毎日《まいにち》）	
26	その他《た》		

5. その他《た》（個人因子《こじんいんし》）

	項《こう》 目《もく》	現在《げんざい》の状況《じょうきょう》
27	価値観《かちかん》・習慣《しゅうかん》	毎朝《まいあさ》，新聞《しんぶん》がくるのを待《ま》っている。また，妻《つま》が大切《たいせつ》にしていた庭《にわ》の草木《くさき》は，定期《ていき》的《てき》に庭師《にわし》に依頼《いらい》して手入《てい》れをしている。
28	性格《せいかく》（個性《こせい》）	おだやかななかにも凛《りん》として，自分《じぶん》の主張《しゅちょう》をしっかりもっている。その一方《いっぽう》で，ユーモアのセンスがあり，たとえば，入浴時《にゅうよくじ》に長女《ちょうじょ》が「頭《あたま》どうします？（頭《あたま》は私《わたし》が洗《あら》いますか？）」とたずねたところ，「（魚《さかな》の）頭《あたま》は猫《ねこ》にあげてください」などと，まじめな顔《かお》でさらりとユーモアのあることを言《い》う。
29	生活歴《せいかつれき》・出身地《しゅっしんち》	大学卒業《だいがくそつぎょう》まで地元《じもと》で育《そだ》ち，生命保険会社《せいめいほけんがいしゃ》に就職《しゅうしょく》のため上京《じょうきょう》。そのあと，結婚《けっこん》し，一男一女《いちなんいちじょ》をもうけた。結婚後《けっこんご》は転勤《てんきん》があり，単身赴任《たんしんふにん》（海外《かいがい》など）が長《なが》かった。部長職《ぶちょうしょく》で定年《ていねん》を迎《むか》え，退職《たいしょく》してから数年《すうねん》は，妻《つま》と２人《ふたり》で庭《にわ》の手入《てい》れや旅行《りょこう》などを楽《たの》しんでいた。妻《つま》の乳《にゅう》がんが進行《しんこう》していることがわかってからは献身的《けんしんてき》に介護《かいご》し，都内《とない》にある自宅《じたく》もバリアフリーに改築《かいちく》した。
30	特技《とくぎ》	仕事最優先《しごとさいゆうせん》で特技《とくぎ》はないと言《い》うが，英語《えいご》は堪能《たんのう》である。
31	１日《にち》の過《す》ごし方《かた》	朝《あさ》は早起《はやお》きで，新聞《しんぶん》を読《よ》むことを楽《たの》しみにしている。午前中《ごぜんちゅう》は，ダイニングのいすで新聞《しんぶん》やテレビのニュース番組《ばんぐみ》を見《み》たり，うたた寝《ね》をしたりしている。昼食《ちゅうしょく》（給食《きゅうしょく》サービス）後《ご》は，ベッドのある居室《きょしつ》とテレビのあるダイニングのあいだのふすまを開《あ》けて，ベッドからテレビを見《み》ている。また，居室《きょしつ》の妻《つま》の遺影《いえい》の前《まえ》にいすがあり，遺影《いえい》をながめながら座《すわ》っていることもある。
32	その他《た》	

● Eさんのアセスメント表《ひょう》(2)

アセスメント 項目番号《こうもくばんごう》	情報《じょうほう》の解釈《かいしゃく》・関連《かんれん》づけ・統合化《とうごうか》	課《か》 題《だい》	優先順位《ゆうせんじゅんい》
6，8，12，13	Eさんは，以前《いぜん》から便秘《べんぴ》の傾向《けいこう》があり，これまでに２回《かい》，腸閉塞《ちょうへいそく》で緊急入院《きんきゅうにゅういん》している。そして，そのたびに体力《たいりょく》が低下《ていか》している。Eさん自身《じしん》も，また腸閉塞《ちょうへいそく》が起《お》こることを怖《こわ》がっていて，食事《しょくじ》はゆっくりよくかんで食《た》べるようにしているほか，「できるだけやわらかく調理《ちょうり》してもらいたい」と要望《ようぼう》している。	便秘《べんぴ》の傾向《けいこう》があり，腸閉塞《ちょうへいそく》を起《お》こすたびに体力《たいりょく》が低下《ていか》しているEさんにとっては，腸閉塞《ちょうへいそく》の再《さい》発予防《はつよぼう》に向《む》けた取《と》り組《く》みが必要《ひつよう》である。	❶
4，13	Eさんは布《ぬの》パンツに尿取《にょうと》りパッドを当《あ》てているが，排便後《はいべんご》，うまくふくことができないために，尿取《にょうと》りパッドに便《べん》がついていることがある。両膝《りょうしつ》変形性関節症《へんけいせいかんせつしょう》にともなうO脚《きゃく》と足《あし》のむくみにより，排泄時《はいせつじ》に安定《あんてい》した座位《ざい》が保持《ほじ》できないため，うまくふくことができないものと考《かんが》えられる。	殿部《でんぶ》の清潔《せいけつ》を保《たも》つ必要《ひつよう》がある。	❸
9，12，17，18，27，31	Eさんは支《ささ》えなしに立《た》っていられないため，家事《かじ》全般《ぜんぱん》に介助《かいじょ》が必要《ひつよう》である。しかし，「できるだけ自分《じぶん》でしたい」という思《おも》いがある。また，単身赴《たんしんふ》任《にん》が長《なが》かったせいか，食《た》べ終《お》わった食器《しょっき》は自分《じぶん》で流《なが》しに運《はこ》び，いすに座《すわ》って洗《あら》うなど，簡単《かんたん》な家事《かじ》は苦《く》にならない。その一方《いっぽう》で，「どこにも出《で》かけたくはない。自分《じぶん》の家《いえ》で好《す》きなように暮《く》らしたい」とも考《かんが》えており，新聞《しんぶん》やテレビのニュース番《ばん》組《ぐみ》を見《み》たり，定期的《ていきてき》に庭師《にわし》に依頼《いらい》して庭《にわ》の草木《くさき》の手入《てい》れをしたりする以外《いがい》，玄関《げんかん》から外《そと》へはほとんど出《で》ない。	自分《じぶん》でできることを見《み》つけて，そこから日常生活《にちじょうせいかつ》のメリハリや楽《たの》しみを広《ひろ》げていく必要《ひつよう》がある。	❹
4，10，21，22	Eさんには，両膝変形性関節症《りょうしつへんけいせいかんせつしょう》によるO脚《きゃく》と足《あし》のむくみがあり，２本《ほん》の４点杖《てんづえ》を使《つか》って，自宅《じたく》内《ない》をゆっくり歩《ある》いている。また，黄斑変性症《おうはんへんせいしょう》があるため左眼《ひだりめ》が見《み》えにくく，視野狭窄《しやきょうさく》もある。現在《げんざい》は１階《かい》の南向《みなみむ》きのリビングやダイニング，ベッドのある居室《きょしつ》で生活《せいかつ》しているが，トイレはベッドのある居室《きょしつ》から3mくらい離《はな》れた玄関《げんかん》わきにあるため，そこまで歩《ある》いていかなければならない。なお，自宅内《じたくない》には，トイレ，風呂場《ふろば》，廊下《ろうか》に手《て》すりを設置《せっち》しているが，両手《りょうて》で２本《ほん》の４点杖《てんづえ》を使《つか》わないと歩《ある》けないので，廊下《ろうか》の手《て》すりを使《つか》うことは少《すく》ない。	両膝変形性関節症《りょうしつへんけいせいかんせつしょう》と黄斑変性症《おうはんへんせいしょう》があることにより，２本《ほん》の４点杖《てんづえ》を使《つか》って自宅内《じたくない》を歩行《ほこう》していても，必《かなら》ずしも歩行《ほこう》が安定《あんてい》しているわけではないため，転倒《てんとう》予防《よぼう》の必要《ひつよう》がある。	❷

● Eさんの訪問介護計画書《ほうもんかいごけいかくしょ》

氏名《しめい》：　　　Eさん

長期目標《ちょうきもくひょう》 （期間《きかん》：6か月《げつ》）	自宅《じたく》で自分《じぶん》のペースで暮《く》らしながらも，メリハリのついた生活《せいかつ》ができる。

課《か》　題《だい》	短期目標《たんきもくひょう》		具体的《ぐたいてき》な援助内容《えんじょないよう》・方法《ほうほう》		頻《ひん》　度《ど》
	目標《もくひょう》	期間《きかん》	内容《ないよう》	方法《ほうほう》	
❶便秘《べんぴ》の傾向《けいこう》があり，腸閉塞《ちょうへいそく》を起《お》こすたびに体力《たいりょく》が低下《ていか》しているEさんにとっては，腸閉塞《ちょうへいそく》の再《さい》発予防《はつよぼう》に向《む》けた取《と》り組《く》みが必要《ひつよう》である。	排便《はいべん》のコントロールができる。	1か月《げつ》	①排便《はいべん》・排《はい》ガスの状況《じょうきょう》の確認《かくにん》	訪問時《ほうもんじ》に必《かなら》ず，排便《はいべん》や排《はい》ガスがあったか（あった場合《ばあい》には何日《なんにち》の何時《なんじ》ごろだったか），おなかの張《は》りがないかを確認《かくにん》する。	訪問時《ほうもんじ》
			②水分補給《すいぶんほきゅう》の介《かい》助《じょ》	1日《にち》に1000mℓ以上《いじょう》の水《すい》分《ぶん》が確保《かくほ》できるように計画《けいかく》する。また，夜間《やかん》のトイレの回数《かいすう》を考慮《こうりょ》したうえで，夕方《ゆうがた》までに水分補給《すいぶんほきゅう》できるように介助《かいじょ》する。	訪問時《ほうもんじ》
			③調理《ちょうり》の介助《かいじょ》	消化《しょうか》に悪《わる》いものは避《さ》け，水《みず》に溶《と》ける食物繊維《しょくもつせんい》（水溶性《すいようせい》食物繊維《しょくもつせんい》）を多《おお》く含《ふく》む食品《しょくひん》を取《と》り入《い》れた献立《こんだて》を考《かんが》え，調理《ちょうり》する。	訪問時《ほうもんじ》
			④腸《ちょう》の蠕動運動《ぜんどううんどう》の促進《そくしん》	膝関節痛《しつかんせつつう》があるため，ベッド上《じょう》で腹部《ふくぶ》を動《うご》かす運動《うんどう》を見守《みまも》る。また，腹部《ふくぶ》を冷《ひ》やさないように保温《ほおん》に気《き》をつける。	訪問時《ほうもんじ》
❷両膝変形性関節《りょうしつへんけいせいかんせつ》症《しょう》と黄斑変性症《おうはんへんせいしょう》があることにより，2本《ほん》の4点杖《てんづえ》を使《つか》って自《じ》宅内《たくない》を歩行《ほこう》していても，必《かなら》ずしも歩行《ほこう》が安定《あんてい》しているわけではないため，転倒《てんとう》予防《よぼう》の必要《ひつよう》がある。	移動環境《いどうかんきょう》を整《せい》備《び》し，転倒《てんとう》を予防《よぼう》する。	3か月《げつ》	転倒予防《てんとうよぼう》のための環境整備《かんきょうせいび》	廊下《ろうか》をはじめ，居室《きょしつ》やダイニングなどの整理整頓《せいりせいとん》，また，4点杖《てんづえ》の点検《てんけん》を行《おこな》う。	訪問時《ほうもんじ》

❸殿部《でんぶ》の清潔《せいけつ》を保《たも》つ必要《ひつよう》がある。	殿部《でんぶ》の清潔《せいけつ》を保《たも》つことができる。	３か月《げつ》	殿部《でんぶ》の清潔保持《せいけつほじ》の介助《かいじょ》	尿取《にょうと》りパッドを交換《こうかん》する際《さい》に殿部《でんぶ》の皮膚《ひふ》を観察《かんさつ》し，よごれていたら，蒸《む》しタオルで押《お》しぶきをする。また，排泄《はいせつ》の介助《かいじょ》を行《おこな》う際《さい》に，必《かなら》ず殿部《でんぶ》の皮膚《ひふ》を観察《かんさつ》するとともに，排泄後《はいせつご》はふく介助《かいじょ》をする。	訪問時《ほうもんじ》
❹自分《じぶん》でできることを見《み》つけて，そこから日常生《にちじょうせい》活《かつ》のメリハリや楽《たの》しみを広《ひろ》げていく必要《ひつよう》がある。	日々《ひび》の暮《く》らしにメリハリをつけて，おだやかに過《す》ごすことができる。	３か月《げつ》	Ｅさんにできることをいっしょに探《さが》し，行《おこな》ってもらう。	①調理《ちょうり》（昼食《ちゅうしょく》は給食《きゅうしょく》サービスを利用《りよう》しているため，訪問日当日《ほうもんびとうじつ》の夕食《ゆうしょく》と，翌日《よくじつ》の朝食《ちょうしょく》を用意《ようい》），そうじ，洗濯《せんたく》，布団干《ふとんほ》しなどを行《おこな》うなかで，Ｅさんがやってみたいことを見《み》つけて，実際《じっさい》に行《おこな》ってもらう。その際《さい》，できたことをいっしょに喜《よろこ》び，感謝《かんしゃ》の気持《きも》ちを伝《つた》える。	随時《ずいじ》
				②地域《ちいき》との交流《こうりゅう》という観点《かんてん》から，何《なに》かやってみたいことがあるか，いっしょに探《さが》す。	随時《ずいじ》

● Eさんの実施評価表《じっしひょうかひょう》

担当者氏名《たんとうしゃしめい》：　F（介護福祉士《かいごふくしし》）

実施状況《じっしじょうきょう》	評価《ひょうか》
❶訪問時《ほうもんじ》，必《かなら》ず排便《はいべん》や排《はい》ガスの有無《うむ》を確認《かくにん》するようにした。また，排便《はいべん》や排《はい》ガスがなく，おなかが張《は》った感《かん》じがあった場合《ばあい》には，サービス提供責任者《ていきょうせきにんしゃ》および訪問看護師《ほうもんかんごし》に報告《ほうこく》することとした。	現在《げんざい》のところ，腸閉塞《ちょうへいそく》が再発《さいはつ》することもなく，排便《はいべん》はコントロールされているようである。今後《こんご》も継続《けいぞく》して援助《えんじょ》していきたい。
❶水分補給《すいぶんほきゅう》の介助《かいじょ》では，汁物《しるもの》や果物《くだもの》なども合《あ》わせて，1日《にち》に1000ml以上《いじょう》の水分《すいぶん》が確保《かくほ》できるように計画《けいかく》した。また，調理《ちょうり》にあたっては，貝類《かいるい》・こんにゃく・ごま・とうもろこしなどの消化《しょうか》の悪《わる》いものや，ごぼう・たけのこ・ふき・さといもなどの水《みず》に溶《と》けない食物繊維《しょくもつせんい》（不水溶性食物繊維《ふすいようせいしょくもつせんい》）を含《ふく》む食品《しょくひん》は使《つか》わないように配慮《はいりょ》した。	
❶ベッド上《じょう》で腹部《ふくぶ》を動《うご》かす運動《うんどう》を行《おこな》ってもらった。	
❷廊下《ろうか》をはじめ，居室《きょしつ》やダイニングを整理整頓《せいりせいとん》するにあたっては，床《ゆか》に落《お》ちているすべりやすい紙《かみ》などを整理《せいり》したり，水滴《すいてき》を残《のこ》さないようにしたりすることにも配慮《はいりょ》した。	夜間《やかん》に電話《でんわ》がかかってきた際《さい》，あわてて出《で》ようとしてバランスをくずし，左《ひだり》の額《ひたい》にかすり傷《きず》を負《お》う出来事《できごと》があった。Eさんと話《はな》し合《あ》い，電話《でんわ》を置《お》く場所《ばしょ》を変更《へんこう》するとともに，引《ひ》きつづき，室内《しつない》の環境整備《かんきょうせいび》を行《おこな》うこととした。なお，Eさんのかすり傷《きず》については，サービス提供責任者《ていきょうせきにんしゃ》を通《つう》じて介護支援専門員《かいごしえんせんもんいん》に報告《ほうこく》した。
❸殿部《でんぶ》の清潔保持《せいけつほじ》に関《かん》しては，殿部《でんぶ》の皮膚《ひふ》の状態《じょうたい》を観察《かんさつ》し，状況《じょうきょう》に応《おう》じて陰部洗浄《いんぶせんじょう》や蒸《む》しタオルでの清拭《せいしき》などを行《おこな》った。	現在《げんざい》のところ，殿部《でんぶ》の清潔《せいけつ》は保《たも》たれているようである。今後《こんご》も継続《けいぞく》して援助《えんじょ》していきたい。
❹Eさんが自分《じぶん》でできることについては，これまでと同《おな》じように，食《た》べ終《お》わった食器《しょっき》を自分《じぶん》で流《なが》しに運《はこ》び，いすに座《すわ》って洗《あら》ってもらうこととした。	Eさんは「どこにも出《で》かけたくはない。自分《じぶん》の家《いえ》で好《す》きなように暮《く》らしたい」と希望《きぼう》しているため，現在《げんざい》はその希望《きぼう》を尊重《そんちょう》する。

気《き》づいたこと （新《あら》たな課題《かだい》や可能性《かのうせい》）	地域《ちいき》との交流《こうりゅう》についてはケアチーム全体《ぜんたい》の連携《れんけい》のなかで構築《こうちく》していくことが必要《ひつよう》であると考《かんが》える。

❹【解説《かいせつ》】Eさんの介護過程《かいごかてい》について

Eさんは，おだやかななかにも凛《りん》として，自分《じぶん》の主張《しゅちょう》をしっかりもっている人《ひと》です。妻《つま》が亡《な》くなってから，急激《きゅうげき》に気力《きりょく》と体力《たいりょく》が低下《ていか》し，妻《つま》の遺影《いえい》の前《まえ》のいすに座《すわ》って過《す》ごすことが多《おお》くなったものの，一人暮《ひとりぐ》らしに不安《ふあん》を感《かん》じた子《こ》どもたちが同居《どうきょ》を申《もう》し出《で》たときも，「自分《じぶん》の家《いえ》で好《す》きなように暮《く》らしたい」と言《い》って，申《もう》し出《で》を断《ことわ》りました。

子《こ》どもたちが交代《こうたい》で週3日泊《しゅうみっかと》まりに来《き》ていますが，これ以上負担《いじょうふたん》をかけたくないという気持《きも》ちがあり，介護保険《かいごほけん》と介護保険以外《かいごほけんいがい》のサービスを利用《りよう》しながら，自分《じぶん》のできるところは自分《じぶん》でしたいと思《おも》っています。

Eさんの自宅《じたく》は，都内《とない》の住宅街《じゅうたくがい》の一戸建《いっこだ》て（持《も》ち家《いえ》）で，単身赴任《たんしんふにん》の時期《じき》が長《なが》かったこともあり，近所《きんじょ》づきあいはほとんどありません。腸閉塞《ちょうへいそく》で2回《かい》の緊急入院《きんきゅうにゅういん》をしてからは体《たい》力《りょく》が低下《ていか》してしまいました。それでも，妻《つま》が大切《たいせつ》にしていた庭《にわ》の草木《くさき》は，定期的《ていきてき》に庭師《にわし》を呼《よ》んで手入《てい》れをしています。

「長年暮《ながねんく》らしつづけた自宅《じたく》で，これ以上家族《いじょうかぞく》に負担《ふたん》をかけることなく過《す》ごしていきたい」と希望《きぼう》するEさんの生活《せいかつ》を，訪問介護《ほうもんかいご》においてどのように支《ささ》えていったらよいか。介護《かいご》職《しょく》は，アセスメントを通《つう》じて，次《つぎ》の4つの課題《かだい》を明《あき》らかにしました。

❶ 便秘《べんぴ》の傾向《けいこう》があり，腸閉塞《ちょうへいそく》を起《お》こすたびに体力《たいりょく》が低下《ていか》しているEさんにとっては，腸閉塞《ちょうへいそく》の再発予防《さいはつよぼう》に向《む》けた取《と》り組《く》みが必要《ひつよう》である。

❷ 両膝変形性関節症《りょうしつへんけいせいかんせつしょう》と黄斑変性症《おうはんへんせいしょう》があることにより，2本《ほん》の4点杖《てんづえ》を使《つか》って自宅内《じたくない》を歩《ほ》行《こう》していても，必《かなら》ずしも歩行《ほこう》が安定《あんてい》しているわけではないため，転倒予防《てんとうよぼう》の必要《ひつよう》がある。

❸ 殿部《でんぶ》の清潔《せいけつ》を保《たも》つ必要《ひつよう》がある。

❹ 自分《じぶん》でできることを見《み》つけて，そこから日常生活《にちじょうせいかつ》のメリハリや楽《たの》しみを広《ひろ》げていく必《ひつ》要《よう》がある。

なかでも，妻《つま》に先立《さきだ》たれて地域《ちいき》との交流《こうりゅう》もなく，家《いえ》に閉《と》じこもっているEさんの生活《せいかつ》の活性化《かっせいか》に向《む》けて，地域《ちいき》との連携《れんけい》をふまえた積極的《せっきょくてき》な生活支援《せいかつしえん》のあり方《かた》を考《かんが》えることは，介護職《かいごしょく》として大切《たいせつ》な視点《してん》です。

しかしEさんは，単身赴任《たんしんふにん》をしていた時期《じき》が長《なが》く，これまでの人生《じんせい》を地域《ちいき》のなかで生《い》きてきた人《ひと》ではありませんし，近所《きんじょ》には知《し》り合《あ》いもいないようです。現在《げんざい》は家《いえ》で好《す》きなように過《す》ごしたいと希望《きぼう》しているため，Eさんの思《おも》いを尊重《そんちょう》することとしました。

今後《こんご》のかかわりのなかでEさんの生活《せいかつ》の楽《たの》しみを知《し》り，そのうえで他者《たしゃ》とのかかわりなど，社会参加《しゃかいさんか》に対《たい》する支援《しえん》のあり方《かた》をケアチーム全体《ぜんたい》の連携《れんけい》のなかで構築《こうちく》していくことができたらと考《かんが》えています。

■演習《えんしゅう》～Eさんの自立《じりつ》に向《む》けた介護《かいご》の実際《じっさい》（移動《いどう》・移乗《いじょう》，排泄《はいせつ》の介護《かいご》）～

課題《かだい》1

Eさんは腸閉塞《ちょうへいそく》を起《お》こして，これまでに2回緊急入院《かいきんきゅうにゅういん》をしています。腸閉塞《ちょうへいそく》の再発《さいはつ》予防《よぼう》に向《む》けて，Eさんに具体的《ぐたいてき》なはたらきかけを行《おこな》いましょう。

ここに注意《ちゅうい》！

○Eさん自身《じしん》,「できるだけやわらかく調理《ちょうり》してもらいたい」との要望《ようぼう》をもち，食事《しょくじ》はゆっくりよくかんで食《た》べていますが，このことが必《かなら》ずしも腸閉塞《ちょうへいそく》の予防《よぼう》につながるとは限《かぎ》りません。

○腸閉塞《ちょうへいそく》の予防《よぼう》には，スムーズな排便《はいべん》が欠《か》かせません。

○スムーズな排便《はいべん》のためには，①十分《じゅうぶん》な水分補給《すいぶんほきゅう》，②**食物繊維《しょくもつせんい》**[17]（➡p.222参照《さんしょう》）（とくに水《すい》溶性食物繊維《ようせいしょくもつせんい》）の摂取《せっしゅ》，③腸《ちょう》の**蠕動運動《ぜんどううんどう》**[18]（➡p.223参照《さんしょう》）の促進《そくしん》，などが大切《たいせつ》になります。

介助《かいじょ》の方法《ほうほう》と留意点《りゅういてん》

1. 介護職《かいごしょく》は，Eさんに体調《たいちょう》や排便《はいべん》の状態《じょうたい》を確認《かくにん》します。
   ❶ 便秘《べんぴ》になっていないことを確認《かくにん》します。
   ❷ 便秘《べんぴ》から腸閉塞《ちょうへいそく》にならないようにすることを話《はな》します。
   ❸ 排泄《はいせつ》の有無《うむ》と食事内容《しょくじないよう》に関《かん》する記録《きろく》を続《つづ》けるように話《はな》します。
2. 介護職《かいごしょく》は，再発予防《さいはつよぼう》について，Eさんにできることを考《かんが》えます。
   ❶ 意識的《いしきてき》にきちんとはかって水分《すいぶん》をとります。
   ・1000*ml*の水分《すいぶん》が確保《かくほ》できるよう容器《ようき》に準備《じゅんび》します。
   ・夜間《やかん》はトイレの回数《かいすう》が増《ふ》えるので，夕方《ゆうがた》までに水分《すいぶん》をとる計画《けいかく》を立《た》てます。
   ❷ 食物繊維《しょくもつせんい》をとります。
   ・水溶性食物繊維《すいようせいしょくもつせんい》の多《おお》い食材《しょくざい》と，Eさんの嗜好《しこう》をふまえた献立《こんだて》を考《かんが》えます。
   ・Eさんに合《あ》った調理方法《ちょうりほうほう》を考《かんが》えます。
   ❸ 腸《ちょう》の蠕動運動《ぜんどううんどう》の促進《そくしん》のためにどのような運動《うんどう》が適切《てきせつ》かを考《かんが》え，実施《じっし》します。
   ・膝関節痛《しつかんせつつう》があるため，ベッド上《じょう》で腹部《ふくぶ》を動《うご》かす運動《うんどう》をしてもらいます。
   ・腹部《ふくぶ》を冷《ひ》やさないように保温《ほおん》に気《き》をつけます。
3. 介護職《かいごしょく》は，2.で考《かんが》えたことをどのように実践《じっせん》するか，1日《にち》の計画《けいかく》を立《た》てます。
4. 介護職《かいごしょく》は，毎日実践《まいにちじっせん》したことをねぎらい，はげまします。

課題《かだい》2

日中《にっちゅう》はトイレで排泄《はいせつ》を行《おこな》っているEさん。下肢《かし》の筋力低下《きんりょくていか》と視野狭窄《しやきょうさく》などにより，転倒《てんとう》の危険性《きけんせい》が高《たか》いために，トイレまでの移動環境《いどうかんきょう》を整《ととの》える必要《ひつよう》があります。

Eさんの安全《あんぜん》に配慮《はいりょ》してトイレまで移動《いどう》し，排泄《はいせつ》の介助《かいじょ》を行《おこな》いましょう。

ここに注意《ちゅうい》！

○Eさんには，両膝変形性関節症《りょうしつへんけいせいかんせつしょう》（O脚《きゃく》と足《あし》のむくみ），左右《さゆう》の視力差《しりょくさ》，視野狭窄《しやきょうさく》などがあります。

○Eさんは2本《ほん》の4点杖《てんづえ》を使《つか》って，ゆっくり歩《ある》くことができます。

○ベッドのある居室《きょしつ》から3mくらい離《はな》れた玄関《げんかん》わきにトイレがあります。

○Eさんは，できるだけ自分《じぶん》の足《あし》で移動《いどう》したいという思《おも》いがあります。

介助《かいじょ》の方法《ほうほう》と留意点《りゅういてん》

1. 介護職《かいごしょく》は，Eさんにトイレで排泄《はいせつ》することを確認《かくにん》します。
2. 介護職《かいごしょく》は，トイレまで4点杖《てんづえ》を使《つか》って歩《ある》いて行《い》くことを説明《せつめい》し，同意《どうい》を得《え》ます。
3. 介護職《かいごしょく》は，トイレまでの廊下《ろうか》に歩行《ほこう》をさまたげるものがないかを確認《かくにん》します。
   ❶ 水滴《すいてき》が落《お》ちていないかに注意《ちゅうい》します。
   ❷ 新聞《しんぶん》やビニールなどが置《お》かれていないかなどにも注意《ちゅうい》します。
4. Eさんに履物《はきもの》（スリッパなどですべらないもの）をきちんとはき，4点杖《てんづえ》で立位《りつい》をとってもらいます。
   ❶ むくみがあるので履物《はきもの》の状態《じょうたい》を確認《かくにん》します。
   ❷ 4点杖《てんづえ》には右用《みぎよう》と左用《ひだりよう》があるので注意《ちゅうい》します。また，杖《つえ》の安全点検《あんぜんてんけん》をし，高《たか》さについても確認《かくにん》します。
   ❸ 立位《りつい》をとったとき，ふらつきがないかを確認《かくにん》します。
5. Eさんにトイレまでゆっくり歩行《ほこう》してもらいます。
   ❶ トイレまでの廊下《ろうか》がしっかり見《み》えているかを確認《かくにん》します。
   ❷ 左側半歩後方《ひだりがわはんぽこうほう》でEさんの腰《こし》に手《て》をそえて，身体《からだ》を支《ささ》えます。
   ❸ 膝《ひざ》の痛《いた》みを確認《かくにん》します。

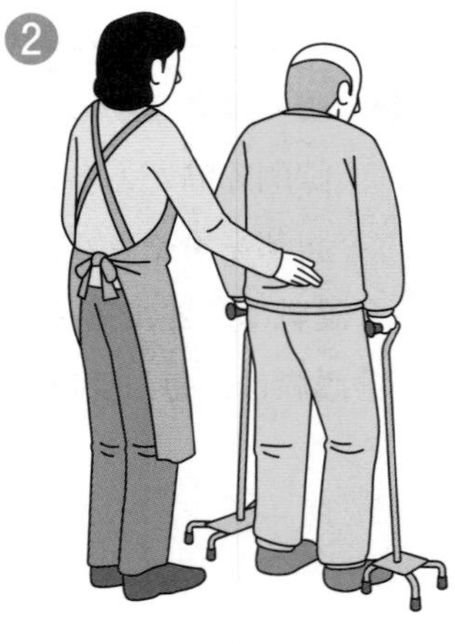

6. 介護職《かいごしょく》はトイレに入《はい》り，下衣《かい》をおろす準備《じゅんび》をします。

❶ 杖《つえ》を置《お》き，片手《かたて》で手《て》すりをしっかり持《も》ってもらいます。

❷ 手《て》すりと反対《はんたい》の手《て》で下衣《かい》をおろし，介護者《かいごしゃ》は膝《ひざ》までおろす介助《かいじょ》をします。

❷

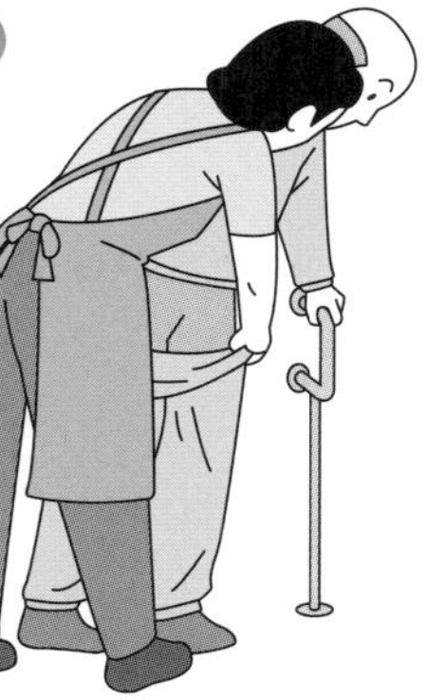

❸ 立位《りつい》が不安定《ふあんてい》になりふらつくようであれば，介護職《かいごしょく》は介助《かいじょ》をします。

7. Eさんにおじぎをするようにして便器《べんき》に座《すわ》ってもらいます。

❶ 座位《ざい》が安定《あんてい》しているか，寒《さむ》くないかなどを確認《かくにん》します。

❷ 露出《ろしゅつ》を防《ふせ》ぐため，膝《ひざ》かけをかけます。

❸ トイレの外《そと》に出《で》て，排泄《はいせつ》が終《お》わるのを待《ま》ちます。

8. 介護職《かいごしょく》は，排泄終了後《はいせつしゅうりょうご》，後始末《あとしまつ》ができたかを確認《かくにん》します。

❶ 排便後《はいべんご》，肛門周囲《こうもんしゅうい》の清潔《せいけつ》，排泄物《はいせつぶつ》の量《りょう》と状態《じょうたい》を確認《かくにん》します。このとき，浅《あさ》く座《すわ》り，おじぎをしてもらい肛門周囲《こうもんしゅうい》を清潔《せいけつ》にします。

❷ できていないときは清拭介助《せいしきかいじょ》をします。

9. Eさんに立位《りつい》になってもらい，衣服《いふく》を整《ととの》え，手洗《てあら》いをしてもらいます。

10. Eさんにベッドまでゆっくり戻《もど》ってもらいます。

❶ 膝《ひざ》の痛《いた》みを確認《かくにん》します。

❷ ベッドまでの廊下《ろうか》がしっかり見《み》えているかを確認《かくにん》します。

❸ ベッドに座《すわ》ってもらい，足《あし》のむくみを観察《かんさつ》します。

❹ トイレで排泄《はいせつ》できたことをねぎらいます。

課題《かだい》３

夜間《やかん》はポータブルトイレを使用《しよう》して排泄《はいせつ》を行《おこな》っているＥさん。Ｅさんの安全《あんぜん》に配《はい》慮《りょ》してベッドからポータブルトイレへの移乗《いじょう》と排泄《はいせつ》の介助《かいじょ》を行《おこな》いましょう。

ここに注意《ちゅうい》！

○Ｅさんには，両膝変形性関節症《りょうしつへんけいせいかんせつしょう》（Ｏ脚《きゃく》と足《あし》のむくみ），左右《さゆう》の視力差《しりょくさ》，視野狭窄《しやきょうさく》などがあります。

○夜間《やかん》は，居室《きょしつ》の照明《しょうめい》のスイッチがひもでつなげられ，ベッドの枕元《まくらもと》に届《とど》くようになっています。

介助《かいじょ》の方法《ほうほう》と留意点《りゅういてん》

1. 介護職《かいごしょく》は，Ｅさんに排泄《はいせつ》の確認《かくにん》をして，照明《しょうめい》をつけてもらいます。
2. Ｅさんにベッドに端座位《たんざい》になってもらい，ベッドサイドの状況《じょうきょう》を確認《かくにん》します。

❶ ポータブルトイレが足元《あしもと》に置《お》いてあるかを確認《かくにん》します。

❷ ベッド用手《ようて》すりがきちんと設置《せっち》されているかを確認《かくにん》します。

❸ ポータブルトイレのふたを取《と》り，中《なか》に水《みず》，消臭液《しょうしゅうえき》，トイレットペーパーが入《はい》っているかを確認《かくにん》します。

3. Ｅさんにベッド用手《ようて》すりを持《も》って端座位《たんざい》から立位《りつい》になってもらい，ポータブルトイレに座《すわ》れるように体位《たいい》を変《か》えてもらいます。

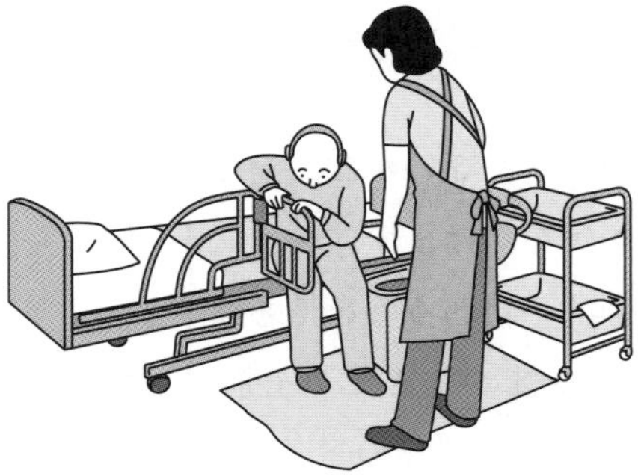

4. Ｅさんに，下衣《かい》をおろし，おじぎをするようにポータブルトイレに座《すわ》ってもらいます。

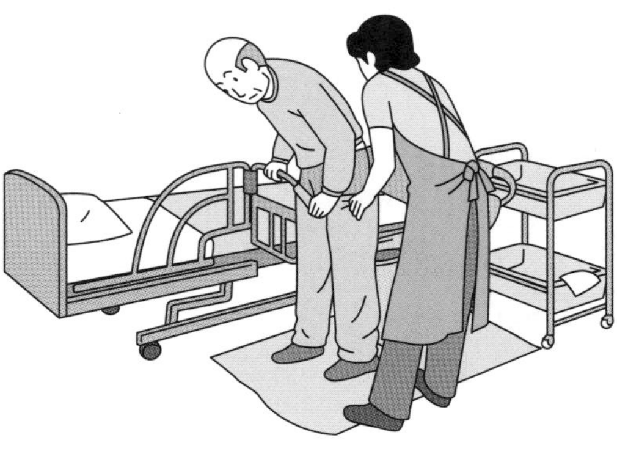

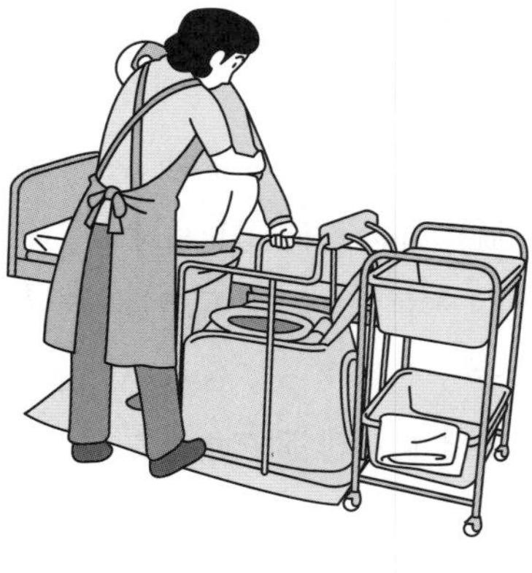

❶　座位《ざい》が安定《あんてい》しているか，寒《さむ》くないかなどを確認《かくにん》します。

❷　皮膚《ひふ》の露出《ろしゅつ》に配慮《はいりょ》し，バスタオルなどでプライバシーの保護《ほご》と保温《ほおん》に努《つと》めます。

❷

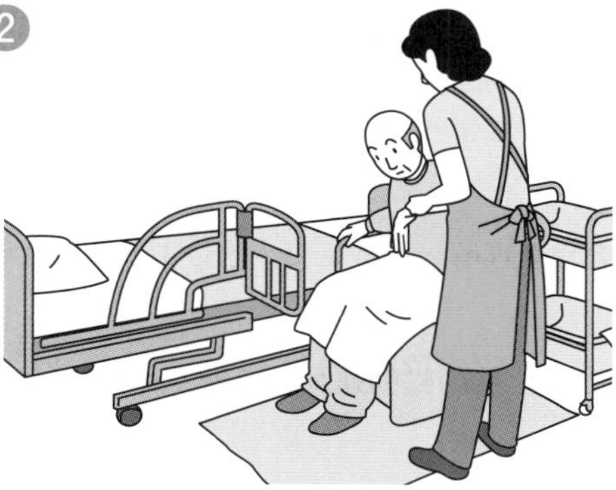

5.　介護職《かいごしょく》は，排泄終了後《はいせつしゅうりょうご》，後始末《あとしまつ》ができたかを確認《かくにん》します。

❶　排便後《はいべんご》，浅《あさ》く座《すわ》ってもらい，肛門周囲《こうもんしゅうい》の清潔《せいけつ》，排泄物《はいせつぶつ》の量《りょう》と状態《じょうたい》を確認《かくにん》します。

❶

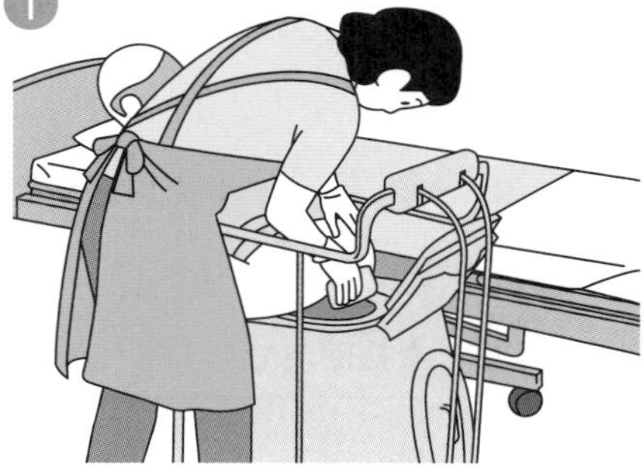

❷　できていないときは清拭介助《せいしきかいじょ》をします。

6.　Ｅさんに立位《りつい》になってもらい，ふらつきなどの確認《かくにん》をし，衣服《いふく》を整《ととの》え，おしぼりなどを用《もち》いて手洗《てあら》いをしてもらいます。

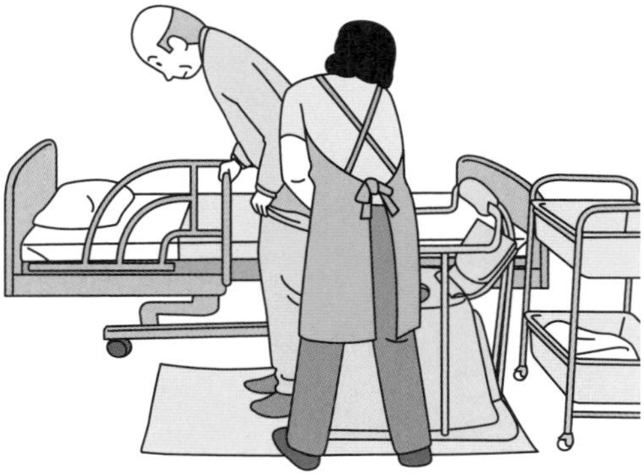

7.　ベッドのほうへＥさんの腰《こし》を回転《かいてん》させ，端座位《たんざい》になってもらいます。

❶　膝《ひざ》の痛《いた》み，足《あし》のむくみを観察《かんさつ》します。

❷　ポータブルトイレの排泄物《はいせつぶつ》を片《かた》づけ，元《もと》の位置《いち》に戻《もど》します。

8.　介護職《かいごしょく》は照明《しょうめい》を消《け》して，Ｅさんに休《やす》んでもらいます。

確認《かくにん》・評価《ひょうか》してみよう！

確認《かくにん》・評価項目《ひょうかこうもく》	CHECK
❶ Eさんに適切《てきせつ》な言葉《ことば》かけができましたか（体調《たいちょう》の確認《かくにん》，これから行《おこな》う介助《かいじょ》の説明《せつめい》と同意《どうい》など）。	
❷ Eさんが水分補給《すいぶんほきゅう》の必要性《ひつようせい》を理解《りかい》したうえで，水分《すいぶん》をとることができましたか。	
❸ 腸閉塞《ちょうへいそく》の再発予防《さいはつよぼう》に向《む》けて，腸《ちょう》の蠕動運動《ぜんどううんどう》をうながすための運動《うんどう》をEさんにしてもらいましたか。	
❹ Eさんがトイレまで安全《あんぜん》に移動《いどう》するための環境整備《かんきょうせいび》ができましたか。	
❺ トイレまで移動《いどう》するに際《さい》して，Eさんの身体機能《しんたいきのう》（視力《しりょく》や視野《しや》，膝関節《しつかんせつ》の痛《いた》み，O脚《きゃく》や足《あし》のむくみなど）に配慮《はいりょ》しましたか。	
❻ 排泄物《はいせつぶつ》の量《りょう》と状態《じょうたい》，肛門《こうもん》の周囲《しゅうい》を観察《かんさつ》しましたか。	
❼ Eさんが排泄《はいせつ》の後始末《あとしまつ》をしたことを確認《かくにん》しましたか。	
❽ 夜間《やかん》, Eさんのベッドの足元《あしもと》に，ポータブルトイレを用意《ようい》しておきましたか。	
❾ 安全《あんぜん》にポータブルトイレに移乗《いじょう》し，排泄《はいせつ》の姿勢《しせい》をとることができましたか。	
❿ 全体《ぜんたい》を通《とお》してEさんの自立《じりつ》に配慮《はいりょ》した援助《えんじょ》ができましたか。	

□
月《がつ》
□
日《にち》

事例《じれい》4　介護老人保健施設《かいごろうじんほけんしせつ》で生活《せいかつ》する利用者《りようしゃ》への支援《しえん》

❶ 利用者《りようしゃ》のプロフィール

氏名《しめい》：G さん
性別《せいべつ》：女性《じょせい》
年齢《ねんれい》：58 歳《さい》
生活環境《せいかつかんきょう》：介護老人保健施設《かいごろうじんほけんしせつ》
要介護度《ようかいごど》：要介護《ようかいご》3
入所年《にゅうしょねん》・月《げつ》：○○年《ねん》□月《がつ》
認知症高齢者《にんちしょうこうれいしゃ》の日常生活自立度《にちじょうせいかつじりつど》：認知症《にんちしょう》はない。
障害高齢者《しょうがいこうれいしゃ》の日常生活自立度《にちじょうせいかつじりつど》：A1（☞第《だい》3巻《かん》p.224）

❷ 家族構成《かぞくこうせい》および生活歴《せいかつれき》

▶▶ 幼少期《ようしょうき》から結婚《けっこん》，子育《こそだ》てまで

・3人《にん》きょうだいの末《すえ》っ子《こ》として生《う》まれる。
・明《あか》るく，活発《かっぱつ》な性格《せいかく》で中学《ちゅうがく》からテニスを始《はじ》め，高校《こうこう》でもテニス部《ぶ》に所属《しょぞく》し活躍《かつやく》した。
・大学《だいがく》は，親戚《しんせき》のいる近県《きんけん》の公立大学《こうりつだいがく》に進学《しんがく》した。
・卒業後《そつぎょうご》，地元《じもと》の銀行《ぎんこう》に就職《しゅうしょく》した。
・社会人《しゃかいじん》になっても特技《とくぎ》としてテニスを続《つづ》け，地元《じもと》のテニスクラブに所属《しょぞく》し，友人《ゆうじん》もたくさんいた。
・30 歳《さい》で，3 歳年下《さいとしした》の夫《おっと》と結婚《けっこん》。
・職場結婚《しょくばけっこん》だったため，結婚《けっこん》と同時《どうじ》に退職《たいしょく》した。
・そのあとは，専業主婦《せんぎょうしゅふ》として転勤《てんきん》の多《おお》い夫《おっと》を支《ささ》え，2人《ふたり》の息子《むすこ》を育《そだ》てた。
・銀行員《ぎんこういん》である夫《おっと》の仕事《しごと》の大変《たいへん》さはよくわかっているので，できるだけサポートして内助《ないじょ》の功《こう》を発揮《はっき》したいと願《ねが》ってきた。

▶▶ くも膜下出血《まくかしゅっけつ》を発症《はっしょう》して以降《いこう》

・今年《ことし》の1月《がつ》，突然《とつぜん》**くも膜下出血《まくかしゅっけつ》**[19]（⇒ p.223 参照《さんしょう》）で倒《たお》れ，脳神経外科病院《のうしんけいげかびょういん》に3か月入院《げつにゅういん》した。
・体幹機能障害《たいかんきのうしょうがい》をともなう右片麻痺《みぎかたまひ》が残《のこ》り，車《くるま》いすの生活《せいかつ》になった（身体障害者手帳《しんたいしょうがいしゃてちょう》2級《きゅう》）。
・そのあと，リハビリテーションセンターを経《へ》て，現在《げんざい》の介護老人保健施設《かいごろうじんほけんしせつ》に入所《にゅうしょ》することとなった。
・リハビリテーションのおかげで，今《いま》は支《ささ》えがあれば立《た》ち上《あ》がり，3～4歩《ぽ》歩《ある》くことがで

きる。

現在《げんざい》の家族《かぞく》の状況《じょうきょう》

・夫《おっと》（55歳《さい》）は銀行員《ぎんこういん》として，毎朝《まいあさ》7時半《じはん》には出勤《しゅっきん》。夜《よる》は20～21時《じ》ごろに帰宅《きたく》する生《せい》活《かつ》を送《おく》っている。

・夫婦《ふうふ》の関係《かんけい》は良好《りょうこう》で，夫《おっと》もGさんといっしょに自宅《じたく》で暮《く》らしたいと思《おも》っているが，本《ほん》当《とう》に可能《かのう》かどうか不安《ふあん》に思《おも》っているところがある。

・長男《ちょうなん》（24歳《さい》）は，夫《おっと》と同《おな》じ銀行員《ぎんこういん》として他県《たけん》で働《はたら》いている（Gさんは一人暮《ひとりぐ》らしの長《ちょう》男《なん》のために時々《ときどき》アパートのそうじなどにも通《かよ》っていた）。

・次男《じなん》（21歳《さい》）は大学《だいがく》3年生《ねんせい》で，やはり他県《たけん》で下宿生活《げしゅくせいかつ》を送《おく》っている（こちらにも生活《せいかつ》用品《ようひん》や食料《しょくりょう》などを時々《ときどき》送《おく》っていた）。

❸ 現在《げんざい》の状況《じょうきょう》

健康状態《けんこうじょうたい》

(1) 一般状態《いっぱんじょうたい》

・体温《たいおん》：36.3℃

・呼吸《こきゅう》：15～20回《かい》／分《ぷん》

・脈拍《みゃくはく》：50～60回《かい》／分《ぷん》

・血圧《けつあつ》：130／80mmHg

(2) 障害《しょうがい》の状況《じょうきょう》

・くも膜下出血《まくかしゅっけつ》の後遺症《こういしょう》として右片麻痺《みぎかたまひ》，軽度《けいど》の言語障害《げんごしょうがい》（☞第《だい》4巻《かん》p.447）がある。

(3) 現在《げんざい》のおもな疾患《しっかん》

・とくになし。

(4) 既往歴《きおうれき》

・くも膜下出血《まくかしゅっけつ》（4か月前《げつまえ》）

(5) 視力《しりょく》

・日常生活《にちじょうせいかつ》に支障《ししょう》はない。

(6) 聴力《ちょうりょく》

・日常生活《にちじょうせいかつ》に支障《ししょう》はない。

日常生活《にちじょうせいかつ》の状況《じょうきょう》

(1) 移動《いどう》

・右片麻痺《みぎかたまひ》があり，健側《けんそく》の左手足《ひだりてあし》を使《つか》って車《くるま》いすを操作《そうさ》している。

・施設《しせつ》での訓練《くんれん》により，多少物《たしょうもの》があっても避《さ》けて通《とお》ることができるなど，操作《そうさ》に慣《な》れてきている。

(2) 身《み》じたく

・利《き》き手《て》である右側《みぎがわ》に麻痺《まひ》があるため，時間《じかん》はかかるが，上衣《じょうい》は自分《じぶん》で着替《きが》えることができる。

・下衣《かい》は，ウエストの部分《ぶぶん》にひもをつけるなどの工夫《くふう》があれば自力《じりき》で着替《きが》えることができる。

(3) 食事《しょくじ》

・左手《ひだりて》でスプーンを使《つか》って食事《しょくじ》をしている。

・箸《はし》の使用《しよう》の訓練《くんれん》を行《おこな》っている。

(4) 排泄《はいせつ》

・手《て》すりを使《つか》えば，トイレで自分《じぶん》で排泄《はいせつ》できる。

(5) 入浴《にゅうよく》・清潔保持《せいけつほじ》

・施設《しせつ》では週《しゅう》3回入浴《かいにゅうよく》している。

・入浴方法《にゅうよくほうほう》はリフト浴《よく》で，ほとんど自分《じぶん》で身体《しんたい》を洗《あら》うことができる。

・洗《あら》いにくい部分《ぶぶん》も，どうしたらよいか積極的《せっきょくてき》に介護職《かいごしょく》にたずねて工夫《くふう》している。

(6) 睡眠《すいみん》

・日中《にっちゅう》，リハビリテーションや家事訓練《かじくんれん》にはげんでいるため，基本的《きほんてき》には，夜《よる》はよく眠《ねむ》れている。

・ただし，時々《ときどき》，自分《じぶん》の障害《しょうがい》のことや，本当《ほんとう》に自宅《じたく》で夫《おっと》と暮《く》らしていけるのかを考《かんが》えてしまうと，眠《ねむ》れないことがある。

(7) コミュニケーション

・右片麻痺《みぎかたまひ》にともなって軽《かる》い言語障害《げんごしょうがい》があるが，日常会話《にちじょうかいわ》においては差《さ》し支《つか》えるほどではない。

・ほかの入所者《にゅうしょしゃ》ともよく話《はなし》をしている。

(8) サービスの利用状況《りようじょうきょう》

・介護老人保健施設《かいごろうじんほけんしせつ》に入所《にゅうしょ》している。

・自宅《じたく》に戻《もど》ってからは，どのようなサービスを利用《りよう》して生活《せいかつ》していくか検討中《けんとうちゅう》である。

▶▶ 経済状況《けいざいじょうきょう》

・夫《おっと》は現役《げんえき》の銀行員《ぎんこういん》（部長職《ぶちょうしょく》）であり，年間《ねんかん》で1000万円《まんえん》を超《こ》える収入《しゅうにゅう》があるため，経済《けいざい》的《てき》には問題《もんだい》ない。

▶▶ 性格《せいかく》

・明《あか》るく社交的《しゃこうてき》な性格《せいかく》である。

・まじめで何《なん》でもきちんとこなそうとするところがある。

▶▶1日《にち》の過《す》ごし方《かた》

・今《いま》は施設《しせつ》の日課《にっか》にそって生活《せいかつ》しているが，自宅《じたく》での生活《せいかつ》に向《む》けて，自分《じぶん》の身《み》のまわりのことを自分《じぶん》でできるようにならなければと，日中《にっちゅう》，意欲的《いよくてき》にリハビリテーションにはげんでいる。また，食事《しょくじ》のしたく，洗濯《せんたく》，そうじなど，家事全般《かじぜんぱん》について，熱心《ねっしん》に訓練《くんれん》を行《おこな》おうとしている。

▶▶退所後《たいしょご》の自宅《じたく》の環境《かんきょう》

・1階《かい》は車《くるま》いすでも移動可能《いどうかのう》だが，システムキッチンは車《くるま》いすが入《はい》らないために使《つか》えない。
・今《いま》のままでは段差《だんさ》があり，1人《ひとり》では庭《にわ》に出《で》ることも，外出《がいしゅつ》することもできない。

▶▶Gさんや家族《かぞく》などの思《おも》い

・Gさんは，「夫《おっと》のためにもう一度《いちど》，自宅《じたく》に戻《もど》り，主婦《しゅふ》としての役割《やくわり》を果《は》たしたい。そのためには，まず身《み》のまわりのことや家事《かじ》は自分《じぶん》でできるようになりたい」と思《おも》っている。
・それに対《たい》して夫《おっと》は，「妻《つま》が自宅《じたく》に戻《もど》ることを望《のぞ》んでいるが，どの程度可能《ていどかのう》であるかは確信《かくしん》がもてない」と考《かんが》えている。
・介護老人保健施設《かいごろうじんほけんしせつ》では，家事訓練《かじくんれん》の環境《かんきょう》があまり整《ととの》えられていないので，家《いえ》に帰《かえ》ってから本当《ほんとう》にできるのかどうか不安《ふあん》がある。
・「自宅周辺《じたくしゅうへん》は坂《さか》が多《おお》いため，自宅《じたく》に帰《かえ》ってからは，できれば戸外《こがい》では電動車《でんどうくるま》いすを使《つか》いたい」と思《おも》っている。
・「自宅《じたく》に帰《かえ》っても自分《じぶん》で着替《きが》えられるように，とくに下衣《かい》は工夫《くふう》しなければ」と思《おも》っている。
・「何《なん》とか左手《ひだりて》で箸《はし》を使《つか》いこなせるようになりたい」と思《おも》っている。
・「自宅《じたく》のトイレは洋式《ようしき》トイレではあるが，後始末《あとしまつ》が困難《こんなん》なので，自分《じぶん》で排泄《はいせつ》できる方法《ほうほう》を工夫《くふう》しなければ」と思《おも》っている。
・「自宅《じたく》のお風呂《ふろ》では浴槽《よくそう》の出入《ではい》りが困難《こんなん》なので，夫《おっと》に負担《ふたん》をかけてしまうのではないか」と気《き》にしている。
・眠《ねむ》れないときは，「サービスを上手《じょうず》に活用《かつよう》すれば自宅《じたく》での生活《せいかつ》も何《なん》とかなる」と思《おも》うようにしている。
・もともと話好《はなしず》きだったので，うまく話《はな》すことができないことがあると，もどかしくて，悲《かな》しくなることがある。
・「買《か》い物《もの》ツアーなどにもできるだけ参加《さんか》したい」と思《おも》っているが，機会《きかい》が少《すく》なくて残念《ざんねん》に思《おも》っている。
・「車《くるま》いすでもできるだけ夫《おっと》の手《て》をわずらわせず，専業主婦《せんぎょうしゅふ》としての役割《やくわり》を取《と》り戻《もど》すために，自宅《じたく》の住環境《じゅうかんきょう》を改善《かいぜん》したい」と望《のぞ》んでいる。
・「自宅《じたく》で生活《せいかつ》するにはどのような用具《ようぐ》が必要《ひつよう》なのか，どのような工夫《くふう》ができるのかを知《し》りたい」と思《おも》っている。
・「今《いま》のところ経済的《けいざいてき》には心配《しんぱい》ないが，自分《じぶん》の介護《かいご》のために，夫《おっと》の仕事《しごと》に支障《ししょう》をきたすことは絶対《ぜったい》に避《さ》けたい」と思《おも》っている。
・自分《じぶん》が障害《しょうがい》を負《お》ったことで，「夫《おっと》の出世《しゅっせ》のさまたげになってしまったのではないか」と気《き》にしている。
・「在宅《ざいたく》で使《つか》えるサービスはできるだけ活用《かつよう》して，夫《おっと》にあまり負担《ふたん》をかけずに，何《なん》とか暮《く》らしていきたい」と思《おも》っている。
・「自宅《じたく》に戻《もど》ることが夫《おっと》の負担《ふたん》になるのではないか」と気《き》にしている。
・「ほかの入所者《にゅうしょしゃ》の役《やく》に立《た》つことがあれば何《なに》か手伝《てつだ》いたい」と思《おも》っている。

▶▶ 最近《さいきん》の様子《ようす》

・自宅《じたく》での生活《せいかつ》に向《む》けて，自分《じぶん》の身《み》のまわりのことを自分《じぶん》でできるようにならなければと，日中《にっちゅう》，意欲的《いよくてき》にリハビリテーションにはげんでいる。
・食事《しょくじ》のしたく，洗濯《せんたく》，そうじなど，家事全般《かじぜんぱん》について，熱心《ねっしん》に訓練《くんれん》を行《おこな》おうとしている。
・余暇時間《よかじかん》も自宅《じたく》に帰《かえ》るためのリハビリテーションに余念《よねん》がない。
・食事《しょくじ》の時間《じかん》も，できるだけ周囲《しゅうい》に気《き》を配《くば》り，食器《しょっき》の片《かた》づけなどを自分《じぶん》なりに工夫《くふう》しながら手伝《てつだ》っている。
・とにかく夫《おっと》との自宅《じたく》での暮《く》らしに戻《もど》りたい一心《いっしん》で，限《かぎ》られた施設環境《しせつかんきょう》のなかでもさまざまな場面《ばめん》で体験《たいけん》を広《ひろ》げ，工夫《くふう》をしようと努力《どりょく》している。
・施設《しせつ》の入所者《にゅうしょしゃ》のなかでは年齢《ねんれい》が若《わか》いので，ほかの入所者《にゅうしょしゃ》にできるだけ手《て》を貸《か》している。

Gさんのフェイスシート

氏名《しめい》	Gさん
性別《せいべつ》	女性《じょせい》
年齢《ねんれい》	58歳《さい》
入所年《にゅうしょねん》・月《げつ》	○○年《ねん》□月《がつ》
入所《にゅうしょ》にいたった理由《りゆう》	今年《ことし》の１月《がつ》，突然《とつぜん》くも膜下出血《まくかしゅっけつ》で倒《たお》れ，脳神経外科病院《のうしんけいげかびょういん》に３か月入院《げつにゅういん》した。体幹機《たいかんき》能障害《のうしょうがい》をともなう右片麻痺《みぎかたまひ》が残《のこ》り，車《くるま》いすの生活《せいかつ》になった（身体障害者手帳《しんたいしょうがいしゃてちょう》２級《きゅう》）。そのあと，リハビリテーションセンターを経《へ》て，現在《げんざい》の介護老人保健施設《かいごろうじんほけんしせつ》に入所《にゅうしょ》することとなった。
家族《かぞく》	夫《おっと》（55歳《さい》）は銀行員《ぎんこういん》として，毎朝《まいあさ》７時半《じはん》には出勤《しゅっきん》。夜《よる》は20～21時《じ》ごろに帰宅《きたく》する生活《せいかつ》を送《おく》っている。夫婦《ふうふ》の関係《かんけい》は良好《りょうこう》で，夫《おっと》もGさんといっしょに自宅《じたく》で暮《く》らしたいと思《おも》っているが，本当《ほんとう》に可能《かのう》かどうか不安《ふあん》に思《おも》っているところがある。 長男《ちょうなん》（24歳《さい》）は，夫《おっと》と同《おな》じ銀行員《ぎんこういん》として他県《たけん》で働《はたら》いている（Gさんは一人暮《ひとりぐ》らしの長男《ちょうなん》のために時々《ときどき》アパートのそうじなどにも通《かよ》っていた）。また，次男《じなん》（21歳《さい》）は大学《だいがく》３年生《ねんせい》で，やはり他県《たけん》で下宿生活《げしゅくせいかつ》を送《おく》っている（こちらにも生活用品《せいかつようひん》や食料《しょくりょう》などを時々送《ときどきおく》っていた）。
キーパーソン	夫《おっと》
入所前《にゅうしょまえ》の生活状況《せいかつじょうきょう》	３人《にん》きょうだいの末《すえ》っ子《こ》として生《う》まれる。明《あか》るく，活発《かっぱつ》な性格《せいかく》で中学《ちゅうがく》からテニスを始《はじ》め，高校《こうこう》でもテニス部《ぶ》に所属《しょぞく》し活躍《かつやく》した。大学《だいがく》は，親戚《しんせき》のいる近県《きんけん》の公立大学《こうりつだいがく》に進学《しんがく》した。卒業後《そつぎょうご》，地元《じもと》の銀行《ぎんこう》に就職《しゅうしょく》した。社会人《しゃかいじん》になっても特技《とくぎ》としてテニスを続《つづ》け，地元《じもと》のテニスクラブに所属《しょぞく》し，友人《ゆうじん》もたくさんいた。 30歳《さい》で，３歳年下《さいとしした》の夫《おっと》と結婚《けっこん》。職場結婚《しょくばけっこん》だったため，結婚《けっこん》と同時《どうじ》に退職《たいしょく》した。そのあとは，専業主婦《せんぎょうしゅふ》として転勤《てんきん》の多《おお》い夫《おっと》を支《ささ》え，２人《ふたり》の息子《むすこ》を育《そだ》てた。銀行員《ぎんこういん》である夫《おっと》の仕事《しごと》の大変《たいへん》さはよくわかっているので，できるだけサポートして内助《ないじょ》の功《こう》を発揮《はっき》したいと願《ねが》ってきた。
入所《にゅうしょ》における本人《ほんにん》・家族《かぞく》などの要望《ようぼう》	Gさんの要望《ようぼう》：夫《おっと》のためにもう一度《いちど》，自宅《じたく》に戻《もど》り，主婦《しゅふ》としての役割《やくわり》を果《は》たしたい。そのためには，まず身《み》のまわりのことや家事《かじ》は自分《じぶん》でできるようになりたい。 夫《おっと》の要望《ようぼう》：妻《つま》が自宅《じたく》に戻《もど》ることを望《のぞ》んでいるが，どの程度可能《ていどかのう》であるかは確信《かくしん》がもてない。
その他《た》	

Gさんのアセスメント表《ひょう》(1)

1. 心身《しんしん》の状況《じょうきょう》（心身機能《しんしんきのう》・身体構造《しんたいこうぞう》／健康状態《けんこうじょうたい》）

	項《こう》　目《もく》	現在《げんざい》の状況《じょうきょう》
1	要介護状態区分《ようかいごじょうたいくぶん》／障害程度等級《しょうがいていどとうきゅう》	要介護《ようかいご》3，身体障害者手帳《しんたいしょうがいしゃてちょう》2級《きゅう》
2	認知症高齢者《にんちしょうこうれいしゃ》の日常生活自立度《にちじょうせいかつじりつど》	認知症《にんちしょう》はない。
3	障害《しょうがい》の状況《じょうきょう》(身体《しんたい》・知的《ちてき》・精神《せいしん》)	障害高齢者《しょうがいこうれいしゃ》の日常生活自立度《にちじょうせいかつじりつど》：A1 くも膜下出血《まくかしゅっけつ》の後遺症《こういしょう》（右片麻痺《みぎかたまひ》，軽度《けいど》の言語障害《げんごしょうがい》）
4	現在《げんざい》のおもな疾患《しっかん》	とくになし。
5	服薬《ふくやく》	とくになし。
6	既往歴《きおうれき》	くも膜下出血《まくかしゅっけつ》（4か月前《げつまえ》）
7	平常時《へいじょうじ》のバイタルサイン	体温《たいおん》：36.3℃，呼吸《こきゅう》：15～20回《かい》／分《ぷん》，脈拍《みゃくはく》：50～60回《かい》／分《ぷん》，血圧《けつあつ》：130／80mmHg
8	その他《た》	視力《しりょく》，聴力《ちょうりょく》：ともに日常生活《にちじょうせいかつ》に支障《ししょう》はない。

2. 日常生活《にちじょうせいかつ》の状況《じょうきょう》（活動《かつどう》）

	項《こう》　目《もく》	現在《げんざい》の状況《じょうきょう》	本人《ほんにん》の思《おも》い
9	家事《かじ》	食事《しょくじ》のしたく，洗濯《せんたく》，そうじなど，家事《かじ》全般《ぜんぱん》について，熱心《ねっしん》に訓練《くんれん》を行《おこな》おうとしている。	介護老人保健施設《かいごろうじんほけんしせつ》では，家事訓練《かじくんれん》の環境《かんきょう》があまり整《ととの》えられていないので，家《いえ》に帰《かえ》ってから本当《ほんとう》にできるのかどうか不安《ふあん》がある。
10	移動《いどう》	右片麻痺《みぎかたまひ》があり，健側《けんそく》の左手足《ひだりてあし》を使《つか》って車《くるま》いすを操作《そうさ》している。施設《しせつ》での訓練《くんれん》により，多少物《たしょうもの》があっても避《さ》けて通《とお》ることができるなど，操作《そうさ》に慣《な》れてきている。	「自宅周辺《じたくしゅうへん》は坂《さか》が多《おお》いため，自宅《じたく》に帰《かえ》ってからは，できれば戸外《こがい》では電動《でんどう》車《くるま》いすを使《つか》いたい」と思《おも》っている。
11	身《み》じたく	利《き》き手《て》である右側《みぎがわ》に麻痺《まひ》があるため，時間《じかん》はかかるが，上衣《じょうい》は自分《じぶん》で着替《きが》えることができる。下衣《かい》は，ウエストの部分《ぶぶん》にひもをつけるなどの工夫《くふう》があれば自力《じりき》で着替《きが》えることができる。	「自宅《じたく》に帰《かえ》っても自分《じぶん》で着替《きが》えられるように，とくに下衣《かい》は工夫《くふう》しなければ」と思《おも》っている。
12	食事《しょくじ》	左手《ひだりて》でスプーンを使《つか》って食事《しょくじ》をしている。また，箸《はし》の使用《しよう》の訓練《くんれん》を行《おこな》っている。	「何《なん》とか左手《ひだりて》で箸《はし》を使《つか》いこなせるようになりたい」と思《おも》っている。
13	排泄《はいせつ》	手《て》すりを使《つか》えば，トイレで自分《じぶん》で排泄《はいせつ》できる。	「自宅《じたく》のトイレは洋式《ようしき》トイレではあるが，後始末《あとしまつ》が困難《こんなん》なので，自分《じぶん》で排泄《はいせつ》できる方法《ほうほう》を工夫《くふう》しなければ」と思《おも》っている。

14	入浴《にゅうよく》・清潔保持《せいけつほじ》	施設《しせつ》では週《しゅう》３回入浴《かいにゅうよく》している。入浴方《にゅうよくほう》法《ほう》はリフト浴《よく》で，ほとんど自分《じぶん》で身体《しんたい》を洗《あら》うことができる。洗《あら》いにくい部分《ぶぶん》も，どうしたらよいか積極的《せっきょくてき》に介護職《かいごしょく》にたずねて工夫《くふう》している。	「自宅《じたく》のお風呂《ふろ》では浴槽《よくそう》の出入《ではい》りが困《こん》難《なん》なので，夫《おっと》に負担《ふたん》をかけてしまうのではないか」と気《き》にしている。
15	睡眠《すいみん》	日中《にっちゅう》，リハビリテーションや家事訓練《かじくんれん》にはげんでいるため，基本的《きほんてき》には，夜《よる》はよく眠《ねむ》れている。ただし，時々《ときどき》，自分《じぶん》の障《しょう》害《がい》のことや，本当《ほんとう》に自宅《じたく》で夫《おっと》と暮《く》らしていけるのかを考《かんが》えてしまうと，眠《ねむ》れないことがある。	眠《ねむ》れないときは，「サービスを上手《じょうず》に活用《かつよう》すれば自宅《じたく》での生活《せいかつ》も何《なん》とかなる」と思《おも》うようにしている。
16	コミュニケーション	右片麻痺《みぎかたまひ》にともなって軽《かる》い言語障害《げんごしょうがい》があるが，日常会話《にちじょうかいわ》においては差《さ》し支《つか》えるほどではない。ほかの入所者《にゅうしょしゃ》ともよく話《はなし》をしている。	もともと話好《はなしず》きだったので，うまく話《はな》すことができないことがあると，もどかしくて，悲《かな》しくなることがある。

3. 豊《ゆた》かさ（参加《さんか》）

	項《こう》　目《もく》	現在《げんざい》の状況《じょうきょう》	本人《ほんにん》の思《おも》い
17	意欲《いよく》・生《い》きがい	自宅《じたく》での生活《せいかつ》に向《む》けて，自分《じぶん》の身《み》のまわりのことを自分《じぶん》でできるようにならなければと，日中《にっちゅう》，意欲的《いよくてき》にリハビリテーションにはげんでいる。また，食事《しょくじ》のしたく，洗濯《せんたく》，そうじなど，家事全般《かじぜんぱん》について，熱心《ねっしん》に訓練《くんれん》を行《おこな》おうとしている。	「夫《おっと》のためにもう一度《いちど》，自宅《じたく》に戻《もど》り，主婦《しゅふ》としての役割《やくわり》を果《は》たしたい。そのためには，まず身《み》のまわりのことや家《か》事《じ》は自分《じぶん》でできるようになりたい」と思《おも》っている。
18	余暇《よか》の過《す》ごし方《かた》	余暇時間《よかじかん》も自宅《じたく》に帰《かえ》るためのリハビリテーションに余念《よねん》がない。食事《しょくじ》の時間《じかん》も，できるだけ周囲《しゅうい》に気《き》を配《くば》り，食器《しょっき》の片《かた》づけなどを自分《じぶん》なりに工夫《くふう》しながら手《て》伝《つだ》っている。とにかく夫《おっと》との自宅《じたく》での暮《く》らしに戻《もど》りたい一心《いっしん》で，限《かぎ》られた施設環《しせつかん》境《きょう》のなかでもさまざまな場面《ばめん》で体験《たいけん》を広《ひろ》げ，工夫《くふう》をしようと努力《どりょく》している。	「買《か》い物《もの》ツアーなどにもできるだけ参《さん》加《か》したい」と思《おも》っているが，機会《きかい》が少《すく》なくて残念《ざんねん》に思《おも》っている。
19	役割《やくわり》（家庭《かてい》／社会《しゃかい》）	結婚《けっこん》と同時《どうじ》に退職《たいしょく》し，そのあとは，専業《せんぎょう》主婦《しゅふ》として転勤《てんきん》の多《おお》い夫《おっと》を支《ささ》え，２人《ふたり》の息子《むすこ》を育《そだ》てた。現在《げんざい》，施設《しせつ》の入所者《にゅうしょしゃ》のなかでは年齢《ねんれい》が若《わか》いので，ほかの入所者《にゅうしょしゃ》にできるだけ手《て》を貸《か》している。	「夫《おっと》のためにもう一度《いちど》，自宅《じたく》に戻《もど》り，主婦《しゅふ》としての役割《やくわり》を果《は》たしたい」と思《おも》っている。また，「ほかの入所者《にゅうしょしゃ》の役《やく》に立《た》つことがあれば何《なに》か手伝《てつだ》いたい」と思《おも》っている。
20	その他《た》		

4. 環境《かんきょう》（環境因子《かんきょういんし》）

	項《こう》　目《もく》	現在《げんざい》の状況《じょうきょう》	本人《ほんにん》の思《おも》い
21	生活環境《せいかつかんきょう》	現在《げんざい》は，介護老人保健施設《かいごろうじんほけんしせつ》に入所《にゅうしょ》している。なお，退所後《たいしょご》に戻《もど》る自宅《じたく》は，1階《かい》は車《くるま》いすでも移動可能《いどうかのう》だが，システムキッチンは車《くるま》いすが入《はい》らないために使《つか》えない。また，今《いま》のままでは段差《だんさ》があり，1人《ひとり》では庭《にわ》に出《で》ることも，外出《がいしゅつ》することもできない。なお，自宅《じたく》の周辺《しゅうへん》は坂《さか》が多《おお》い。	「車《くるま》いすでもできるだけ夫《おっと》の手《て》をわずらわせず，専業主婦《せんぎょうしゅふ》としての役割《やくわり》を取《と》り戻《もど》すために，自宅《じたく》の住環境《じゅうかんきょう》を改善《かいぜん》したい」と望《のぞ》んでいる。
22	生活《せいかつ》に必要《ひつよう》な用具《ようぐ》	（左手足《ひだりてあし》で操作《そうさ》しやすい）車《くるま》いす	「自宅《じたく》で生活《せいかつ》するにはどのような用具《ようぐ》が必要《ひつよう》なのか，どのような工夫《くふう》ができるのかを知《し》りたい」と思《おも》っている。「自宅周辺《じたくしゅうへん》は坂《さか》が多《おお》いため，自宅《じたく》に帰《かえ》ってからは，できれば戸外《こがい》では電動《でんどう》車《くるま》いすを使《つか》いたい」と思《おも》っている。
23	経済状況《けいざいじょうきょう》	夫《おっと》は現役《げんえき》の銀行員《ぎんこういん》（部長職《ぶちょうしょく》）であり，年《ねん》間《かん》で1000万円《まんえん》を超《こ》える収入《しゅうにゅう》があるため，経済的《けいざいてき》には問題《もんだい》ない。	「今《いま》のところ経済的《けいざいてき》には心配《しんぱい》ないが，自分《じぶん》の介護《かいご》のために，夫《おっと》の仕事《しごと》に支障《ししょう》をきたすことは絶対《ぜったい》に避《さ》けたい」と思《おも》っている。
24	家族関係《かぞくかんけい》	夫《おっと》は銀行員《ぎんこういん》として，毎朝《まいあさ》7時半《じはん》には出《しゅっ》勤《きん》。夜《よる》は20～21時《じ》ごろに帰宅《きたく》する生《せい》活《かつ》を送《おく》っている。夫婦《ふうふ》の関係《かんけい》は良好《りょうこう》で，夫《おっと》もGさんといっしょに自宅《じたく》で暮《く》らしたいと思《おも》っているが，本当《ほんとう》に可能《かのう》かどうか不安《ふあん》に思《おも》っているところがある。長男《ちょうなん》は，夫《おっと》と同《おな》じ銀行員《ぎんこういん》として他県《たけん》で働《はたら》いている（Gさんは一人暮《ひとりぐ》らしの長男《ちょうなん》のために時々《ときどき》アパートのそうじなどにも通《かよ》っていた）。また，次男《じなん》は大学《だいがく》3年生《ねんせい》で，やはり他県《たけん》で下宿生活《げしゅくせいかつ》を送《おく》っている（こちらにも生活用品《せいかつようひん》や食料《しょくりょう》などを時々送《ときどきおく》っていた）。	「夫《おっと》のためにもう一度《いちど》，自宅《じたく》に戻《もど》り，主婦《しゅふ》としての役割《やくわり》を果《は》たしたい」と思《おも》っている。一方《いっぽう》で，自分《じぶん》が障害《しょうがい》を負《お》ったことで，「夫《おっと》の出世《しゅっせ》のさまたげになってしまったのではないか」「自《じ》宅《たく》に戻《もど》ることが夫《おっと》の負担《ふたん》になるのではないか」と気《き》にしている。
25	サービス（制度《せいど》）の利用状況《りようじょうきょう》	現在《げんざい》は，介護老人保健施設《かいごろうじんほけんしせつ》に入所《にゅうしょ》している。自宅《じたく》に戻《もど》ってからは，どのようなサービスを利用《りよう》して生活《せいかつ》していくか検討《けんとう》中《ちゅう》である。	「在宅《ざいたく》で使《つか》えるサービスはできるだけ活用《かつよう》して，夫《おっと》にあまり負担《ふたん》をかけずに，何《なん》とか暮《く》らしていきたい」と思《おも》っている。
26	その他《た》		

5. その他《た》（個人因子《こじんいんし》）

	項《こう》　目《もく》	現在《げんざい》の状況《じょうきょう》
27	価値観《かちかん》・習慣《しゅうかん》	夫《おっと》のためにもう一度《いちど》，自宅《じたく》に戻《もど》り，主婦《しゅふ》としての役割《やくわり》を果《は》たしたい。銀行員《ぎんこういん》である夫《おっと》の仕事《しごと》の大変《たいへん》さはよくわかっているので，できるだけサポートして内助《ないじょ》の功《こう》を発揮《はっき》したいと願《ねが》ってきた。しかし，自分《じぶん》が障害《しょうがい》を負《お》ったことで，「夫《おっと》の出世《しゅっせ》のさまたげになってしまったのではないか」と気《き》にしている。
28	性格《せいかく》（個性《こせい》）	明《あか》るく社交的《しゃこうてき》な性格《せいかく》である。また，まじめで何《なん》でもきちんとこなそうとするところがある。
29	生活歴《せいかつれき》・出身地《しゅっしんち》	３人《にん》きょうだいの末《すえ》っ子《こ》として生《う》まれる。明《あか》るく，活発《かっぱつ》な性格《せいかく》で中学《ちゅうがく》からテニスを始《はじ》め，高校《こうこう》でもテニス部《ぶ》に所属《しょぞく》し活躍《かつやく》した。大学《だいがく》は，親戚《しんせき》のいる近県《きんけん》の公立大学《こうりつだいがく》に進学《しんがく》した。卒業後《そつぎょうご》，地元《じもと》の銀行《ぎんこう》に就職《しゅうしょく》した。社会人《しゃかいじん》になっても特技《とくぎ》としてテニスを続《つづ》け，地元《じもと》のテニスクラブに所属《しょぞく》し，友人《ゆうじん》もたくさんいた。30歳《さい》で，3歳年下《さいとしした》の夫《おっと》と結婚《けっこん》。職場結婚《しょくばけっこん》だったため，結婚《けっこん》と同時《どうじ》に退職《たいしょく》した。そのあとは，専業主婦《せんぎょうしゅふ》として転勤《てんきん》の多《おお》い夫《おっと》を支《ささ》え，２人《ふたり》の息子《むすこ》を育《そだ》てた。銀行員《ぎんこういん》である夫《おっと》の仕《し》事《ごと》の大変《たいへん》さはよくわかっているので，できるだけサポートして内助《ないじょ》の功《こう》を発揮《はっき》したいと願《ねが》ってきた。
30	特技《とくぎ》	テニス
31	1日《にち》の過《す》ごし方《かた》	今《いま》は施設《しせつ》の日課《にっか》にそって生活《せいかつ》しているが，自宅《じたく》での生活《せいかつ》に向《む》けて，自分《じぶん》の身《み》のまわりのことを自分《じぶん》でできるようにならなければと，日中《にっちゅう》，意欲的《いよくてき》にリハビリテーションにはげんでいる。また，食事《しょくじ》のしたく，洗濯《せんたく》，そうじなど，家事全般《かじぜんぱん》について，熱心《ねっしん》に訓練《くんれん》を行《おこな》おうとしている。
32	その他《た》	

● Gさんのアセスメント表《ひょう》(2)

アセスメント項目番号《こうもくばんごう》	情報《じょうほう》の解釈《かいしゃく》・関連《かんれん》づけ・統合化《とうごうか》	課題《かだい》	優先順位《ゆうせんじゅんい》
9, 10, 11, 12, 13, 14	Gさんは，施設《しせつ》という環境《かんきょう》のなかでは，かなり自立《じりつ》して暮《く》らしているが，自宅《じたく》に戻《もど》って日中《にっちゅう》1人《ひとり》で過《す》ごすことを考《かんが》えると，サービスを利用《りよう》しても，かなりの工夫《くふう》や努力《どりょく》が必要《ひつよう》である。なかでも，自宅《じたく》のお風呂《ふろ》では浴槽《よくそう》の出入《ではい》りが困難《こんなん》なので，夫《おっと》に負担《ふたん》をかけてしまうのではないかと気《き》にしている。	自宅《じたく》での生活《せいかつ》をできるだけ具体的《ぐたいてき》に想定《そうてい》したうえで，日常生活《にちじょうせいかつ》場面《ばめん》でのADLの自立《じりつ》の幅《はば》を広《ひろ》げていく必要《ひつよう》がある。なかでも，施設《しせつ》と大《おお》きく異《こと》なる入浴場面《にゅうよくばめん》については，その環境整備《かんきょうせいび》と入《はい》り方《かた》の工夫《くふう》を検討《けんとう》する必要《ひつよう》がある。	❷
17, 19, 24, 25, 27	Gさんは，「夫《おっと》のためにもう一度《いちど》，自宅《じたく》に戻《もど》り，主婦《しゅふ》としての役割《やくわり》を果《は》たしたい。そのためには，まず身《み》のまわりのことや家事《かじ》は自分《じぶん》でできるようになりたい」と思《おも》いながらも，一方《いっぽう》で，それが本当《ほんとう》に可能《かのう》かどうか，夫《おっと》の負担《ふたん》になってしまうのではないかという不安《ふあん》がある。	在宅復帰後《ざいたくふっきご》，「日中《にっちゅう》，1人《ひとり》でもサービスを利用《りよう》しながら家事《かじ》が行《おこな》える」という自信《じしん》をつけ，不安《ふあん》を軽減《けいげん》する必要《ひつよう》がある。	❶
17, 18, 19, 31	Gさんは，自宅《じたく》での生活《せいかつ》に向《む》けて，自分《じぶん》の身《み》のまわりのことを自分《じぶん》でできるようにならなければと，日中《にっちゅう》，意欲的《いよくてき》にリハビリテーションにはげんでいる。また，余暇時間《よかじかん》も自宅《じたく》に帰《かえ》るためのリハビリテーションに余念《よねん》がない。とにかく夫《おっと》との自宅《じたく》での暮《く》らしに戻《もど》りたい一心《いっしん》で，限《かぎ》られた施設環境《しせつかんきょう》のなかでもさまざまな場面《ばめん》で体験《たいけん》を広《ひろ》げ，工夫《くふう》をしようと努力《どりょく》している。	施設生活《しせつせいかつ》のなかでの役割《やくわり》をつくったり，余暇活動《よかかつどう》にもできるだけ参加《さんか》したりするなかで，車《くるま》いすでの生活体験《せいかつたいけん》の場《ば》を広《ひろ》げ，精神的《せいしんてき》にも体力的《たいりょくてき》にも自信《じしん》をつける必要《ひつよう》がある。	❸

● Gさんの介護計画書《かいごけいかくしょ》

氏名《しめい》：　　　　Gさん

長期目標《ちょうきもくひょう》 (期間《きかん》：6 か月《げつ》)	できるだけ自宅《じたく》での暮《く》らしをイメージしながら，ADL の自立《じりつ》の幅《はば》を広《ひろ》げて，専業主婦《せんぎょうしゅふ》としての役割《やくわり》を取《と》り戻《もど》すことができる。

課題《かだい》	短期目標《たんきもくひょう》		具体的《ぐたいてき》な援助内容《えんじょないよう》・方法《ほうほう》		頻度《ひんど》
	目標《もくひょう》	期間《きかん》	内容《ないよう》	方法《ほうほう》	
❶在宅復帰後《ざいたくふっきご》，「日中《にっちゅう》，1 人《ひとり》でもサービスを利用《りよう》しながら家事《かじ》が行《おこな》える」という自信《じしん》をつけ，不安《ふあん》を軽減《けいげん》する必要《ひつよう》がある。	専業主婦《せんぎょうしゅふ》としての在宅復帰《ざいたくふっき》に向《む》けた課題《かだい》や，今後取《こんごと》り組《く》むべき作業《さぎょう》について確認《かくにん》することができる。	1 か月《げつ》	Gさんの専業《せんぎょう》主婦《しゅふ》としての仕《し》事《ごと》のこなし方《かた》やこだわりの確《かく》認《にん》。また，それを実現《じつげん》するための課題《かだい》や具体的《ぐたいてき》な取《と》り組《く》みについての確認《かくにん》。	食事《しょくじ》の準備《じゅんび》や後片《あとかた》づけをいっしょに行《おこな》いながら，専《せん》業主婦時代《ぎょうしゅふじだい》の話《はなし》を聞《き》いてみる。また，今《いま》からでもできることを提案《ていあん》する。	毎日《まいにち》
❷自宅《じたく》での生活《せいかつ》をできるだけ具体的《ぐたいてき》に想定《そうてい》したうえで，日常生活場面《にちじょうせいかつばめん》での ADL の自立《じりつ》の幅《はば》を広《ひろ》げていく必要《ひつよう》がある。なかでも，施設《しせつ》と大《おお》きく異《こと》なる入浴場面《にゅうよくばめん》については，その環境整備《かんきょうせいび》と入《はい》り方《かた》の工夫《くふう》を検討《けんとう》する必要《ひつよう》がある。	自宅《じたく》の環境《かんきょう》を想定《そうてい》し，移《い》動《どう》，身《み》じたく，食事《しょくじ》，入《にゅう》浴《よく》などの場面《ばめん》で，自分《じぶん》でできる方法《ほうほう》を見《み》つけることができる。	3 か月《げつ》	日常生活場面《にちじょうせいかつばめん》における ADL の確認《かくにん》。また，Gさんが自分《じぶん》でできるようになるための工夫《くふう》の検《けん》討《とう》。	ベッドからの起《お》き上《あ》がり，車《くるま》いすへの移乗《いじょう》，身《み》だしなみ，食事《しょくじ》，排泄《はいせつ》，入浴《にゅうよく》などの日常生活場面《にちじょうせいかつばめん》の現状《げんじょう》を把《は》握《あく》し，Gさん自身《じしん》にも自《じ》己《こ》チェック表《ひょう》に記入《きにゅう》してもらう。1 つひとつの動作《どうさ》について，確実《かくじつ》に自分《じぶん》でできる方法《ほうほう》を検討《けんとう》し，継続的《けいぞくてき》に介助《かいじょ》していく。	毎日《まいにち》
❸施設生活《しせつせいかつ》のなかでの役割《やくわり》をつくったり，余暇活動《よかかつどう》にもできるだけ参加《さんか》したりするなかで，車《くるま》いすでの生《せい》活体験《かつたいけん》の場《ば》を広《ひろ》げ，精神的《せいしんてき》にも体《たい》力的《りょくてき》にも自信《じしん》をつける必要《ひつよう》がある。	施設生活《しせつせいかつ》のなかでの役割《やくわり》をつくったり，余暇活動《よかかつどう》にもできるだけ参《さん》加《か》したりすることができる。	3 か月《げつ》	Gさんの施設《しせつ》生活《せいかつ》における役《やく》割探《わりさが》しと，具体《ぐたい》的《てき》な提案《ていあん》。	施設《しせつ》でのクラブ活動《かつどう》や行事《ぎょうじ》（買《か》い物《もの》ツアー，1 泊旅行《ぱくりょこう》など）にできるだけ参加《さんか》してもらい，さまざまな役割《やくわり》を果《は》たしてもらえるようにはたらきかける。	随時《ずいじ》

● G さんの実施評価表《じっしひょうかひょう》

担当者氏名《たんとうしゃしめい》：　H（介護福祉士《かいごふくしし》）

実施状況《じっしじょうきょう》	評《ひょう》　価《か》
❶毎日《まいにち》，少《すこ》しずつ話《はなし》をすることで，専業主婦時代《せんぎょうしゅふじだい》から夫《おっと》の食事《しょくじ》には気《き》をつけていたこと，疲《つか》れて帰宅《きたく》するので，とくに夕食《ゆうしょく》には工夫《くふう》をこらしていたことがわかった。今回自宅《こんかいじたく》に帰《かえ》ってもっともやりたいことも，「夕食《ゆうしょく》づくり」だという。夕食《ゆうしょく》の献立《こんだて》づくりは，入所中《にゅうしょちゅう》から始《はじ》められるのではないかと提案《ていあん》すると，「それもそうね……」と意欲《いよく》を示《しめ》した。主婦《しゅふ》として元《もと》どおりすべてを完璧《かんぺき》にこなすことができなくても，家事全般《かじぜんぱん》について主導権《しゅどうけん》をもち，やり方《かた》を工夫《くふう》したり，サービスをうまく活用《かつよう》したりすることで，十分《じゅうぶん》に役割《やくわり》を果《は》たすことができるのではないかと言《い》うと，はじめのうちは「でも……」とためらいがある様子《ようす》だったが，２週間《しゅうかん》が経過《けいか》するころには，「そのとおりね」と少《すこ》し気持《きも》ちにゆとりがもてている様《よう》子《す》であった。	主婦《しゅふ》として，「夫《おっと》の夕食《ゆうしょく》をつくりたい」という強《つよ》い希《き》望《ぼう》が支持《しじ》され，献立《こんだて》づくりについてアドバイスを受《う》けたことが，G さんにとっては前向《まえむ》きに考《かんが》えていこうとする大《おお》きな転機《てんき》となった。また，たとえ元《もと》どおり完《かん》璧《ぺき》にはできなくても，主婦《しゅふ》としての役割《やくわり》は十分《じゅうぶん》に果《は》たせることを伝《つた》えたこと，身近《みぢか》に相談《そうだん》したり手助《てだす》けをしてくれる専門職《せんもんしょく》がいることで，少《すこ》しずつ不安《ふあん》が解消《かいしょう》されていったのではないか。
❷介護福祉士《かいごふくしし》，看護師《かんごし》，リハビリテーションスタッフ，支援相談員《しえんそうだんいん》，同《おな》じ法人《ほうじん》の居宅介護支援事業所《きょたくかいごしえんじぎょうしょ》の介護支援専門員《かいごしえんせんもんいん》で「在宅復帰支援《ざいたくふっきしえん》チーム」をつくり，専門職《せんもんしょく》の側《がわ》から ADL のチェックを行《おこな》うと同時《どうじ》に，G さん自身《じしん》が記入《きにゅう》できる「自己《じこ》チェック表《ひょう》」も作《さく》成《せい》し，G さんとの共同作業《きょうどうさぎょう》で取《と》り組《く》んだ。その結《けっ》果《か》，G さんの意見《いけん》や質問《しつもん》，希望《きぼう》が多《おお》く語《かた》られるようになり，専門職《せんもんしょく》のアドバイスを受《う》けながら，確実《かくじつ》に ADL の自立《じりつ》の幅《はば》を広《ひろ》げることができた。また，G さん自身《じしん》が積極的《せっきょくてき》にさまざまな工夫《くふう》をするようになった。	ADL の自立《じりつ》の幅《はば》を広《ひろ》げるという長期目標《ちょうきもくひょう》は着実《ちゃくじつ》に達《たっ》成《せい》されつつある。また，専門職《せんもんしょく》による評価《ひょうか》だけでなく，「自己《じこ》チェック表《ひょう》」を活用《かつよう》したことで，G さん自《じ》身《しん》，自分《じぶん》の障害《しょうがい》や生活《せいかつ》していくうえでの困難《こんなん》がどこにあるかを認識《にんしき》する大切《たいせつ》な機会《きかい》となった。
❸毎月《まいつき》の誕生日会《たんじょうびかい》や季節《きせつ》の行事《ぎょうじ》，家族会《かぞくかい》などの企画《きかく》・準備《じゅんび》を手伝《てつだ》ってもらった。以前《いぜん》は明《あか》るく社交的《しゃこうてき》で，会合《かいごう》の幹事《かんじ》をやることも多《おお》かったが，今《いま》は軽《かる》い言語《げんご》障害《しょうがい》があるので，裏方《うらかた》であれば手伝《てつだ》うと言《い》い，ポスターや飾《かざ》り物《もの》づくりの準備《じゅんび》，後片《あとかた》づけ，会計係《かいけいがかり》を担《たん》当《とう》して的確《てきかく》に役割《やくわり》を果《は》たした。このあいだ，とくに体調《たいちょう》をくずしたり，精神的《せいしんてき》に落《お》ちこんだりする様子《ようす》はみられなかった。	軽《かる》い言語障害《げんごしょうがい》があり，はじめはあまり人《ひと》と話《はな》そうとはしなかったが，在宅復帰《ざいたくふっき》の可能性《かのうせい》がみえてくるにしたがって，そんなことでは主婦《しゅふ》としての役割《やくわり》を果《は》たすことはできないと，みずから積極的《せっきょくてき》に動《うご》き出《だ》した。かなり責任《せきにん》のある役割《やくわり》をになってもらったが，きちんと役《やく》割《わり》を果《は》たし，自信《じしん》をつけていった。

気《き》づいたこと （新《あら》たな課題《かだい》や可能性《かのうせい》）	これまで，「在宅《ざいたく》での主婦《しゅふ》としての暮《く》らし」をイメージし，そのために必要《ひつよう》な支《し》援《えん》を施設《しせつ》のなかで行《おこな》うという経験《けいけん》がほとんどなかったこともあり，「仕事《しごと》で疲《つか》れて帰《かえ》ってくる夫《おっと》に夕食《ゆうしょく》をつくりたい」という G さんのいちばんの希望《きぼう》を実現《じつげん》させるためのプログラムや環境《かんきょう》が不足《ふそく》していることに気《き》づいた。在宅復帰《ざいたくふっき》を支《ささ》える経験《けいけん》を積《つ》んで，それをあたりまえに受《う》け入《い》れ，在宅復帰《ざいたくふっき》につながる支援《しえん》のあり方《かた》や条件《じょうけん》づくりに取《と》り組《く》む必要性《ひつようせい》を痛感《つうかん》した。

❹【解説《かいせつ》】Ｇさんの介護過程《かいごかてい》について

Ｇさんは，くも膜下出血《まくかしゅっけつ》で右片麻痺《みぎかたまひ》となり，車《くるま》いす生活《せいかつ》となりながらも，まだ現役《げんえき》の銀《ぎん》行員《こういん》として働《はたら》いている年下《としした》の夫《おっと》のために，何《なん》とかして自宅《じたく》に戻《もど》り，専業主婦《せんぎょうしゅふ》としての役割《やくわり》を取《と》り戻《もど》したいと願《ねが》っています。自分《じぶん》の障害《しょうがい》を考《かんが》えると，果《は》たしてそれが本当《ほんとう》に可能《かのう》であるのか，一方《いっぽう》で不安《ふあん》はかかえながらも，そのためにできることは何《なん》でもしたいとの意欲《いよく》をもっています。

夫《おっと》もそれを望《のぞ》んでおり，応援《おうえん》したいと思《おも》ってはいるのですが，やはり本当《ほんとう》に大丈夫《だいじょうぶ》なのかと半信半疑《はんしんはんぎ》でいます。

Ｇさんは，現在入所《げんざいにゅうしょ》している介護老人保健施設《かいごろうじんほけんしせつ》のなかではかなり自立度《じりつど》の高《たか》い利用者《りようしゃ》ですが，自宅《じたく》に帰《かえ》って日中《にっちゅう》１人《ひとり》で過《す》ごし，さらに専業主婦《せんぎょうしゅふ》としての役割《やくわり》を果《は》たすという目標《もくひょう》を達成《たっせい》するには，現在利用《げんざいりよう》できるサービスを最大限活用《さいだいげんかつよう》しても，なおかなりの工夫《くふう》や努力《どりょく》が必要《ひつよう》です。

その目標《もくひょう》を実現《じつげん》させるためには，住環境《じゅうかんきょう》の整備《せいび》を行《おこな》い，自宅《じたく》での暮《く》らしを想定《そうてい》したうえでの，施設《しせつ》での日々《ひび》の暮《く》らし方《かた》の工夫《くふう》が必要《ひつよう》となります。自宅《じたく》に戻《もど》った場合《ばあい》，とくに入浴《にゅうよく》環境《かんきょう》は大《おお》きく変《か》わるため，自宅《じたく》で安全《あんぜん》に快適《かいてき》に入浴《にゅうよく》できる環境整備《かんきょうせいび》や入《はい》り方《かた》の工夫《くふう》が求《もと》められます。

そこで介護職《かいごしょく》は，アセスメントを通《つう》じて，次《つぎ》の３つの課題《かだい》を明《あき》らかにしました。

❶ 在宅復帰後《ざいたくふっきご》，「日中《にっちゅう》，１人《ひとり》でもサービスを利用《りよう》しながら家事《かじ》が行《おこな》える」という自信《じしん》をつけ，不安《ふあん》を軽減《けいげん》する必要《ひつよう》がある。

❷ 自宅《じたく》での生活《せいかつ》をできるだけ具体的《ぐたいてき》に想定《そうてい》したうえで，日常生活場面《にちじょうせいかつばめん》での**ADL**[20]（➡p.223参照《さんしょう》）の自立《じりつ》の幅《はば》を広《ひろ》げていく必要《ひつよう》がある。なかでも，施設《しせつ》と大《おお》きく異《こと》なる入浴場面《にゅうよくばめん》については，その環境整備《かんきょうせいび》と入《はい》り方《かた》の工夫《くふう》を検討《けんとう》する必要《ひつよう》がある。

❸ 施設生活《しせつせいかつ》のなかでの役割《やくわり》をつくったり，余暇活動《よかかつどう》にもできるだけ参加《さんか》したりするなかで，車《くるま》いすでの生活体験《せいかつたいけん》の場《ば》を広《ひろ》げ，精神的《せいしんてき》にも体力的《たいりょくてき》にも自信《じしん》をつける必要《ひつよう》がある。

「夫《おっと》のためにもう一度《いちど》，自宅《じたく》に戻《もど》り，主婦《しゅふ》としての役割《やくわり》を果《は》たしたい。そのためには，まず身《み》のまわりのことや家事《かじ》は自分《じぶん》でできるようになりたい」というＧさんの強《つよ》い希望《きぼう》にそうために，介護職《かいごしょく》は介護計画《かいごけいかく》をふまえて具体的《ぐたいてき》な介助《かいじょ》を行《おこな》っていきました。それと同《どう》時《じ》に，施設《しせつ》では在宅復帰支援《ざいたくふっきしえん》チームをつくり，Ｇさん夫婦《ふうふ》を囲《かこ》んで，在宅復帰《ざいたくふっき》にかかわる施設側《しせつがわ》と地域《ちいき》の関係職種《かんけいしょくしゅ》ができることを検討《けんとう》しながら一時帰宅《いちじきたく》を重《かさ》ねて，その可能性《かのうせい》を一《いっ》歩《ぽ》一《いっ》歩《ぽ》探《さぐ》っていきました。

可能性《かのうせい》がみえてくるにしたがって，Ｇさんや夫《おっと》の不安《ふあん》も徐々《じょじょ》に解消《かいしょう》され，意欲的《いよくてき》な取《と》り組《く》みがみられるようになりました。また，関係職種《かんけいしょくしゅ》も在宅復帰支援《ざいたくふっきしえん》に何《なに》が必要《ひつよう》であるのかについて，ともに学《まな》ぶことができた貴重《きちょう》な体験《たいけん》にもなりました。

とくに，「疲《つか》れて帰《かえ》ってくる夫《おっと》に夕食《ゆうしょく》をつくりたい」というＧさんの希望《きぼう》を支《ささ》えることと，

Gさんがいちばん気《き》にしていた，施設《しせつ》とは大《おお》きく環境《かんきょう》が異《こと》なり，夫《おっと》に負担《ふたん》をかける可能性《かのうせい》のある自宅《じたく》のお風呂《ふろ》での入浴環境《にゅうよくかんきょう》の整備《せいび》と入《はい》り方《かた》の工夫《くふう》をていねいに行《おこな》ったことで，在宅《ざいたく》復帰《ふっき》への意欲《いよく》が高《たか》まり，積極的《せっきょくてき》に今後《こんご》の生活設計《せいかつせっけい》に夫婦《ふうふ》で向《む》き合《あ》っていく姿勢《しせい》ができはじめたといえます。

■ 演習《えんしゅう》～Gさんの自立《じりつ》に向《む》けた介護《かいご》の実際《じっさい》（衣服《いふく》の着脱《ちゃくだつ》，入浴《にゅうよく》の介護《かいご》）～

課題《かだい》1

在宅復帰《ざいたくふっき》に向《む》けて，意欲的《いよくてき》に取《と》り組《く》んでいるGさん。なかでも，退所後《たいしょご》は，自宅《じたく》のお風呂《ふろ》で入浴《にゅうよく》したいと考《かんが》えています。そのため，自宅《じたく》での環境《かんきょう》を想定《そうてい》し，自立度《じりつど》を確認《かくにん》して，自分《じぶん》でできる方法《ほうほう》を見《み》つけようとしています。

Gさんは，車《くるま》いすで脱衣室《だついしつ》まで移動《いどう》してきました。まずは，衣服《いふく》を脱《ぬ》ぐ介助《かいじょ》を行《おこな》いましょう。なお，Gさんは，前開《まえびら》きの上衣《じょうい》とズボンを着《き》ています。

ここに注意《ちゅうい》！

○Gさんは，自宅《じたく》に戻《もど》ったあと，できるだけ夫《おっと》に負担《ふたん》をかけずに自分《じぶん》で入浴《にゅうよく》したいと思《おも》っています。
○そのために，施設《しせつ》では，起立訓練《きりつくんれん》や平行棒歩行《へいこうぼうほこう》の訓練《くんれん》を行《おこな》っています。
○Gさんには右片麻痺《みぎかたまひ》による体幹機能障害《たいかんきのうしょうがい》と，軽度《けいど》の言語障害《げんごしょうがい》があります。

介助《かいじょ》の方法《ほうほう》と留意点《りゅういてん》

1. 介護職《かいごしょく》は，Gさんの名前《なまえ》を呼《よ》んであいさつをし，体調《たいちょう》を確認《かくにん》します。
2. 介護職《かいごしょく》は，Gさんに介助内容《かいじょないよう》を説明《せつめい》し，同意《どうい》を得《え》ます。
3. Gさんは上衣《じょうい》を脱《ぬ》ぎます。

❶「脱健着患《だっけんちゃっかん》」の原則《げんそく》にもとづき，Gさんは健側《けんそく》（左側《ひだりがわ》）の手《て》でボタンをはずし，患側《かんそく》（右側《みぎがわ》）の肩《かた》を脱《ぬ》ぎ，健側上肢《けんそくじょうし》の袖《そで》を脱《ぬ》ぎます。

❶
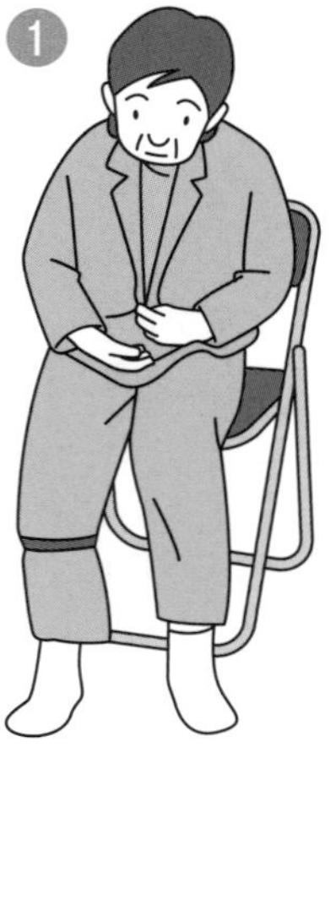

❶
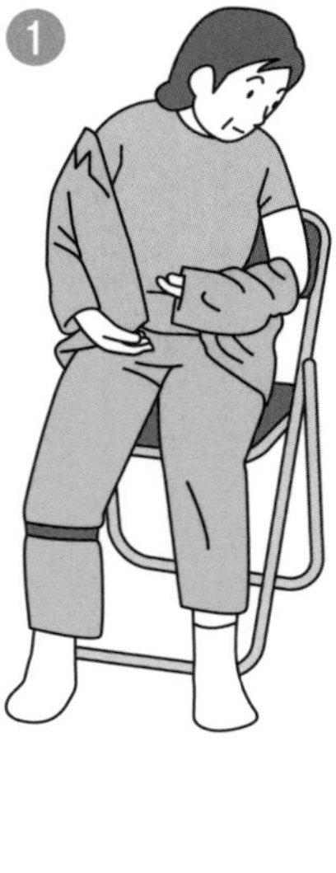

❷ 次《つぎ》に，G さんは健側《けんそく》の手《て》を使《つか》い，患側上肢《かんそくじょうし》の袖《そで》を脱《ぬ》ぎます。

❷

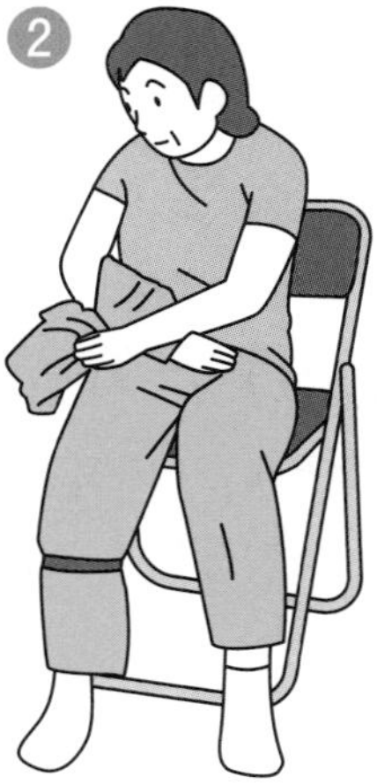

❸ 介護職《かいごしょく》は，G さんの患側《かんそく》に立《た》ち，適宜声《てきぎこえ》をかけながら，G さんのできないところを介助《かいじょ》します。

❹ このとき，どうしても肌《はだ》が露出《ろしゅつ》しやすくなるため，バスタオルなどを利用《りよう》して必要以上《ひつよういじょう》に肌《はだ》が露出《ろしゅつ》しないように配慮《はいりょ》します。

4. G さんはズボンを脱《ぬ》ぎます。

❶ 介護職《かいごしょく》は患側《かんそく》（右側《みぎがわ》）を保護《ほご》し，G さんは健側《けんそく》（左側《ひだりがわ》）の腰《こし》を浮《う》かせて腰部《ようぶ》を脱《ぬ》ぎます。G さんに患側《かんそく》を浮《う》かせてもらい，介護職《かいごしょく》が腰部《ようぶ》を脱《ぬ》ぐのを介助《かいじょ》します。

❷ G さんは健側《けんそく》の手《て》でできるだけズボンを下《さ》げておき，健側下肢《けんそくかし》から脱《ぬ》ぎます。

❸ 次《つぎ》に，G さんは健側《けんそく》の手《て》を使《つか》い患側下肢《かんそくかし》を健側下肢《けんそくかし》に乗《の》せ，健側《けんそく》の手《て》で患側下肢《かんそくかし》のズボンを脱《ぬ》ぎます。

❹ 介護職《かいごしょく》は，G さんのできないところを介助《かいじょ》します。

❷

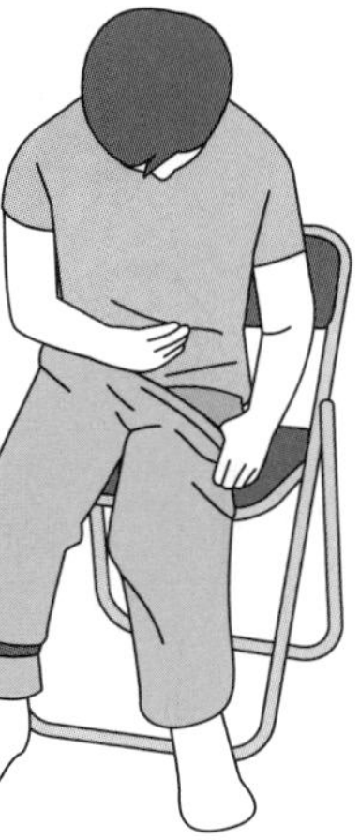

❸

課題《かだい》2

次《つぎ》に，脱衣室《だついしつ》から浴室《よくしつ》へ移動《いどう》し，ゆっくりと浴槽《よくそう》に入《はい》って湯《ゆ》につかる介助《かいじょ》を行《おこな》いましょう。

ここに注意《ちゅうい》！

○Gさんには右片麻痺《みぎかたまひ》による体幹機能障害《たいかんきのうしょうがい》と，軽度《けいど》の言語障害《げんごしょうがい》があります。
○施設内《しせつない》の入浴《にゅうよく》はリフト浴《よく》ですが，ほとんど自分《じぶん》で洗《あら》うことができます。

介助《かいじょ》の方法《ほうほう》と留意点《りゅういてん》

1. 介護職《かいごしょく》は，Gさんの名前《なまえ》を呼《よ》んであいさつをし，体調《たいちょう》を確認《かくにん》します。
2. 介護職《かいごしょく》は，Gさんに介助内容《かいじょないよう》を説明《せつめい》し，同意《どうい》を得《え》ます。
3. 介護職《かいごしょく》は，安全《あんぜん》で快適《かいてき》な浴室環境《よくしつかんきょう》になっているかを確認《かくにん》します。

❶ 脱衣室《だついしつ》から浴室《よくしつ》までの段差《だんさ》，床面《ゆかめん》の濡《ぬ》れに注意《ちゅうい》します。

❷ シャワーチェアに，浴槽《よくそう》の湯《ゆ》（もしくはシャワーの湯《ゆ》）をかけて温《あたた》めます。このとき，Gさんの健側《けんそく》（左側《ひだりがわ》）に浴槽《よくそう》がくるようにシャワーチェアを配置《はいち》します。

❸ すべり止《ど》めマットを浴槽《よくそう》の中《なか》に敷《し》いておきます。

4. Gさんは浴室内《よくしつない》へ移動《いどう》します。

❶ Gさんの患側《かんそく》（右側《みぎがわ》）から腕《うで》と腰《こし》を支《ささ》え，ともに歩《ある》いて浴室《よくしつ》へ移動《いどう》します。

❷ 介護職《かいごしょく》は，自分《じぶん》の膝《ひざ》（もしくは手《て》）をGさんの患側《かんそく》の膝《ひざ》に当《あ》てて膝折《ひざお》れを防止《ぼうし》し，腰《こし》を支《ささ》え，シャワーチェアに座《すわ》ってもらいます。

❸ Gさんの両足《りょうあし》のかかとが床《ゆか》についているかなど，座位《ざい》の安全《あんぜん》を確認《かくにん》します。

❹ Gさんの健側《けんそく》（左側《ひだりがわ》）の足元《あしもと》からゆっくりと湯《ゆ》をかけて，温度《おんど》を確認《かくにん》してから，かけ湯《ゆ》をします。

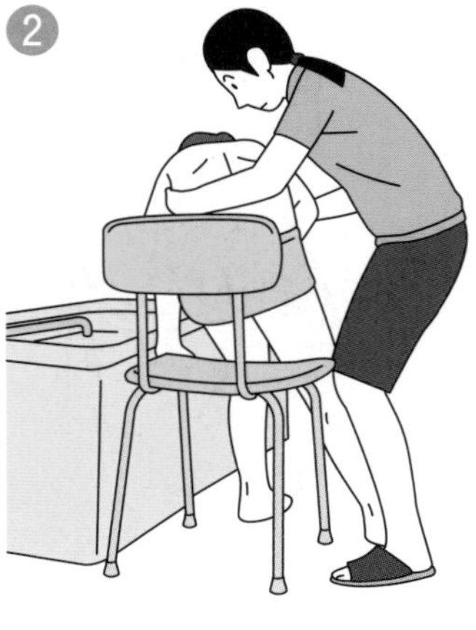

5. Gさんは浴槽《よくそう》に入《はい》ります。

❶ Gさんは健側《けんそく》（左側《ひだりがわ》）から，浴槽《よくそう》の縁《ふち》（もしくは**バスボード**[21] （➡ p.223 参照《さんしょう》））に座《すわ》ります。

❷ Gさんは健側《けんそく》の足《あし》をまず浴槽《よくそう》に入《い》れ，介護職《かいごしょく》は，Gさんの患側《かんそく》（右側《みぎがわ》）の膝関節《しつかんせつ》を支《ささ》えて入《はい》ってもらいます。

❸ Gさんは前《まえ》かがみの姿勢《しせい》で，健側《けんそく》の膝《ひざ》を曲《ま》げながら，ゆっくりと湯《ゆ》につかります。

❹ 後《うし》ろに倒《たお》れないように誘導《ゆうどう》し，Gさんの姿勢《しせい》を安定《あんてい》させます。

❺ Gさんに，この姿勢《しせい》でよいか確認《かくにん》し，胸部以上《きょうぶいじょう》がつからないように注意《ちゅうい》します。

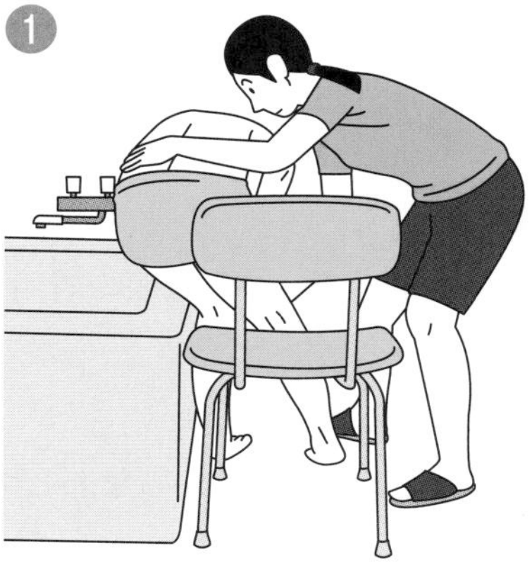

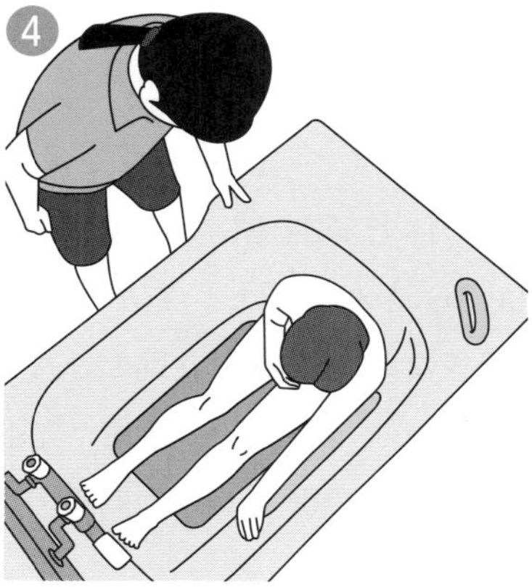

6. Gさんは浴槽《よくそう》から出《で》ます。

❶ Gさんに，浴槽《よくそう》から出《で》ることの同意《どうい》を得《え》ます。

❷ Gさんは浴槽《よくそう》の縁《ふち》や手《て》すりをつかみます。

❸ Gさんは健側《けんそく》（左側《ひだりがわ》）上下肢《じょうかし》を活用《かつよう》しながら，前《まえ》かがみの姿勢《しせい》で健側《けんそく》の膝《ひざ》を伸《の》ばし立《た》ち上《あ》がります。このとき，介護職《かいごしょく》は腰《こし》を支《ささ》えます。

❹ Gさんは，浴槽《よくそう》の縁《ふち》（もしくはバスボード）にいったん座《すわ》ります。

❺ 介護職《かいごしょく》は，Gさんの背部《はいぶ》を支《ささ》え，患側《かんそく》（右側《みぎがわ》）から先《さき》に膝関節《しつかんせつ》を支《ささ》え浴槽《よくそう》から足《あし》を出《だ》します。

❻ Gさんは，浴槽《よくそう》の縁《ふち》（もしくはバスボード）からシャワーチェアへ移動《いどう》します。このとき，ふらつきがないか確認《かくにん》します。

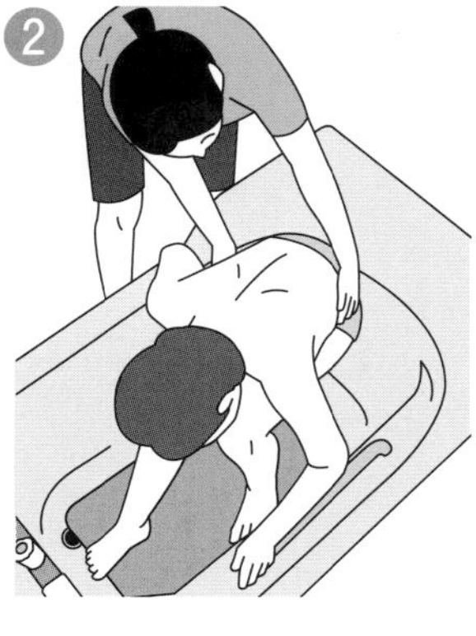

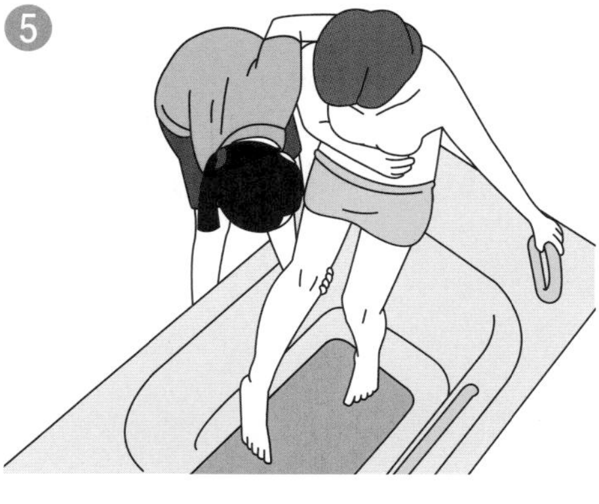

課題《かだい》３

Ｇさんは浴室《よくしつ》から脱衣室《だついしつ》に戻《もど》ってきました。新《あたら》しい衣服《いふく》に着替《きが》えて，入浴後《にゅうよくご》の介助《かいじょ》を行《おこな》いましょう。なお，Ｇさんは，前開《まえびら》きの上衣《じょうい》とズボンに着替《きが》えます。

ここに注意《ちゅうい》！

○Ｇさんには右片麻痺《みぎかたまひ》による体幹機能障害《たいかんきのうしょうがい》と，軽度《けいど》の言語障害《げんごしょうがい》があります。

○入浴後《にゅうよくご》の体調《たいちょう》の変化《へんか》には十分《じゅうぶん》に注意《ちゅうい》する必要《ひつよう》があります。

介助《かいじょ》の方法《ほうほう》と留意点《りゅういてん》

1. Ｇさんは，バスタオルでからだをふきます。このとき，介護職《かいごしょく》はＧさんに体調《たいちょう》を確認《かくにん》し，Ｇさんの体力《たいりょく》が消耗《しょうもう》しないように心《こころ》がけます。
2. 介護職《かいごしょく》は，Ｇさんに新《あたら》しい衣服《いふく》を選《えら》んでもらいます。そして，衣服《いふく》の着用《ちゃくよう》について，Ｇさんのできないところを介助《かいじょ》します。

❶ Ｇさんは健側《けんそく》（左側《ひだりがわ》）の手《て》で，患側《かんそく》（右側《みぎがわ》）上肢《じょうし》の袖《そで》を通《とお》します。

❷ Ｇさんは健側《けんそく》の手《て》で上衣《じょうい》の右《みぎ》えりもとを持《も》ち，ぐるりと後《うし》ろからまわして健側《けんそく》の肩《かた》まで上衣《じょうい》を着《き》ます。

❸ 次《つぎ》に，Ｇさんは健側上肢《けんそくじょうし》の袖《そで》を通《とお》します。

❹ Ｇさんは健側《けんそく》の手《て》でボタンをとめて，えりもと，両肩《りょうかた》，裾《すそ》などを整《ととの》えます。

❺ Ｇさんは健側《けんそく》の手《て》を使《つか》い，患側下肢《かんそくかし》からズボンを通《とお》します。Ｇさんの状態《じょうたい》を観察《かんさつ》し，疲《つか》れているようであれば，患側《かんそく》は介護職《かいごしょく》が介助《かいじょ》します。

❻ 次《つぎ》に，Ｇさんは健側下肢《けんそくかし》にズボンを通《とお》します。

❶

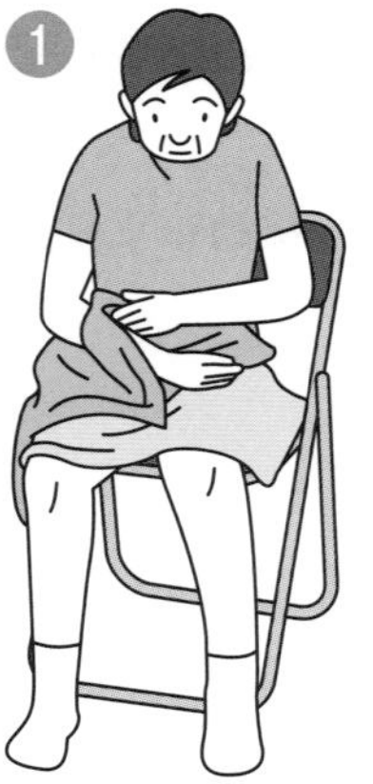

❸

❻

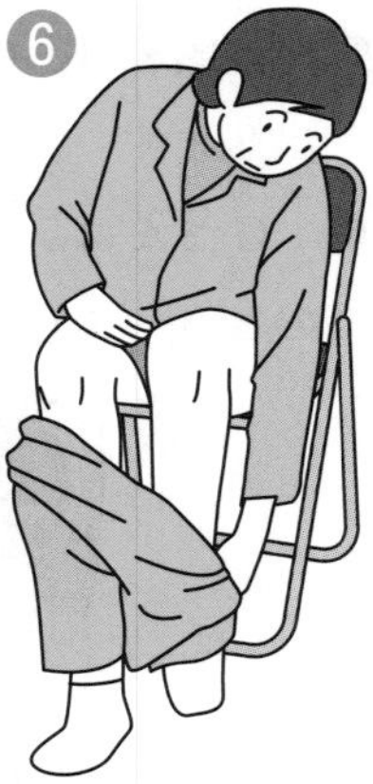

❼ Gさんは健側《けんそく》の手《て》で，ズボンをできるだけ上《うえ》まで上《あ》げます。

❽ 介護職《かいごしょく》が介助《かいじょ》して立位《りつい》になりズボンを上《あ》げます。

❾ 上衣《じょうい》をズボンの中《なか》に入《い》れるかどうかGさんの希望《きぼう》を聞《き》きます。

3. 介護職《かいごしょく》は，Gさんに水分補給《すいぶんほきゅう》のため水《みず》を飲《の》んでもらい，Gさんの体調変化《たいちょうへんか》を把握《はあく》します。
4. 介護職《かいごしょく》は必要《ひつよう》に応《おう》じて，Gさんの肌《はだ》や爪《つめ》の手入《てい》れをします。

確認《かくにん》・評価《ひょうか》してみよう！

確認《かくにん》・評価《ひょうか》項目《こうもく》	CHECK
❶　Gさんに適切《てきせつ》な言葉《ことば》かけができましたか（できるだけ夫《おっと》に負担《ふたん》をかけずに自《じ》分《ぶん》で入浴《にゅうよく》したいという思《おも》いにそった言葉《ことば》かけ，体調《たいちょう》の確認《かくにん》，これから行《おこな》う介助《かいじょ》の説明《せつめい》と同意《どうい》など）。	
❷　安全《あんぜん》で快適《かいてき》な浴室環境《よくしつかんきょう》になっているかを確認《かくにん》しましたか。	
❸　Gさんの健側《けんそく》（左側《ひだりがわ》）に浴槽《よくそう》がくるようにシャワーチェアを準備《じゅんび》しましたか。	
❹　すべり止《ど》めマットを浴槽《よくそう》の中《なか》に敷《し》きましたか。	
❺　浴槽《よくそう》に入《はい》る前《まえ》に，Gさんの健側《けんそく》の足元《あしもと》からゆっくりと湯《ゆ》をかけて，温度《おんど》を確《かく》認《にん》しましたか。	
❻　Gさんは健側《けんそく》から浴槽《よくそう》に入《はい》りましたか。	
❼　入浴後《にゅうよくご》，Gさんが自分《じぶん》でからだをふく際《さい》に，体力《たいりょく》の消耗《しょうもう》を防《ふせ》ぐような配慮《はいりょ》をしましたか。	
❽　衣服《いふく》の着脱《ちゃくだつ》に際《さい》しては，「脱健着患《だっけんちゃっかん》」の原則《げんそく》にしたがって介助《かいじょ》ができましたか。	
❾　入浴後《にゅうよくご》，Gさんに水分《すいぶん》の補給《ほきゅう》をすすめましたか。	
❿　全体《ぜんたい》を通《とお》してGさんの自立《じりつ》に配慮《はいりょ》した援助《えんじょ》ができましたか。	

第《だい》3章《しょう》 用語解説《ようごかいせつ》

1 脳梗塞

のうこうそく

➡ p.133 参照《さんしょう》

脳血栓《のうけっせん》や脳塞栓《のうそくせん》などによる脳血流障害《のうけつりゅうしょうがい》により，脳細胞《のうさいぼう》が壊死《えし》におちいった状態《じょうたい》のこと。

2 認知症高齢者の日常生活自立度

にんちしょうこうれいしゃのにちじょうせいかつじりつど

➡ p.136 参照《さんしょう》

1993（平成《へいせい》5）年《ねん》10月《がつ》に発表《はっぴょう》された認知《にんち》症高齢者《しょうこうれいしゃ》の判定基準《はんていきじゅん》にもとづく度合《どあ》いのこと。ランクⅠ～ランクⅣおよびランクMの基準《きじゅん》が定《さだ》められており，医学的《いがくてき》な認知症《にんちしょう》の程度《ていど》ではなく生活《せいかつ》の状態像《じょうたいぞう》から介護《かいご》の必《ひつ》要度《ようど》を示《しめ》すものである。

3 障害高齢者の日常生活自立度

しょうがいこうれいしゃのにちじょうせいかつじりつど

➡ p.136 参照《さんしょう》

「障害老人《しょうがいろうじん》の日常生活自立度《にちじょうせいかつじりつど》（寝《ね》たきり度《ど》）判定基準《はんていきじゅん》」作成検討会《さくせいけんとうかい》が厚生省《こうせいしょう》（当時《とうじ》）の依頼《いらい》を受《う》けて，1991（平成《へいせい》3）年《ねん》10月《がつ》に公表《こうひょう》した判定基準《はんていきじゅん》にもとづく寝《ね》たきりの度《ど》合《あ》いのこと。この基準《きじゅん》では，ランクJ（生《せい》活自立《かつじりつ》），ランクA（準寝《じゅんね》たきり），ランクB（寝《ね》たきり），ランクC（寝《ね》たきり）に分《わ》けられている。

4 構音障害

こうおんしょうがい

➡ p.137 参照《さんしょう》

正《ただ》しく発音《はつおん》できない状態《じょうたい》のこと。種類《しゅるい》としては，①運動性構音障害《うんどうせいこうおんしょうがい》，②器質性構音障《きしつせいこうおんしょう》害《がい》，③機能性構音障害《きのうせいこうおんしょうがい》がある。

5 端座位

たんざい

➡ p.138 参照《さんしょう》

ベッドの端《はし》に腰《こし》かける座位《ざい》のこと。

6 短下肢装具

たんかしそうぐ

➡ p.138 参照《さんしょう》

下肢《かし》に用《もち》いられる装具《そうぐ》の1つ。下腿部《かたいぶ》から足底《そくてい》までの構造《こうぞう》で，足《あし》の動《うご》きをコントロールし，足関節《そくかんせつ》の固定《こてい》，動揺《どうよう》，拘縮《こうしゅく》などの治《ち》療《りょう》を目的《もくてき》としている。

7 リクライニング型車いす

りくらいにんぐがたくるまいす

➡ p.159 参照《さんしょう》

背《せ》もたれ部分《ぶぶん》を後方《こうほう》へ倒《たお》すことができる車《くるま》いすのこと。

8 摘便

てきべん

➡ p.159 参照《さんしょう》

腸《ちょう》の蠕動運動《ぜんどううんどう》の低下《ていか》，運動量《うんどうりょう》の不足《ふそく》，偏食《へんしょく》や薬《くすり》の副作用《ふくさよう》などで便秘《べんぴ》となり，自力《じりき》での排便《はいべん》が困難《こんなん》な場合《ばあい》，直腸内《ちょくちょうない》に手指《しゅし》を入《い》れて，かたい便《べん》を摘出《てきしゅつ》することをいう。ゴム手袋《てぶくろ》にグリセリン，ワセリンなどの潤滑剤《じゅんかつざい》をつけ，肛門《こうもん》や直腸《ちょくちょう》を傷《きず》つけないように気《き》をつけて便《べん》を取《と》り出《だ》す。

9 遺族年金

いぞくねんきん

➡ p.160 参照《さんしょう》

国民年金《こくみんねんきん》の被保険者等《ひほけんしゃとう》が死亡《しぼう》した場合《ばあい》に子《こ》のある配偶者《はいぐうしゃ》または子《こ》に支給《しきゅう》される遺族基礎年金《いぞくきそねんきん》と，厚生年金《こうせいねんきん》の被保険者等《ひほけんしゃとう》が死亡《しぼう》した場合《ばあい》に一定《いってい》の要件《ようけん》を満《み》たす遺族《いぞく》に支給《しきゅう》される遺族厚生年金《いぞくこうせいねんきん》の総称《そうしょう》。

10 側臥位

そくがい

➡ p.174 参照《さんしょう》

横向《よこむ》きに寝《ね》ている体位《たいい》のこと。

11 仰臥位

ぎょうがい

➡ p.174 参照《さんしょう》

就寝時《しゅうしんじ》など，あお向《む》けに寝《ね》ている体位《たいい》のこと。背臥位《はいがい》ともいう。

12 殿部

でんぶ

➡ p.175 参照《さんしょう》

尻《しり》の部分《ぶぶん》のこと。

13 脊柱

せきちゅう

➡ p.176 参照《さんしょう》

背骨《せぼね》のこと。頸椎《けいつい》，胸椎《きょうつい》，腰椎《ようつい》，仙椎《せんつい》，尾《び》椎《つい》からなり，体幹《たいかん》の中軸《ちゅうじく》をなす柱状《はしらじょう》の骨格《こっかく》である。

14 バリアフリー

ばりあふりー

➡ p.178 参照《さんしょう》

公共《こうきょう》の建築物《けんちくぶつ》や道路《どうろ》，個人《こじん》の住宅《じゅうたく》などにおいて，段差《だんさ》を解消《かいしょう》したり，手《て》すりをつけたりするなど高齢者《こうれいしゃ》や障害《しょうがい》のある人《ひと》の利用《りよう》にも配慮《はいりょ》した設計《せっけい》のこと。

15 腸閉塞

ちょうへいそく

➡ p.178 参照《さんしょう》

さまざまな原因《げんいん》によって起《お》こる腸管《ちょうかん》の閉《へい》塞《そく》。発熱《はつねつ》や脱水《だっすい》をともない，激《はげ》しい腹痛《ふくつう》，腹部膨満《ふくぶぼうまん》，嘔吐《おうと》などの腸管通過障害《ちょうかんつうかしょうがい》の症状《しょうじょう》を示《しめ》す。緊急《きんきゅう》な医療的対応《いりょうてきたいおう》を必要《ひつよう》とする。

16 視野狭窄

しやきょうさく

➡ p.179 参照《さんしょう》

視野《しや》が縁《ふち》のほうから，あるいは不規則《ふきそく》に欠《か》けてせまくなる状態《じょうたい》。緑内障《りょくないしょう》などでみられる。

17 食物繊維

しょくもつせんい

➡ p.193 参照《さんしょう》

植物性食品《しょくぶつせいしょくひん》および動物性食品《どうぶつせいしょくひん》由来《ゆらい》のもので人《ひと》の消化酵素《しょうかこうそ》で消化《しょうか》されない食物成分《しょくもつせいぶん》。その性質《せいしつ》から不溶性食物繊維《ふようせいしょくもつせんい》と水溶性食物繊《すいようせいしょくもつせん》維《い》に分類《ぶんるい》される。食物繊維《しょくもつせんい》は，高齢者《こうれいしゃ》にとって，便通《べんつう》の改善《かいぜん》や生活習慣病《せいかつしゅうかんびょう》の予防《よぼう》に効果《こうか》がある。

18 蠕動運動

ぜんどううんどう

➡ p.193 参照《さんしょう》

消化管《しょうかかん》などの管状《かんじょう》の臓器《ぞうき》が，その内容物《ないようぶつ》を波状《はじょう》に送《おく》る基本的《きほんてき》な運動形式《うんどうけいしき》のこと。

19 くも膜下出血

くもまくかしゅっけつ

➡ p.199 参照《さんしょう》

くも膜下腔内《まくかくうない》の出血《しゅっけつ》。症状《しょうじょう》は，突然《とつぜん》の激《はげ》しい頭痛《ずつう》，嘔吐《おうと》，意識障害《いしきしょうがい》，けいれんなどである。

20 ADL

エーディーエル

➡ p.212 参照《さんしょう》

Activities of Daily Living の略《りゃく》。「日常生《にちじょうせい》活動作《かつどうさ》」「日常生活活動《にちじょうせいかつかつどう》」などと訳《やく》される。人間《にんげん》が毎日《まいにち》の生活《せいかつ》を送《おく》るための基本的動作《きほんてきどうさ》群《ぐん》のことで，食事《しょくじ》，更衣《こうい》，整容《せいよう》，排泄《はいせつ》，入《にゅう》浴《よく》，移乗《いじょう》，移動《いどう》などがある。

21 バスボード

ばすぼーど

➡ p.217 参照《さんしょう》

浴槽《よくそう》の上《うえ》に置《お》き，腰《こし》かけて浴槽《よくそう》に出入《ではい》りするときに不安定《ふあんてい》な動作《どうさ》をおぎなう腰《こし》かけ板《いた》のこと。入浴台《にゅうよくだい》ともいう。ボードの端《はし》に座《すわ》って方向転換《ほうこうてんかん》したり，身体《しんたい》の向《む》きを安定《あんてい》させて浴槽《よくそう》につかることができる。

資料《しりょう》

● 認知症高齢者《にんちしょうこうれいしゃ》の日常生活自立度判定基準《にちじょうせいかつじりつどはんていきじゅん》

Ⅰ	何《なん》らかの認知症《にんちしょう》を有《ゆう》するが，日常生活《にちじょうせいかつ》は家庭内及《かていないおよ》び社会的《しゃかいてき》にほぼ自立《じりつ》している。
Ⅱ	日常生活《にちじょうせいかつ》に支障《ししょう》を来《きた》すような症状《しょうじょう》・行動《こうどう》や意思疎通《いしそつう》の困難《こんなん》さが多少見《たしょうみ》られても，誰《だれ》かが注意《ちゅうい》していれば自立《じりつ》できる。
Ⅱ a	家庭外《かていがい》で上記《じょうき》Ⅱの状態《じょうたい》が見《み》られる。
Ⅱ b	家庭内《かていない》でも上記《じょうき》Ⅱの状態《じょうたい》が見《み》られる。
Ⅲ	日常生活《にちじょうせいかつ》に支障《ししょう》を来《きた》すような症状《しょうじょう》・行動《こうどう》や意思疎通《いしそつう》の困難《こんなん》さがときどき見《み》られ，介護《かいご》を必要《ひつよう》とする。
Ⅲ a	日中《にっちゅう》を中心《ちゅうしん》として上記《じょうき》Ⅲの状態《じょうたい》が見《み》られる。
Ⅲ b	夜間《やかん》を中心《ちゅうしん》として上記《じょうき》Ⅲの状態《じょうたい》が見《み》られる。
Ⅳ	日常生活《にちじょうせいかつ》に支障《ししょう》を来《きた》すような症状《しょうじょう》・行動《こうどう》や意思疎通《いしそつう》の困難《こんなん》さが頻繁《ひんぱん》に見《み》られ，常《つね》に介護《かいご》を必要《ひつよう》とする。
M	著《いちじる》しい精神症状《せいしんしょうじょう》や周辺症状《しゅうへんしょうじょう》あるいは重篤《じゅうとく》な身体疾患《しんたいしっかん》が見《み》られ，専門医療《せんもんいりょう》を必要《ひつよう》とする。

● 障害高齢者《しょうがいこうれいしゃ》の日常生活自立度《にちじょうせいかつじりつど》（寝《ね》たきり度《ど》）判定基準《はんていきじゅん》

生活自立《せいかつじりつ》	ランクJ	何《なん》らかの障害等《しょうがいとう》を有《ゆう》するが，日常生活《にちじょうせいかつ》はほぼ自立《じりつ》しており独力《どくりょく》で外出《がいしゅつ》する 1　交通機関等《こうつうきかんとう》を利用《りよう》して外出《がいしゅつ》する 2　隣近所《となりきんじょ》へなら外出《がいしゅつ》する
準寝《じゅんね》たきり	ランクA	屋内《おくない》での生活《せいかつ》は概《おおむ》ね自立《じりつ》しているが，介助《かいじょ》なしには外出《がいしゅつ》しない 1　介助《かいじょ》により外出《がいしゅつ》し，日中《にっちゅう》はほとんどベッドから離《はな》れて生活《せいかつ》する 2　外出《がいしゅつ》の頻度《ひんど》が少《すく》なく，日中《にっちゅう》も寝《ね》たり起《お》きたりの生活《せいかつ》をしている
寝《ね》たきり	ランクB	屋内《おくない》での生活《せいかつ》は何《なん》らかの介助《かいじょ》を要《よう》し，日中《にっちゅう》もベッド上《じょう》での生活《せいかつ》が主体《しゅたい》であるが，座位《ざい》を保《たも》つ 1　車《くるま》いすに移乗《いじょう》し，食事《しょくじ》，排泄《はいせつ》はベッドから離《はな》れて行《おこな》う 2　介助《かいじょ》により車《くるま》いすに移乗《いじょう》する
	ランクC	1日中《にちじゅう》ベッド上《じょう》で過《す》ごし，排泄《はいせつ》，食事《しょくじ》，着替《きがえ》において介助《かいじょ》を要《よう》する 1　自力《じりき》で寝返《ねがえ》りをうつ 2　自力《じりき》では寝返《ねがえ》りもうたない

＊判定《はんてい》にあたっては補装具《ほそうぐ》や自助具等《じじょぐとう》の器具《きぐ》を使用《しよう》した状態《じょうたい》であっても差《さ》し支《つか》えない。

さくいん index

A～Z

あ

か

さ

た

な

は

ま

ら

わ

編者《へんじゃ》・執筆者一覧《しっぴつしゃいちらん》

編者《へんじゃ》

太田 貞司（おおた ていじ）
長野《ながの》大学《だいがく》大学院《だいがくいん》総合《そうごう》福祉《ふくし》学《がく》研究科《けんきゅうか》教授《きょうじゅ》

白井 孝子（しらい たかこ）
東京《とうきょう》福祉《ふくし》専門学校《せんもんがっこう》副《ふく》学校長《がっこうちょう》

上原 千寿子（うえはら ちずこ）
元《もと》広島《ひろしま》国際《こくさい》大学《だいがく》教授《きょうじゅ》

執筆者《しっぴつしゃ》（五十音順《ごじゅうおんじゅん》）

今泉 雅博（いまいずみ まさひろ）―――― 第《だい》 2 章演習課題《しょうえんしゅうかだい》
愛知《あいち》東《ひがし》農業《のうぎょう》協同組合《きょうどうくみあい》居宅《きょたく》介護《かいご》支援《しえん》事業所《じぎょうしょ》主任《しゅにん》介護《かいご》支援《しえん》専門員《せんもんいん》

上原 千寿子（うえはら ちずこ）―――― 第《だい》 3 章事例《しょうじれい》 4
元《もと》広島《ひろしま》国際《こくさい》大学《だいがく》教授《きょうじゅ》

久保田 トミ子（くぼた とみこ）―――― 第 1 章第《しょうだい》 2 節《せつ》・第《だい》 3 節《せつ》，第《だい》 2 章第《しょうだい》 1 節《せつ》・第《だい》 2 節《せつ》，第《だい》 3 章演習《しょうえんしゅう》
広島《ひろしま》国際《こくさい》大学《だいがく》名誉《めいよ》教授《きょうじゅ》

佐藤 富士子（さとう ふじこ）―――― 第《だい》 1 章第《しょうだい》 2 節《せつ》 2 ①・②
元《もと》大妻女子《おおつまじょし》大学《だいがく》教授《きょうじゅ》

末廣 洋子（すえひろ ようこ）―――― 第《だい》 3 章事例《しょうじれい》 2
山口《やまぐち》芸術《げいじゅつ》短期《たんき》大学《だいがく》保育《ほいく》学科《がっか》准教授《じゅんきょうじゅ》

関根 良子（せきね りょうこ）―――― 第《だい》 3 章事例《しょうじれい》 3
フットケアサロン歩《ふ》行《ゆき》・足《あし》の健康《けんこう》研究会《けんきゅうかい》代表《だいひょう》

西村 裕子（にしむら ひろこ）―――― 第《だい》 2 章第《しょうだい》 3 節《せつ》
特別《とくべつ》養護《ようご》老人《ろうじん》ホーム輝《かがや》き主任《しゅにん》相談員《そうだんいん》

橋本 祥恵（はしもと よしえ）―――― 第《だい》 1 章第《しょうだい》 1 節《せつ》
元《もと》川崎《かわさき》医療《いりょう》短期《たんき》大学《だいがく》教授《きょうじゅ》

眞鍋 誠子（まなべ せいこ）―――― 第《だい》 3 章事例《しょうじれい》 1
今治《いまばり》看護《かんご》専門学校《せんもんがっこう》副校長《ふくこうちょう》

山下 英二（やました えいじ）―――― 第《だい》 2 章第《しょうだい》 4 節《せつ》
元《もと》くすのき古市《ふるいち》生活《せいかつ》相談員《そうだんいん》

介護福祉士実務者研修《かいごふくししじつむしゃけんしゅう》テキスト
【第《だい》3巻《かん》】介護《かいご》Ⅱ—介護過程《かいごかてい》—　第《だい》3版《ばん》

2015年《ねん》11月《がつ》20日《はつか》　初《しょ》　版《はん》　発《はっ》　行《こう》
2020年《ねん》3月《がつ》20日《はつか》　第《だい》 2 版《はん》 発《はっ》 行《こう》
2024年《ねん》2月《がつ》20日《はつか》　第《だい》 3 版《ばん》 発《はっ》 行《こう》
2024年《ねん》8月《がつ》1日《ついたち》　第《だい》3版第《ばんだい》2刷発行《すりはっこう》

編《へん》　集《しゅう》　太田貞司《おおたていじ》・上原千寿子《うえはらちずこ》・白井孝子《しらいたかこ》
発行者《はっこうしゃ》　荘村明彦《しょうむらあきひこ》
発行所《はっこうじょ》　中央法規出版株式会社《ちゅうおうほうきしゅっぱんかぶしきがいしゃ》
〒110-0016　東京都台東区台東《とうきょうとたいとうくたいとう》3-29-1　中央法規《ちゅうおうほうき》ビル
TEL 03-6387-3196
https://www.chuohoki.co.jp/

印刷《いんさつ》・製本《せいほん》　サンメッセ株式会社《かぶしきがいしゃ》

装幀《そうてい》・本文《ほんぶん》デザイン　ケイ・アイ・エス

イラスト　内山良治《うちやまりょうじ》・土田圭介《つちだけいすけ》

定価《ていか》はカバーに表示《ひょうじ》してあります。
ISBN978-4-8058-8990-9